DIREITO INTERNACIONAL
DOS
DIREITOS HUMANOS

ANA MARIA GUERRA MARTINS

Professora da Faculdade de Direito da Universidade de Lisboa

DIREITO INTERNACIONAL
DOS
DIREITOS HUMANOS

Relatório

Programa, Conteúdos
e Métodos de Ensino Teórico e Prático

3ª Reimpressão da edição de Abril de 2006

DIREITO INTERNACIONAL DOS DIREITOS HUMANOS

AUTOR
ANA MARIA GUERRA MARTINS

EDITOR
EDIÇÕES ALMEDINA, SA
Rua Fernandes Tomás, n.os 76, 78, 80
3000-167 Coimbra
Telef.: 239 851 904
Fax: 239 851 901
www.almedina.net
editora@almedina.net

PRÉ-IMPRESSÃO
G.C. – GRÁFICA DE COIMBRA, LDA.
Palheira – Assafarge
3001-453 Coimbra
producao@graficadecoimbra.pt

IMPRESSÃO • ACABAMENTO
DPS – Digital Printing Services
www.dps.pt

Setembro, 2014

DEPÓSITO LEGAL
239138/06

Os dados e as opiniões inseridos na presente publicação
são da exclusiva responsabilidade do(s) seu(s) autor(es).

Toda a reprodução desta obra, por fotocópia ou outro qualquer processo,
sem prévia autorização escrita do Editor,
é ilícita e passível de procedimento judicial contra o infractor.

NOTA PRÉVIA

Por edital n.º 606/2005, publicado no Diário da República – II Série, de 6 de Junho de 2005, foi aberto concurso documental, perante a Reitoria da Universidade de Lisboa, para o provimento de um lugar de Professor Associado do III Grupo (Ciências Jurídico-Políticas) da Faculdade de Direito da Universidade de Lisboa.

A Autora foi admitida a concurso, em 29 de Julho de 2005, após ter apresentado a documentação legalmente exigida.

O presente relatório pretendeu, pois, dar cumprimento ao disposto no art. 44.º, n.º 2, do Estatuto da Carreira Docente Universitária que determina que «os candidatos admitidos ao concurso para professor associado devem (...) apresentar (...) um relatório que inclua o programa, os conteúdos e os métodos de ensino teórico e prático das matérias da disciplina ou de uma das disciplinas do grupo a que respeita o concurso».

ÍNDICE*

ÍNDICE	7
INDICAÇÕES DE LEITURA	17
ABREVIATURAS	19

CAPÍTULO I
INTRODUÇÃO

1. A DISCIPLINA: O DIREITO INTERNACIONAL DOS DIREITOS HUMANOS	21
1.1. JUSTIFICAÇÃO DA ESCOLHA	21
1.1.1. AS RAZÕES NEGATIVAS	21
1.1.2. AS RAZÕES POSITIVAS	26
1.2. A TERMINOLOGIA	30
1.3. O OBJECTO DA DISCIPLINA	31
1.4. A INSERÇÃO CURRICULAR	32
1.4.1. AO NÍVEL DA LICENCIATURA	32
1.4.2. AO NÍVEL DA PÓS-LICENCIATURA: DOUTORAMENTO, MESTRADO, APERFEIÇOAMENTO E PÓS-GRADUAÇÃO DE ESPECIALIZAÇÃO	38
1.5. O ENSINO DO DIREITO INTERNACIONAL DOS DIREITOS HUMANOS	39
1.5.1. EM PORTUGAL	39
1.5.2. NO ESTRANGEIRO	49
1.6. EM JEITO DE CONCLUSÃO	59
2. INDICAÇÃO DE SEQUÊNCIA	60

---

* Os títulos em maiúsculas correspondem aos pontos do Relatório propriamente dito. Os títulos em letras minúsculas com números em itálico correspondem ao desenvolvimento dos pontos do programa apresentado no Capítulo II e utilizam-se somente no Capítulo III relativo aos conteúdos do ensino.

CAPÍTULO II

O PROGRAMA DA DISCIPLINA DE DIREITO INTERNACIONAL DOS DIREITOS HUMANOS

1. PRESSUPOSTOS DE QUE SE PARTE NA ELABORAÇÃO DO PROGRAMA 63
   - 1.1. O QUE ENTENDER POR PROGRAMA 63
   - 1.2. UM PROGRAMA PARA UMA DISCIPLINA DO ÚLTIMO ANO DA LICENCIATURA 64
   - 1.3. UM PROGRAMA PARA UMA DISCIPLINA SEMESTRAL 65
2. O PROGRAMA DA DISCIPLINA 68
3. O ESCALONAMENTO TEMPORAL DAS MATÉRIAS 71
4. BIBLIOGRAFIA GERAL DA DISCIPLINA 73
   - 4.1. CONSIDERAÇÕES PRELIMINARES 73
   - 4.2. LISTA DE BIBLIOGRAFIA GERAL 75
5. REVISTAS DA ESPECIALIDADE E SÍTIOS DA INTERNET RELEVANTES 77
6. ALGUMAS REFLEXÕES SOBRE A ADAPTAÇÃO DO PROGRAMA E DA BIBLIOGRAFIA A UM CURSO DE PÓS-GRADUAÇÃO DE ESPECIALIZAÇÃO 78
   - 6.1. O PROGRAMA 78
   - 6.2. A BIBLIOGRAFIA 79

CAPÍTULO III

OS CONTEÚDOS DO ENSINO DO DIREITO INTERNACIONAL DOS DIREITOS HUMANOS

1. RAZÃO DE ORDEM 81
2. PARTE I – INTRODUÇÃO 82
   - 2.1. CAPÍTULO I – DELIMITAÇÃO CONCEPTUAL 82
     - *1.* A questão terminológica: Direitos do Homem ou Direitos Humanos? 82
     - *2.* O objecto da disciplina de Direito Internacional dos Direitos Humanos (DIDH) .. 82
     - *3.* O conceito jusinternacional de direitos humanos 83
     - *4.* A tipologia dos direitos humanos 84
     - *5.* A autonomia do DIDH em relação ao Direito Internacional (DI) 87
       - *5.1.* A irrelevância do princípio da reciprocidade 88
       - *5.2.* A ausência da exclusividade da competência nacional 89
       - *5.3.* A necessidade de ultrapassar o princípio da não ingerência nos assuntos internos 90
       - *5.4.* A emergência de um princípio de irreversibilidade dos compromissos dos Estados 92
       - *5.5.* A natureza de *jus cogens* das normas de DIDH 92

Índice

    5.6. A progressiva afirmação da perspectiva universalista do DIDH 93
   6. Bibliografia de apoio ao Capítulo I da Parte I 95

2.2. CAPÍTULO II – A EVOLUÇÃO HISTÓRICA DA PROTECÇÃO INTERNACIONAL DO SER HUMANO 97
   7. A protecção do ser humano pelo DI antes da II Guerra Mundial 97
     7.1. A protecção humanitária 97
     7.2. A protecção das minorias 98
     7.3. A protecção dos trabalhadores 99
   8. A protecção internacional do ser humano após a II Guerra Mundial 100
     8.1. Ao nível normativo 100
        8.1.1. No plano universal 100
        8.1.2. No plano regional 103
     8.2. Ao nível político 106
        8.2.1. No plano universal 106
        8.2.2. No plano regional 108
   9. Bibliografia de apoio ao Capítulo II da Parte I 108

2.3. CAPÍTULO III – A APLICAÇÃO DAS NORMAS INTERNACIONAIS DE DIREITOS HUMANOS NA ORDEM JURÍDICA PORTUGUESA 109
   10. Questões gerais – remissão para outras disciplinas 109
   11. A recepção do DIDH no Direito Português 110
     11.1. O DI consuetudinário 110
        11.1.1. Universal 110
        11.1.2. Regional 111
     11.2. O DI convencional 112
     11.3. O Direito das Organizações Internacionais 112
     11.4. O Direito da União Europeia 114
   12. O grau de prevalência do DIDH na ordem interna portuguesa 116
     12.1. O princípio da amizade da CRP ao DIDH 116
     12.2. O primado absoluto das normas de DIDH que fazem parte do *jus cogens* 117
     12.3. O grau de primado das outras normas de DIDH 118
        12.3.1. O DIDH consuetudinário geral 118
        12.3.2. O DIDH convencional 119
     12.4. Bibliografia de apoio aos pontos 10, 11 e 12 120

3. PARTE II – O SISTEMA UNIVERSAL DE PROTECÇÃO INTERNACIONAL DOS DIREITOS HUMANOS 121
  3.1. CAPÍTULO I – O SISTEMA DAS NAÇÕES UNIDAS: CARACTERIZAÇÃO E FONTES 121
   13. Caracterização do sistema das Nações Unidas 121
     13.1. Um sistema de cooperação intergovernamental 121

13.2. Um sistema de fontes múltiplas 122
13.3. Um sistema de identidade de objectivos 122
13.4. Um sistema de efectividade reduzida 122
14. As fontes convencionais universais de protecção internacional dos direitos humanos 123
    14.1. As fontes gerais 123
        14.1.1. A Carta das Nações Unidas 123
        14.1.2. A Declaração Universal dos Direitos do Homem 125
        14.1.3. Os Pactos das Nações Unidas 128
            14.1.3.1. O Pacto Internacional de Direitos Civis e Políticos 129
            14.1.3.2. O Pacto Internacional de Direitos Económicos, Sociais e Culturais 134
    14.2. Algumas fontes sobre direitos específicos 137
        14.2.1. A Convenção para a Eliminação de Todas as Formas de Discriminação Racial 138
        14.2.2. A Convenção para a Eliminação de Todas as Formas de Discriminação contra as Mulheres 139
        14.2.3. A Convenção contra a Tortura e outras Penas e Tratamentos Cruéis, Desumanos ou Degradantes 139
    14.3. Bibliografia de apoio ao ponto 14 140
15. As especificidades das convenções universais de protecção internacional do ser humano 143
    15.1. Quanto à interpretação 143
    15.2. Quanto ao âmbito da vinculação jurídica 144
    15.3. Quanto ao grau de vinculatividade e às obrigações impostas aos Estados 146
    15.4. Quanto à coexistência e esforço de coordenação 147
    15.5. Bibliografia de apoio ao ponto 15 147

3.2. CAPÍTULO II – OS DIREITOS HUMANOS CONSAGRADOS NAS FONTES UNIVERSAIS GERAIS 147
16. As categorias de direitos consagrados nas fontes universais gerais – remissão 147
17. Os direitos civis e políticos 148
    17.1. Os direitos intangíveis 148
        17.1.1. O direito à vida 150
        17.1.2. O direito a não ser torturado e a não ser sujeito a penas ou tratamentos cruéis, desumanos ou degradantes 151
        17.1.3. O direito a não ser tornado escravo, servo ou obrigado a trabalho forçado e obrigatório 153
        17.1.4. O direito à não retroactividade da lei penal 154
    17.2. Os direitos condicionados 154
        17.2.1. As liberdades 155
            17.2.1.1. A liberdade física 156
            17.2.1.2. A liberdade de pensamento 158

    17.2.1.3. A liberdade de acção social e política 162
   17.2.2. Os direitos 164
    17.2.2.1. O direito ao respeito da vida privada e familiar . . 164
   17.2.3. As garantias processuais 167
    17.2.3.1. O direito de acesso aos tribunais 167
    17.2.3.2. O direito a um processo equitativo 167
  17.3. O princípio da não discriminação 173
  17.4. Bibliografia de apoio ao ponto 17 175
 18. Os direitos económicos, sociais e culturais 175
  18.1. O direito de propriedade 176
  18.2. O direito ao trabalho e os direitos dos trabalhadores 177
  18.3. O direito à segurança social e os direitos da família 177
  18.4. O direito a um nível de vida suficiente e à saúde física e mental 178
  18.5. O direito à educação 178
  18.6. Os direitos culturais 179
  18.7. Bibliografia de apoio ao ponto 18 179

3.3. CAPÍTULO III – O SISTEMA UNIVERSAL DE GARANTIA DOS DIREITOS HUMANOS: UM SISTEMA NÃO JURISDICIONAL 179
 19. A multiplicidade de métodos de controlo 179
 20. Os mecanismos de controlo 180
  20.1. Convencionais 180
   20.1.1. O sistema de relatórios periódicos 180
   20.1.2. O sistema das comunicações entre Estados 182
   20.1.3. O sistema das comunicações individuais 183
   20.1.4. O sistema de investigação confidencial e de visitas periódicas 188
   20.1.5. Bibliografia de apoio ao ponto 20.1 189
  20.2. Extra-convencionais 189
  20.3. Bibliografia de apoio ao ponto 20.2 190

4. PARTE III – OS SISTEMAS REGIONAIS DE PROTECÇÃO INTERNACIONAL DOS DIREITOS HUMANOS 191

4.1. CAPÍTULO I – O SISTEMA EUROPEU 191
 21. Preliminares 191

4.1.1. SUB-CAPÍTULO I – O SISTEMA DO CONSELHO DA EUROPA 192
 22. A criação do Conselho da Europa 192
 23. A Convenção Europeia dos Direitos do Homem e os seus protocolos 193
  23.1. As origens da CEDH 193
  23.2. Os objectivos da CEDH 194
  23.3. A aplicação da CEDH e dos seus protocolos no tempo e no espaço . 195
  23.4. A interpretação da CEDH 196

23.5. As reservas à CEDH 199
23.6. Bibliografia de apoio aos pontos 22 e 23 199
24. Os direitos civis e políticos reconhecidos na CEDH 201
    24.1. O direito à não discriminação 201
    24.2. Os direitos relativos à vida e à integridade física da pessoa 202
        24.2.1. O direito à vida 202
        24.2.2. O direito a não ser submetido a tortura nem a penas ou tratamentos desumanos ou degradantes 205
        24.2.3. O direito a não ser colocado em escravatura ou servidão e a não ser constrangido a realizar um trabalho forçado e obrigatório 208
        24.2.4. Bibliografia de apoio aos pontos 24.2. 210
    24.3. Os direitos que protegem a liberdade física da pessoa 210
        24.3.1. O direito à liberdade e à segurança 210
        24.3.2. A liberdade de circulação 219
        24.3.3. A proibição de expulsão de nacionais 220
        24.3.4. A proibição de expulsão colectiva de estrangeiros 220
        24.3.5. Bibliografia de apoio aos pontos 24.3. 220
    24.4. Os direitos que incidem sobre a administração da justiça 221
        24.4.1. O direito a um processo equitativo 221
        24.4.2. O princípio da legalidade dos crimes e das penas 230
        24.4.3. A proibição da prisão por dívidas 231
        24.4.4. As garantias processuais em caso de expulsão de estrangeiros 231
        24.4.5. O direito a um duplo grau de jurisdição em matéria penal .. 231
        24.4.6. O direito a indemnização em caso de erro judiciário 232
        24.4.7. O direito a não ser julgado e punido mais de uma vez pelo mesmo crime 232
        24.4.8 O direito a um recurso efectivo 232
        24.4.9. Bibliografia de apoio aos pontos 24.4. 233
    24.5. Os direitos relativos à vida privada e familiar 234
        24.5.1. O direito ao respeito da vida privada, familiar, domicílio e correspondência 234
        24.5.2. O direito ao casamento 240
        24.5.3. O princípio da igualdade entre os cônjuges 241
        24.5.4. Bibliografia de apoio aos pontos 24.5. 242
    24.6. Os direitos intelectuais 242
        24.6.1. O direito à liberdade de pensamento, de consciência e de religião 242
        24.6.2. O direito à liberdade de expressão 244
        24.6.3. Bibliografia de apoio aos pontos 24.6. 247
    24.7. Os direitos relativos ao funcionamento das instituições democráticas 248
        24.7.1. O direito à liberdade de reunião e de associação 248
        24.7.2. As restrições à actividade política dos estrangeiros 250

Índice

24.7.3. O direito a eleições livres	251
24.7.4. Bibliografia de apoio aos pontos 24.7.	252
25. Os direitos económicos, sociais e culturais reconhecidos na CEDH	252
25.1. O direito à instrução	252
25.2. O direito ao respeito dos bens e o direito de propriedade	253
25.3. Bibliografia de apoio ao ponto 25	255
26. O controlo do respeito dos compromissos resultantes da CEDH e dos seus protocolos	256
26.1. A evolução do sistema de controlo	256
26.1.1. De um sistema originário misto...	256
26.1.2. A um sistema exclusivamente jurisdicional – o protocolo n.° 11	257
26.2. O Tribunal Europeu dos Direitos Humanos	258
26.2.1. A composição	258
26.2.2. A organização e o funcionamento	258
26.2.3. A competência consultiva e contenciosa	258
26.2.4. A competência contenciosa	259
26.2.5. As características do processo perante o TEDH	259
26.2.6. A competência *ratione personae*	259
26.2.6.1. Os assuntos interestaduais	259
26.2.6.2. As petições individuais	260
26.2.7. As condições de admissibilidade da petição	260
26.2.7.1. Os prazos	260
26.2.7.2. O princípio do esgotamento dos meios internos	261
26.2.7.3. As condições específicas da admissibilidade das petições individuais	261
26.2.8. O procedimento no TEDH	262
26.2.9. O julgamento sobre o fundo da questão	263
26.22.10. Os efeitos do acórdão proferido pelo TEDH	264
26.3. O Protocolo n.° 14	265
26.4. Bibliografia de apoio ao ponto 26	266
27. A Carta Social Europeia	266
27.1. Os direitos reconhecidos no sistema da Carta Social Europeia	268
27.2. Os compromissos assumidos pelos Estados	270
27.3. O sistema de controlo dos compromissos assumidos na Carta	271
27.3.1. Os órgãos de controlo	271
27.3.2. O sistema de controlo	271
27.4. Bibliografia de apoio ao ponto 27	272
4.1.2. SUB-CAPÍTULO II – O SISTEMA DA UNIÃO EUROPEIA	273
28. O sistema de protecção dos direitos fundamentais na União Europeia	273
28.1. Nota justificativa	273
28.2. A génese da protecção dos direitos fundamentais no seio da União Europeia	274

        28.2.1. A ausência de um catálogo de direitos fundamentais no TCE   274
        28.2.2. A tentativa de colmatar a lacuna através da jurisprudência do Tribunal de Justiça 275
    28.3. A consagração da protecção dos direitos fundamentais no TUE 280
    28.4. A problemática da adesão da União Europeia à Convenção Europeia dos Direitos do Homem 284
    28.5. A Carta dos Direitos Fundamentais da União Europeia 286
    28.6. O Tratado que estabelece uma Constituição para a Europa 291
    28.7. Bibliografia de apoio ao ponto 28 292

4.2. CAPÍTULO II – OS SISTEMAS FORA DA EUROPA 293

29. Preliminares 293

4.2.1. SUB-CAPÍTULO I – O SISTEMA AMERICANO DE PROTECÇÃO INTERNACIONAL DOS DIREITOS HUMANOS 294

30. O sistema americano de protecção internacional dos direitos humanos ... 294
    30.1. Antecedentes e formação 294
    30.2. A Convenção Americana de Direitos Humanos 296
        30.2.1. Os direitos reconhecidos 296
        30.2.2. Os órgãos de controlo 297
        30.2.3. Os mecanismos de controlo 298
    30.3. Bibliografia de apoio ao ponto 30 299

4.2.2. SUB-CAPÍTULO II – O SISTEMA AFRICANO DE PROTECÇÃO INTERNACIONAL DOS DIREITOS HUMANOS E DOS POVOS 300

31. O sistema africano de direitos humanos e dos povos 300
    31.1. A Carta Africana dos Direitos Humanos e dos Povos 300
        31.1.1. Génese 300
        31.1.2. As características da Carta de Banjul 302
        31.1.3. O quadro normativo: os direitos e os deveres reconhecidos . 303
        31.1.4. O sistema de controlo da CADHP 306
            31.1.4.1. O sistema não jurisdicional: a Comissão Africana dos Direitos Humanos e dos Povos 306
            31.1.4.2. O controlo jurisdicional: a criação de um Tribunal Africano dos Direitos Humanos e dos Povos 308
    31.2. Bibliografia de apoio ao ponto 31 310

CAPÍTULO IV
OS MÉTODOS DE ENSINO TEÓRICO E PRÁTICO

1. PRELIMINARES	313
2. OS MÉTODOS DE ENSINO AO NÍVEL DA LICENCIATURA	315
2.1. A METODOLOGIA DAS AULAS	315
2.2. A METODOLOGIA DA AVALIAÇÃO	323
3. OS MÉTODOS DE ENSINO AO NÍVEL DE UM CURSO DE PÓS-GRADUAÇÃO DE ESPECIALIZAÇÃO	327
3.1. A METODOLOGIA DAS AULAS	327
3.2. A METODOLOGIA DA AVALIAÇÃO	329
4. OS MÉTODOS DE ENSINO AO NÍVEL DE UM CURSO DE DOUTORAMENTO, MESTRADO E APERFEIÇOAMENTO	330
4.1. A METODOLOGIA DAS AULAS	330
4.2. A METODOLOGIA DA AVALIAÇÃO	332
BIBLIOGRAFIA	335
SÍTIOS DA INTERNET CONSULTADOS	351
JURISPRUDÊNCIA	353
ÍNDICE IDEOGRÁFICO	371

INDICAÇÕES DE LEITURA

1. As citações bibliográficas ao longo deste relatório obedecem aos seguintes critérios:

   a) A primeira referência é completa, indicando o autor ou autores, o título (em itálico), o volume, a edição, o local de edição, a editora e a data, no caso dos manuais, monografias e teses ou o nome da revista, quase sempre abreviado (ver lista de abreviaturas), ano de publicação e página, só se procedendo à indicação do número da revista quando a paginação no mesmo ano não é contínua, quando se trata de artigos de revista.

   b) As referências seguintes são feitas a partir do nome do autor ou autores e da primeira ou primeiras palavras do título.

2. A jurisprudência dos tribunais internacionais, bem como as decisões dos órgãos não jurisdicionais foram consultadas nos sítios da Internet indicados.

3. A Parte III relativa aos conteúdos do ensino apresenta internamente uma numeração sequencial independente da seguida no restante texto, na medida em que ela corresponde ao desenvolvimento do programa apresentado na Parte II. Para facilitar a sua individualização, os títulos e subtítulos aparecem em itálico.

4. A pesquisa bibliográfica, jurisprudencial e de outra documentação reporta-se a Julho de 2005, assim como as indicações relativas ao número de Estados vinculados por cada convenção internacional.

ABREVIATURAS

AAFDL	– Associação Académica da Faculdade de Direito de Lisboa
AAVV	– Autores vários
Ac.	– Acórdão
CADH	– Convenção Americana dos Direitos Humanos
CADHP	– Carta Africana dos Direitos do Homem e dos Povos
CDE	– Cahiers de droit européen
CDESC	– Comité de Direitos Económicos, Sociais e Culturais
CDFUE	– Carta dos Direitos Fundamentais da União Europeia
CDH	– Comité dos Direitos Humanos
CEDH	– Convenção Europeia dos Direitos do Homem
CEDS	– Comité Europeu dos Direitos Sociais
Com.DH	– Comissão dos Direitos Humanos
Com.EDH	– Comissão Europeia dos Direitos do Homem
ComADHP	– Comissão Africana dos Direitos do Homem e dos Povos
CRP	– Constituição da República Portuguesa
CSCE	– Conferência de Segurança e Cooperação Europeia
CVDT	– Convenção de Viena sobre Direito dos Tratados
DH	– Direitos humanos
DI	– Direito Internacional
DIDH	– Direito Internacional dos Direitos Humanos
DUDH	– Declaração Universal dos Direitos Humanos
E.H.R.L.R.	– European Human Rights Law Review
ECOSOC	– Conselho Económico e Social

EPLR/REDP	– European Public Law Review/Revue Européenne de Droit Public
Nord. J. Int'l L.	– Nordic Journal of International Law
OEA	– Organização de Estados Americanos
OIT	– Organização Internacional do Trabalho
ONG's	– Organizações não governamentais
ONU	– Organização das Nações Unidas
OSCE	– Organização de Segurança e Cooperação Europeia
OUA	– Organização de Unidade Africana
PIDCP	– Pacto Internacional de Direitos Civis e Políticos
PIDESC	– Pacto Internacional de Direitos Económicos, Sociais e Culturais
REDC	– Revista Española de Derecho Constitucional
Rev. Trim. Dr. H.	– Revue Trimestrielle des Droits de l'homme
RFDUL	– Revista da Faculdade de Direito da Universidade de Lisboa
ROA	– Revista da Ordem dos Advogados
TADH	– Tribunal Americano dos Direitos Humanos
TADHP	– Tribunal Africano dos Direitos do Homem e dos Povos
TEDH	– Tribunal Europeu dos Direitos do Homem
TIJ	– Tribunal Internacional de Justiça
TJ	– Tribunal de Justiça
TPJI	– Tribunal Permanente de Justiça Internacional
UA	– União Africana
UNESCO	– Organização das Nações Unidas para a Educação, Ciência e Cultura

CAPÍTULO I

INTRODUÇÃO

1. A DISCIPLINA: O DIREITO INTERNACIONAL DOS DIREITOS HUMANOS

1.1. JUSTIFICAÇÃO DA ESCOLHA

1.1.1. AS RAZÕES NEGATIVAS

Poder-se-á estranhar a escolha da disciplina de Direito Internacional dos Direitos Humanos para a elaboração deste relatório, uma vez que, à partida, razões negativas, tanto objectivas como subjectivas, pareceriam apontar num outro sentido.

I) **As razões negativas objectivas** – em primeiro lugar, a disciplina não consta do actual plano de estudos do curso de Direito da nossa Faculdade. Em segundo lugar, a relativa indefinição que grassa, neste momento, quanto ao futuro do ensino do Direito em Portugal, provocada pelo denominado processo de Bolonha, que implicará reformas profundas nos planos curriculares de todas as Faculdades, incluindo a nossa, poderia desaconselhar a proposta de uma cadeira nova.

II) **As razões negativas subjectivas** – uma análise do nosso *curriculum*, ainda que superficial, permite retirar uma maior ligação científica e académica ao Direito da União Europeia do que ao Direito Internacional Público.

Nenhuma destas razões se revelou, todavia, suficientemente forte para nos afastar da disciplina do Direito Internacional dos Direitos Humanos.

I) As razões negativas objectivas

A) *A ausência de uma disciplina de Direito Internacional dos Direitos Humanos no actual plano curricular* da nossa Faculdade não é, por si só, motivo de impedimento para a apresentação deste relatório, dado que a imposição legal se limita a indicar que ele deve ser elaborado relativamente «a disciplina ou uma das disciplinas do grupo a que respeita o concurso» (art. 44.º, n.º 2, do ECDU), não se exigindo que a mesma conste do plano de estudo da licenciatura[1].

Assim sendo, poderá tratar-se de uma disciplina de qualquer um dos níveis de ensino ministrados no estabelecimento de ensino superior em causa, ou seja, licenciatura, pós-licenciatura, mestrado e doutoramento. Além disso, também é compatível com a lei aplicável, a proposta de criação de uma disciplina nova dentro do grupo a que se concorre. Basta para tanto que determinada matéria assuma na Ciência do Direito uma importância, que justifique a sua leccionação autónoma e, naturalmente, que se enquadre, do ponto de vista científico, no referido grupo[2].

«A "disciplina" deve, portanto, ser entendida como uma disciplina no sentido científico – portanto, não como disciplina curricular»[3].

Esta, aliás, foi a posição seguida por alguns Doutores da nossa Faculdade na elaboração dos seus relatórios, quer para a prestação de provas de agregação, quer para concursos de professor associado.

Pioneiro, neste domínio, foi, sem dúvida, ANTÓNIO MENEZES CORDEIRO, que, no seu relatório apresentado para a prestação de provas de agregação, em Direito, sustentou a legitimidade da criação de uma disciplina de Direito Bancário, apesar de não ter «consagração legal expressa, no plano de estudos da Faculdade de Direito»[4]. Nas palavras deste Autor, «o *Direito Privado*, disciplina propositadamente indeterminada, poderá

---

[1] Neste sentido, MARCELO REBELO DE SOUSA, *Direito Constitucional I – Relatório*, s.l., 1986, p. 7.

[2] Mais adiante justificaremos a inclusão da disciplina de DIDH no grupo de Ciências Jurídico-Políticas. Cfr. n.º 1.4.1. deste capítulo.

[3] JOSÉ DE OLIVEIRA ASCENSÃO, *Parecer sobre o «relatório sobre o programa, o conteúdo e os métodos de ensino da disciplina de direito e processo civil (arrendamento) apresentado pelo Doutor Manuel Henrique Mesquita no concurso para professor associado da Faculdade de Direito de Coimbra*, RFDUL, vol. XXVII, 1996, p. 603.

[4] ANTÓNIO MENEZES CORDEIRO, *Direito Bancário – Relatório*, Coimbra, Almedina, 1997, p. 7.

(...) acolher *Direito Bancário*» ou então poderá ser incorporado na disciplina de opção que deveria ser fixada pelo Conselho Científico»[5]. Em bom rigor, não se trata da proposta de uma nova disciplina no plano de curso, mas antes da determinação de um novo conteúdo para disciplinas em que este é vago.

Mais recentemente, nos seus relatórios apresentados nas provas de agregação, MIGUEL TEIXEIRA DE SOUSA e PAULO OTERO propuseram a criação de disciplinas inteiramente novas – o Direito Processual Civil Europeu[6] e o Direito da Vida[7], respectivamente –, que não têm qualquer correspondência no actual plano curricular da Faculdade de Direito.

Também no concurso para professor associado, a proposta de criação de disciplinas novas não é inédita. Veja-se, na nossa Faculdade, o caso de MARIA JOÃO ESTORNINHO que defendeu a criação de uma disciplina de Contratos da Administração Pública[8], e na Faculdade de Direito da Universidade de Coimbra, VITAL MOREIRA, que propôs a criação de uma disciplina de Organização Administrativa[9], a qual não consta do curriculum.

No fundo, a condição determinante é o carácter científico da disciplina que se propõe. Ora, como veremos[10], não se colocam quaisquer dúvidas a este propósito, no que tange ao Direito Internacional dos Direitos Humanos.

B) *A indefinição quanto ao futuro do ensino do Direito causada pelo denominado Processo de Bolonha* poderia constituir um desincentivo à elaboração de um relatório numa cadeira, que não só não existe hodiernamente, como nunca existiu *qua tale* no plano curricular da Faculdade de Direito da Universidade de Lisboa.

Pelo contrário, a discussão actual sobre o futuro do ensino do Direito em Portugal, bem como as profundas reformas, que se avizinham – e urgem – nos planos de estudos, constituem o mais profícuo terreno para a intro-

---

[5] *Idem, ibidem*.

[6] Relatório inédito.

[7] PAULO OTERO, *Direito da Vida – Relatório sobre o Programa, Conteúdos e Métodos de Ensino*, Coimbra, Almedina, 2004.

[8] MARIA JOÃO ESTORNINHO, *Contratos da Administração Pública (Esboço de autonomização curricular)*, Coimbra, Almedina, 1999.

[9] VITAL MOREIRA, *Organização Administrativa (Programa, conteúdos e métodos de ensino)*, Coimbra, Coimbra editora, 2001.

[10] Cfr. *infra* n.º 1.3. deste Capítulo e Parte I, Capítulo I do programa, desenvolvido no Capítulo III deste Relatório.

dução de uma disciplina de Direito Internacional dos Direitos Humanos. Isto porque os planos de estudos das várias Faculdades de Direito têm de responder aos desafios de um Mundo cada vez mais globalizado e interdependente em que os atropelos aos direitos dos seres humanos são uma constante.

Neste contexto, o estudo da componente internacional do Direito deve ser reforçado, e, numa óptica humanista, deve ser centrado na pessoa humana enquanto tal[11], procurando ultrapassar a dimensão meramente generalista da disciplina de Direito Internacional Público, bem como a perspectiva economicista do Direito Internacional Económico[12] até agora imperantes na Faculdade de Direito da Universidade de Lisboa.

Temos consciência que a defesa da inclusão de uma nova disciplina no plano de estudos tem consequências a muitos níveis, que terão de ser cuidadosamente analisadas, pelo que voltaremos a este assunto mais à frente[13].

De qualquer modo, deve salientar-se, desde já, que se o Direito Internacional dos Direitos Humanos não vier a alcançar um lugar como disciplina autónoma do Curso de Direito na nossa Faculdade, nem por isso ficará prejudicada a utilidade deste relatório, pois o seu objecto constitui, desde o ano lectivo 1999/2000, uma disciplina de um Curso de pós-licenciatura – o Curso de Ciências Políticas e Internacionais. Disciplina essa, cuja regência tem estado a nosso cargo.

Além disso, no curso de Mestrado a disciplina de Direito Internacional Público é susceptível de albergar o Direito Internacional dos Direitos Humanos, bastando para o efeito que o regente escolha esta matéria como tema dos seminários, como, aliás, já aconteceu, sob a nossa regência, no ano lectivo de 2002/2003.

II) As razões negativas subjectivas

Apesar de frequentes incursões pelo Direito Internacional[14], a simples leitura do nosso *curriculum* faria esperar um relatório na área do

---

[11] É este também o sentido do relatório de PAULO OTERO, *Direito da Vida...*, p. 16 e 17.

[12] Ver o Relatório apresentado ao concurso para professor catedrático de PAULO PITTA E CUNHA, *Direito Internacional Económico (Economia Política II / Relações Económicas Internacionais) – Relatório sobre o programa, conteúdo e métodos de ensino*, RFDUL, Vol. XXV, 1984, p. 29 e ss.

[13] Cfr. *infra* n.º 1.4.1. deste capítulo.

[14] Ver ANA MARIA GUERRA MARTINS, *Timor-Leste e a afirmação (tardia) do Direito Internacional, in* JORGE MIRANDA (org.), Timor e o Direito, Lisboa, AAFDL, 2000, p. 19

Direito da União Europeia, na medida em que as nossas dissertações de mestrado[15] e de doutoramento[16] incidiram sobre temas juscomunitários. Além disso, quando, em 1995, ainda assistente, nos foi atribuída a regência da disciplina de Direito Comunitário I, publicámos sumários desenvolvidos[17]. Mais recentemente, no nosso *Curso de Direito Constitucional da União Europeia*[18] procurámos trilhar um novo caminho na forma de perspectivar a disciplina, afastando-nos dos manuais[19] e dos programas tradicionalmente seguidos em Portugal, na nossa Faculdade[20] e fora dela[21].

Esta seria, portanto, uma opção natural, que até nos aliviaria bastante o trabalho, uma vez que no mencionado *Curso* fixámos o programa e

e ss; *Idem, O Acordo relativo à aplicação da Parte XI da Convenção das Nações Unidas sobre o Direito do Mar de 1982 na óptica do Direito dos Tratados*, Revista jurídica, n.º 24, 2001, p. 21 e ss; *Idem, L'accès à la justice – l'application de la Convention européenne des droits de l'homme au Portugal*, EPLR / REDP, 2001, p. 567 e ss; *Idem, Direito Internacional da Droga e da Toxicodependência*, in Dário Moura Vicente (coord.), Problemas Jurídicos da Droga e da Toxicodependência, Vol. I, Suplemento RFDUL, Lisboa, 2003, p. 89 e ss; *Idem, Algumas implicações do 11 de Setembro de 2001 na ordem jurídica internacional*, RFDUL, 2003, p. 581 e ss.

[15] ANA MARIA GUERRA MARTINS, *O art. 235.º do Tratado da Comunidade Europeia – cláusula de alargamento de competências dos órgãos comunitários*, Lisboa, Lex, 1995.

[16] ANA MARIA GUERRA MARTINS, *A natureza jurídica da revisão do Tratado da União Europeia*, Lisboa, Lex, 2000.

[17] ANA MARIA GUERRA MARTINS, *Introdução ao Estudo do Direito Comunitário*, Lisboa, Lex, 1995.

[18] ANA MARIA GUERRA MARTINS, *Curso de Direito Constitucional da União Europeia*, Coimbra, Almedina, 2004.

[19] Ver PAULO DE PITTA E CUNHA, *Direito Institucional da União Europeia*, Coimbra, Almedina, 2004; FAUSTO DE QUADROS, *Direito da União Europeia*, Coimbra, Almedina, 2004; JOÃO MOTA DE CAMPOS/JOÃO LUIZ MOTA DE CAMPOS, *Manual de Direito Comunitário*, 4ª ed., Lisboa, Fundação Calouste Gulbenkian, 2004; MIGUEL GORJÃO HENRIQUES, *Direito Comunitário*, 2ª ed., Coimbra, Almedina, 2004; MARIA LUÍSA DUARTE, *Direito da União Europeia e das Comunidades Europeias*, vol. I, tomo I, Lisboa, Lex, 2002.

[20] Veja-se, por todos, o Relatório para as provas de agregação de FAUSTO DE QUADROS, *Direito Comunitário I – programa, conteúdos e métodos de ensino*, Coimbra, Almedina, 2000.

[21] Na Faculdade de Direito de Coimbra, v. RUI MANUEL MOURA RAMOS, *Direito Comunitário (Programa, conteúdos e métodos de ensino)*, Coimbra, Coimbra Editora, 2003. Deve, contudo, referir-se que, sem propor propriamente um programa, em Portugal, foi FRANCISCO LUCAS PIRES o grande pioneiro da perspectiva constitucional do Direito da União Europeia. V. *Introdução ao Direito Constitucional Europeu*, Coimbra, Almedina, 1997.

desenvolvemos os conteúdos mais do que seria exigível neste relatório, pelo que nos faltaria apenas reflectir sobre os métodos de ensino.

Pensamos, porém, que os caminhos mais fáceis não são, necessariamente, os mais úteis à Ciência Jurídica, nem sequer, numa perspectiva estritamente subjectivista, se revelam muitas vezes como os mais aliciantes.

Daí que tenhamos preferido valorizar as razões positivas, que a seguir se enunciam, em detrimento das razões negativas acabadas de expor.

1.1.2. AS RAZÕES POSITIVAS

A exigência legal de elaboração de um relatório sobre o programa, os conteúdos e os métodos de ensino de uma disciplina no concurso para professor associado tem sido muito criticada pelo corpo de Doutores da nossa Faculdade[22], com fundamento, essencialmente, em três razões:

– a inexistência do princípio do contraditório;
– a duplicação com as provas de agregação[23];
– a especial inadequação deste tipo de prova às Faculdades de Direito.

Embora compreendendo as razões deste extenso coro de protestos[24], o facto é que a exigência legal existe, e, como tal, não pode deixar de ser cumprida.

---

[22] Ver ANTÓNIO MENEZES CORDEIRO, *Teoria Geral do Direito Civil – relatório*, RFDUL, vol. XXIX, 1988, p. 204 e ss; SÉRVULO CORREIA, *Direito Administrativo II (Contencioso Administrativo) – Relatório sobre programa, conteúdos e métodos de ensino*, RFDUL, vol. XXXV, 1994, p. 59; MIGUEL TEIXEIRA DE SOUSA, *Aspectos metodológicos e didácticos do Direito Processual Civil*, RFDUL, 1994, p. 339; CARLOS PAMPLONA CORTE--REAL, *Direito da Família e das Sucessões*, RFDUL (suplemento), 1996, p. 12 e ss; EDUARDO M. H. DA PAZ FERREIRA, *Direito Comunitário II (União Económica e Monetária). Relatório*, RFDUL (separata), 2001, p. 7 e ss. PAULO OTERO levanta até o problema da constitucionalidade da categoria de professor associado e da exigência do relatório em *Direito Administrativo – relatório de uma disciplina apresentado no concurso para professor associado na Faculdade de Direito da Universidade de Lisboa*, RFDUL (Suplemento, 2001, p. 13 e ss.

[23] PAULO OTERO considera que, em bom rigor, esta crítica deve ser dirigida contra as provas de agregação e não contra o concurso para professor associado. V. *Direito Administrativo – relatório...*, p. 18.

[24] Uma das poucas vozes discordantes deve-se a FERNANDO ARAÚJO, *O ensino da Economia Política nas Faculdades de Direito (e algumas reflexões sobre pedagogia uni-*

Ora, esse cumprimento pode ser efectuado de dois modos distintos: ou se procura perder o mínimo de tempo, aproveitando ao máximo trabalho anteriormente realizado, sem levar em linha de conta o interesse que o relatório pode ter para a academia, em que o seu autor se insere, e para a comunidade jurídica em geral, às quais, no caso de vir a ser publicado, se vai destinar, ou, pelo contrário, se tenta aproveitar a obrigatoriedade de elaboração do relatório, transformando-a numa janela de oportunidade para colmatar alguma lacuna no espectro jurídico nacional, abrindo-lhe, assim, novas perspectivas.

É certo que o relatório tem objectivos muito precisos – testar as qualidades pedagógicas do seu autor, numa fase em que já teve o encargo de regência de várias cadeiras e já avaliou centenas, senão milhares, de alunos. Por isso, alguns, desconsiderando o seu interesse e a sua utilidade nesta fase da carreira, têm optado pela primeira via.

Pela nossa parte, pensamos que, como diz o povo, mais vale tarde do que nunca. Como ao professor não compete apenas saber investigar e não basta ter qualidades científicas, exige-se-lhe também que tenha qualidades pedagógicas, isto é, que saiba ensinar, faz todo o sentido que essas capacidades sejam objecto de avaliação, avaliação essa que pode ter por base uma disciplina existente no plano curricular ou não.

O relatório não deve ter como único fim a progressão na carreira académica do seu autor e, muito menos, se deve destinar a ficar fechado numa gaveta. Pelo contrário, a sua publicação impõe-se, o que justifica a nossa opção por um domínio do Direito pouco tratado nas universidades portuguesas.

Na verdade, existem razões positivas de fundo bastante ponderosas, como sejam a importância, a autonomia científica e pedagógica, a actualidade e o défice de tratamento da matéria do Direito Internacional dos Direitos Humanos em Portugal, que justificam a nossa escolha.

I) *A importância da matéria* – o Direito Internacional dos Direitos Humanos assenta numa concepção da pessoa e das suas relações com os outros e com a sociedade, que visa exprimir valores comuns a todos os seres humanos. O valor fundamental comum a todos os instrumentos internacionais relativos a direitos humanos é o da dignidade inerente à pessoa humana. O Direito Internacional dos Direitos Humanos visa, portanto, o

---

versitária), Coimbra, Almedina, 2001, p. 11 e ss. Em Coimbra, ver VITAL MOREIRA, *Organização Administrativa...,* p. 12.

estudo de todos os direitos decorrentes da dignidade da pessoa humana, o que por si só, nos parece razão suficiente para justificar a importância da disciplina. Num Mundo cada vez mais violento e dominado por preocupações materialistas parece-nos que uma disciplina axiologicamente fundamentada na dignidade da pessoa humana só pode contribuir para o enriquecimento do plano de estudos da nossa Faculdade e, consequentemente, para a melhor formação dos Estudantes.

II) *A autonomia científica* – o Direito Internacional dos Direitos Humanos insere-se num movimento de internacionalização do indivíduo, que partindo da afirmação da dignidade da pessoa humana, vem pôr em causa um dos principais dogmas em que assenta o Direito Internacional, qual seja o do carácter de Direito de cooperação entre Estados soberanos, que não conhece legislador, nem juiz, nem sanção fora do quadro do consentimento estadual.

Como o Direito Internacional geral não assegura a função protectora do indivíduo, foram surgindo regras internacionais específicas, que estão para além desta concepção clássica. A protecção do indivíduo, que, até à II Guerra Mundial, estava, inteiramente, confiada ao seu Estado, por força do princípio da competência nacional exclusiva, passa, a partir daí, a ser equacionada no plano do Direito Internacional, em especial pelo Direito Internacional dos Direitos Humanos.

Desde então o desenvolvimento desta área do Direito não tem parado de crescer, manifestando-se ao nível da pluralidade das fontes, que reconhecem direitos humanos e da institucionalização da garantia das suas normas.

O Direito Internacional dos Direitos Humanos afirma-se, contudo, por contraposição ao Direito Internacional geral, rejeitando alguns dos seus princípios clássicos: o acabado de mencionar princípio da competência nacional exclusiva, o princípio da não ingerência nos assuntos internos, o princípio da reciprocidade ou o princípio da reversibilidade dos compromissos assumidos pelos Estados.

Como veremos melhor adiante[25], o Direito Internacional dos Direitos Humanos, devido às suas especificidades, adquiriu uma indiscutível autonomia científica, o que não pode deixar de ter implicações na sua autonomia pedagógica.

---

[25] Cfr. *infra* Capítulo III deste Relatório relativo aos conteúdos do ensino (n.º 5).

III) *A autonomia pedagógica* – tratando-se de um domínio que se afirma por contraposição ao Direito Internacional geral, faz todo o sentido estudá-lo numa disciplina independente.

Além disso, a autonomia pedagógica justifica-se também pela complexidade da matéria. Com efeito, como veremos[26], existem hoje múltiplos sistemas de protecção dos direitos humanos, que se fundamentam em dezenas, senão centenas, de convenções internacionais universais e regionais, convenções essas que são aplicadas por órgãos jurisdicionais e não jurisdicionais, dos quais emanam decisões que assumem uma enorme importância. Ora, um estudo minimamente adequado dessas fontes só se conseguirá cumprir numa disciplina específica de Direito Internacional dos Direitos Humanos.

IV) *A actualidade* – como já referimos, o movimento de internacionalização do indivíduo é bastante recente, desenvolvendo-se como forma de reacção às atrocidades cometidas durante a II Guerra Mundial[27]. Trata-se, portanto, de uma matéria que prima pelo seu carácter actual e inovador, cuja leccionação colocará a Faculdade de Direito da Universidade de Lisboa na linha da frente das Faculdades de Direito da Europa e até do Mundo.

V) *O défice de tratamento* – deve salientar-se, desde já, que nas Faculdades de Direito Portuguesas, incluindo a nossa, o Direito Internacional, em geral, e o Direito Internacional dos Direitos Humanos, em especial, têm sido objecto de um tratamento muito parcimonioso em comparação com outros domínios do Direito, o que não se compadece com as exigências do Mundo actual globalizado, interdependente e interactivo, que, do ponto de vista profissional, os advogados, os magistrados, os diplomatas e outros profissionais do Direito têm, obrigatoriamente, de enfrentar.

Por nós, somos de opinião que o conhecimento das normas e princípios internacionais se afigura, hoje em dia, indispensável, pelo que os estudantes não podem sair da Faculdade sem uma formação sólida neste domínio[28], tanto em termos gerais, como específicos.

---

[26] Cfr, *infra* Capítulo III relativo aos conteúdos do ensino do DIDH.

[27] Este movimento não se restringe à afirmação dos direitos humanos. Ele passa também, por exemplo, pelo Direito Internacional Penal que impõe deveres ao ser humano.

[28] Idêntica preocupação foi manifestada por FAUSTO DE QUADROS há mais de uma década in *Direito Internacional Público I – Programa, conteúdos e métodos de ensino*, RFDUL, vol, XXXII, 1991, p. 403 e 404.

VI) *As razões pessoais* – por fim, há que confessar que a escolha da disciplina do Direito Internacional dos Direitos Humanos também tem uma forte motivação pessoal, dado que se trata de uma das áreas em que o Direito Internacional e o Direito da União Europeia apresentam maiores afinidades. De tal modo assim é, que, por vezes, se afigura difícil traçar com clareza a linha que separa o Direito Internacional Europeu dos Direitos Humanos do Direito da União Europeia relativo à protecção dos Direitos Fundamentais.

Tal é notório quando se analisam, entre outros, os seguintes aspectos:
– a aplicação da CEDH pela via dos princípios gerais de direito por parte do Tribunal de Justiça da União Europeia;
– a influência da jurisprudência do TEDH no TJ e vice-versa;
– a problemática, que se arrasta há décadas, da adesão, ou não, da União à CEDH.

Por conseguinte, o aprofundamento do estudo do DIDH poderá abrir-nos também novos horizontes no plano do Direito da União Europeia.

1.2. A TERMINOLOGIA

A opção terminológica pela expressão Direito Internacional dos Direitos Humanos, em detrimento da denominação tradicional Direito Internacional dos Direitos do Homem, exige uma explicação.

Após a II Guerra Mundial assiste-se ao aparecimento no seio das Nações Unidas, de uma pluralidade de textos de Direito Internacional, que consagram direitos fundamentais do ser humano. Esses textos incluem, nas línguas oficiais daquela Organização – inglês, francês e espanhol – a expressão *human rights*, *droits de l'homme*, *derechos humanos*, respectivamente. Na tradução destas expressões para português, optou-se pela expressão Direitos do Homem. E assim se chega, por exemplo, a Declaração Universal dos Direitos do Homem e não a Declaração Universal dos Direitos Humanos.

Porém, a progressiva afirmação dos direitos das mulheres, quer ao nível internacional quer ao nível nacional, com a consequente tomada de consciência das mais ínfimas atitudes discriminatórias contra mais de metade da Humanidade obrigam a rever essa terminologia. Com efeito, a expressão Direitos do Homem torna-se redutora, pois o que está em causa são os direitos das pessoas, dos seres humanos, e, portanto, também os direitos das mulheres.

Ora, se nenhum homem se reveria numa expressão do tipo "Direito Internacional dos Direitos da Mulher" porque terão as mulheres de aceitar a denominação Direitos do Homem?

Tendo em conta este pano de fundo, a própria Assembleia Geral das Nações Unidas decidiu, através da sua Resolução 548 (VI), que a expressão Direitos do Homem fosse substituída pela expressão Direitos Humanos em todas as publicações das Nações Unidas referentes à Declaração Universal dos Direitos Humanos.

Em consequência, tem-se assistido em Portugal a uma cada vez maior afirmação da expressão Direitos Humanos em detrimento do uso de Direitos do Homem, como resulta claro do sítio na Internet do Gabinete de Documentação e Direito Comparado do Ministério da Justiça[29] – entidade pública que em Portugal mais se tem ocupado da matéria do DIDH. Além disso, nos textos oficiais passou-se a utilizar a expressão Direitos Humanos.

Na doutrina portuguesa não há acordo quanto a este ponto. Enquanto JORGE MIRANDA[30] sustenta a expressão Direitos do Homem, JOSÉ CARLOS VIEIRA DE ANDRADE oscila entre direitos fundamentais internacionais e Direitos Humanos[31]. GOMES CANOTILHO utiliza as duas expressões[32].

1.3. O OBJECTO DA DISCIPLINA

O Direito Internacional dos Direitos Humanos tem por objecto o estudo do conjunto de regras jurídicas internacionais (convencionais ou consuetudinárias) que reconhecem aos indivíduos, sem discriminação,

---

[29] http://www.gddc.pt

[30] O Autor diz considerar a expressão direitos humanos um anglicismo e demasiado abrangente, pois pode inculcar direitos inerentes à humanidade ou ao género humano. *In Relatório com o programa, os conteúdos e os métodos do ensino de Direitos Fundamentais*, RFDUL, vol. XXVI, 1985, p. 391.

[31] JOSÉ CARLOS VIEIRA DE ANDRADE, *Os direitos fundamentais na Constituição Portuguesa de 1976*, 2ª ed., Coimbra, Almedina, 2001, p. 23 e ss.

[32] GOMES CANOTILHO, *Direito Constitucional e Teoria da Constituição*, 6ª ed., Coimbra, Almedina, 2002, p. 393 e ss.

direitos e liberdades fundamentais que asseguram a dignidade da pessoa humana e que consagram as respectivas garantias desses direitos[33].

O DIDH visa, portanto, a protecção das pessoas através da atribuição directa e imediata de direitos aos indivíduos pelo Direito Internacional, direitos esses que se pretendem ver assegurados perante o próprio Estado[34].

A protecção internacional do indivíduo não se restringe, contudo, ao DIDH. Pelo contrário, ela abrange a protecção das minorias, a protecção diplomática, a protecção humanitária e a protecção dos trabalhadores.

O DIDH encontra-se intimamente relacionado com o tema da subjectividade internacional do indivíduo, embora não se esgote nele. Ao contrário desses outros modos de protecção do indivíduo, o Direito Internacional dos Direitos Humanos é muito mais recente, tendo-se desenvolvido, sobretudo, após a II Guerra Mundial como reacção às atrocidades cometidas no decorrer daquele conflito.

Deve sublinhar-se que o objecto do DIDH é muito amplo, pois abrange regras distintas não só quanto à fonte (consuetudinária ou convencional), mas também quanto ao âmbito de aplicação territorial (universal e regional). Assim, a par do sistema internacional universal de direitos humanos de inspiração, essencialmente, onusiana, existem sistemas regionais – europeu, americano e africano – sendo que a protecção internacional dos direitos humanos se encontra pouco desenvolvida no continente asiático.

1.4. A INSERÇÃO CURRICULAR

1.4.1. AO NÍVEL DA LICENCIATURA

Tendo em conta que o Direito Internacional dos Direitos Humanos não consta do plano de estudos da licenciatura da nossa Faculdade – nem nunca constou – há que justificar a sua inserção curricular como disciplina

---

[33] FRÉDÉRIC SUDRE, *Droit international et européen des droits de l'homme*, 7ª ed., Paris, 2005, p. 14.

[34] JORGE MIRANDA – *Curso de Direito Internacional Público I*, 2ª ed., Lisboa, Principia, 2004, p. 277.

do Grupo de Ciências Jurídico-Políticas, pois este relatório destina-se a ser apresentado ao concurso para o provimento de um lugar de professor associado naquele grupo.

Como já se mencionou, a reforma, que actualmente está a decorrer, no âmbito do plano de estudos de todos os cursos, incluindo os de Direito, impulsionada pelo chamado Processo de Bolonha, não facilita a nossa tarefa.

Na verdade, o futuro parece, neste momento, bastante incerto, podendo, todavia, antever-se, desde já, com alguma segurança, a semestralização de todas as disciplinas, bem como a introdução do sistema de unidades de créditos.

Não existindo ainda nenhuma deliberação definitiva do Conselho Científico – órgão competente em razão da matéria – quanto a estes dois pontos, gostaríamos apenas de deixar aqui uma breve nota sobre o critério que, em nosso entender, deveria presidir à atribuição dos créditos. Tendo em conta que nem todas as disciplinas do curso têm a mesma importância formativa para o jurista, pensamos que se deveria estabelecer uma lista de disciplinas prioritárias, básicas ou principais, às quais seria atribuída uma maior ponderação, enquanto as restantes teriam uma ponderação menor. Entre as disciplinas com maior número de créditos não teríamos dúvidas em incluir a Introdução ao Estudo do Direito, a Teoria Geral do Direito Civil, o Direito das Obrigações, o Direito Comercial, o Direito Constitucional, o Direito Administrativo e o Direito Comunitário. Mas já não incluiríamos a disciplina de Direito Internacional dos Direitos Humanos, sobre a qual elaboramos este relatório, dado que se trata de uma disciplina de especialização e de formação complementar e não básica.

Um outro ponto em relação ao qual ainda subsistem muitas dúvidas é o da duração da licenciatura, como se pode comprovar pela Acta da reunião do Conselho Científico da FDUL, de 6 de Julho de 2005, o que nos vai obrigar a encarar os vários cenários possíveis, ainda que, neste momento, alguns deles pareçam mais longínquos do que outros.

Atendendo à exigência de semestralização de todas as disciplinas, o Direito Internacional dos Direitos Humanos será equacionado, neste relatório, como uma disciplina semestral.

I) Assim, a primeira questão que tem de se esclarecer é a da **duração da licenciatura.** Como é óbvio, um plano de estudos de uma licenciatura com a duração de três anos não pode albergar o mesmo número de disciplinas que um plano de cinco anos.

A) Cenário 1 – licenciatura de 3 anos

Se, porventura, se optasse por uma licenciatura de três anos, hipótese que parece já afastada[35], as disciplinas de formação básica teriam de prevalecer sobre as disciplinas de especialização, as quais, por seu turno, deveriam ser remetidas para outros graus académicos, como o mestrado ou o doutoramento, ou para cursos de especialização, que não conferem qualquer grau académico, como é o caso dos actuais cursos de pós-graduação.

Assim sendo, o Direito Internacional dos Direitos Humanos, enquanto disciplina de especialização, não poderia ser leccionado ao nível da licenciatura, devendo ser remetido para o mestrado ou para a pós-graduação.

Esta situação não seria inédita nos Estados Membros da União Europeia. Pelo contrário, é o que já se verifica em muitas Faculdades de Direito europeias. Diga-se, em abono da verdade, que os Estados[36], que já implementaram um primeiro ciclo de três anos correspondente à licenciatura, exigem a frequência de um segundo ciclo de dois anos para o exercício da maior parte das profissões jurídicas, o que, na prática, acaba por redundar nos mesmos cinco anos.

No caso da Faculdade de Direito da Universidade de Lisboa, a opção por uma licenciatura de três anos teria, fatalmente, como consequência o desaparecimento das menções ou opções, actualmente em vigor.

B) Cenário 2 – licenciatura de 4 ou 5 anos

No contexto de um plano de estudos de uma licenciatura com a duração de cinco anos (ou numa situação extrema de quatro), as disciplinas de especialização devem ser incluídas no plano curricular, sem prejuízo de poderem ser desenvolvidas em cursos de especialização após a licenciatura.

Em nosso entender, o Direito Internacional dos Direitos Humanos, enquanto disciplina de especialização, que numa licenciatura de três anos, não pode ter lugar, por manifesta falta de tempo para a leccionar, já deverá ser incluído no domínio de um plano de estudos de quatro ou cinco anos.

Nesse caso, há que distinguir se as actuais menções ou opções se mantêm ou não.

---

[35] Ver Deliberação do Conselho Científico, de 15 de Dezembro de 2004, confirmada pela Deliberação do mesmo Conselho, de 6 de Julho de 2005.

[36] Dinamarca, Itália, Espanha e Reino Unido.

a) Com manutenção das actuais menções

A disciplina deve constar do plano curricular de duas menções: a menção de Ciências Jurídico-Políticas e a menção de Ciências Internacionais e Comunitárias, o que implica a sua leccionação nos dois últimos anos.

Normalmente, os professores universitários têm tendência para considerar as suas áreas de especialização como as mais importantes dos vários graus académicos e é até muito vulgar cada um propor a multiplicação das disciplinas da sua respectiva área de especialização. No fundo, todos querem ver os temas objecto da sua investigação valorizados através da leccionação. É assim em todas as Faculdades e em todo o Mundo. Não se trata de uma peculiaridade portuguesa e, muito menos, da nossa Faculdade.

Não se pode, contudo, ceder a esta tentação, pois o número de disciplinas que os Alunos têm capacidade para aprender e o número de disciplinas que a Faculdade tem capacidade para ensinar é, por natureza, limitado. Daí que seja necessário fazer uma selecção criteriosa das mesmas, sendo certo que a inserção de uma nova disciplina num plano de curso implica a não leccionação de uma outra, que por certo também tem a sua importância. A selecção das disciplinas deve, pois, ser feita em função do superior interesse do país, da sociedade e dos alunos e não em função dos interesses e motivações dos professores.

Assim, tendo em conta o actual grau de especialização nas profissões jurídicas não nos parece que o Direito Internacional dos Direitos Humanos deva ser uma disciplina obrigatória para todas as menções, mas somente para as menções de Ciências Jurídico-Políticas e de Ciências Internacionais e Comunitárias, pois não faz sentido que um licenciado em Direito nestas duas menções, mas sobretudo, na segunda, saia da Faculdade sem conhecer os principais instrumentos jurídico-internacionais de protecção dos direitos humanos, e mais grave ainda, sem conhecer os direitos e os mecanismos de controlo da Convenção Europeia dos Direitos do Homem, que tão úteis lhe podem vir a ser nas profissões jurídicas que absorvem a maior parte dos licenciados em Direito, como a advocacia e a magistratura.

FAUSTO DE QUADROS vai mais longe, considerando que estas matérias deveriam ser estudadas por todos os Alunos que se formem na Faculdade[37].

---

[37] *Direito Internacional Público I...*, p. 403.

Por nós, compreendemos que um estudante que tenha particular apetência para as áreas económicas também deve estudar o Direito Internacional, mas aquele que maior conexão apresenta com o domínio económico e não o Direito Internacional dos Direitos Humanos. Tal raciocínio é válido também para os alunos da menção de Ciências Histórico-Jurídicas ou de Ciências Jurídicas, uma vez que as suas áreas de especialização exigem o estudo de uma série de disciplinas de índole histórica e de índole jusprivatista, respectivamente, que não lhe deixam espaço para o estudo de Direito Internacional dos Direitos Humanos.

Uma solução possível, dada a importância da disciplina, é admitir que todos os alunos, independentemente da menção em que estejam inscritos, caso manifestem interesse nisso, se podem inscrever a título extra-curricular, ou seja, para além das disciplinas das suas próprias menções, e não em sua substituição, assistir às aulas e realizar o exame no final do semestre.

Esta é, aliás, uma medida a implementar em todas as disciplinas específicas das menções, de modo a permitir, a todos aqueles que o desejem, a aquisição de uma mais ampla formação académica.

b) Com supressão das actuais menções

A situação acabada de descrever não se alteraria no quadro de um plano de curso dos mesmos cinco anos, em que, ao invés de se fornecerem disciplinas obrigatórias nas menções, como acontece hoje em dia, se passasse a oferecer um tronco comum de disciplinas obrigatórias e um número apreciável de disciplinas optativas, de entre as quais os Estudantes poderiam optar livremente. Nesse caso, o DIDH deveria fazer parte dessas disciplinas optativas, passando a competir a cada Aluno a composição de uma boa parte do plano curricular.

II) Vejamos agora quais as **razões que militam a favor da leccionação da disciplina de DIDH no 4.º ou no 5.º ano**.

A primeira razão é óbvia: se se trata de uma disciplina específica de algumas menções e não de uma disciplina comum a todos os alunos terá de ser leccionada quando já ocorreu a divisão das disciplinas por menções, o que só ocorre no 4.º e no 5.º ano.

Mas para além desta razão lógica, há razões de fundo, que se prendem com os conhecimentos necessários para a compreensão da matéria.

Os Alunos não devem estudar DIDH sem, previamente, terem adquirido os conhecimentos básicos de Direito Internacional Público. Se o

DIDH se afirma a partir das especialidades que apresenta em relação ao DI, ele só poderá ser, verdadeiramente, compreendido se os Estudantes já conhecerem os quadros gerais, nos quais o DI se move.

Mas para além do DI, parece-nos que o ensino do DIDH só tem a ganhar se vier a ocorrer numa fase em que os Alunos já têm conhecimentos da forma como se efectua a protecção dos direitos fundamentais da pessoa humana ao nível da ordem jurídica constitucional e ao nível da ordem jurídica da União Europeia, pois só assim podem ter um termo de comparação, bem como as bases para apreenderem os diversos problemas que o DIDH levanta.

Ora, como demonstra CARLOS BLANCO DE MORAIS, no seu relatório para professor associado[38], a disciplina de Direito Constitucional II tem sido palco da leccionação da matéria da teoria geral dos direitos fundamentais na ordem constitucional portuguesa, remetendo-se para a cadeira de Direitos Fundamentais do 5.º ano o estudo dos direitos fundamentais em especial. Assim, os alunos só têm a lucrar se o Direito Internacional dos Direitos Humanos for leccionado depois do Direito Constitucional II.

O mesmo se diga em relação à protecção dos direitos fundamentais ao nível da ordem jurídica da União Europeia, a qual tem sido objecto de estudo na disciplina de Direito Comunitário I (que seria melhor designada como Direito da União Europeia). Independentemente do relevo que os diversos regentes têm dado à matéria, todos acabam por lhe fazer uma referência[39].

Assim, se os alunos estudarem DIDH depois de já terem estudado estas três disciplinas, terão muito mais facilidade em assimilar as matérias.

---

[38] CARLOS BLANCO DE MORAIS, *Direito Constitucional II – Relatório*, RFDUL, Suplemento, 2001, p. 69 e ss.

[39] De entre os regentes que dão um grande relevo à matéria da protecção dos direitos fundamentais na União Europeia destaca-se FAUSTO DE QUADROS, que lhe confere um capítulo autónomo, *in Direito Comunitário I...*, p. 62; *Idem, Direito da União...*, p. 125 e ss. PAULO DE PITTA E CUNHA não trata a questão *ex professo*, embora lhe possa fazer referências nas aulas (V. o programa publicado no Guia Pedagógico da FDL – 2003/2004). MARIA LUÍSA DUARTE remete a questão para um sub-ponto de um capítulo dedicado aos princípios e critérios fundamentais de articulação entre a Ordem Jurídica Comunitária e as Ordens Jurídicas Nacionais, *in Contencioso Comunitário*, Cascais, Principia, 2003, p. 55.

Quanto a nós, sempre dedicámos, no ensino de Direito Comunitário, uma grande atenção à matéria da protecção dos direitos fundamentais. Actualmente estudamo-la como um dos valores fundamentais da União Europeia, *in Curso...*, p. 225.

Tendo em conta o que defendemos relativamente às menções em que a disciplina de DIDH deve ser incluída – Jurídico-Políticas e Internacionais e Comunitárias – bem como as disciplinas que indicámos como sendo pressuposto do seu ensino – o Direito Constitucional, o Direito Internacional, os Direitos Fundamentais e o Direito Comunitário I – todas pertencentes ao Grupo de Jurídico-Políticas, não nos restam dúvidas que o DIDH tem de se enquadrar também neste Grupo.

E assim se justifica a apresentação de um relatório sobre o programa, conteúdos e métodos de ensino do Direito Internacional dos Direitos Humanos no concurso *supra* mencionado.

1.4.2. AO NÍVEL DA PÓS-LICENCIATURA: DOUTORAMENTO, MESTRADO, APERFEIÇOAMENTO E PÓS-GRADUAÇÃO DE ESPECIALIZAÇÃO

Como o ensino universitário não termina na licenciatura, o facto de, por hipótese, a nossa proposta de criação da disciplina de Direito Internacional dos Direitos Humanos, no âmbito da licenciatura, não vir a merecer acolhimento no Conselho Científico, não impede a sua leccionação noutros níveis de ensino. Assim, ela pode ser objecto de estudo em todos, ou em alguns, dos outros cursos, que conferem graus académicos – Doutoramento, Mestrado e Aperfeiçoamento – tanto a título autónomo como enquanto tema de uma disciplina geral de Direito Internacional Público[40].

Deve salientar-se que a inclusão da disciplina num nível superior do ensino não a torna exclusiva de uma elite, na medida em que se assiste, na actualidade, em Portugal a um movimento de democratização e de massificação dos graus académicos pós-licenciatura, tal como sucede em todos os países desenvolvidos. Situação que tenderá a ampliar-se, se, na sequência do Processo de Bolonha, a duração da licenciatura em Direito se vier a encurtar.

Para além dos doutoramentos e dos mestrados, também os cursos de pós-graduação de especialização se revelam adequados para leccionar a disciplina de Direito Internacional dos Direitos Humanos.

---

[40] Como já mencionámos, no ano lectivo de 2002/2003, escolhemos, como tema do seminário de Direito Internacional, a protecção internacional dos direitos humanos ao nível regional.

Estes cursos têm um público distinto dos anteriores, dirigindo-se, essencialmente, a dois tipos de destinatários: **(i)** aqueles que terminaram a licenciatura e pretendem adquirir ou aprofundar certos conhecimentos, que não foram, ou foram-no de modo insuficiente, ministrados na Faculdade ou **(ii)** aqueles que, tendo saído dos bancos da Faculdade há já algum tempo, pretendem reciclar conhecimentos antigos ou então actualizar-se, através da apreensão de novos domínios de conhecimento, entretanto, surgidos.

Com efeito, a disciplina de Direito Internacional dos Direitos Humanos já é leccionada, desde o ano lectivo 1999/2000, na Faculdade de Direito da Universidade de Lisboa, ao nível dos cursos de pós-graduação de especialização, fazendo parte do plano de estudos do Curso de Ciências Políticas e Internacionais com uma denominação distinta – Protecção Internacional dos Direitos do Homem – mas, em termos gerais, reconduz-se à disciplina cuja criação aqui propomos.

1.5. O ENSINO DO DIREITO INTERNACIONAL DOS DIREITOS HUMANOS

1.5.1. EM PORTUGAL

A) Faculdade de Direito da Universidade de Lisboa

I) Licenciatura

Ao longo da sua vida, a Faculdade de Direito da Universidade de Lisboa já conheceu diversos planos de estudos da licenciatura[41]. Todavia, em nenhum deles se incluiu a disciplina de Direito Internacional dos Direitos Humanos, quer como disciplina obrigatória, quer como disciplina optativa de alguma das menções.

---

[41] Os principais datam de 1928 (Dec. n.º 16044, de 13 de Outubro de 1928), de 1945 (Dec. n.º 34 850, de 21 de Agosto de 1945), de 1972 (Dec. n.º 364/72 de 28 de Setembro), de 1975 (aprovado por despacho do Ministro da Educação em Março de 1975), de 1977 (Despacho Ministerial n.º 237/77, de 19 de Outubro), de 1983 (Despacho n.º 148/SES/82, de 18 de Novembro e Portaria n.º 911/83, de 3 de Outubro, com sucessivas modificações). O actual plano de estudos é de 2003 (Deliberação n.º 616/2003, de 10 de Abril – DR II Série, n.º 101 de 2 de Maio).

A constatação da ausência de uma disciplina de Direito Internacional dos Direitos Humanos no plano curricular da Faculdade, não significa, no entanto, que a matéria nunca tenha sido objecto de tratamento. Pode tê-lo sido em disciplinas com outra denominação.

De entre as disciplinas, em relação às quais faz sentido inquirir se nelas se tratou a protecção internacional dos direitos humanos, contam-se o Direito Internacional Público I, o Direito Internacional Público II, os Direitos Fundamentais e o Direito Internacional e Direito do Mar.

a) **A disciplina de Direito Internacional Público I**

Louvando-nos no relatório para Professor Associado de FAUSTO DE QUADROS[42], diremos que, na História mais remota do ensino do Direito Internacional Público na nossa Faculdade, não foi dado qualquer relevo à matéria do Direito Internacional dos Direitos Humanos, na disciplina de Direito Internacional Público I, sendo que certos Professores nem sequer incluíram, nos seus programas, uma referência à personalidade jurídico-internacional do indivíduo[43], quando a mesma já era objecto de aprofundado tratamento na restante doutrina estrangeira e até portuguesa.

Outros Professores, pelo contrário, apesar da visão moderna que imprimiram ao ensino do Direito Internacional Público e do grande impulso que lhe deram, em Portugal, como foi o caso do Professor ANDRÉ GONÇALVES PEREIRA, numa disciplina semestral apenas se limitaram a breves referências ao Direito Internacional dos Direitos Humanos[44].

Com efeito, a disciplina de Direito Internacional Público I tem de ser, necessariamente, introdutória, genérica, sem qualquer hipótese de concentração temática. Num semestre, que, na prática, se traduz em três meses de aulas, não se afigura possível estudar mais do que a evolução histórica do Direito Internacional, as fontes, as relações entre o Direito Internacional e o Direito interno e os sujeitos de Direito Internacional. Por experiência própria o sabemos[45]. Só em semestres particularmente generosos, em ter-

---

[42] *Direito Internacional Público I...*, p. 385 e ss.

[43] É o caso de SILVA CUNHA que regeu a disciplina entre 1952/53 e Dezembro de 1962. Ver FAUSTO DE QUADROS, *Direito Internacional Público I...*, p. 396 e 397.

[44] Ver ANDRÉ GONÇALVES PEREIRA, *Curso de Direito Internacional Público*, 2ª ed., Lisboa, Edições Ática, 1970.

[45] O Conselho Científico da nossa Faculdade tem-nos confiado, nos últimos anos lectivos, o encargo de regência de uma turma de Direito Constitucional II e Direito Inter-

mos de tempo, se conseguem dedicar algumas aulas à protecção internacional dos direitos humanos.

Esta situação não melhorou com a recente mini-reforma do plano de estudos de 2001[46], que determinou aquilo que BLANCO DE MORAIS apelida de *união de facto contra natura* da disciplina de Direito Constitucional II com o Direito Internacional Público[47].

Para além da questão científica da junção de duas cadeiras, que há muito estão separadas, acresce ainda o perigo de, por falta de tempo, o Direito Internacional poder vir a ser consumido pelo Direito Constitucional II.

Dos vários Professores que têm regido a disciplina, nos últimos anos, apenas o Professor JORGE MIRANDA consegue dedicar mais do que uma aula à protecção internacional dos direitos humanos[48], sendo que Professores há que não lhe dedicam qualquer atenção[49].

A finalizar, refira-se ainda que em manuais de Professores da Faculdade de Direito da Universidade de Lisboa, destinados a servirem de apoio ao estudo da disciplina de Direito Internacional Público I, a questão dos direitos humanos ocupa, salvo raras e honrosas excepções[50], uma escassa dezena de páginas[51].

---

nacional. Somente nos anos lectivos 2003/2004 e 2004/2005 conseguimos dedicar uma aula e meia à questão do Direito Internacional dos Direitos Humanos.

[46] V. Acta n.º 7/2001 do Conselho Científico, de 27 de Junho de 2001.

[47] CARLOS BLANCO DE MORAIS, *Direito Constitucional II – Relatório*..., p. 5.

[48] V. Sumários de Direito Internacional Público (ano lectivo 1999/2000 – turma A), em que o Professor dedica duas aulas e meia a esta matéria.

[49] V. Sumários de Direito Internacional Público (ano lectivo 1999/2000 – turma da noite) do Professor CARLOS BLANCO DE MORAIS, assim como Sumários de Direito Constitucional II e Direito Internacional do ano lectivo 2002/2003 (turma da noite) do mesmo Professor, em que não há qualquer referência à protecção internacional dos direitos humanos.

Também a Professora MARGARIDA D'OLIVEIRA MARTINS, que regeu a disciplina de Direito Constitucional II e Direito Internacional, no ano 2003/2004 (turma B), não dedicou qualquer aula à protecção internacional dos direitos humanos.

[50] V. JORGE MIRANDA, *Curso de Direito Internacional Público*..., p. 275 a 316; EDUARDO CORREIA BAPTISTA, *Direito Internacional Público – Sujeitos e Responsabilidade*, vol. II, Coimbra, Almedina, 2004, p. 348 a 429

[51] V. JOAQUIM DA SILVA CUNHA/MARIA DA ASSUNÇÃO DO VALE PEREIRA, *Manual de Direito Internacional Público*, 2ª ed., Coimbra, Almedina, 2004, p. 463 a 477; ANDRÉ GONÇALVES PEREIRA/FAUSTO DE QUADROS, *Manual de Direito Internacional Público*, 3ª ed., Coimbra, Almedina, 1993, p. 595 a 602.

Em suma, não é na disciplina de Direito Internacional Público I que os Alunos aprendem Direito Internacional dos Direitos Humanos.

FAUSTO DE QUADROS defendeu, no seu relatório para professor associado, a criação de uma única disciplina anual de Direito Internacional Público, de cujo programa constaria o estudo do Conselho da Europa[52]. Além disso, sustentou a manutenção de uma segunda disciplina de Direito Internacional Público fixa e obrigatória para a menção de Ciências Jurídico-Políticas, devendo ser «leccionada como um curso monográfico que poderia versar alternadamente o Direito do Mar (...), o Direito Internacional dos Direitos do Homem, ou a Responsabilidade Internacional (...), ou o Direito Internacional do Ambiente»[53].

b) A disciplina de Direito Internacional Público II

Alguns Planos de Curso da nossa Faculdade previram uma disciplina semestral de Direito Internacional Público II, em primeiro lugar, para o 5.º ano[54] da menção de Ciências Jurídico-Políticas e depois para o 4.º ano[55] da opção C, que corresponde à mesma menção.

Consultando as distribuições de serviço docente, disponíveis nos serviços da Faculdade, verifica-se que a disciplina se leccionou entre os anos lectivos de 1981/1982 e 1996/1997[56].

---

[52] FAUSTO DE QUADROS, *Direito Internacional Público I...*, p. 431. A propósito da Convenção Europeia dos Direitos do Homem afirma aquele Autor: «Essas matérias devem ser estudadas por qualquer aluno que se forme na Faculdade, dada a sua enorme importância, inclusive para o bom aproveitamento da sua parte, da possibilidade de se especializar nelas a nível de pós-graduação ou de mestrado» (p. 403 e 404).

[53] FAUSTO DE QUADROS, *Direito Internacional Público I...*, p. 447.

[54] Ver o plano de estudos da Reforma de 1977, já citado.

[55] Ver o plano de estudos da Reforma de 1983, já citado.

[56] A coordenação da disciplina esteve a cargo dos Professores ARMANDO MARQUES GUEDES, ANDRÉ GONÇALVES PEREIRA, FAUSTO DE QUADROS, tendo sido regida pelos, actualmente, Professores FAUSTO DE QUADROS (anos lectivos 83/84, 84/85 e 86/87), JOÃO CAUPERS (anos lectivos 85/86 e 87/88), AFONSO D'OLIVEIRA MARTINS (anos lectivos 88/89, 89/90), MARIA LUÍSA DUARTE (anos lectivos 91/92, 92/93 96/97) e MARGARIDA D'OLIVEIRA MARTINS (anos lectivos 88/89 e 96/97) e por alguns mestres e licenciados que já não fazem parte do corpo docente da Faculdade.

Nenhum dos regentes deixou sumários na biblioteca, como era praxe académica na época.

Todavia, os Professores JOÃO CAUPERS, AFONSO D'OLIVEIRA MARTINS e MARGARIDA D'OLIVEIRA MARTINS publicaram Lições. V. JOÃO CAUPERS, *Introdução ao Direito*

Se assim o tivessem entendido os coordenadores e os regentes da disciplina de Direito Internacional Público II, esta poderia ter albergado o estudo do Direito Internacional dos Direitos Humanos. Porém, assim não aconteceu.

Sob a coordenação e influência do Professor ANDRÉ GONÇALVES PEREIRA, naquela disciplina estudou-se, essencialmente, o Direito das Organizações Internacionais[57], tendo-se dado, de início, um especial relevo ao Direito das Comunidades Europeias. Opção que se encontrava mais do que justificada, tendo em atenção que, na época, Portugal se encontrava à beira da adesão às Comunidades. A disciplina de Direito Internacional Público II chegou até, em certos semestres, a ser, inteiramente, dedicada ao estudo do Direito Comunitário[58].

A criação de uma disciplina autónoma de Direito Comunitário I, em 1986, levou a que o Direito Internacional Público II se centrasse, definitivamente, no estudo das Organizações Internacionais[59].

c) A disciplina de Direitos Fundamentais

A já mencionada reforma do plano de estudos de 1983 incluiu no 5.º ano da opção C (menção de Ciências Jurídico-Políticas) uma disciplina semestral de Direitos Fundamentais, cujo programa e conteúdo poderia ter, perfeitamente, incluído o estudo da dimensão internacional dos direitos humanos.

JORGE MIRANDA – o grande impulsionador da criação da mencionada disciplina pelo Conselho Científico da Faculdade[60] – no relatório que apresentou nas provas de agregação afirma, expressamente, que, no seu entender, a cadeira de Direitos Fundamentais não deve ser remetida para

---

Comunitário, Lisboa, AAFDL, 1988 e MARGARIDA SALEMA D'OLIVEIRA MARTINS/ /AFONSO D'OLIVEIRA MARTINS, *Direito das Organizações Internacionais*, vol. II, 2ª ed., Lisboa, AAFDL, 1996.

[57] Ver FAUSTO DE QUADROS, *Direito Internacional Público I...*, p. 403 e FAUSTO DE QUADROS, *Direito Comunitário I...*, p. 30 e ss.

[58] É o caso do ano lectivo 86/87, sob a regência do então Mestre, hoje Professor, JOÃO CAUPERS.

[59] É o caso dos dois semestres do ano lectivo 88/89, em que a regência foi atribuída a MARGARIDA D'OLIVEIRA MARTINS e AFONSO D'OLIVEIRA MARTINS, sob a coordenação de FAUSTO DE QUADROS.

[60] JORGE MIRANDA, *Relatório...*, p. 390.

«o exclusivo terreno do Direito Constitucional»[61]. Coerentemente, o Autor dedica cerca de um quarto do programa e das respectivas aulas (5,5/22) à matéria da protecção internacional dos direitos humanos[62]. É, todavia, de salientar o carácter modesto da dimensão internacional quando comparado com a fatia que assume a dimensão interna constitucional.

Esta tendência, que inicialmente se anunciava, vai ser confirmada pela prática. A análise dos programas e dos respectivos conteúdos dos diversos regentes[63], de então para cá, demonstra a preponderância dada ao estudo da dimensão constitucional positiva[64]. Na verdade, em certos semestres nem sequer se fez menção à protecção internacional dos direitos humanos.

---

[61] JORGE MIRANDA, *Relatório...*, p. 464.

[62] JORGE MIRANDA, *Relatório...*, p. 481 e ss.

[63] Desde a sua criação a disciplina de Direitos Fundamentais foi regida pelos Professores JORGE MIRANDA (anos lectivos 87/87, 88/89, 89/90, 98/99, 99/00), MARCELO REBELO DE SOUSA (ano lectivo 99/00 – dia), SÉRVULO CORREIA (anos lectivos 2001/2002, 2002/2003, 2003/2004) VASCO PEREIRA DA SILVA (anos lectivos 2003/2004) e pelos mestres JOÃO CLARO (anos lectivos 89/90 e 2002/2003), ANTÓNIO VITORINO (ano lectivo 88/89), PEREIRA COUTINHO (ano lectivo 97/98), CLÁUDIO MONTEIRO (ano lectivo 98/99) e NOGUEIRA DE BRITO (ano lectivo 2000/2001) e por outros então mestres e licenciados, que já não leccionam na Faculdade. Também nós regemos a cadeira no 2.º semestre do ano lectivo 2000/2001.

[64] Também em relação a esta disciplina não existem sumários na biblioteca. A partir do ano lectivo 1999/2000, podemos consultar os livros de controlo de assiduidade dos docentes que incluem os sumários das aulas. Assim, dessa leitura concluímos que, no ano lectivo de 1999/2000 (noite), JORGE MIRANDA dedicou três aulas à protecção internacional dos direitos do homem, enquanto MARCELO REBELO DE SOUSA (dia) não lhe fez qualquer referência. No ano lectivo 2000/2001 (dia), ANA MARIA GUERRA MARTINS dedicou onze em vinte e três aulas à protecção internacional dos direitos humanos. No mesmo ano lectivo à noite, o mestre NOGUEIRA DE BRITO centrou o curso numa perspectiva estritamente constitucional. No ano lectivo 2001/2002 (noite), VASCO PEREIRA DA SILVA dedicou uma aula à dimensão interna e dimensão internacional dos direitos humanos, tendo seguido depois a visão constitucional. No mesmo ano lectivo de dia e nos anos lectivos 2002/2003 e 2003/2004, sob a regência de SÉRVULO CORREIA, a matéria da protecção internacional dos direitos humanos não é, de modo algum ignorada, mas é também notório o carácter preponderante do pendor constitucional. No programa do mestre JOÃO CLARO do ano lectivo 2002/2003 (noite) não há qualquer referência à dimensão internacional dos direitos humanos.

d) A disciplina de Direito Internacional e Direito do Mar

Por último, deve referir-se que a disciplina de Direito Internacional e Direito do Mar[65, 66] da menção de Ciências Internacionais e Comunitárias[67] também seria adequada para leccionar uma parte do Direito Internacional dos Direitos Humanos. Porém, nunca permitiria cumprir um programa dotado de coerência e de uma certa unidade, neste domínio, dado que, numa disciplina semestral, com uma componente obrigatória de Direito do Mar, é impossível leccionar os sistemas de protecção internacional universal e regional dos direitos humanos. Uma destas duas vertentes acabará por ficar de fora.

Nos anos lectivos de 2000/2001 e 2001/2002 (1.º e 2.º semestres), tendo-nos sido atribuída, pelo Conselho Científico, a regência desta disciplina, optámos por fazer um curso temático subordinado às «Novas Tendências do Direito Internacional – a Actividade das Nações Unidas», no qual incluímos quatro matérias, a saber, a manutenção da paz e da segurança internacionais, a protecção internacional universal dos direitos humanos, o Direito Penal Internacional e o Direito do Mar. Deixámos, portanto, de fora todo o Direito Internacional Regional dos Direitos Humanos, designadamente, o europeu, cuja importância já foi sublinhada várias vezes neste relatório.

Os outros regentes da disciplina[68] não incluíram qualquer referência à matéria Direito Internacional dos Direitos Humanos, tendo optado por outros domínios, como a responsabilidade internacional e o Direito Aéreo e Espacial[69] ou os conflitos internacionais[70].

---

[65] Esta disciplina foi leccionada, pela primeira vez, no ano lectivo de 97/98 e surge na sequência da disciplina de Direito do Mar, da menção de Ciências Jurídico-Políticas, disciplina variável, por deliberação anual do Conselho Científico.

[66] JORGE MIRANDA, num artigo intitulado *No horizonte do ano 2000 – Reformas da Faculdade,* publicado na RFDUL, 1998, p. 864, defendeu a inclusão desta disciplina no 4.º ano na menção de Jurídico-Políticas.

[67] A menção de Ciências Internacionais e Comunitárias foi criada por deliberação do Conselho Científico, de 22 de Março de 2000, tendo começado a funcionar logo no ano lectivo de 2000/2001.

[68] A regência da disciplina foi confiada ao Professor JOÃO CAUPERS nos anos lectivos 97/98, 98/99, ao mestre MOREIRA DA SILVA, sob a coordenação do Professor PAULO OTERO no ano lectivo 99/2000 e à Professora ANA MARIA GUERRA MARTINS nos anos lectivos 2000/2001 a 2003/2004.

[69] Foi o caso do Professor Doutor JOÃO CAUPERS.

[70] V. os livros de sumários do ano lectivo 99/00 de JOSÉ LUIS MOREIRA DA SILVA.

II) Doutoramento, Mestrado, Aperfeiçoamento e Pós-graduação de especialização

Na Faculdade de Direito da Universidade de Lisboa nunca foi leccionada qualquer disciplina específica de Direito Internacional dos Direitos Humanos, nos Cursos de Doutoramento, de Mestrado e de Aperfeiçoamento.

Esta temática foi, contudo, objecto de tratamento na disciplina de Direito Internacional Público, sob a regência do Professor JORGE MIRANDA, bem como mais tarde[71], sob a nossa própria regência. Entendemos então dedicar o seminário ao seguinte tema: A *protecção internacional dos direitos humanos ao nível regional*, com especial destaque para a Convenção Europeia dos Direitos Humanos e para a Convenção Interamericana dos Direitos Humanos[72].

Este regente publicou, recentemente, os sumários das suas aulas. V. *Direito Internacional e Direito do Mar, Parte I – Direito dos Conflitos Internacionais*, Lisboa, 2003 e *Direito Internacional e Direito do Mar, Parte II – Direito do Mar*, Lisboa, 2003.

[71] No ano lectivo 2002/2003.
[72] O programa do nosso seminário foi o seguinte:
1. A protecção internacional dos direitos humanos no continente europeu; **1.1. O Conselho da Europa: a Convenção Europeia dos Direitos do Homem e os seus protocolos**; 1.1.1. As origens da Convenção; 1.1.2. Os objectivos da Convenção; 1.1.3. A aplicação da Convenção e dos seus protocolos no tempo e no espaço; 1.1.4. A interpretação da Convenção; 1.1.5. Os direitos, liberdades e garantias reconhecidos pela Convenção: – direitos relativos à vida e à integridade física da pessoa; – direitos que protegem a liberdade física da pessoa; – direitos que dizem respeito à administração da justiça; – direitos que respeitam à vida privada e familiar; – direitos intelectuais; – direitos relativos ao funcionamento das instituições democráticas; – direito ao respeito dos bens; 1.1.6. Os direitos intangíveis; 1.1.7. O controlo do respeito dos compromissos resultantes da Convenção e dos seus protocolos; **1.2. A União Europeia**; 1.2.1. A ausência de um catálogo de direitos fundamentais nos tratados institutivos das Comunidades Europeias; 1.2.2. A (des)necessidade de um catálogo de direitos fundamentais: argumentos a favor e contra; 1.2.3. A jurisprudência do Tribunal de Justiça em matéria de direitos fundamentais; 1.2.4. Os recentes desenvolvimentos em matéria de direitos fundamentais: a Carta dos Direitos Fundamentais da União Europeia; **2. A protecção internacional dos direitos humanos no continente americano: a Convenção Americana de Direitos do Homem**; 2.1. Origens; 2.2. Princípios; 2.3. Direitos protegidos; 2.4. Órgãos: Comissão e Tribunal; 2.5. Análise crítica da jurisprudência; 3. A penetração dos sistemas internacionais regionais de protecção dos direitos do homem nos sistemas nacionais.

Com base neste programa os Alunos apresentaram exposições orais e relatórios escritos sobre os seguintes temas:

Os relatórios apresentados pelos Mestrandos encontram-se publicados, sob a nossa coordenação[73].

Como já referimos, do plano de curso da pós-graduação de especialização em Ciências Políticas e Internacionais consta uma disciplina de Protecção Internacional dos Direitos do Homem, desde o ano lectivo 1999/2000, cuja leccionação tem estado a nosso cargo.

B) A Faculdade de Direito da Universidade de Coimbra

O plano de curso da Faculdade de Direito da Universidade de Coimbra[74] também não contempla, ao nível da licenciatura, qualquer disciplina autónoma de Direito Internacional dos Direitos Humanos. Tal como em Lisboa, os direitos fundamentais têm sido estudados numa óptica, essencialmente, constitucional, como o demonstra a já clássica obra de VIEIRA DE ANDRADE[75]. O mais recente manual de Direito Internacional[76] da escola de Coimbra dedica cerca de 30 páginas em 500 ao estudo do Direito Internacional dos Direitos Humanos.

Deve, no entanto, sublinhar-se que a Faculdade de Direito da Universidade de Coimbra possui um Centro Universitário de Direitos Humanos[77], ímpar em Portugal, cuja direcção está a cargo dos Professores GOMES CANOTILHO e VITAL MOREIRA. Este Centro existe desde 1999 e organiza um Curso de Verão sobre Direitos Humanos, assim como Cursos

---

a) A Carta dos Direitos Fundamentais da União Europeia na óptica da Constituição Europeia; b) Os direitos e garantias de participação política na Convenção Americana de Direitos Humanos; c) A protecção internacional dos direitos dos consumidores; d) O direito à vida na Convenção Europeia dos Direitos do Homem; e) A interpretação da Convenção Americana de Direitos Humanos; f) O direito ao ambiente e desenvolvimento sustentável; g) A influência da CEDH na reforma do contencioso administrativo português; h) A liberdade de expressão na CEDH; i) O direito dos portadores de deficiências na CADH e na CEDH; j) O direito à liberdade na CEDH; k) O direito de associação sindical na CADH e nas convenções da OIT.

[73] Ver ANA MARIA GUERRA MARTINS (coordenação), *Estudos de Direito Europeu e Internacional dos Direitos Humanos*, Coimbra, Almedina, 2005.

[74] http://www.fd.uc.pt

[75] Ver VIEIRA DE ANDRADE, *Os direitos fundamentais...*, p. 44.

[76] JÓNATAS E. M. MACHADO, *Direito Internacional – Do paradigma clássico ao pós-11 de Setembro*, Coimbra, Coimbra Editora, 2003, p. 269 a 296.

[77] http://www.fd.uc.pt.hrc

de pós-graduação em inglês sobre a temática geral «Direitos Humanos e Democracia», em colaboração com algumas das mais prestigiadas universidades europeias, no qual se incluem algumas sessões sobre protecção internacional e europeia dos direitos humanos.

C) Outras Faculdades

O plano de Curso de Direito da Universidade Católica de Lisboa[78], que entrou em vigor no ano lectivo 2003/2004, inclui uma disciplina de Direito Europeu dos Direitos Humanos optativa para as áreas forense e pública e internacional no 5.º ano.

Já o plano do Curso de Direito da Universidade Católica do Porto não inclui qualquer cadeira específica de Direito Internacional dos Direitos Humanos. Existem, todavia, disciplinas próximas, nas quais poderão vir a ser leccionados alguns aspectos de Direito Internacional dos Direitos Humanos. É o caso, por exemplo, da disciplina de Justiça Internacional pertencente à Área Político-Administrativa, Internacional e Europeia e das disciplinas de Direito Internacional Humanitário e Direito Internacional Penal, que fazem parte de um conjunto muito vasto de disciplinas opcionais e seminários, de entre os quais o Conselho Científico determinará quais funcionam efectivamente em cada ano.

No plano de estudos da Faculdade de Direito da Universidade Nova de Lisboa[79] também não se descortina nenhuma disciplina de Direito Internacional dos Direitos Humanos. A avaliar pelo Manual do Professor de Direito Internacional Público I, recentemente publicado, a temática do Direito Internacional dos Direitos Humanos é tratada de forma bastante sumária naquela cadeira[80]. Para além disso, na Faculdade de Direito da Universidade Nova de Lisboa, é leccionada uma disciplina optativa de Direito Internacional Público II, na qual a temática estudada é o Direito Internacional Penal[81].

---

[78] http://www.ucp.pt

[79] http://www.fd.unl.pt

[80] JORGE BACELAR GOUVEIA, *Manual de Direito Internacional*, 2ª ed., Coimbra, Almedina, 2004, p. 513 a 541.

[81] A regência desta disciplina tem estado a cargo da Professora PAULA ESCARAMEIA.

1.5.2. NO ESTRANGEIRO

O estudo do Direito Internacional dos Direitos Humanos granjeia no estrangeiro mais adeptos do que em Portugal. A prová-lo estão os diversos manuais específicos sobre a matéria nas línguas inglesa[82], francesa[83], espanhola[84] e alemã[85], que se destinam a servir de bibliografia de apoio à disciplina, que, como veremos em seguida, se lecciona em muitas Faculdades de Direito, de modo autónomo.

Tal como em Portugal, a cadeira de Direito Internacional não se revela adequada para ensinar o Direito Internacional dos Direitos Humanos, pois também lá fora apresenta uma índole generalista, como se pode verificar pela leitura dos manuais de Direito Internacional Público em língua inglesa[86], francesa[87], espanhola[88], alemã[89] ou italiana[90].

---

[82] Ver, por exemplo, H. ROBERTSON/J.G. MERRILS, *Human Rights in the World: an Introduction to the Study of the International Protection of Human Rights*, 4ª ed., Manchester, Manchester University Press, 1996; HENRY STEINER/PHILIP ALSTON, *International Human Rights in Context Law, Politics, Morals – Text and Materials*, 2ª ed., Oxford, Oxford University Press, 2000; JAVAID REHMAN, *International Human Rights Law – a Practical Approach*, Harlow, Pearson Education, 2003; RAIJA HANSKI/MARKKU SUKSI (org.), *An Introduction to the International Protection of Human Rights. A Textbook*, Turku/Abo, 1999; THOMAS BUERGENTHAL/DINAH SHELTON/DAVID STEWART, *International Human Rights*, 3ª ed., St Paul, Wets Group, 2002; RHONA K. M. SMITH, *Textbook on International Human Rights*, Oxford, Oxford University Press, 2003; HURST HANNUM (ed.), *Guide to International Human Rights Practice*, 4ª ed., Ardsley, Nova Iorque, Transnational Publishers, Lc., 2004.

[83] RUSEN ERGEC, *Protection européenne et internationale des Droits de l'Homme*, Bruxelas, Bruylant, 2004; FRÉDÉRIC SUDRE, *Droit international et européen*....

[84] CARLOS FERNÁNDEZ DE CASADEVANTE ROMANI (coord.), *Derecho Internacional de los Derechos Humanos*, 2ª ed.. Madrid, Dilex, 2003; CARLOS VILLÁN DURÁN, *Curso de Derecho Internacional de los Derechos Humanos*, Madrid, Editorial Trotta, 2002; FELIPE GÓMEZ ISA (Dir.)/JOSÉ MANUEL PUREZA, *La protección internacional de los derechos humanos en los albores del siglo XXI*, Bilbao, Universidad de Deusto, 2003; MIREYA CASTILLO, *Derecho Internacional de los Derechos Humanos*, Valencia, Tirant lo blanch, 2003.

[85] THEODOR SCHILLING, *Internationaler Menschenrechtsschutz – universelles und europäisches Recht*, Tübingen, Mohr, 2004.

[86] IAN BROWNLIE dedica cerca de 30 em 742 páginas à matéria dos direitos humanos e da auto-determinação. *In Principles of Public International Law*, 6ª ed. Oxford, Oxford Univ., 2003, p. 529 a 558. MALCOLM N. SHAW, na sua obra de quase 1300 páginas, é dos autores que confere um tratamento mais aprofundado à protecção internacional dos direitos humanos. Nas páginas 247 a 318 debruça-se sobre a questão em geral e, mais adiante,

Com o objectivo de averiguar se a disciplina, cuja criação propomos neste relatório, é ensinada nas universidades dos vários pontos do Globo e, em caso afirmativo, em que termos, vamos proceder a uma pesquisa na Internet, alertando, contudo, para o facto que, muitas vezes, as informações disponíveis nos sítios das diversas universidades são escassas, ou não estão de todo acessíveis ao grande público, pelo que não temos pretensões de exaustividade.

De qualquer modo, a informação disponível é suficientemente elucidativa de que a disciplina de Direito Internacional dos Direitos Humanos

---

nas páginas 319 a 367 trata a protecção regional dos direitos humanos. V. *International Law*, 5ª ed., Cambridge, Cambridge Univ. Press, 2003.

[87] Um dos manuais de referência de Direito Internacional – o Manual de NGUYEN QUOC DINH/PATRICK DAILLIER/ALAIN PELLET – dedica cerca de 60 em 1337 páginas ao estudo das pessoas singulares como sujeitos do Direito Internacional (*Droit International Public*, 7ª ed., Paris, LGDJ, 2002, p. 643 a 730). Dessas 60 páginas apenas metade se destinam à protecção internacional dos direitos humanos, ou seja, a ínfima percentagem de 2,3% do Curso. PIERRE-MARIE DUPUY debruça-se sobre a questão do indivíduo no quadro da protecção internacional dos direitos humanos em cerca de 40 páginas das 787 que o seu Manual possui. In *Droit International Public*, 6ª ed., Paris, Dalloz, 2002, p. 202 a 248. Já DOMINIQUE CARREAU ocupa apenas 8 das 688 páginas com a questão, in *Droit International*, 7ª ed., Paris, Pedone, 2001, p. 411 a 419. JEAN COMBACAU e SERGE SUR não lhe fazem qualquer referência – v. *Droit International Public*, 5ª ed., Paris, Montchrestien, 2001, 815 pp.

[88] Na doutrina espanhola JOSÉ JUSTE RUIZ e MIREYA CASTILLO DAUDÍ dedicam uma aula (a 14ª) em dezoito ao Direito Internacional dos Direitos Humanos (*Derecho Internacional Público*, Valencia, Punto y Coma, 2002, p. 317 a 336) e ALEJANDRO RODRIGUEZ CARRIÓN dedica-lhe apenas um terço de uma aula (a 19ª) em vinte e uma (*Lecciones de Derecho Internacional Publico*, Madrid, Tecnos, 2002, p. 509 a 522). JOSÉ A. PASTOR RIDRUEJO, no seu *Curso de Derecho Internacional Publico y Organizaciones Internacionales*, 8ª ed., Madrid, Tecnos, 2001, estuda, no capítulo relativo ao indivíduo no Direito Internacional, a temática da protecção internacional dos direitos humanos, dedicando-lhe menos de 30 páginas em 800 (p. 199 a 228). MANUEL DIEZ DE VELASCO ocupa 50 páginas (p. 583 a 634) em 1023 com a matéria da protecção internacional dos direitos humanos, in *Instituciones de Derecho Internacional Público*, 14ª ed., Madrid, Tecnos, 2003.

[89] V. KARL DOEHRING, *Völkerecht – ein Lehrbuch*, Heidelberga, Müller, 1999, p. 413 a 422 (em 541 páginas); HANSPETER NEUHOLD/WALDEMAR HUMMER/CHRISTOPH SCHUERER, *Österreichisches Handbuch des Völkerechts*, vol. I, Viena, Manzsche Verlag, 1997, p. 243 a 294.

[90] BENEDETTO CONFORTI não trata a matéria dos direitos humanos *ex professo*, referindo-a apenas em 6 páginas a propósito do domínio reservado dos Estados, in *Diritto Internazionale*, 6ª ed., Nápoles, Scientifica, 2002, p. 204 e ss (em 457 páginas).

tem autonomia curricular, quer com carácter obrigatório, quer com cariz facultativo, em muitas Faculdades de Direito na Europa, nos Estados Unidos e na América Latina, posicionando-se, frequentemente, nos últimos anos do respectivo Curso.

Além disso, faremos referência aos Institutos e Centros de Investigação na área dos Direitos Humanos ligados às Universidades, quando existirem, dado que provam a importância que a respectiva instituição confere ao estudo dos Direitos Humanos.

I) Europa

A) Na vizinha **Espanha** são várias as Faculdades de Direito que oferecem aos Estudantes de Direito a opção de disciplinas sobre Protecção Internacional dos Direitos Humanos.

Assim, na Faculdade de Direito da Universidade de Alcalá de Henares[91] de entre as disciplinas optativas do Curso de Direito contam-se, no 1.º ciclo, *A Protecção Jurisdicional de Direitos Humanos* e, no 2.º ciclo, o *Direito Internacional e Europeu dos Direitos Humanos*, sendo atribuídos, a cada uma, 6 créditos.

A disciplina de *Direito Internacional dos Direitos Humanos* também consta do plano de curso da Faculdade de Direito da Universidade de Valência como disciplina optativa do 2.º ciclo[92].

Além disso, existem diversos Centros e Institutos de Direitos Humanos ligados a universidades espanholas.

É o caso do Instituto de Direitos Humanos da Universidade Complutense de Madrid[93], criado em 1980, cujo objectivo é a promoção da investigação e do ensino dos Direitos Humanos, através da organização de um curso geral de especialização, assim como de seminários, conferências e encontros interdisciplinares. Este Centro publica um *Anuário de Derechos Humanos*.

Também a Universidade de Navarra possui um Instituto de Direitos Humanos[94], que se destina ao estudo e à investigação sobre Direitos Humanos em geral, promovendo um seminário permanente sobre a maté-

---

[91] http://www.uah.es/estud/licenciaturas/planes/planesderecho.shtm
[92] http://www.uv.es/dise/estudi/plans/420b.html
[93] http://www.ucm.es/info/derecho/estudios/IDH_archivos/Curso.htm
[94] http://www.unav.es/idh

ria. Não se reconduz, portanto, apenas ao Direito Internacional, mas a todos os problemas relacionados com os Direitos Humanos.

Por seu turno, a Universidade de Zaragoza tem um servidor de direitos humanos, no qual disponibiliza alguma informação sobre o assunto[95]. O servidor foi criado para comemorar o aniversário da Declaração Universal de Direitos do Homem.

B) Em **França**, a Faculdade de Direito da Universidade de Montpelier I[96] é uma das que oferece maiores hipóteses de estudo do domínio em análise. Ao nível da *mention de Droit International et Européen* da *Maitrise en Droit* existem disciplinas específicas de Direitos Humanos, como é o caso do Direito Comunitário dos Direitos Fundamentais e do Direito Internacional dos Direitos do Homem. Trata-se de cursos de 36 horas, sendo que a primeira disciplina é obrigatória e a segunda facultativa.

Além disso, a Universidade de Montpelier I lecciona um DEA (*Diplôme d'Études Approfondies*) em Direito Comunitário Europeu[97], no qual inclui uma disciplina de 15 horas de Direito Europeu dos Direitos do Homem e um Seminário de 12 horas de Direito da Convenção Europeia de Direitos do Homem. Este DEA é da responsabilidade de FRÉDÉRIC SUDRE, autor de um mais reputados manuais de Direito Europeu e Internacional dos Direitos Humanos já citado[98]. Existe também um DEA em Direito Internacional Público: Protecção Internacional e Comparada do Indivíduo, que inclui vários módulos relacionados com a Protecção Internacional dos Direitos Humanos.

Na Faculdade de Direito da Universidade Católica de Lyon[99] lecciona-se a disciplina de Direito Internacional dos Direitos Humanos logo no 2.º semestre do 1.º ano[100] em 21 horas. A mesma Universidade possui um Instituto de Direitos Humanos que organiza os seguintes cursos:

– Maîtrise Libre *«Droit International et Droits de l'Homme»* (Bac +3);
– Maîtrise Conventionnée *«Droit public, option Droits de l'Homme»* (Bac + 3);

---

[95] http://www.unizar.es/derechos_humanos
[96] http://www.droit.univ-montp1.fr/
[97] http://www.droit.univ-montp1.fr/content/content.php3?mq=f&num=15
[98] FRÉDÉRIC SUDRE, *Droit international et européen*....
[99] http://www.univ-catholyon.fr/fr/droit/facdroit_prog.htm
[100] http://www.univ-catholyon.fr/fr/droit/facdroit_1annee.htm

- Diplôme d'Etudes Approfondies (D.E.A. Libre) «*Fondements des Droits de l'Homme*» (Bac + 4);
- Diplôme d'Etudes Approndies (D.E.A. Conventionné) «*Histoire, Droit et Droits de l'Homme*» (Bac + 4);
- Diplôme d'Etudes Supérieures Spécialisées (D.E.S.S. Libre) «*Pratiques des Organisations Internationales et Protection des Droits Humains*» (Bac + 4);
- Diplôme Universitaire (D.U. Libre) «*Actualité des Droits de l'Homme*».

A Universidade Robert Schuman de Estrasburgo[101] dispõe de um Instituto – *Institut des Hautes Études Européennes* – o qual organiza dois *Masters* em Direitos Humanos – o *European Master Degree in Human Rights and Democratization* e o Master 2 *Droit et Études Europénnes, Mention Droits de l'Homme*[102].

C) Em **Itália,** as Universidades não dedicam uma particular atenção ao ensino do Direito Internacional dos Direitos Humanos. Com efeito, os planos do curso de Direito da Universidade *La Sapienza*[103] e *Tor Vergata*[104], ambas de Roma, assim como da Faculdade de Direito da Universidade *degli studi di Milano*[105] não contemplam nenhuma disciplina específica de Direito Internacional dos Direitos Humanos, contentando-se com breves alusões a esta temática na cadeira de Direito Internacional.

Esta será, porventura, a razão que explica o desinteresse da doutrina italiana por esta temática e a consequente ausência de manuais italianos.

D) Na **Alemanha,** a cadeira de Direito Internacional dos Direitos Humanos (*Menschenrechtsschutz*) consta do plano do curso de Direito da *Christian-Albrechts-Universität* de Kiel[106] nos 5.º e 6.º semestres da menção (*Schwerpunktbereiche*) de Direito Internacional e Europeu.

Também na Faculdade de Direito da Universidade de Tübingen existe uma disciplina de *Völkerrecht* III nas menções (*Schwerpunktbereiche*) de

---

[101] http://www-urs.u-strasbg.fr
[102] http://www-ihee.u-strasbg.fr
[103] http://w3.uniroma1.it/ius/index.htm
[104] http://www2.juris.uniroma2.it/guidastudente20042005/guidastudente20042005.pdf
[105] http://studenti.unimi.it/cdl/documenti0405/regolamenticdl0405/guirisp/S_servizi_giuridici_2004-05.pdf
[106] http://www.uni-kiel.de/fakultas/jura/index.php?x=http://test.jura.uni-kiel.de/studienablauf.htm&menue=jura-studi

Direito Internacional e Europeu e de Direito Internacional Económico, em que se lecciona Direito Internacional dos Direitos Humanos (*Internationaler Menschenrechtsschutz, Friedenssicherung*), no 7.º semestre[107].

Na Faculdade de Direito da Universidade de Potsdam, na menção de Direito Internacional da Paz, Organizações Internacionais e Direitos Humanos (*Friedensvölkerrecht, Internationale Organisationen, Menschenrechte*), os Alunos têm ao seu dispor várias cadeiras de Direito Internacional, de entre as quais se conta, no 6.º semestre, o Direito Internacional dos Direitos Humanos, cuja regência pertence a ECKART KLEIN[108].

E) Na **Bélgica** o estudo do Direito Internacional e Europeu dos Direitos Humanos assume alguma relevância.

Na Universidade Livre de Bruxelas existe, ao nível da licenciatura em Direito, no 5.º ano, na menção (*orientation*) de Direito Público, uma cadeira de opção de Protecção Internacional e Europeia dos Direitos Humanos, cujo regente é RUSEN ERGEC, que é autor de um manual, já citado, com esse título[109]. Para além da licenciatura, denominando-se exactamente da mesma forma e com o mesmo regente, a disciplina faz parte dos planos de estudo de um curso de especialização – o Curso de Direito Internacional. Já no Curso de Direito Internacional dos Negócios assume uma feição mais restrita, restringindo-se ao Direito Internacional dos Direitos Humanos. Esta cadeira está a cargo de YUTAKA ARAI[110].

Na Universidade Católica de Louvaina existe um LLM em Direito da União Europeia, o qual permite aos Alunos a opção por uma disciplina de *Human Rights*, cujo programa, da responsabilidade de PAUL LEMMENS, incide sobre o Direito Internacional dos Direitos Humanos[111].

F) Na **Holanda** um dos mais reputados Cursos de Direito pertence à *Erasmus Universty Roterdam*. Trata-se de um *bachelor* de 3 anos, no plano de estudos do qual não consta nenhuma disciplina de Direito Internacional dos Direitos Humanos, na medida em que nesta Universidade a especialização é relegada para o *Master* e o *LLM*. É, pois, ao nível do *Master in International, European and Comparative Law*[112] e do LLM em *Interna-*

---

[107] http://www.jura.uni-tuebingen.de/studium/lehrveranstaltungen/2004ws/studplan.htm
[108] http://www.uni-potsdam.de/u/ls_klein/index.htm
[109] RUSEN ERGEC, *Protection européenne* ....
[110] http://www.ulb.ac.be/prog/droit/resumes/DROI_023.html
[111] http://www.law.kuleuven.ac.be/cals/llm/brochure/fl.html
[112] http://www.frg.eur.nl/english/education/master_program

tional Law[113] que a Faculdade de Direito disponibiliza uma disciplina opcional de Direito Internacional dos Direitos Humanos.

G) No **Reino Unido** é, indubitavelmente, a Faculdade de Direito da Universidade de Essex, que dedica maior atenção ao estudo do Direito dos Direitos Humanos. De entre as muitas dezenas de disciplinas de opção que oferece aos seus estudantes de Direito, contam-se o Direito Europeu e o Direito Internacional dos Direitos Humanos. Além disso, existe um curso de três anos em Direito e Direitos Humanos e um LLM em Direito Internacional dos Direitos Humanos[114]. Estes cursos são organizados no âmbito do seu *Human Rights Center*.

H) Na **Irlanda,** na licenciatura em Direito da *Dublin City University*, os Estudantes podem escolher a disciplina de Direito Internacional dos Direitos Humanos[115].

No *Trinity College of Dublin*[116] os Estudantes do 3.º ano da licenciatura em Direito têm uma cadeira de Direito dos Direitos Humanos, da responsabilidade de ROSEMARY BYRNE. Segundo o programa disponível *online,* nessa disciplina lecciona-se Direito Internacional dos Direitos Humanos[117].

Além disso, ao nível do LLM, existem como disciplinas autónomas, o Direito Africano dos Direitos Humanos e o Direito Europeu dos Direitos Humanos[118].

No *University College of Dublin*, os Alunos do *Degree of Bachelor of Civil Law*, que é um curso de 4 anos, podem optar no 2.º ano por diversas disciplinas, entre as quais está incluída o Direito Internacional dos Direitos Humanos[119].

A Faculdade de Direito oferece ainda um *master* em Direito Europeu, no qual é leccionada uma disciplina de *European Protection of Human Rights*.

I) Na **Dinamarca, Finlândia, Suécia e Noruega** o estudo dos Direitos Humanos assume uma grande relevância, como atestam os vários Centros e Institutos de Direitos Humanos ligados às universidades.

---

[113] http://www.llm.erasmus.org
[114] http://www.essex.ac.uk/intro/ug/courses.htm#humanrights
[115] http://www.dcu.ie/registry/module_contents.php
[116] http://www.tcd.ie/Law/LL_M.html
[117] http://www.tcd.ie/Law/Courses.html#Human%20Rights%20Law
[118] http://www.tcd.ie/Law/PGCourses.html#M.Litt
[119] http://www.ucd.ie/law/lawhome.html

Na Finlândia existem dois institutos de Direitos Humanos:

- O *Erik Castrén Institute of International Law and Human Rights* criado em 1998, no âmbito da Faculdade de Direito da Universidade de Helsínquia;
- O *Institute for Human Rights*, fundado em 1985, encontra-se actualmente integrado na Faculdade de Direito da *Abo Akademi University*.

Na Suécia o *Raoul Wallenberg Institute of Human Rights and Humanitarian Law* é uma instituição académica ligada à Faculdade de Direito da Universidade de Lund, criada em 1984.

Na Noruega deve mencionar-se o *Norwegian Centre for Human Rights*, que faz parte da Universidade de Oslo.

Na Dinamarca *The Danish Institute for Human Rights* não tem a sua origem na Universidade, mas tem ligações a várias universidades.

Alguns destes Centros e Institutos funcionam em rede, coordenada pelo Instituto de Abo/Turku.

Refira-se ainda que a Faculdade de Direito da Universidade de Copenhaga, na Dinamarca, lecciona ao nível do 1.º ciclo – *bachelor* – a disciplina de Convenção Europeia dos Direitos Humanos, deixando para o 2.º ciclo, denominado *master*, uma cadeira específica de Direito Internacional dos Direitos Humanos[120], que não é obrigatória para todos os Estudantes.

II) Estados Unidos da América

Nos Estados Unidos da América existem várias universidades com tradição no ensino do Direito Internacional dos Direitos Humanos.

a) Na ***School of Law* da Universidade de Washington** a cadeira de Protecção Internacional dos Direitos Humanos é uma das opções na área de especialização de Direito Internacional. A regência da disciplina está a cargo de KRISTEN STILT e o programa abrange o estudo do Direito Internacional convencional e consuetudinário relativo à protecção dos direitos humanos, com especial pendor para o sistema das Nações Unidas, do Conselho da Europa e da Organização dos Estados Americanos[121].

---

[120] http://www.jur.ku.dk/internationalhumanrightslaw/
[121] http://www.law.washington.edu/Courses/Catalog/cbClass.asp?ID=B596

b) Na *School of Law* **da Universidade de Berkeley**, na Califórnia, o Direito Internacional dos Direitos Humanos conta-se entre as disciplinas de opção do curso de Direito. Além disso, esta temática é objecto de um seminário e de aulas práticas (*Clinicals*) da responsabilidade de LAUREL FLETCHER[122].

c) A *Harvad Law School* estimula o estudo dos direitos humanos, através do seu Programa de Direitos Humanos[123], cujo Director é HENRY J. STEINER, co-autor de um dos mais reputados manuais de Direito Internacional dos Direitos Humanos[124]. Este programa abrange oito disciplinas na licenciatura, entre as quais se inclui o Direito Internacional dos Direitos Humanos, bem como a organização de conferências e seminários[125].

d) No *Washington College of Law* da *American University* existe um LLM em *International Legal Studies*, onde se lecciona uma disciplina de Protecção Internacional dos Direitos Humanos a par do Direito das Organizações Internacionais ou do Direito Internacional do Ambiente.

Esta Universidade dispõe também de um *Center for Human Rights & Humanitarian Law* e de uma *Academy for Human Rights & Humanitarian Law*, que têm como missão o aprofundamento do estudo do Direito Humanitário e dos Direitos Humanos, através da organização de cursos de Verão e de eventos vários.

e) Na *School of Law* **da Universidade de Minnesota**[126] funciona um *Human Rights Center*[127], o mesmo sucedendo na **Faculdade de Direito da Universidade de Nova Iorque**[128] – o *Center for Human Rights and Global Justice*[129].

Estes centros têm como objectivo principal incentivar a investigação sobre Direitos Humanos, realizando para tal cursos, colóquios, seminários e projectos da mais variada ordem.

---

[122] http://www.law.berkeley.edu/courses/coursePage.php?cID=4770&termCode=D&termYear=2004
[123] http://www.law.harvard.edu/Programs/HRP
[124] HENRY STEINER/PHILIP ALSTON, *International Human Rights*....
[125] http://www.law.harvard.edu/programs/hrp/courses.htm
[126] http://www1.umn.edu
[127] http://www1.umn.edu/humanrts/hrcenter.htm
[128] http://www.law.nyu.edu
[129] http://www.law.nyu.hr.org

III) América Latina

Na América Latina existem vários países onde se lecciona o Direito Internacional dos Direitos Humanos, nos vários níveis de ensino superior. De entre eles devem destacar-se o México, a Guatemala, a Colômbia e o Uruguai.

Com efeito, o interesse e o empenho no estudo e na investigação da matéria em análise nos países da América Latina não têm parado de aumentar nos últimos anos, muito provavelmente, por razões ligadas à maior consciencialização da frequência com que nesses países têm ocorrido violações dos direitos humanos.

A) No **México** esta temática é objecto de especial atenção na Faculdade de Direito da Universidade Autónoma do México, onde, no 5.° semestre, os Estudantes da Área de Direito Internacional devem cursar a disciplina de Sistema Internacional dos Direitos Humanos, na qual são leccionados os sistemas universal, europeu e interamericano dos direitos humanos[130].

Além disso, também na Faculdade de Direito da Universidad Ibero-americana é leccionada a disciplina de Direitos Humanos e Garantias Individuais como obrigatória no curso de Direito[131].

B) Na **Colômbia** a Faculdade de Ciências Jurídicas da Universidade Pontifícia Javeriana de Bogotá possui um *Centro de Estudios de Derecho Internacional "Francisco Suarez S.J."*, o qual se dedica à investigação interdisciplinar em Direito Internacional. Um dos objectivos do mencionado Centro é a promoção da investigação em áreas de especial relevo para o Direito Internacional, nas quais inclui, expressamente, a protecção dos Direitos Humanos[132].

C) Na **Guatemala** o Direito Internacional dos Direitos Humanos é leccionado no 7.° semestre do Curso de Direito da Faculdade de Ciências Jurídicas e Sociais da Universidad Rafael Landívar, a par do Direito Internacional Humanitário[133]. Além disso, esta Faculdade disponibiliza um

---

[130] http://www.dgae.unam.mx/planes/f_derecho/Sua-dcho.pdf

[131] http://www.uia.mx/licenciaturas/dpt_derecho/derecho/plan.html

[132] http://www.javeriana.edu.co/Facultades/C_Juridicas/Institutos/cedi.htm http://www.javeriana.edu.co/puj/facultades.htm

[133] http://www.url.edu.gt/VAcademica/FCJS/pensumFCJS.pdf

mestrado em Direitos Humanos, que inclui uma formação muito abrangente nesta área, tanto ao nível interno como internacional[134].

D) No **Uruguai** a Faculdade de Direito da Universidade Católica do Uruguai, em parceria com outras Universidades[135] da América Latina e com o Instituto Interamericano de Direitos Humanos, organiza um Diploma em Educação em Direitos Humanos[136]. Este Curso combina o ensino presencial com o ensino à distância e destina-se a formar professores nesta área. Dele faz parte uma disciplina de Direito Internacional dos Direitos Humanos.

E) Antes de terminar, é devida uma palavra ao caso do **Brasil**. Não tendo aquele país uma grande tradição académica de investigação no domínio do Direito Internacional, não admira que as Universidades tenham em relação ao Direito Internacional dos Direitos Humanos uma atitude de relativa indiferença. Deve, porém, sublinhar-se que um dos mais reputados especialistas, nesta área, é brasileiro – ANTÔNIO AUGUSTO CANÇADO TRINDADE – o qual tem publicado inúmeros artigos e monografias, bem como um Manual, em três volumes – *Tratado de Direito Internacional dos Direitos Humanos* – que será citado várias vezes ao longo deste livro.

1.6. EM JEITO DE CONCLUSÃO

Da pesquisa efectuada é possível extrair as seguintes conclusões:

- O estudo do Direito Internacional dos Direitos Humanos tem dignidade e autonomia científicas, o que será plenamente clarificado no capítulo III deste relatório, quando desenvolvermos os conteúdos do ensino da disciplina.
- Esta disciplina nunca foi autonomamente leccionada na Faculdade de Direito da Universidade de Lisboa, nem o seu conteúdo tem sido

---

[134] http://www.url.edu.gt/VAcademica/FCJS/POST/POST02/modulos.html

[135] Pontificia Universidad Javeriana de Bogotá; Universidad Rafael Landívar (campus Quetzaltenango) de Guatemala; Universidad Iberoamericana Ciudad de México; Universidad Católica Dámaso Larrañaga de Montevideo; Universidad Católica Andrés Bello de Caracas

[136] http://www.ucu.edu.uy/Facultades/Derecho/index.htm; http://www.ausjal.org/sitios/educacion/ddhh/index.htm;

objecto de particular atenção, quer em disciplinas de formação geral, como é o caso do Direito Internacional Público, quer em disciplinas específicas, como, por exemplo, o Direito Internacional Público II, os Direitos Fundamentais ou o Direito Internacional e Direito do Mar.
– Panorama não muito diferente verifica-se nas outras Faculdades de Direito Portuguesas, embora na Universidade de Coimbra exista um Centro de Direitos Humanos, onde se leccionam alguns módulos que incluem o Direito Internacional e Europeu dos Direitos Humanos e na Universidade Católica existem disciplinas de opção neste domínio.
– Ao contrário, o estudo do Direito Internacional dos Direitos Humanos assume no estrangeiro um papel muito mais significativo. Para além da oferta nos planos de curso de Direito de diversas disciplinas de Direito Internacional especial[137], entre as quais se inclui a disciplina objecto deste relatório, encontram-se inúmeros Centros ou Institutos de Direitos Humanos ligados às universidades, que têm como escopo principal a promoção do estudo dos Direitos Humanos nas suas vertentes interna, internacional universal e internacional regional.
– Por todas estas razões, e também porque a disciplina de Direito Internacional dos Direitos Humanos, partindo da dignidade da pessoa humana, da universalização e da indivisibilidade dos direitos fundamentais, contribui para a humanização do estudo do Direito, justifica-se a sua inserção no plano curricular.

2. INDICAÇÃO DE SEQUÊNCIA

Uma vez indicadas as razões que nos levam a escolher a disciplina de Direito Internacional dos Direitos Humanos, definido o seu objecto, justificada a sua autonomia curricular e enunciadas as linhas gerais do seu ensino em Portugal (ou da ausência dele) e no estrangeiro, vamos em seguida definir o programa, os conteúdos e os métodos de ensino.

---

[137] Por exemplo, o Direito Internacional Penal, o Direito Internacional Humanitário, o Direito Internacional do Ambiente, o Direito Internacional Económico, etc.

Ao contrário do que tem sido prática corrente do corpo de Doutores da Faculdade de Direito da Universidade de Lisboa, não podemos, por razões óbvias, dedicar uma parte substancial deste relatório ao estudo do ensino da disciplina[138], pois ela nunca foi leccionada na nossa Faculdade nem nas suas congéneres portuguesas. Falta-nos, portanto, o material de estudo.

Assim sendo, no nosso caso, revela-se muito mais útil proceder a um «desenvolvimento pedagógico mais circunstanciado»[139] dos conteúdos da disciplina de Direito Internacional dos Direitos Humanos.

Não pretendemos, contudo, antecipar Lições nem um eventual *Curso de Direito Internacional dos Direitos Humanos*, o qual implicaria, naturalmente, um maior aprofundamento de cada matéria, que não cabe no âmbito de um trabalho deste tipo.

Esta postura perante o relatório não é, de modo nenhum, inédita. ANTÓNIO MENEZES CORDEIRO adoptou-a a propósito do Direito Bancário[140], MARIA DA GLÓRIA DIAS GARCIA seguiu-a em relação ao Direito do Urbanismo[141] e, mais recentemente, EDUARDO PAZ FERREIRA assumiu-a também, no que toca às Finanças Públicas[142].

Assim, no capítulo II vamos apresentar e justificar o programa da disciplina. No capítulo III desenvolveremos os conteúdos do ensino. Por último, no capítulo IV, referiremos os métodos de ensino teórico e prático.

---

[138] Ver, entre os mais recentes, por exemplo, PAULO OTERO, *Direito Administrativo...*, p. 27 a 173; LUÍS M. T. MENEZES LEITÃO, *O ensino do Direito das Obrigações – Relatório sobre o Programa, Conteúdo e Métodos de Ensino da Disciplina*, Coimbra, Almedina, 2001, p. 27 a 284; FERNANDO ARAÚJO, *O ensino da Economia Política...*, p. 15 a 221.

[139] ANTÓNIO MENEZES CORDEIRO, *Direito Bancário – Relatório...*, p. 15.

[140] ANTÓNIO MENEZES CORDEIRO, *Direito Bancário – Relatório...*, p. 15.

[141] MARIA DA GLÓRIA F. P. DIAS GARCIA, *Direito do Urbanismo – Relatório*, Lisboa, Lex, 1999, p. 23 e ss.

[142] EDUARDO PAZ FERREIRA, *Ensinar Finanças Públicas numa Faculdade de Direito*, Coimbra, Almedina, 2005, p. 79 e ss.

CAPÍTULO II

O PROGRAMA DA DISCIPLINA
DE DIREITO INTERNACIONAL DOS DIREITOS HUMANOS

1. PRESSUPOSTOS DE QUE SE PARTE NA ELABORAÇÃO DO PROGRAMA

1.1. O QUE ENTENDER POR PROGRAMA

Louvando-nos em RUY DE ALBUQUERQUE, diremos que o programa da cadeira escolhida é «*a exposição resumida e metódica das matérias que se hão-de tratar num curso científico*»[143].

Segundo JORGE MIRANDA «*o programa compreende essencialmente a estrutura básica e a ordenação sistemática do ensino, ou sejam, a fixação do objecto e do objectivo do curso e a distribuição e a articulação das matérias a versar*»[144].

Mas essa estrutura básica e ordenação sistemática das matérias não são ideais. Pelo contrário, como demonstra JORGE MIRANDA, partem de pressupostos científicos e pedagógicos, que vão contribuir para a definição do objecto da disciplina, bem como para uma determinada sistematização das matérias, em detrimento de outra, o que em disciplinas novas, isto é, ainda não leccionadas, é mais notório[145].

Assim, citando mais uma vez JORGE MIRANDA, pensamos que o programa deve ter em conta o sentido, a função e a finalidade da disciplina no

---

[143] ANTÓNIO DE MORAES E SILVA, *Dicionário de Língua Portuguesa*, Rio de Janeiro / Lisboa, 1981, II, p. 605, *apud* RUY DE ALBUQUERQUE, *História do Direito Português – Relatório,* RFDUL, vol. XXVI, 1985, p. 203.
[144] JORGE MIRANDA, *Relatório com o programa...*, p. 472.
[145] JORGE MIRANDA, *Relatório com o programa...*, p. 473.

âmbito do curso, devendo, consequentemente, ser coordenado com outras disciplinas. Mas também deve levar em linha de conta os seus destinatários – os Alunos – a sua capacidade de aprender e os seus interesses, devendo, por isso, ser adaptado em função das circunstâncias[146].

Como se vê, da definição de programa não consta o escalonamento temporal ou calendarização das matérias. Todavia, todos sabemos que um programa só pode ser bem sucedido se for susceptível de ser leccionado dentro do espaço de tempo a que se destina. Um docente que não passa do primeiro ou do segundo ponto do programa, que se propôs leccionar, não cumpriu por certo um dos seus principais objectivos. Esse é, portanto, um aspecto importante da avaliação pedagógica do docente.

Assim sendo, embora conceptualmente se possa duvidar que o programa inclua o escalonamento temporal das matérias[147], pensamos que se trata de um aspecto fundamental da organização de um curso, pelo que deve constar deste relatório. E na falta de uma sede mais adequada, será incluído neste capítulo.

Por último, indicaremos no final do capítulo uma lista de bibliografia essencial da disciplina, pois consideramos que a sede mais adequada para a sua inclusão – o capítulo relativo aos métodos de ensino – peca por demasiado tardia. Com efeito, em nosso entender, do ponto de vista pedagógico, a indicação da bibliografia deve acompanhar o programa. Além disso, o desenvolvimento a que vamos votar os conteúdos, implica a indicação de bibliografia específica para cada um dos pontos tratados. Ou seja, na economia do nosso relatório, não faria sentido relegar os elementos de estudo para o último capítulo.

Passemos, então, à elaboração do programa da disciplina de Direito Internacional dos Direitos Humanos.

1.2. UM PROGRAMA PARA UMA DISCIPLINA DOS ÚLTIMOS ANOS DA LICENCIATURA

Reiterando o que atrás dissemos[148], o Direito Internacional dos Direitos Humanos deve ser concebido como disciplina de especialização obri-

---

[146] JORGE MIRANDA, *Relatório com o programa...*, p. 471.
[147] JORGE MIRANDA, *Relatório com o programa...*, p. 473.
[148] Cfr. *supra* n.º 1.4.1. do Capítulo I deste Relatório.

gatória para as menções de Ciências Jurídico-Políticas e de Ciências Jurídico-Internacionais e Comunitárias, caso se mantenha a actual estrutura do curso de Direito, ou como disciplina optativa se, por hipótese, as menções vierem a ser suprimidas.

A disciplina deverá ser leccionada nos últimos anos da licenciatura, ou seja, no 4.º ou 5.º anos.

Assim sendo, na elaboração do programa da disciplina parte-se do pressuposto que os Alunos já adquiriram determinados conhecimentos noutras disciplinas, que não se vão agora repetir, embora seja conveniente logo na primeira aula enunciar explicitamente essas matérias e incentivar os Estudantes a retomarem o seu estudo, se já as tiverem esquecido.

De entre esses domínios destacam-se:

(i) Na disciplina de Direito Internacional – as características, as fontes do Direito Internacional, em especial o Direito dos Tratados, as normas de *jus cogens*, a incorporação do Direito Internacional no Direito interno, a problemática do indivíduo como sujeito do Direito Internacional;

(ii) Na disciplina de Direito Constitucional II – o conceito de direitos fundamentais, a distinção entre direitos, liberdades e garantias e direitos económicos, sociais e culturais, o princípio da não tipicidade dos direitos fundamentais e a incorporação da Declaração Universal dos Direitos do Homem na Ordem Jurídica portuguesa.

(iii) Na disciplina de Direito Comunitário I – a matéria da protecção dos direitos fundamentais pela União Europeia.

O facto de se tratar de uma disciplina dos últimos anos da licenciatura permite conceber um programa com um maior grau de especialização, uma vez que os conhecimentos gerais já foram adquiridos nas cadeiras precedentes.

1.3. UM PROGRAMA PARA UMA DISCIPLINA SEMESTRAL

Como se defendeu acima[149], apesar de a matéria de Direito Internacional dos Direitos Humanos ser muito vasta, um plano de estudos de uma

---

[149] Cfr. *supra* n.º 1.4.1. do Capítulo I deste Relatório.

licenciatura em Direito tem exigências de equilíbrio e de harmonia, as quais implicam que não se devem sobreleccionar determinadas disciplinas, enquanto outras, igualmente relevantes, são completamente ignoradas. Deste modo, o Direito Internacional dos Direitos Humanos não poderá ocupar mais do que um semestre, sob pena de impedir a leccionação de outras matérias.

Donde resulta que, na elaboração do programa, há que fazer uma selecção criteriosa das matérias mais importantes, uma vez que não será possível estudar todos os assuntos pertinentes nem todos os domínios que apresentam alguma conexão, ainda que remota, com o tema do relatório. O que se pretende numa disciplina de especialização é, antes de mais, abrir novas perspectivas de estudo e de investigação aos alunos e não fornecer todos os detalhes técnico-jurídicos.

Em nosso entender, o programa deve obedecer aos seguintes critérios:

a) O **primeiro critério** a ter em conta é o da **natureza internacional das matérias a leccionar**. Uma vez que se trata de uma disciplina de Direito Internacional dos Direitos Humanos, somente se devem incluir no seu programa matérias que relevam do Direito Internacional. Assim, encontra-se, liminarmente, excluído o Direito Constitucional interno relativo aos direitos fundamentais. Já o sistema de protecção dos direitos fundamentais na União Europeia, não obstante, em nosso entender, não se tratar de um sistema de Direito Internacional, mas antes do Direito Constitucional Transnacional[150], deve ser estudado na estrita medida em que se entrecruza com o sistema da Convenção Europeia dos Direitos do Homem, em relação ao qual não há qualquer dúvida que deve constar do programa. A menção do sistema da União Europeia será, portanto, instrumental do estudo do sistema internacional regional europeu.

b) O **segundo critério** que deve presidir à escolha das áreas temáticas da disciplina é o da **vigência das respectivas normas em Portugal**. Nestes termos, o programa deve incluir o sistema universal e o sistema europeu dos direitos humanos. Por conseguinte, ficariam excluídos os sistemas regionais não aplicáveis em Portugal, ou seja, o americano e o africano. Todavia, tendo em conta as relações académicas e científicas de Portugal com os outros países de língua oficial portuguesa – que não se devem

---

[150] Ver ANA MARIA GUERRA MARTINS, *Curso*..., p. 123 e ss.

perder – aqueles dois sistemas serão aflorados, devido ao intercâmbio de estudantes e professores com o Brasil[151] e com os países africanos de língua oficial portuguesa[152]. Assim, será feita, a final, uma referência, embora mais breve, e com intuitos, essencialmente, comparatísticos, a estes dois sistemas regionais.

c) O **terceiro critério** é o da **essencialidade** das matérias. Numa disciplina semestral não se afigura possível estudar todos os aspectos que colocam problemas de protecção internacional dos direitos humanos, como é o caso do Direito Internacional Humanitário, do Direito Internacional dos Refugiados, do Direito Internacional Penal, da protecção internacional dos trabalhadores ou da protecção internacional das minorias. O programa tem de se confinar ao Direito Internacional dos Direitos Humanos *stricto sensu*. É certo que se verifica uma ligação intrínseca entre os temas acabados de mencionar e o Direito Internacional dos Direitos Humanos, mas a verdade é que não fazem dele parte integrante. A complexidade e a extensão de cada um destes domínios justificam até a sua autonomia científica e o seu tratamento em disciplinas autónomas em algumas Faculdades de Direito.

d) O **último critério** é o da **importância relativa** das matérias. Apesar do rigoroso crivo, que tentámos imprimir ao programa, é óbvio que, numa disciplina semestral, não poderemos dedicar a mesma atenção a todas as matérias seleccionadas, pelo que o grau de pormenorização e profundidade diferirão, consoante a sua importância. Esta afirmação será clarificada mais adiante[153], quando procedermos ao escalonamento temporal das matérias pelas diferentes aulas.

---

[151] Como já se disse, no ponto 1.5.1. do Capítulo I, os seminários de Mestrado da turma A de Direito Internacional Público do ano lectivo 2002/2003, sob a nossa responsabilidade, foram dedicados à protecção internacional dos direitos humanos ao nível regional (com especial pendor para a protecção europeia e americana) e mais de metade dos mestrandos eram brasileiros.

[152] Encontra-se a decorrer um Mestrado em Ciências Jurídico-Políticas, na Faculdade de Direito da Universidade Eduardo Mondlane, em cooperação com a nossa Faculdade. Desse Mestrado consta a disciplina de Direito Internacional Público, cuja regência nos foi atribuída. O tema que escolhemos para os respectivos seminários foi precisamente o Direito Internacional Universal e Africano dos Direitos Humanos.

[153] Cfr. *infra* n.º 3 deste Capítulo.

2. O PROGRAMA DA DISCIPLINA

O programa da disciplina de Direito Internacional dos Direitos Humanos poderá ser elaborado com base em duas perspectivas metodológicas totalmente distintas, consoante se coloque o acento tónico: **a)** nos direitos protegidos e nas diversas formas de os tutelar[154], ou **b)** no carácter universal ou regional das fontes que consagram os direitos e dos respectivos mecanismos de controlo.

Assim, em **a)** a ordenação das matérias seria efectuada, em primeiro lugar, em função de cada direito – o direito à vida, o direito a não ser torturado, o direito a não ser tornado escravo, e assim sucessivamente quanto aos outros direitos – e, em segundo lugar, em função dos diversos meios de tutela – jurisdicionais e não jurisdicionais –, estabelecendo as diversas distinções dentro de cada um deles.

Em **b)** a distribuição das matérias é feita tendo em conta o carácter das fontes que consagram os direitos e os seus meios de tutela, ou seja, em função da dicotomia universalismo – regionalismo, o que clarifica o diferente modo como, num caso e noutro, se efectiva a tutela dos direitos humanos no Direito Internacional.

Em nosso entender, é preferível a segunda opção, precisamente porque ela realça um aspecto fundamental da evolução do Direito Internacional dos Direitos Humanos – a efectividade da sua tutela no âmbito regional por contraposição à falta dela no domínio universal. A primeira perspectiva relega, portanto, para segundo plano aquilo que de mais importante existe no DIDH e que, aliás, tem sido objecto de um desenvolvimento mais acentuado nos últimos anos – a efectiva aplicação prática das normas[155].

---

[154] Esta é, por exemplo, a metodologia seguida no manual de THEODOR SCHILLING, *Internationaler Menschenrechtsschutz...*, o qual, apesar de o sub-título apontar no sentido do universalismo versus o europeísmo, contem três partes:
– Parte I – Geral (*Allgemeines*);
– Parte II – Direito material (*Materielles Recht*), onde o Autor estuda os vários direitos;
– Parte III – Direito formal (*Formelles Recht*), na qual o Autor se debruça sobre os meios de tutela dos direitos.

[155] Como veremos adiante, os sistemas regionais europeu, americano e africano revelam-se, particularmente, criativos quanto a este aspecto.

Partindo, pois, da segunda perspectiva metodológica, o programa divide-se em três partes.

A Parte I, que é introdutória, trata das questões de delimitação conceptual, de evolução histórica e de aplicação do Direito Internacional dos Direitos Humanos na Ordem Jurídica portuguesa. A Parte II debruça-se sobre o sistema universal de protecção internacional dos direitos humanos. A Parte III incide sobre os sistemas regionais de protecção internacional dos direitos humanos.

Concretizando um pouco mais:

Parte I – *Introdução* – a partir da definição do objecto do Direito Internacional dos Direitos Humanos, procuraremos estabelecer as suas especificidades por referência ao Direito Internacional clássico, contribuindo assim para a justificação da autonomia científica e curricular da disciplina.

Em seguida, traçar-se-ão as grandes linhas da evolução do Direito Internacional dos Direitos Humanos, distinguindo o período anterior à II Guerra Mundial do período posterior, dando particular relevo a este último. No estudo da evolução histórica afigura-se necessário distinguir o plano normativo do plano político, uma vez que nem sempre estes dois planos caminham ao mesmo ritmo.

Na Parte I proceder-se-á somente a uma enumeração sumária, e por ordem cronológica, dos principais instrumentos normativos relativos à protecção internacional dos direitos humanos, procurando contextualizá-los do ponto de vista político, no âmbito das duas Conferências Mundiais de Direitos Humanos – a Conferência de Teerão de 1968 e a Conferência de Viena de 1993.

Por último, tratar-se-á da problemática da aplicação do DIDH na Ordem Jurídica interna portuguesa, tentando apurar as suas especificidades em comparação com o restante Direito Internacional.

Parte II – *O sistema universal de protecção internacional dos direitos humanos* – será colocado o acento tónico no sistema das Nações Unidas. Parte-se da sua caracterização e analisam-se as fontes gerais e algumas fontes específicas. Num segundo momento, estudam-se os direitos em especial consagrados nessas fontes e, por fim, o sistema de garantia dos direitos humanos das Nações Unidas, que é um sistema não jurisdicional.

Parte III – *Os sistemas regionais de protecção internacional dos direitos humanos* – estudar-se-á, principalmente, o sistema europeu, com particular ênfase para a Convenção Europeia dos Direitos do Homem e seus protocolos. Embora o sistema do Conselho da Europa não se esgote na CEDH, não poderemos, no âmbito desta disciplina, estudar todas as convenções de direitos humanos aprovadas no seu seio. Será apenas mencionada a Carta Social Europeia, tendo em conta a sua importância, no domínio dos direitos económicos, sociais e culturais.

Além disso, devido à interacção recíproca entre o sistema do Conselho da Europa e o da União Europeia, não poderemos deixar de nos debruçar, ainda que de modo sucinto, sobre este último.

A terminar, e quase em jeito de excurso, serão tratados os outros sistemas internacionais regionais – o americano e o africano.

Do exposto resulta que o programa de Direito Internacional dos Direitos Humanos, que propomos, obedecerá ao seguinte plano:

Parte I – Introdução

Cap. I – Delimitação conceptual

Cap. II – A evolução histórica da protecção internacional da pessoa humana

Cap. III – A aplicação das normas internacionais de direitos humanos na Ordem Jurídica Portuguesa

Parte II – O sistema universal de protecção internacional dos direitos humanos

Cap. I – O sistema das Nações Unidas: caracterização e fontes

Cap. II – Os direitos humanos consagrados nas fontes universais gerais

Cap. III – O sistema universal de garantia dos direitos humanos: um sistema não jurisdicional

Parte III – Os sistemas regionais de protecção internacional dos direitos humanos

Cap. I – O sistema europeu
  Sub-cap. I – O sistema do Conselho da Europa
  Sub-cap. II – O sistema da União Europeia

Cap. II – Os sistemas fora da Europa
  Sub-cap. I – O sistema americano de protecção internacional dos direitos humanos
  Sub-cap. II – O sistema africano de protecção internacional dos direitos humanos e dos povos

3. O ESCALONAMENTO TEMPORAL DAS MATÉRIAS

O programa, que acabámos de apresentar, não é, de modo algum, um programa ideal, sem qualquer preocupação de correspondência com a realidade temporal a que se destina.

Procedamos então ao escalonamento temporal das aulas teóricas, deixando as aulas práticas para o capítulo IV deste relatório respeitante aos métodos de ensino teórico e prático.

Antes de mais, importa esclarecer quais os pressupostos de que se parte no escalonamento temporal das aulas.

1) Um calendário para vinte aulas teóricas

É do conhecimento geral que o número de horas de aulas teóricas por semestre ronda, em média, as vinte e que o primeiro semestre dispõe, habitualmente, de mais algumas aulas, mas o segundo semestre não atinge, frequentemente, este número. Naturalmente que esta regra pode ter excepções, que só a confirmam.

Assim, o escalonamento temporal do programa será efectuado em função do número médio de vinte aulas teóricas.

2) Duas aulas teóricas semanais

Por outro lado, o escalonamento temporal das matérias parte do princípio que o número de aulas teóricas e práticas se mantém na proporção de dois para três, como actualmente se verifica, e que as aulas teóricas são dadas pelo professor regente da disciplina enquanto as aulas práticas são leccionadas por um assistente, sob a coordenação do respectivo professor. É evidente que num esquema diferente, em que, por exemplo, fosse atribuído ao professor o encargo da regência e a leccionação das aulas práticas, a proposta de calendarização das aulas seria, porventura, diversa. Sucederia o mesmo se o número de aulas teóricas e/ou práticas aumentasse ou diminuísse.

3) Novidade e dificuldade da matéria

No escalonamento temporal das matérias deve ter-se em conta o grau de novidade e de dificuldade que as mesmas comportam para os Alunos, pois dada a ausência de lições escritas, em língua portuguesa ou estrangeira, que abarquem todos os assuntos incluídos no programa, somos de opinião que, nos casos de maior novidade e de maior dificuldade da matéria e de obtenção das fontes, necessário se torna uma exposição mais pormenorizada e, portanto, mais demorada.

4) Capacidade de adaptação do calendário

Por último, deve salientar-se que o escalonamento temporal das matérias não pode ser rígido, isto é, tem de se adaptar às circunstâncias concretas de leccionação do semestre em causa. Assim, se o semestre tiver mais de vinte aulas, poder-se-á desenvolver um pouco mais o capítulo respeitante ao Conselho da Europa. Se, pelo contrário, o semestre for mais curto, ao invés de aligeirar todos os pontos, pensamos que a melhor solução será eliminar, pura e simplesmente, o último capítulo do programa.

Partindo de todos estes pressupostos, a calendarização proposta é a seguinte:

Parte I – Introdução

Cap. I – Delimitação conceptual – **1 aula**

Cap. II – A evolução histórica da protecção internacional da pessoa humana – **1 aula**

Cap. III – A aplicação das normas internacionais de direitos humanos na Ordem Jurídica Portuguesa – **1 aula**

Parte II – O sistema universal de protecção internacional dos direitos humanos

Cap. I – O sistema das Nações Unidas: caracterização e fontes – **1 aula**

Cap. II – Os direitos humanos consagrados nas fontes universais gerais – **3 aulas**

Cap. III – O sistema universal de garantia dos direitos humanos: um sistema não jurisdicional – **2 aulas**

Parte III – Os sistemas regionais de protecção internacional dos direitos humanos

Cap. I – O sistema europeu

Sub-cap. I – O sistema do Conselho da Europa – **7 aulas**

Sub-cap. II – O sistema da União Europeia – **2 aulas**

Cap. II – Os sistemas fora da Europa
Sub-cap. I – O sistema americano de protecção internacional dos direitos humanos – **1 aula**
Sub-cap. II – O sistema africano de protecção internacional dos direitos humanos e dos povos – **1 aula**

4. BIBLIOGRAFIA GERAL DA DISCIPLINA

4.1. CONSIDERAÇÕES PRELIMINARES

Não havendo tradição do estudo do Direito Internacional dos Direitos Humanos em Portugal, facilmente se compreende a ausência de uma obra de referência da doutrina portuguesa[156], que abarque toda a matéria do nosso programa. Além disso, também não abundam, entre nós, os estudos monográficos sobre temas de Direito Internacional dos Direitos Humanos. Excepção a este quase deserto bibliográfico é a monografia de FAUSTO DE QUADROS sobre a protecção do direito de propriedade em Direito Internacional[157] e o comentário à Convenção Europeia dos Direitos do Homem de IRINEU CABRAL BARRETO[158,159].

A situação muda completamente de figura se passarmos a fronteira. Com efeito, na vizinha Espanha já encontramos alguns manuais actualiza-

---

[156] É certo que existe uma obra até bastante desenvolvida em português, mas é de um autor brasileiro – V. ANTÓNIO A. CANÇADO TRINDADE, *Tratado de Direito Internacional dos Direitos Humanos,* vol. I, 2ª ed., 2003, vol. II, 1ª ed, 1999, vol. III, 2ª ed., 2003, Porto Alegre, Sérgio António Fabris Editor.

[157] FAUSTO DE QUADROS, *A protecção da propriedade privada pelo Direito Internacional,* Coimbra, Almedina, 1998.

[158] IRINEU CABRAL BORRETO, *A Convenção Europeia dos Direitos do Homem,* 2ª ed., Coimbra, Coimbra Editora, 1999.

[159] Devem ainda salientar-se outros estudos, como, por exemplo, FAUSTO DE QUADROS, *La Convention Européenne des Droits de l'Homme: un cas de ius cogens regional?,* in ULRICH BEYERLIN e. a., Recht zwischen Umbruch und Bewahrung; Festschrift für Rudolf BERNHARDT, Berlim, 1995, p. 555 e ss; ANTÓNIO VITORINO, *Protecção constitucional e protecção internacional dos Direitos do Homem: concorrência ou complementaridade?,* Lisboa, AAFFDL, 1993; FAUSTO DE QUADROS, *O princípio da exaustão dos meios internos na Convenção Europeia dos Direitos do Homem e a Ordem Jurídica portuguesa,* ROA, 1990, p. 119 e ss.

dos e com um grau de profundidade muito aceitável no tratamento das matérias. Aliás, como já mencionámos, a bibliografia é até relativamente vasta em espanhol, inglês, francês e alemão.

Diz-nos, porém, a experiência de quase 20 anos de docência, na Faculdade de Direito da Universidade de Lisboa, que a indicação de bibliografia em língua estrangeira nunca é bem recebida pelos Estudantes, pois vêem na língua uma dificuldade acrescida, que poderia ser evitada se o professor tivesse, como entendem ser seu dever, escrito lições.

É certo que a publicação de lições faz parte das tarefas do professor universitário, regente de uma cadeira, mas não menos certo é que, numa Europa alargada e sem fronteiras, os Estudantes que se pretendam inserir num mercado de trabalho de 450 milhões de cidadãos, como é o da União Europeia, têm de perceber – e aceitar – que o domínio de, pelo menos, a língua inglesa é crucial para a sua inserção profissional. Além disso, o contacto com outros modos de pensar o Direito não só é salutar como, hoje em dia, imperioso.

Assim sendo, mesmo nas disciplinas em que existe o chamado manual do Professor, os Alunos devem procurar ir mais além, assim como o Professor deve indicar bibliografia, nacional ou estrangeira, em que, de preferência, se defendam posições diferentes das suas, pois só perante o diálogo permanente da afirmação de uma posição e da sua contradita é que a ciência do Direito avança e os Estudantes poderão adquirir uma visão mais abrangente da matéria.

Sem prejuízo dos apontamentos que os Alunos possam retirar das aulas teóricas, o ensino universitário não se compadece com a sua simples leitura, necessitando de ser apoiado por bibliografia e jurisprudência sólidas e actualizadas, que permitam não só a aquisição de conhecimentos, como também o desenvolvimento do raciocínio jurídico e de um espírito crítico, que lhes possibilitem passar à construção das suas próprias posições.

São três os critérios que nos norteiam na escolha, e na consequente indicação, da bibliografia geral:

a) Em primeiro lugar, a actualidade dos textos escolhidos. Na verdade, o Mundo hodierno evolui com uma celeridade, que implica alterações frequentes no Direito, o qual tem de acompanhar essa evolução. O Direito Internacional dos Direitos Humanos não foge a esta regra. Daí que a primeira qualidade que se procura na bibliografia é o seu carácter actualizado, pois ao contrário do investigador de uma determinada área, que, em princípio, já se encontra habilitado a distinguir o trigo do joio, aquele que se abalança, pela primeira vez, num determinado assunto, não tem o espírito crítico tão apurado, tendendo a assimilar o bom e o mau de um modo quase idêntico.

b) Em segundo lugar, a procura de uma maior coincidência do âmbito das matérias tratadas na bibliografia escolhida com o programa da disciplina, indicando as páginas dos livros que interessam, no caso – aliás, frequente – de não se verificar uma coincidência absoluta entre o conteúdo dos livros e o programa. Procura-se, deste modo, dirigir o estudo dos Alunos.

c) *Last but not least*, a escolha da bibliografia obedece ainda ao critério da profundidade do tratamento das matérias, sendo que nem sempre é fácil atingir um equilíbrio entre a profundidade e a acessibilidade. Com efeito, o professor tem a obrigação de indicar bibliografia geral, que trate os diversos temas do programa de uma forma precisa, desenvolvida e com o necessário aprofundamento, mas não deve esquecer que a bibliografia tem de ser acessível a todos os alunos, no duplo sentido de fácil de encontrar e de adquirir e de se revelar de adequada leitura para o aluno médio. Não adianta indicar obras que, por hipótese, só existem numa biblioteca de uma cidade perdida algures na Alemanha, nem obras tão complicadas, que apenas interessam a um número muito reduzido de alunos. Essas obras devem antes ser incluídas na bibliografia específica, na medida em que o professor também deve fornecer pistas de investigação aos alunos bons e muito bons, chamando a atenção para isso nas aulas.

4.2. LISTA DE BIBLIOGRAFIA GERAL

Considerando os critérios acima enunciados, a lista de bibliografia geral é a seguinte:

A) Existe apenas uma obra geral em língua portuguesa:

- CANÇADO TRINDADE, ANTONIO A. – *Tratado de Direito Internacional dos Direitos Humanos,* vol. I, 2ª ed., 2003, vol. II, 1ª ed, 1999, vol. III, 2ª ed., 2003, Porto Alegre, Sérgio António Fabris Editor.

B) Em língua estrangeira:

- BUERGENTHAL, THOMAS/SHELTON, DINAH/STEWART, DAVID – *International Human Rights*, 3ª ed., St Paul, Wets Group, 2002.
- CASTILLO, MIREYA – *Derecho Internacional de los Derechos Humanos*, Valencia, Tirant lo blanch, 2003.
- DE CASADEVANTE ROMANI, CARLOS FERNÁNDEZ (coord.) – *Derecho Internacional de los Derechos Humanos*, 2ª ed. Madrid, Dilex, 2003.
- ERGEC, RUSEN – *Protection européenne et internationale des Droits de l'Homme*, Bruxelas, Bruylant, 2004.
- GÓMEZ ISA, FELIPE (Dir.)/PUREZA, JOSÉ MANUEL – *La protección internacional de los derechos humanos en los albores del siglo XXI*, Bilbao, Universidad de Deusto, 2003.
- HANNUM, HURST (ed.) – *Guide to International Human Rights Practice*, 4ª ed., Ardsley, Nova Iorque, Transnational Publishers, Lc., 2004.
- HANSKI, RAIJA/SUKSI, MARKKU (org.) – *An Introduction to the International Protection of Human Rights. A Textbook*, Turku/Abo, 1999.
- REHMAN, JAVAID – *International Human Rights Law – a Practical Approach*, Harlow, Pearson Education, 2003.
- ROBERTSON, H./MERRILS, J. G. – *Human Rights in the World: an Introduction to the Study of the International Protection of Human Rights*, 4ª ed., Manchester, Manchester Univ. Press, 1996.
- SCHILLING, THEODOR – *Internationaler Menschenrechtsschutz – universelles und europäisches Recht*, Tübingen, Mohr Siebeck, 2004.
- SMITH, RHONA K. M. – *Textbook on International Human Rights*, Oxford, Oxford University Press, 2003.
- STEINER, HENRY/ALSTON, PHILIP – *International Human Rights in Context Law, Politics, Morals – Text and Materials*, 2ª ed., Oxford, Oxford University Press, 2000.
- SUDRE, FRÉDÉRIC – *Droit international et européen des droits de l'homme*, 7ª ed., Paris, Puf, 2005.
- VILLÁN DURÁN, CARLOS – *Curso de Derecho Internacional de los Derechos Humanos*, Madrid, Editorial Trotta, 2002.

5. REVISTAS DA ESPECIALIDADE E SÍTIOS DA INTERNET MAIS RELEVANTES

Além da bibliografia acabada de mencionar, indicam-se ainda algumas das principais revistas que se publicam sobre Direito Internacional dos Direitos Humanos, com o objectivo de incentivar a investigação sobre temas específicos por parte dos Alunos, nomeadamente, para efeitos de apresentação de trabalhos nas aulas de avaliação contínua ou para a oral de melhoria de nota no final do semestre:
– European Human Rights Law Review
– Human Rights Law Journal
– Revue des Droits de l'Homme
– Revue trimestrielle des droits de l'homme
– Revue universelle des droits de l'homme
– Yearbook of the European Convention on Human Rights

Extravasando do conceito clássico de bibliografia, as novas tecnologias colocam hoje ao dispor dos Estudantes uma quantidade infindável de informação, que não deve ser menosprezada. Todavia, o carácter pouco selectivo da mesma aconselha a que o Professor oriente os Estudantes nessa pesquisa, através da indicação dos sítios da Internet mais importantes.

Em nossa opinião, os dez sítios mais úteis àquele que se aventura no estudo do DIDH são os seguintes:

– http://www.africa-union.org
– http://www.conventions.coe.int
– http://www.echr.coe.int
– http://www.europa.eu.int
– http://www.gddc.pt
– http://www.oea.org
– http://www.osce.org
– http://www.un.org
– http://www.unhchr.ch
– http://www.untreaty.un.org

6. ALGUMAS REFLEXÕES SOBRE A ADAPTAÇÃO DO PROGRAMA E DA BIBLIOGRAFIA A UM CURSO DE PÓS-GRADUAÇÃO DE ESPECIALIZAÇÃO

6.1. O PROGRAMA

Como já se referiu neste relatório, a disciplina de Direito Internacional dos Direitos Humanos consta do plano do Curso de Pós-graduação de especialização em Ciências Políticas e Internacionais. Trata-se de um curso que se destina a licenciados em qualquer área científica, pelo que o programa, que acabamos de expor, necessita de algumas adaptações, pois, como já mencionámos, os programas não devem ser estáticos. Pelo contrário, devem adaptar-se ao público a que se destina o ensino[160].

Na verdade, os não juristas deparam-se com dificuldades que se relacionam, de um modo geral, com dois aspectos: **a)** a falta de domínio da terminologia jurídica; **b)** a ausência de determinados conhecimentos básicos, designadamente, de Direito Internacional Público, que são pressupostos nesta disciplina.

Assim, o programa tem de ser adaptado de forma a torná-lo suficientemente claro e acessível para não juristas, sem, contudo, gorar as expectativas de rigor e de profundidade no tratamento das matérias dos juristas.

A primeira matéria em relação à qual os não juristas apresentam dificuldades adicionais é a da autonomia do Direito Internacional dos Direitos Humanos em relação ao Direito Internacional, pois desconhecem princípios, como o da reciprocidade ou o da exclusividade da competência nacional, assim como a natureza de *jus cogens* de algumas normas de Direito Internacional.

Em segundo lugar, revela-se particularmente complicado o entendimento das especificidades das convenções tanto universais como regionais de protecção internacional do ser humano, dado que não conhecem as regras básicas neste domínio, como, por exemplo, as regras relativas às reservas, à interpretação e à produção de efeitos das convenções internacionais constantes da Convenção de Viena sobre Direito dos Tratados de 1969.

Em terceiro lugar, também devem ser objecto de uma explicação mais aturada certos aspectos da Convenção Europeia de Direitos do

---

[160] Ver n.º 1.1. deste capítulo.

Homem, como é o caso do seu sistema de controlo jurisdicional. Neste ponto, há que fazer referência às regras de controlo jurisdicional no Direito Internacional em geral, para que os Alunos se apercebam da diferença entre o sistema da Convenção e os outros sistemas internacionais.

A premência do desenvolvimento das matérias acima mencionadas, e o carácter ainda mais limitado do número de aulas da Pós-graduação, vão obrigar, inevitavelmente, ao corte do último capítulo do programa.

Assim, no Curso de Pós-graduação de especialização em Ciências Políticas e Internacionais não poderá ser leccionado o capítulo II da Parte III respeitante aos sistemas regionais de protecção internacional fora da Europa, isto é, aos sistemas americano e africano. Tal não deve ser entendido como subvalorização destas matérias, mas como uma simples decorrência da falta de tempo. Como estes sistemas não se aplicam na Ordem Jurídica portuguesa, em caso de necessidade, podem ser cortados, sem um grande prejuízo para os Alunos.

6.2. A BIBLIOGRAFIA

Além do programa, também a bibliografia deve ser adaptada à realidade dos licenciados não juristas.

Estes Estudantes têm de fazer um esforço adicional de leitura relativamente a questões gerais de Direito e, em especial, de Direito Internacional Público.

Assim, para além da bibliografia geral de Direito Internacional dos Direitos Humanos, que indicámos atrás, compete ao professor estimular a leitura de obras de Direito Internacional geral, chamando especialmente a atenção para a matéria de Direito dos Tratados e das Organizações Internacionais (Nações Unidas e Conselho da Europa).

Para isso deve ser facultada a estes Estudantes uma lista de bibliografia geral de apoio de Direito Internacional Público, a qual, em nosso entender, deve ser a seguinte:

A) Em língua portuguesa

- BAPTISTA, EDUARDO CORREIA – *Direito Internacional Público,* Vol. I – *Conceito e fontes*, Lisboa, Lex, 1998, Vol. II – *Sujeitos e responsabilidade,* Lisboa, Almedina, 2004.

- GONÇALVES PEREIRA, ANDRÉ/QUADROS, FAUSTO DE – *Manual de Direito Internacional Público*, 3ª ed., Coimbra, Almedina, 1993.
- GOUVEIA, JORGE BACELAR – *Manual de Direito Internacional*, 2ª ed., Coimbra, Almedina, 2004.
- MACHADO, JÓNATAS E. M. – *Direito Internacional – Do paradigma clássico ao pós-11 de Setembro*, Coimbra, Coimbra Editora, 2003.
- MIRANDA, JORGE – *Curso de Direito Internacional Público I*, 2ª ed., Lisboa, Principia, 2004.

B) Em língua estrangeira

- BROWNLIE, IAN – *Principles of Public International Law*, 6ª ed., Oxford, 2003.
- COMBACAU, JEAN/SUR, SERGE – *Droit International Public*, 5ª ed., Paris, Montchrestien, 2001.
- DE CASADEVANTE ROMANI, CARLOS FERNÁNDEZ – *Derecho Internacional Público*, Madrid, Dilex, 2003.
- DIEZ DE VELASCO, MANUEL – *Instituciones de Derecho Internacional Público*, 14ª ed., Madrid, Tecnos, 2003.
- DUPUY, PIERRE-MARIE – *Droit International Public*, 6ª ed., Paris, Dalloz, 2002.
- JUSTE RUIZ, JOSÉ/CASTILLO DAUDÍ, MIREYA – *Derecho Internacional Público*, Valencia, Punto y Coma, 2002.
- MARIÑO MENEDEZ, FERNANDO M. (ed.) – *El Derecho Internacional en los albores del siglo XXI*, Madrid, Ed. Trotta, 2002.
- PASTOR RIDRUEJO, JOSÉ A. – *Curso de Derecho Internacional Publico y Organizaciones Internacionales*, 8ª ed., Madrid, Tecnos, 2001.
- QUOC DINH, NGUYEN/DAILLIER, PATRICK/PELLET, ALAIN – *Droit International Public*, 7ª ed., Paris, LGDJ, 2002.
- RODRIGUEZ CARRIÓN, ALEJANDRO – *Lecciones de Derecho Internacional Publico*, Madrid, Tecnos, 2002.
- SHAW, MALCOLM N. – *International Law*, 5ª ed., Cambridge, Cambridge Univ. Press, 2003.
- TRUYOL Y SERRA, ANTONIO – *Historia del Derecho Internacional Público*, Madrid, Tecnos, 1998.

CAPÍTULO III

OS CONTEÚDOS DO ENSINO DO DIREITO INTERNACIONAL DOS DIREITOS HUMANOS

1. RAZÃO DE ORDEM

Como mencionámos no capítulo I, a escassez da doutrina portuguesa sobre a temática que nos ocupa neste relatório, justifica o «desenvolvimento pedagógico mais circunstanciado»[161] dos conteúdos do ensino do Direito Internacional dos Direitos Humanos.

Assim, ao invés de nos limitarmos, como é frequente nestes relatórios, a desenvolver, esquemática e sistematizadamente, o programa já apresentado em capítulo anterior, vamos indicar, em relação a cada capítulo, quais os tópicos que devem, em concreto, ser ensinados, bem como a bibliografia que deve ser consultada, reiterando, todavia, que não se trata, de antecipar lições, que escreveremos, se a disciplina vier, efectivamente, a ser criada na licenciatura e se nos for atribuída a respectiva regência.

Também já tivemos oportunidade de sublinhar que esta não é uma forma inédita de cumprir a obrigação legal de apresentação de um relatório no concurso para professor associado[162].

---

[161] Expressão importada de ANTÓNIO MENEZES CORDEIRO, *Direito Bancário*..., p. 15.
[162] V. MARIA DA GLÓRIA F. P. DIAS GARCIA, *Direito do Urbanismo*..., p. 23 e ss.
Como já vimos, em provas de agregação, na nossa Escola, este modelo foi, inicialmente, adoptado por ANTÓNIO MENEZES CORDEIRO (*Direito Bancário*..., p. 17 e ss), tendo sido, posteriormente, seguido por MIGUEL TEIXEIRA DE SOUSA, *Direito Processual Civil Europeu*, (inédito) e por EDUARDO PAZ FERREIRA, *Ensinar Finanças Públicas*..., p. 79 e ss.

Por último, convém relembrar que as partes, os capítulos e os subcapítulos do programa, apresentados anteriormente, vão agora ser objecto de um tratamento mais pormenorizado que implica a sua divisão em números, cujos títulos e subtítulos vão aparecer em itálico e em numeração sequencial.

2. PARTE I – INTRODUÇÃO

2.1. CAPÍTULO I – DELIMITAÇÃO CONCEPTUAL

O Capítulo I da Parte I é um capítulo introdutório, no qual se procurará que os Alunos, partindo do conhecido – o Direito Internacional – entrem no desconhecido – o Direito Internacional dos Direitos Humanos.

O objectivo do capítulo é, pois, a partir de algumas noções adquiridas no DI, demonstrar a especificidade da sua aplicação no Direito Internacional dos Direitos Humanos, iniciando de uma forma suave o contacto com a matéria.

1. A questão terminológica: Direitos do Homem ou Direitos Humanos?

A propósito da questão terminológica ver n.º 1.2. do capítulo I deste relatório.

2. O objecto da disciplina de Direito Internacional dos Direitos Humanos (DIDH)

É o conjunto de regras jurídicas internacionais, qualquer que seja a fonte de onde emanam, que reconhecem, sem discriminação, aos indivíduos direitos e faculdades que asseguram a liberdade e a dignidade da pessoa humana e que beneficiam de garantias institucionais[163].

---

[163] Ver uma definição próxima em FRÉDÉRIC SUDRE, *Droit international...*, p. 14 e CARLOS FERNÁNDEZ DE CASADEVANTE ROMANI, *El Derecho Internacional de los Derechos Humanos*, in CARLOS FERNÁNDEZ DE CASADEVANTE ROMANI, (coord.), *Derecho...*, p. 61.
    Já THOMAS BUERGENTHAL/DINAH SHELTON/DAVID STEWART definem DIDH como o Direito que trata da protecção dos indivíduos e dos grupos contra as violações dos seus

Ao contrário do que acontece no Direito interno estadual, em que os direitos humanos, independentemente da denominação adoptada (direitos do cidadão, direitos fundamentais, etc), ocupam, desde o séc. XVIII, uma posição consolidada, *maxime*, no âmbito do Direito Constitucional, isso não se verifica ao nível do Direito Internacional. Os direitos humanos, *qua tale*, só após a II Guerra Mundial, passaram a fazer parte desta área do Direito.

Aliás, o tratamento dos direitos humanos vem pôr em causa um dos principais dogmas em que assenta o Direito Internacional, qual seja o de que se trata de um Direito de cooperação entre Estados soberanos, que não conhece legislador, nem juiz, nem sanção fora do quadro do consentimento estadual.

Na verdade, o Direito Internacional clássico é, até à II Guerra Mundial, um Direito, que se baseia na vontade e na soberania dos Estados, o que tem como consequência a sua incapacidade para proteger o indivíduo.

As regras internacionais relativas aos direitos humanos implicam, antes de mais, a ruptura com esta concepção clássica do Direito Internacional, pois só assim se poderá assegurar a função protectora do indivíduo.

O DIDH tem de ultrapassar esta contradição fundamental, segundo a qual a protecção da pessoa humana só pode ser assegurada por um Direito interestadual, feito para e pelos Estados e tem de sair da problemática geral do DI que é a das relações interestaduais.

O DIDH está, portanto, intimamente associado à afirmação da subjectividade internacional do indivíduo.

3. *O conceito jusinternacional de direitos humanos*

As diferentes noções de direitos humanos surgiram inicialmente como ideais que reflectiam uma crescente consciencialização contra a opressão ou a inadequada actuação por parte da autoridade estadual. A princípio assistiu-se à sua positivação em instrumentos jurídicos internos e, só posteriormente, essa positivação também ocorreu ao nível dos instrumentos internacionais.

Os direitos humanos são hoje uma categoria jurídica. Cada direito humano constitui um determinado tipo de *standard* normativo e implica

---

direitos internacionalmente garantidos e da promoção desses direitos, in *International Human Rights*..., p. 1.

uma relação de Direito Público entre seres humanos e autoridades públicas com vista a prosseguir os valores humanos fundamentais e a proteger as necessidades contra a interferência das autoridades públicas (dimensão vertical). A concepção clássica de direitos humanos exclui a relação horizontal entre entidades privadas, mas actualmente certos aspectos desta relação tendem a ser integrados.

A estrutura típica de um direito humano contém um sujeito e um objecto ou conteúdo.

As normas de direitos humanos criam e regulam uma relação de Direito Público não individualizada bilateralmente, uma relação jurídica que reconhece direitos e impõe obrigações.

O direito humano é composto por três elementos:

a) um sujeito activo – o beneficiário;
b) um sujeito passivo – o sujeito sobre o qual impende a obrigação;
c) um objecto – o conteúdo.

Todo o direito humano tem de ter um sujeito definido, um objecto preciso e fazível e deve poder opor-se a uma determinada entidade que está obrigada a respeitá-lo.

O sujeito do direito pode ser um indivíduo, um grupo de indivíduos, ou uma organização não governamental.

O "obrigado" é uma entidade, normalmente um Estado, que tem o dever de realizar o que o sujeito pede ou de criar as condições necessárias para a sua realização.

O objecto do direito é o conteúdo do direito. Em geral, os mais importantes valores e as necessidades do ser humano aparecem reflectidos nas regras de direitos humanos.

Para uma caracterização das regras atinentes aos direitos humanos deve ainda ter-se em conta o carácter *self executing* ou não da norma. Se a regra for clara, completa e precisa pode ser directamente aplicada pelas autoridades nacionais sem necessidade de adopção por parte destas de medidas legislativas ou administrativas.

4. *A tipologia dos direitos humanos*

É possível subdividir os direitos humanos em várias categorias atendendo a diferentes critérios.

A) A *summa divisio* dos direitos humanos distingue entre:

– *Os direitos civis e políticos*, que têm a sua origem no Iluminismo e nas revoluções americana e francesa, reflectem a concepção liberal. Por isso se diz que são de inspiração ocidental. São os direitos da pessoa, direitos subjectivos que podem, se necessário, ser internamente invocados nos tribunais nacionais. Apenas exigem ao Estado que se abstenha de interferir na vida do indivíduo (existe uma obrigação de não fazer para o Estado).
– *Os direitos económicos, sociais e culturais* requerem uma acção positiva por parte do Estado, ou seja, impõem uma obrigação de fazer. Reflectem uma concepção não ocidental de direitos humanos.

Estas categorias não são estanques e a definição de cada uma delas também tem evoluído, pelo que na vida real as fronteiras são muito mais difíceis de traçar do que o que acabamos de expor. Além disso, existe um princípio de indivisibilidade e de interdependência dos direitos que impede a sua compartimentação.

A evolução da sociedade levou ao surgimento dos *direitos de terceira geração*, que são direitos colectivos e não já individuais. Estes direitos baseiam-se nas noções de solidariedade internacional e relacionam-se mais com problemas estruturais globais do que com casos individuais.

B) Uma outra classificação distingue, consoante o exercício do direito é colectivo ou não. Nesse caso, temos então:

– *Os direitos do indivíduo* – cujo exercício é individual;
– *Os direitos colectivos* – trata-se também de direitos dos indivíduos, mas cujo exercício é colectivo. O titular do direito é o indivíduo, mas só pode exercê-lo em grupo (por exemplo: a liberdade sindical).

C) Os direitos colectivos não se devem confundir com os *direitos das colectividades*, quer dizer, aqueles que visam preservar a integridade da colectividade, como, por exemplo, os direitos das minorias. Assim, a Convenção para a prevenção e repressão do crime de genocídio, de 4 de Dezembro de 1948, consagra determinados direitos, com vista à protecção da integridade do grupo que completa a integridade individual. O mesmo acontecendo com a Convenção para a eliminação e repressão do crime de *apartheid*, de 30 de Novembro de 1973.

Os direitos das minorias relevam, em primeiro lugar, do art. 27.º do PIDCP, mas têm vindo a ser sucessivamente reafirmados, como o demonstram o Documento de Copenhaga da CSCE, de 25 de Junho de 1990, a Declaração das NU sobre os direitos das pessoas que pertencem a minorias nacionais ou étnicas, religiosas ou linguísticas, de 18 de Dezembro de 1992, e ainda a Convenção-quadro para a protecção das minorias nacionais adoptada pelo Conselho da Europa, em 10 de Novembro de 1994. A proclamação internacional dos direitos das minorias pretende reconhecer os particularismos e o universalismo dos direitos humanos. Para isso promove direitos individuais de dimensão colectiva, cuja finalidade é a protecção do grupo minoritário.

D) Muito diferente do que acaba de se mencionar é a situação dos chamados *direitos de solidariedade*, ou seja, a promoção dos direitos das colectividades em detrimento dos direitos individuais. Os direitos de solidariedade começaram a ganhar corpo após a criação da ONU. O direito dos povos a disporem de si próprios vai penetrar no Direito Internacional dos Direitos Humanos (V. a resolução 1514 (XV) e os arts. 2.º dos dois Pactos das Nações Unidas). Favorece-se, deste modo, o fim do colonialismo e permite-se aos novos Estados participarem numa definição de direitos humanos.

Esta realidade fundamenta a distinção entre, por um lado, os *direitos dos povos* e, por outro lado, os direitos humanos.

Enquanto os direitos humanos dizem respeito às relações entre o indivíduo e o grupo e os indivíduos entre si, os direitos dos povos situam-se ao nível das relações entre os próprios grupos (Estado colonizador/povo colonizado).

Além disso, o titular dos direitos humanos é o indivíduo. Pelo contrário, o titular do direito à autodeterminação é o povo e já não o ser humano. Na verdade, o direito dos povos não é um direito individual.

O direito dos povos está ligado aos ideais de democracia e implica para a população o direito de escolher o seu destino, ou seja, as suas instituições políticas e os seus dirigentes.

Para além do direito à auto-determinação, outros direitos têm sido equacionados como «direitos de solidariedade» é o caso do direito à paz, do direito ao desenvolvimento, do direito ao ambiente e do direito ao património comum da Humanidade.

Existem, todavia, algumas dificuldades em subsumir estes direitos na categoria jurídica direito humano, pois falta-lhes um titular determinado, um objecto preciso e possível e não podem ser oponíveis a um ou mais titulares determinados que estão obrigados a respeitá-los.

Não se pode, todavia, negar a relação dos direitos ao desenvolvimento ou à paz com os direitos humanos, mas isso não significa que eles próprios se possam considerar como tal.

Para alguns, trata-se de pseudo-direitos, uma vez que os direitos de solidariedade não têm sujeito, nem objecto nem devedor[164], com excepção do direito ao ambiente, o qual parece relevar da técnica dos direitos humanos, dado que é oponível à autoridade pública e aos indivíduos, que têm o dever de proteger o ambiente, como o demonstram algumas decisões do TEDH[165].

Para estes autores não se podem confundir aspirações com direitos humanos e a inclusão dos direitos de solidariedade nos direitos humanos conduz à diluição e à desnaturação do conceito[166].

Entendimento diverso tem a doutrina jusinternacional africana, para a qual estes direitos devem ser enquadrados no conceito de DH[167]. A propósito dos direitos dos povos, KEBA MBAYE afirma textualmente: «*os direitos dos povos não são outra coisa que não direitos do Homem*»[168].

5. A autonomia do DIDH em relação ao Direito Internacional (DI)

Definido o objecto do DIDH, bem como o conceito jusinternacional de direito humano, estamos em condições de salientar que o DIDH vai construir os seus alicerces com base em princípios distintos dos que imperam no Direito Internacional clássico, o que se vai repercutir na sua autonomia dogmática.

---

[164] FRÉDÉRIC SUDRE, *Droit...*, p. 107 e ss.
[165] V. ac. de 21 de Fevereiro de 1990, *Powell and Rayner*, A 172; ac. de 25 de Novembro de 1993, *Zander*, A279-B; ac. de 9 de Dezembro de 1994, *Lopez Ostra c. Espanha*, A 303-C; ac. de 19 de Fevereiro de 1998, *Guerra c. Itália*, Rec. 1998-I; ac. de 9 de Junho de 1998, *McGinley and Egan c. Reino Unido*, Rec. 1998-III. Todos os acórdãos do TEDH citados ao longo do texto estão disponíveis no sítio http://www.echr.coe.int/echr.
[166] FRÉDÉRIC SUDRE, *Droit...*, p. 108 e ss.
[167] KEBA MBAYE, *Les droits de l'homme en Afrique*, 2ª ed., Paris, Pedone, 2002, p. 207 e ss.
[168] KEBA MBAYE, *Les droits de l'homme...*, p. 45.

Esta não é, contudo, uma situação específica do DIDH. Com efeito, a evolução do Direito Internacional Público após a II Guerra, no sentido do alargamento do seu âmbito de aplicação e da sua especialização, levou a um desdobramento deste ramo do Direito em tantos sub-ramos quantas as áreas de especialização[169], sendo que cada um desses sub-ramos se vai reger por princípios e por institutos, que o identificam e individualizam em relação aos outros.

Em consequência, ao contrário do que sucede no Direito Internacional clássico, o DIDH não se fundamenta nos princípios da reciprocidade, da exclusividade da competência nacional, da não ingerência nos assuntos internos e da reversibilidade dos compromissos. Além disso, a natureza jurídica de certas normas de DIDH também é distinta.

5.1. *A irrelevância do princípio da reciprocidade*

O DIDH fundamenta-se na identidade universal da pessoa humana e no princípio da igualdade de todos os seres humanos. Os direitos humanos, estando ligados à qualidade de pessoa humana, têm um carácter objectivo, pelo que não podem ser atribuídos por tratado revogável, a qualquer momento, por um qualquer Estado parte.

Deste modo, o primeiro princípio de Direito Internacional clássico que é posto em causa pelo carácter objectivo dos direitos humanos é o *princípio de reciprocidade*, o qual pressupõe a legalidade do não cumprimento de uma norma internacional por parte de um Estado como resposta ao não cumprimento da mesma norma por parte de outro ou outros Estados.

Ora, o gozo dos direitos humanos não pode estar condicionado pela atitude dos vários Estados em relação aos instrumentos convencionais que consagram esses direitos. Isso mesmo é reconhecido no art. 60.º, n.º 5, da CVDT de 1969, a propósito da cessação de vigência ou suspensão de um tratado, que exclui os tratados relativos aos direitos humanos da excepção do não cumprimento do tratado.

Além disso, os órgãos que aplicam as normas internacionais de direitos humanos já reconheceram a especificidade do DIDH neste domínio.

---

[169] V. EDUARDO CORREIA BAPTISTA, *Direito...*, vol. II, p. 349.

É o caso do TIJ[170], do TEDH[171], do Tribunal Interamericano de Direitos Humanos[172] e do Comité de DH das Nações Unidas[173].

5.2. A ausência da exclusividade da competência nacional

Um outro princípio de DI clássico que vai ser posto em causa pelo DIDH é o princípio da competência nacional exclusiva.

Com efeito, até à II Guerra Mundial, o Direito Internacional confia a protecção do indivíduo, em exclusivo, ao Estado de que é nacional. Podem, porém, encontrar-se antes da II Guerra Mundial várias manifestações da preocupação do Direito Internacional com o ser humano, tanto ao nível do Direito consuetudinário como convencional.

A) *O sistema das capitulações*[174], *a protecção diplomática*[175] e *as intervenções humanitárias*[176] revelam claramente dessa preocupação.

---

[170] V. Parecer do TIJ sobre as consequências jurídicas para os Estados da presença da África do Sul na Namíbia, de 21 de Junho de 1971.

[171] V. Ac. de 18/01/1978, *Irlanda c. Reino Unido,* A 25; ac. de 1/03/2001, *Berktay,* Rec. 2001, par. 151; ac. de 21/11/2001, *Al Adsani,* Rec. 2001, par. 55.

[172] V. Parecer OC-2/82, de 24 de Setembro de 1992, *Efeitos das reservas sobre a entrada em vigor da CADH,* Série A, n.º 2. Disponível no sítio http://www.oea.org

[173] V. Comentário geral n.º 24, de 2 de Novembro de 1994, sobre as questões relativas às reservas. Disponível no sítio http://www.ohchr.org/english/bodies/hrc/index.htm, ao qual se pode aceder também através de http://www.gddc.pt.

[174] Segundo o sistema das capitulações, o nacional no estrangeiro permanece submetido ao Direito do seu Estado de origem. Trata-se de um sistema fundado na necessidade de garantir os europeus instalados em territórios em que se consideram insuficientes as instituições locais. É um sistema discriminatório.

[175] A protecção dos seus nacionais no estrangeiro é uma das tarefas do Estado na Ordem Jurídica internacional, o que se torna mais evidente quando os nacionais sofreram algum tipo de dano provocado por um acto ilícito imputável a outro Estado, que não deu uma satisfação adequada às pretensões das vítimas. A protecção diplomática exerce-se Estado a Estado e consubstancia uma competência discricionária do Estado, que, perante uma situação concreta, pode accionar ou não este mecanismo. Mais: uma vez accionado, pode desistir dele, sem necessidade de consulta ou autorização por parte do seu nacional.

[176] Desde o séc. XVII que GRÓCIO e outros autores defenderam a licitude da intervenção humanitária, isto é, o recurso à força por parte de um ou vários Estados, com vista a impedir os tratamentos cruéis e desumanos infligidos massivamente por um Estado aos estrangeiros e mesmo aos seus nacionais.

Deve, todavia, salientar-se que em todos estes casos é ainda a soberania do Estado que está na base da protecção do ser humano, uma vez que o exercício dos direitos não se realiza directamente, mais sim através do Estado de que se é nacional.

B) Além disso, antes da II Guerra também existiram regimes particulares de protecção convencional, que se aplicavam às vítimas de conflitos armados. Referimo-nos ao *Direito Internacional Humanitário*, que visa garantir a vida, a saúde e a dignidade das vítimas de conflitos armados internacionais e, subsidiariamente, não internacionais. Mesmo depois da evolução que sofreu no pós-guerra, este Direito continua a assentar no sistema de relações diplomáticas tradicionais, em que o indivíduo é apenas objecto da regra jurídica e não o seu sujeito[177].

C) Já no quadro da SDN, certas categorias de pessoas – *as minorias e os trabalhadores* – obtiveram uma certa protecção internacional.

Trata-se, contudo, de uma protecção muito selectiva. No caso das minorias, fundamenta-se ou na pertença a uma determinada raça ou na fala de uma determinada língua ou no facto de se professar certa religião.

A protecção dos trabalhadores surge na sequência da criação da OIT após a I Guerra Mundial. Ao colocar o acento tónico na ligação entre a paz mundial e a paz social, o Pacto está na origem do reconhecimento dos direitos económicos e sociais como categoria autónoma.

O Direito Internacional dos Direitos Humanos, ao contrário de todos os casos acabados de mencionar, só pode ser, verdadeiramente, eficaz se se libertar da competência nacional exclusiva e assumir que a protecção do ser humano só pode ser assegurada fora do quadro das relações entre Estados. E é o que vai acontecer.

5.3. *A necessidade de ultrapassar o princípio da não ingerência nos assuntos internos*

O princípio da não ingerência nos assuntos internos, previsto no art. 2.º, n.º 7, da Carta das Nações Unidas, assenta numa distinção, que, no que diz respeito aos direitos humanos, não faz sentido, qual seja a da separação material entre as Ordens Jurídicas internas e a Ordem Jurídica internacional.

---

[177] Como exemplo refira-se que o Estatuto de Roma do Tribunal Penal Internacional restringe aos Estados a legitimidade activa de pleitear nesse Tribunal, com exclusão dos indivíduos.

Ora, o carácter objectivo dos direitos humanos implica a responsabilidade colectiva dos Estados quanto à aplicação das normas internacionais[178], que com eles se relacionam, não se devendo permitir a invocação do princípio da não ingerência nos assuntos internos – princípio fundamental do Direito Internacional clássico.

Deve sublinhar-se que a aplicação do princípio pelas Nações Unidas nem sempre foi constante, tendo, pelo contrário, apresentado algumas contradições. Assim, o princípio não representou um obstáculo à condenação da violação dos direitos humanos pelo colonialismo ou pelo *apartheid*, mas já nos casos, por exemplo, da Guiné, do Uganda, da Etiópia, do Camboja ou do Irão se invocaram os princípios da soberania e da não ingerência nos assuntos internos para justificar a não intervenção das Nações Unidas a favor da protecção dos direitos humanos.

A prática internacional demonstra que os Estados ocidentais se arrogaram um direito de fiscalizarem o cumprimento das normas internacionais de protecção de direitos humanos, tendo mesmo chegado a suspender a ajuda económica e/ou militar em função da violação dos direitos humanos. A partir de 1989, nos acordos de cooperação ao desenvolvimento entre a Comunidade Europeia e os países ACP (Lomé e Cotonou), passou-se a incluir uma cláusula de respeito dos direitos humanos.

A modificação das relações Leste/Oeste, após 1989, vai alterar os dados do problema, tornando possível a justificação das acções das Nações Unidas no domínio da assistência humanitária, com base neste princípio, o que representa um progresso notável do Direito Internacional.

Este direito de assistência humanitária tem tido, todavia, um alcance limitado. Quer dizer: ao nível do Direito Internacional clássico os exemplos de afastamento do princípio da não ingerência são escassos.

É certo que o sucesso, no domínio do Direito Internacional dos Direitos Humanos, também não é absoluto. Deve, contudo, salientar-se que a afirmação do DIDH depende, em larga medida, do afastamento desse princípio, na medida em que ele se opõe à adopção de mecanismos eficazes de garantia efectiva dos direitos humanos.

---

[178] Esta foi a posição constante das democracias ocidentais, à qual se opuseram os Estados socialistas, que sustentaram que o controlo internacional da actividade dos Estados para garantir os DH se deve exercer no respeito estrito da soberania e do princípio da não ingerência nos assuntos internos.

5.4. A emergência de um princípio de irreversibilidade dos compromissos dos Estados

Um outro princípio do DI clássico que vai ser posto em causa pelo DIDH, devido ao carácter objectivo dos direitos humanos, é o da reversibilidade dos compromissos assumidos pelos Estados, isto é, a regra geral do art. 56.º CVDT de 1969, em matéria de denúncia dos tratados.

Na ausência de uma cláusula expressa de denúncia – e raros são os tratados de direitos humanos que a consagram[179] – o carácter objectivo e a natureza específica desses tratados opõem-se à sua aceitação.

Esta é a posição do CDH, defendida no Comentário Geral n.º 26, de 27/10/97, relativo às questões de continuidade das obrigações subscritas pelos Estados partes, em virtude do PIDCP.

5.5. A natureza de jus cogens das normas de DIDH

Um outro aspecto que autonomiza o DIDH do DI em geral prende-se com a natureza das suas normas, ou de algumas delas.

Com efeito, o TIJ reconheceu, no parecer sobre as reservas à convenção para a prevenção e repressão do crime de genocídio (1951)[180], a existência de normas que os Estados não podem derrogar. Essas normas são as normas de *jus cogens*.

A noção de *jus cogens* é das mais controversas do Direito Internacional. Actualmente, aparece referida na CVDT de 1969, nos seus artigos 53.º e 64.º, e daí se pode inferir que o *jus cogens* implica uma hierarquia de normas no DI entre as que são imperativas e, como tal, somente derrogáveis por outras de igual valor e as que são modificáveis por uma convenção internacional.

O conceito de *jus cogens* limita, indubitavelmente, a soberania dos Estados.

Se a noção de *jus cogens* é difícil de definir, o seu âmbito é-o ainda mais. A Comissão de Direito Internacional dá como exemplos de tratados

---

[179] Ver art. 65.º CEDH e art. 78.º CADH. Em relação à CEDH, até hoje, apenas a Grécia utilizou, em 12/12/1969, a cláusula do art. 65.º.
[180] Parecer de 28/5/1951, Recueil 1951, p. 496 e ss.

contrários ao *jus cogens* aqueles que permitam o tráfico de escravos ou o genocídio e, possivelmente, os que violem os direitos humanos.

O TIJ, no caso *Barcelona Traction*[181], embora não faça referência ao *jus cogens* refere-se às obrigações *erga omnes*, que são as que cada Estado tem em relação à comunidade internacional. O Tribunal dá como exemplos de tais obrigações a proibição de actos de agressão e de genocídio, mas também a proibição da violação de princípios e regras, que dizem respeito a direitos fundamentais da pessoa humana.

Assim, segundo aquele Tribunal, os direitos humanos têm, na Ordem Jurídica internacional, um carácter jurídico e são universalmente obrigatórios.

Não se pode, contudo, afirmar, na ausência de uma lista de normas imperativas de DI, que todas as normas internacionais relativas a direitos humanos devem ser consideradas normas de *jus cogens*. O consenso[182] que se verifica na doutrina é mais restrito do que isso, limitando-se à inclusão dos "direitos essenciais" da pessoa humana nas normas de jus *cogens*[183].

5.6. A progressiva afirmação da perspectiva universalista do DIDH

Por último, deve sublinhar-se que o DIDH se baseia numa perspectiva universalista que o DI clássico desconhece.

---

[181] Ac. de 5/2/1970, Recueil 1970, p. 3 e ss.

[182] Há mesmo quem defenda que o DIDH é um dos campos de aplicação privilegiados do conceito de *jus cogens*. Assim, ANDRÉ GONÇALVES PEREIRA e FAUSTO DE QUADROS consideram que os instrumentos convencionais gerais que consagram direitos humanos fazem todos parte do *jus cogens*. In Manual..., p. 282 e ss. EDUARDO CORREIA BAPTISTA vai ainda mais longe, *in Jus cogens em Direito Internacional*, Lisboa, 1997, p. 396 e ss.

[183] Deve salientar-se que nem todos estão de acordo com a aplicação do conceito de *jus cogens* em sede de DIDH.

FRÉDÉRIC SUDRE (*in Droit*..., p. 83 e ss), por exemplo, sustenta a sua inaplicabilidade, com base nos seguintes argumentos:

a) o conceito situa-se estritamente no Direito dos tratados e tem um efeito anulador;

b) a noção de *jus cogens* assenta numa hierarquia de normas, que no DIDH não existe em nome da indivisibilidade dos direitos humanos;

c) a susceptibilidade de derrogação de certos direitos, bem como a possibilidade de apor reservas aos tratados respeitantes a direitos humanos compatibilizam-se mal com o conceito de *jus cogens*.

O valor fundamental, que perpassa os instrumentos nacionais e internacionais relativos aos direitos humanos, é o da dignidade inerente à pessoa humana.

A ideia de que existem uma série de direitos, que pertencem ao ser humano pelo simples facto de o ser, direitos esses que são inerentes à sua natureza, vai dominar as primeiras Declarações de direitos nacionais, das quais se devem destacar, no Reino Unido, a *Petition of Rights*, de 1628, o *Habeas Corpus Act*, de 1679 e a *Declaration of Rights*, de 1689, nos Estados Unidos, a Declaração de direitos da Virgínia, de 1776, o preâmbulo da Declaração de Independência dos EUA, de 4 de Julho de 1776, em França, a Declaração de direitos do homem e do cidadão, de 26 de Agosto de 1789. A própria Declaração Russa dos «direitos do povo trabalhador e explorado», de 4 de Janeiro de 1918, produto da revolução industrial do séc. XIX, nas sociedades europeias, e embrião dos direitos económicos, sociais e culturais, é também tributária daquela ideia.

Estas bases filosóficas vão influenciar o DI.

Assim, é a base axiológica da dignidade da pessoa humana que impõe ao DI o reconhecimento a todo o ser humano, em qualquer parte, e em qualquer época de um mínimo de direitos fundamentais. Quer dizer: as bases e as raízes filosóficas mais profundas da proclamação internacional dos direitos humanos coincidem com as das proclamações nacionais.

Mas o DIDH vai mais longe: pretende exprimir valores – a dignidade da pessoa humana e a igualdade dos seres humanos – que devem constituir uma base comum de todas as civilizações e de todas as religiões.

Não se deve, todavia, esquecer que as bases filosóficas e políticas dos direitos humanos nascem no Ocidente, o que justifica aí se ter encontrado o maior número de partidários da tese do universalismo dos direitos humanos.

Segundo aquela tese, os direitos humanos, como, por exemplo, a igualdade de protecção, a segurança física ou a liberdade de opinião, devem ser os mesmos em todo o lado.

Aos partidários do universalismo opõem-se os defensores do relativismo cultural, que advogam que algumas, a maior parte ou mesmo todas as regras sobre direitos humanos dependem do contexto cultural. Segundo esta tese, a noção de direito humano difere no espaço, pois o ambiente cultural em que se insere também é diferente.

A perspectiva universalista prevaleceu nos principais instrumentos internacionais de direitos humanos, tais como a DUDH e os Pactos das Nações Unidas. Não se deve, todavia, esquecer que também se encontram concessões ao relativismo, como acontece na Carta Africana dos Direitos do Homem e dos Povos.

A verdade é que este debate já foi bastante aceso entre o Leste e o Ocidente (antes da Perestroika), pois os países de Leste não reconheciam a perspectiva universalista dos direitos humanos. Actualmente, o debate universalismo/relativismo trava-se, sobretudo, entre o Norte e o Sul, entre o Ocidente e o Mundo islâmico[184] ou entre os países subdesenvolvidos e os desenvolvidos.

Em bom rigor, como repetidas vezes afirma CANÇADO TRINDADE, só a perspectiva universalista é compatível com o DIDH[185], o que, aliás, foi reconhecido na Conferência Mundial dos Direitos Humanos, que teve lugar, em Viena, em 1993.

Deve, no entanto, sublinhar-se que é possível conjugar a universalidade com a diversidade ou a singularidade dos homens e dos povos, pelo que o universalismo não postula a uniformidade absoluta[186].

6. *Bibliografia de apoio ao capítulo I da Parte I*

- BILDER, RICHARD – *An Overview of International Human Rights Law*, in HURST HANNUM (ed.), Guide to International Human Rights Practice, 4ª ed., Ardsley, Nova Iorque, Transnational Publishers, Lc., 2004, p. 3 e ss.
- BLANC ALTEMIR, ANTONIO – *Universalidad, indivisibilidad e interdependência de los derechos humanos a los cinquenta años de la Declaración Universal*, in ANTONIO BLANC ALTEMIR, (Ed.), La protección internacional de los derechos humanos a los cinquenta años de la Declaración Universal, Madrid, Tecnos, 2001, p. 13 e ss.
- CANÇADO TRINDADE, ANTONIO A. – *Tratado...*, vol. I, p. 33 e ss.

---

[184] A Carta Árabe de Direitos Humanos de 1994, embora se ancore no universalismo onusiano, deve ser lida à luz do Corão, o que potencia eventuais conflitos. Para um estudo que ultrapassa a questão dos conflitos, abrangendo a problemática mais vasta da relação entre o Islão e o Direito Internacional dos Direitos Humanos, ver VIDA AMIRMOKRI, *L'Islam et les Droits de l'Homme – L'Islamisme, le Droit International et le Modernisme Islamique*, Québec, 2004.

[185] ANTONIO A. CANÇADO TRINDADE, *Tratado...*, vol. I, p. 37 e ss.

[186] GÉRARD COHEN-JONATHAN, *De l'universalité des droits de l'homme*, in Hommage à RENÉ-JEAN DUPUY – Ouvertures en droit international, Paris, 2000, p. 25.

- CARRILLO SALCEDO, JUAN ANTONIO – *Soberania de los Estados y derechos humanos en derecho internacional contemporâneo*, 2ª ed., Madrid, Tecnos, 2001, p. 141 e ss.
- CASTILLO, MIREYA – *Derecho...*, p. 17 e ss.
- COHEN-JONATHAN, GÉRARD – *De l'universalité des droits de l'homme*, in Hommage à RENÉ-JEAN DUPUY – *Ouvertures en droit international*, Paris, 2000, p. 23 e ss.
- DRZEWICKI, KRZYSZTOF – *Internationalization of Human Rights and Their Juridization*, in HANSKI, RAIJA/SUKSI, MARKKU (org.), An Introduction..., p. 25 e ss.
- ERGEC, RUSEN – *Protection européenne...*, p. 7 e ss.
- ETXEBERRIA, XABIER – *Fundamentación y orientación ética de la protección de los derechos humanos*, in FELIPE GÓMEZ ISA (Dir.)/JOSÉ MANUEL PUREZA, La protección internacional..., p. 63 e ss.
- FROWEIN, JOCHEN A. – *Human Dignity in International Law*, in DAVID KRETZMER/ /ECKARD KLEIN (Ed.), The Concept of Human Dignity in Human Rights Discourse, Haia, 2002, p. 21 e ss.
- GÓMEZ ISA, FELIPE, *La protección internacional de los derecho humanos*, in FELIPE GÓMEZ ISA (Dir.)/JOSÉ MANUEL PUREZA, La protección internacional..., p. 23 e ss.
- REHMAN, JAVAID – *International Human Rights...* p. 5 e ss.
- ROBERTSON, A. H./MERRILS, J. G. – *Human Rights in the World...*, p. 1 e ss.
- SCHILLING, THEODOR – *Internationaler Menschenrechtsschutz...*, p. 2 e ss.
- SMITH, RHONA K. M. – *Textbook on International...*, p. 5 e ss.
- SOROETA LICERAS, JUAN – *La protección de la persona humana en Derecho Internacional*, in CARLOS FERNÁNDEZ DE CASADEVANTE ROMANI, (coord.), Derecho..., p. 30 e ss.
- SOUSA SANTOS, BOAVENTURA – *Hacia una concepción multicultural de los derechos humanos*, in FELIPE GÓMEZ ISA (Dir.)/JOSÉ MANUEL PUREZA, La protección internacional..., p. 95 e ss.
- STEINER, HENRY/ALSTON, PHILIP – *International Human Rights...*, p. 3 e ss.
- SUDRE, FRÉDÉRIC – *Droit international...*, p. 11 e ss.
- VILLÁN DURÁN, CARLOS – *Curso...*, p. 63 e ss.
- ZAJADTO, JERZY – *Human Dignity and Human Rights*, in HANSKI, RAIJA/SUKSI, MARKKU (org.), An Introduction..., p. 15 e ss.

2.2. CAPÍTULO II – A EVOLUÇÃO HISTÓRICA DA PROTECÇÃO INTERNACIONAL DO SER HUMANO

O capítulo II da Parte I procura traçar, em termos muito gerais, as grandes linhas de evolução do Direito Internacional dos Direitos Humanos.

7. *A protecção do ser humano pelo DI antes da II Guerra Mundial*

Como já se disse, a protecção do ser humano pelo Direito Internacional sofre um primeiro impulso antes da II Guerra Mundial.

As suas principais manifestações são a intervenção humanitária, a inclusão de disposições relativas à protecção de certos direitos em determinados tratados[187], os regimes particulares de protecção convencional, que se dirigiam às vítimas de conflitos armados – o Direito Internacional Humanitário – e no quadro da SDN, o sistema de mandatos, a protecção das minorias e a protecção dos trabalhadores. Além disso, devem ainda mencionar-se as normas relativas à protecção dos estrangeiros, a tutela internacional do direito à autodeterminação dos povos como direito colectivo e a protecção diplomática e consular.

Assiste-se, portanto, antes da II Guerra Mundial a um movimento de internacionalização do indivíduo.

Na impossibilidade de estudarmos, pormenorizadamente, todos estes regimes, vamos mencionar apenas três deles: a protecção humanitária, a protecção das minorias e a protecção dos trabalhadores.

7.1 *A protecção humanitária*

Como já se viu, o Direito Internacional Humanitário visa garantir a vida, a saúde e a dignidade das vítimas (combatentes, prisioneiros de guerra, civis) de conflitos armados internacionais (abrangendo as guerras de libertação contra a potência colonial ou regimes racistas após 1977) e, subsidiariamente, não internacionais.

---

[187] Como exemplos podemos referir a liberdade religiosa e de culto e a proibição do tráfico de escravos.

O Direito Internacional Humanitário dos conflitos armados tem base convencional – as convenções de Genebra (1864, 1906, 1929, 1949, 1977).

Mas o Direito Internacional Humanitário, ao contrário do Direito Internacional dos Direitos Humanos, assenta no cerne das relações interestaduais clássicas – as relações de guerra. A violação das regras estabelecidas pelas Convenções de Genebra pode desencadear a responsabilidade internacional dos indivíduos autores de infracções graves que constituam crimes de guerra. É possível a repressão desses crimes por uma jurisdição penal internacional (v. o caso dos tribunais de Nuremberga e de Tóquio ou dos tribunais *ad hoc* para o Ruanda e para a ex-Jugoslávia). Estes tribunais têm, contudo, competência limitada e não dão ao indivíduo o direito de instaurar acções. O mesmo se deve afirmar quanto ao Tribunal Penal Internacional.

O Direito Internacional Humanitário tem, pois, por base o sistema de relações diplomáticas tradicionais, em que o indivíduo é apenas objecto da regra jurídica.

7.2. A protecção das minorias

A protecção das minorias conhece, no quadro do Pacto da SDN, uma transformação qualitativa.

O regime jurídico da protecção das minorias baseava-se nos tratados concluídos entre 1919-1920 pelos Aliados e associados com cinco Estados (a Polónia, a Checoslováquia, a Grécia, a Roménia e a Jugoslávia), nos capítulos especiais dos tratados de paz de 1919-1923 impostos aos vencidos (Áustria, Bulgária, Hungria, Turquia), assim como em tratados bilaterais (convenções polacas-Dantzig de 1920, 1921, polacas-checoslovacas de 1920 e 1925, germano-polacas de 1922). Devem ainda referir-se as declarações unilaterais relativas às protecções das minorias subscritas pelos Estados bálticos, Albânia, Finlândia e Iraque, aquando da sua admissão à SDN entre 1921 e 1932.

Todos estes instrumentos tinham a força obrigatória de uma convenção internacional. Às minorias era reconhecido um certo número de direitos essenciais que tinham por finalidade preservar a sua existência e identidade, como a protecção da vida, a garantia da liberdade individual e religiosa, a igualdade civil e política, a utilização livre da língua, os direitos especiais em matéria cultural e escolar.

Estes textos são os percursores dos textos contemporâneos que enunciam o princípio da não discriminação como direito fundamental e protegem categorias de indivíduos determinados (a mulher, a criança, o refugiado).

A diferença entre a protecção do DIDH e a protecção das minorias tem a ver com o facto de a primeira se dirigir ao ser humano como categoria abstracta, enquanto a segunda implica uma protecção selectiva: o ser humano é protegido na medida em que pertence a uma certa raça ou fala uma determinada língua ou professa uma certa religião.

A originalidade do sistema residia no mecanismo das garantias:

- uma garantia de intangibilidade – os diversos instrumentos jurídicos de protecção não podiam ser modificados sem o consentimento do Conselho da SDN;
- uma garantia de execução fundada num mecanismo complexo em três fases – a fase de informação (todo o membro do Conselho podia chamar a sua atenção para as violações das obrigações contraídas em relação às minorias protegidas), a fase de exame prévio (o Conselho podia dar instruções para que cessasse a situação ilegal) e a fase contenciosa (as divergências de interpretação e de aplicação eram da competência do TPJI).

Na prática, o sistema revelou-se um fracasso, pois o Conselho não queria ferir as susceptibilidades dos Estados. Não se deve, todavia, menosprezar a sua importância, pois os tratados visavam proteger as pessoas e tornavam-nas sujeitos de DI, pondo em marcha o sistema de jurisdicionalização dos direitos humanos.

Na actualidade, o desmembramento da URSS e da Jugoslávia trouxe de novo à ribalta a questão da protecção das minorias étnicas, religiosas e linguísticas.

7.3. *A protecção dos trabalhadores*

A OIT tem a sua base na Parte XIII do Tratado de Versalhes de 1919.

Ao colocar, no preâmbulo, o acento tónico sobre a ligação existente entre a paz mundial e a paz social, o Pacto da SDN está na origem do reconhecimento dos direitos económicos e sociais – os direitos dos trabalhadores – como categoria autónoma.

As regras aprovadas no seio da OIT têm contribuído em larga escala para a melhoria das condições de trabalho no Mundo.

8. A protecção internacional do ser humano após a II Guerra Mundial

Apesar das manifestações de internacionalização do indivíduo acabadas de mencionar, a protecção internacional dos direitos humanos só virá a realizar-se, na sua plenitude, após a Segunda Guerra como reacção às atrocidades e às violações de direitos humanos cometidas, em especial, pelo regime hitleriano.

É a partir daí que se assiste ao reconhecimento dos direitos humanos com carácter global e universal, que se fundamenta num aparente consenso da comunidade internacional.

8.1. Ao nível normativo

Do ponto de vista normativo, o DIDH baseia-se quer no Direito Consuetudinário quer no Direito Convencional, devendo distinguir-se as regras com vocação universal das que têm uma vocação meramente regional. Além disso, em matéria de direitos humanos existem instrumentos normativos gerais, que incluem verdadeiros catálogos de direitos fundamentais, a par de outros, que consagram direitos específicos.

8.1.1. No plano universal

A) O impulso inicial: a Carta das Nações Unidas

O primeiro instrumento internacional que demonstra uma tentativa séria de internacionalização e universalização dos direitos humanos é a Carta das Nações Unidas. Em consequência, a ONU vai desempenhar um papel fundamental no progressivo desenvolvimento e codificação dos direitos humanos[188].

---

[188] Para além da ONU, também outras organizações internacionais universais, como, por exemplo, a UNESCO e a OIT, têm contribuído para a afirmação dos direitos humanos.

Com efeito, é a partir das disposições da Carta[189] e do reconhecimento implícito do princípio do respeito dos direitos humanos, que se vão estabelecer os quadros conceptuais e jurídicos da protecção internacional dos direitos humanos, os quais se desenrolam em quatro fases distintas.

B) As quatro fases do DIDH

  i) Primeira fase: a Declaração Universal dos Direitos Humanos de 1948

A primeira fase da protecção internacional do ser humano decorre de 1945 a 1948 e representa o culminar do processo que se iniciou com a Carta. Pretendia-se dar execução ao princípio do respeito internacional dos direitos humanos nela consagrado. Em 10/12/1948 foi aprovada a DUDH, que consagra o primeiro catálogo internacional de direitos humanos, abrangendo tanto direitos civis e políticos como direitos económicos, sociais e culturais.

A declaração de princípios da DUDH destinava-se, desde o início, a ser completada por outros textos, que, como veremos, tardaram.

Neste período também se adoptaram outros instrumentos internacionais vinculativos acerca de direitos particulares ou de categorias particulares de indivíduos que passaram a ser protegidos. São eles a Convenção sobre a prevenção e punição do crime de genocídio de 1948 e a Convenção n.º 87 da OIT sobre a liberdade de associação e protecção do direito de organização.

  ii) Segunda fase: os Pactos Internacionais de Direitos Humanos de 1966

A segunda fase da protecção internacional dos direitos humanos inicia-se em 1948 e culmina em 1966, com a adopção dos dois Pactos das Nações Unidas de Direitos Humanos. Estes Pactos – o Pacto Internacional de Direitos Económicos, Sociais e Culturais e o Pacto Internacional de Direitos Civis e Políticos – foram aprovados pela resolução 2200 (XXI) da Assembleia Geral das Nações Unidas, em 16 de Dezembro de 1966, e só

---

[189] V. Preâmbulo e arts. 1.º, n.º 3, 13.º, 55.º, 56.º, 62.º, 68.º e 76.º da Carta.

viriam a entrar em vigor em 3 de Janeiro de 1976 e em 23 de Março de 1976, respectivamente, pois necessitavam ambos de 35 ratificações.

Entre a DUDH e estes dois Pactos verificam-se diferenças notáveis, as quais reflectem a modificação estrutural da comunidade internacional, representada nas Nações Unidas.

Enquanto a DUDH assenta e dirige-se aos indivíduos, os Pactos, por influência dos Estados de Leste, consagram um fenómeno de colectivização dos direitos e dirigem-se, essencialmente, aos Estados.

Em consequência, os direitos de propriedade, de asilo e de não ser arbitrariamente privado da sua nacionalidade, que se encontram proclamados na DUDH, deixam de estar consagrados nos Pactos.

Neste período ainda se adoptaram outras convenções sobre direitos humanos, como é o caso das convenções respeitantes ao estatuto dos refugiados de 1951, aos direitos políticos da mulher de 1953, de eliminação da discriminação racial de 1965, a Convenção da OIT n.° 105 relativa à abolição do trabalho forçado de 1957, a Convenção da UNESCO sobre a eliminação da discriminação na educação de 1960, a Convenção suplementar de abolição da escravatura, comércio de escravos e instituições e práticas similares à escravatura de 1956.

Para além disso, devem ainda ser chamadas à colação algumas Declarações da Assembleia Geral das Nações Unidas, como, por exemplo, a Declaração sobre os direitos da criança de 1959, a Declaração sobre a eliminação de todas as formas de discriminação racial de 1963, ou a Declaração sobre a eliminação de discriminações em relação às mulheres de 1967.

iii) Terceira fase: outras convenções internacionais universais específicas

A terceira fase da protecção internacional dos direitos humanos abrange o período de 1967 a 1989 e foi muito marcada por um acontecimento político importante – a Conferência Internacional dos Direitos do Homem, de 22 de Abril a 13 de Maio de 1968 – que teve lugar em Teerão.

Durante este período entrou em vigor o primeiro Protocolo opcional aos Pactos (1976) e foram adoptadas algumas convenções sobre direitos humanos, das quais se destacam a Convenção sobre a eliminação de todas as formas de discriminação contra a mulher (1979), a Convenção contra a tortura e outros tratamentos cruéis ou degradantes (1984) e a Convenção sobre os direitos da criança (1989).

iv) Quarta fase: de 1989 até à actualidade

A fase actual está marcada pelo desanuviamento Leste/Oeste e pela acumulação de problemas não resolvidos entre o Norte e o Sul.

Assiste-se a um reforço da protecção dos direitos humanos nos Estados da Europa Central e do Leste, na África do Sul, ao mesmo tempo que se verifica uma deterioração na Europa (ex-Jugoslávia, Rússia) e em alguns países de África (Nigéria, Ruanda, Angola, etc).

8.1.2. No plano regional

No plano regional, a proclamação dos direitos humanos surgiu, em primeiro lugar, na Europa e na América e só depois se estendeu à África e ao mundo árabe-islâmico, sendo obra de Organizações Internacionais específicas, como o Conselho da Europa, a Organização de Estados Americanos, a Organização de Unidade Africana e a Liga dos Estados Árabes. O continente asiático é o único que, até à data, ainda não se dotou de nenhum mecanismo institucional destinado a promover e proteger os direitos humanos.

A) Na Europa

O Conselho da Europa, criado pelo Tratado de Londres, assinado em 5 de Maio de 1949, tem como principal objectivo a protecção dos direitos humanos.

Com efeito, o Estatuto do Conselho da Europa está impregnado dos valores da defesa e da promoção da liberdade e da democracia. Por isso, os Estados só podem aderir ao Conselho da Europa se os respeitarem. Daí que, por exemplo, os Estados da Europa Central e de Leste, só tenham podido aderir após a sua democratização, o que demonstra bem a relação existente entre o Estado de direito, a democracia e a protecção dos direitos fundamentais.

No âmbito do Conselho da Europa têm sido aprovados vários tratados regionais de protecção dos direitos humanos, cujo principal é a Convenção Europeia de Direitos Humanos. Esta Convenção foi, aliás, o primeiro tratado concluído no quadro do Conselho da Europa (em 1950) e entrou em vigor, em 3 de Setembro de 1953.

A originalidade da CEDH reside menos na enumeração dos direitos do que no mecanismo de garantia das suas normas, o qual após o Protocolo n.º 11, que entrou em vigor em 1 de Novembro de 1998, é exclusivamente jurisdicional.

Para além do Conselho da Europa, deve mencionar-se, no espaço geográfico europeu, a «dimensão humana» da CSCE, actual OSCE. A Acta de Helsínquia, de 1 de Agosto de 1975, consagra um princípio geral de respeito dos direitos humanos e das liberdades fundamentais, tal como a liberdade de pensamento, de consciência e de religião. Além disso, os Estados obrigam-se a favorecer e encorajar o exercício efectivo das liberdades e direitos civis, políticos, económicos, sociais e culturais, que decorrem da dignidade inerente à pessoa humana.

Após 1989 dá-se um reforço da dimensão humana da CSCE. A Conferência dotou-se de um catálogo de direitos humanos, nas Conferências de Viena e de Copenhaga de 1989, inspirado nos textos universais e na CEDH. De entre os direitos consagrados destacam-se a liberdade religiosa, os princípios da justiça, o direito a eleições livres e os direitos das minorias nacionais. Além disso, instituiu-se um mecanismo de controlo, que inclui missões de peritos ou de relatores que um Estado pode ser obrigado a aceitar no seu território.

Estes documentos não são verdadeiros tratados internacionais, sendo a sua natureza jurídica muito controversa. Para alguns, trata-se de verdadeiras regras consuetudinárias europeias[190]. Por nós, preferimos qualificá-los como *soft law,* categoria relativamente híbrida, que aparece no Direito Internacional para designar determinados acordos a que os Estados, expressa ou implicitamente, não quiseram conferir o carácter de tratado internacional ou certas declarações ou actas finais ou ainda certos actos de organizações internacionais, como, por exemplo, resoluções ou códigos de conduta, que não sendo totalmente destituídos de carácter vinculativo, também não são absolutamente vinculativos[191].

Para muitos autores, deve incluir-se também no Direito Internacional Europeu dos Direitos Humanos a protecção dos direitos fundamentais ao

---

[190] FRÉDÉRIC SUDRE, *Droit...*, p. 160.

[191] Sobre o *soft law* em Direito Internacional ver, por todos, JAN KLABBERS, *The Undesirability of Soft Law,* Nord. J. Int'l L., 1998, p. 381 e ss; KARL ZEMANEK, *Is the Term "Soft Law" Convenient?,* in G. HAFNER e. a. (eds), Liber Amicorum Professor SEIDL-HOHENVELDERN, The Hague, 1998, p. 843 e ss.

nível da União Europeia, que está hoje expressamente consagrada no art. 6.º, n.º 2, do TUE. Esta não é, contudo, a nossa posição. Não sendo, em nosso entender, a União Europeia uma Organização Internacional[192], ela só pode ser estudada numa disciplina de Direito Internacional com intuitos comparativos e não como fazendo dela parte integrante.

B) No continente americano

A Carta constitutiva da Organização de Estados Americanos foi adoptada, em Bogotá, em 30 de Abril de 1948. A Carta tem algumas disposições que se referem aos direitos humanos. No âmbito desta Organização foi adoptada a Declaração Americana dos Direitos e Deveres do Homem, que tem a particularidade de fazer a ligação entre os direitos e os deveres do Homem.

A Convenção Americana relativa aos Direitos Humanos foi aprovada pelos Estados membros da OEA, em S. José, e entrou em vigor. em 18 de Julho de 1978. Até ao momento, a Convenção foi ratificada por 25 Estados.

A CADH tem uma inspiração ideológica semelhante à da CEDH.

A Convenção foi completada por dois protocolos adicionais – um relativo à abolição da pena de morte (adoptado em Assunção, no Paraguai em 8/6/90), que entrou em vigor entre os oito Estados que o ratificaram e outro relativo aos direitos económicos, sociais e culturais (adoptado em S. Salvador em 17/11/88), que entrou em vigor em 16/11/99 e conta hoje com 13 Estados[193].

C) No continente africano

A Carta de Unidade Africana, de 25 de Maio de 1963, traduz as verdadeiras preocupações dos Estados africanos, ou seja, protegerem a sua independência, ajudarem os outros países do continente africano a libertar-se do jugo colonial e, por fim, realizarem o seu desenvolvimento económico e social. A questão dos direitos humanos aparece relacionada com o direito dos povos a disporem de si próprios e com a interdição da discriminação racial. A Carta de Unidade Africana desenvolve uma concepção unidimensional de direitos humanos, porque exclusivamente anti-colonial.

---

[192] ANA MARIA GUERRA MARTINS, *Curso*..., p. 190.
[193] Informação disponível no sítio http://www.oea.org.

A Carta de Unidade Africana limita-se a uma referência formal aos direitos humanos, a qual se revelou manifestamente insuficiente. Daí ter surgido a necessidade de adoptar a Carta Africana de Direitos do Homem e dos Povos, de 27 de Junho de 1981, em Nairobi. A Carta entrou em vigor, em 21 de Outubro de 1986, contando, actualmente, com 53 ratificações[194]. A Carta dedica uma atenção especial aos direitos dos povos.

A Carta Africana de Direitos do Homem e dos Povos é uma carta de direitos, mas simultaneamente uma carta de deveres. E é aí que se espelha a tradição cultural africana. O indivíduo não é concebido como ser singular, mas ele existe pelo grupo e realiza-se no grupo, que ao mesmo tempo é condição material da sua existência. As relações entre o indivíduo e o grupo são dominadas pelo acordo e pela harmonia.

O impacto jurídico desta concepção social é a existência de direitos e deveres do indivíduo em relação à comunidade e da comunidade para com o indivíduo.

D) No Mundo árabe-islâmico

O Conselho da Liga dos Estados Árabes adoptou, no Cairo, em 15 de Setembro de 1994, a Carta Árabe dos Direitos do Homem, que ainda não entrou em vigor.

A referência feita pela Carta no Preâmbulo aos princípios eternos definidos pelo Direito muçulmano e à Declaração do Cairo sobre os direitos humanos no Islão distingue a Carta dos outros instrumentos de proclamação dos direitos humanos.

8.2. *Ao nível político*

8.2.1. *No plano universal*

Em matéria de Direitos Humanos, como em muitos outros domínios, o estudo do Direito Internacional não pode passar apenas pela análise das convenções internacionais. Pelo contrário, é necessário ter conhecimento de algumas declarações políticas, que, apesar de não terem efeitos jurídicos imediatos, acabam por ter uma grande influência *de jure condendo*.

---

[194] Informação disponível no sítio http://www.african-union.org.

Assim, vinte anos após a proclamação da DUDH procedeu-se à primeira avaliação global da experiência das Nações Unidas, no âmbito da protecção internacional dos direitos humanos, através da realização da I Conferência Mundial de Direitos Humanos, em Teerão, entre 22 de Abril e 13 de Maio de 1968.

A Conferência contou com a presença de 84 países, de diversas organizações internacionais e de organizações não governamentais, tendo adoptado vários textos, a saber, a Proclamação de Teerão e 29 resoluções, nas quais se consagravam os mais diversos direitos humanos.

Na Conferência Mundial de Teerão assumiu-se uma nova visão global e integrada dos direitos humanos, visão essa que vai influenciar os desenvolvimentos futuros do Direito Internacional dos Direitos Humanos, através da consagração, designadamente, da tese da interrelação e da indivisibilidade dos direitos humanos, que é hoje um dos pilares deste sub-ramo do Direito Internacional.

No início da década de 90 a ONU voltou a proceder a uma avaliação global da matéria do Direito Internacional dos Direitos Humanos, procurando averiguar o modo como estava a ser implementada na prática, bem como identificar os rumos a seguir no futuro. Para isso contribuiu o fim da guerra-fria, que abriu novas possibilidades para um papel mais activo das Nações Unidas neste domínio.

A Assembleia Geral das Nações Unidas, pela resolução 45/155, de 18 de Dezembro de 1990, decidiu convocar uma nova Conferência Mundial de Direitos Humanos, que veio a realizar-se em Viena, entre 14 e 25 de Junho de 1993, com os seguintes objectivos:

– rever e avaliar os avanços no campo dos direitos humanos desde a adopção da DUDH de 1948 e identificar os meios de superar os obstáculos ao progresso nesta área;
– examinar a relação entre o desenvolvimento e o gozo universal dos direitos económicos, sociais e culturais, assim como dos direitos civis e políticos;
– examinar os meios de aprimorar a implementação dos instrumentos de direitos humanos existentes;
– avaliar a eficácia dos mecanismos e métodos dos direitos humanos das Nações Unidas;
– formular recomendações para avaliar a eficácia desses mecanismos;
– formular recomendações para assegurar os recursos apropriados para as actividades das Nações Unidas no campo dos direitos humanos.

Estabeleceu-se um comité preparatório aberto a todos os Estados membros da ONU ou das Agências Especializadas, com a participação de vários observadores, que realizou várias reuniões, incluindo as reuniões regionais preparatórias (África, América Latina e Caraíbas e Ásia).

A II Conferência aprovou uma Declaração e um Programa de Acção que vão contribuir para o progresso do sistema dos direitos humanos das Nações Unidas, reforçando o seu carácter universal, a interrelação entre os direitos humanos e a democracia, os direitos das minorias, da mulher, da criança e dos membros de grupos vulneráveis.

8.2.2. *No plano regional*

Ao nível regional, o Conselho da Europa tem sido uma das organizações internacionais europeias, que tem desempenhado um papel político mais activo na afirmação dos direitos humanos.

Para ilustrar o que acaba de se dizer, mencionem-se os compromissos anteriores à adesão ao Conselho da Europa, assumidos, nos finais da década de 80, princípios da década de 90, pelos Estados da Europa Central e de Leste, que implicaram modificações do seu Direito interno com a intenção de o tornar compatível com os princípios do Estado de Direito, da democracia e do respeito dos direitos fundamentais, nos quais se baseia o Conselho da Europa. Estes compromissos tinham, inicialmente, um cariz, sobretudo, político.

9. *Bibliografia de apoio ao capítulo II da Parte I*

- CANÇADO TRINDADE, ANTONIO A. – *Tratado...*, vol. I, p. 51 e ss.
- CARRILLO SALCEDO, JUAN ANTONIO – *Soberania de los Estados...*, p. 29 e ss.
- CASTILLO, MIREYA – *Derecho...*, p. 36 e ss.
- DE CASADEVANTE ROMANI, CARLOS FERNÁNDEZ, *El Derecho Internacional de los Derechos Humanos*, in CARLOS FERNÁNDEZ DE CASADEVANTE ROMANI (coord.), Derecho..., p. 61 e ss.
- ERGEC, RUSEN – *Protection européenne...*, p. 7 e ss.
- ROBERTSON, A. H./MERRILS, J.G. – *Human Rights in the World...*, p. 25 e ss.
- SCHILLING, THEODOR – *Internationaler Menschenrechtsschutz...*, p. 2 e ss.
- SMITH, RHONA K. M. – *Textbook on International...*, p. 5 e ss.

- STEINER, HENRY/ALSTON, PHILIP – *International Human Rights…*, p. 56 e ss.
- SUDRE, FRÉDÉRIC – *Droit international…*, p. 29 e ss e 127 e ss.
- VILLÁN DURÁN, CARLOS – *Curso…*, p. 61 e ss.

2.3. CAPÍTULO III – A APLICAÇÃO DAS NORMAS INTERNACIONAIS DE DIREITOS HUMANOS NA ORDEM JURÍDICA PORTUGUESA

Neste capítulo vamos estudar a matéria das relações entre o DIDH e o Direito português.

10. *Questões gerais – remissão para outras disciplinas*

Partindo do pressuposto que a problemática das relações entre o Direito Internacional e o Direito interno português já foi estudada na disciplina de Direito Internacional Público e que a temática das relações entre o Direito da União Europeia e a Ordem Jurídica Portuguesa já foi abordada na disciplina de Direito Comunitário I, vamos, neste relatório, concentrar a nossa atenção nas especificidades de aplicação das normas internacionais de direitos humanos no Direito português, remetendo todos os outros aspectos para aquelas duas disciplinas.

Recapitulando, em termos genéricos: a Ordem Jurídica internacional e as Ordens Jurídicas nacionais são distintas e separadas, pelo que a vigência da primeira nas segundas depende de mecanismos de recepção do Direito Internacional no Direito interno, os quais divergem de Estado para Estado.

Em teoria, duas são as formas possíveis de relacionamento das ordens jurídicas nacional e internacional:

– O dualismo;
– O monismo com primado de Direito Internacional.

Tradicionalmente imperavam as teses voluntaristas, que assentavam na soberania una e indivisível dos Estados e defendiam a tese dualista nas relações entre o DI e o Direito interno, bem como a aceitação da cláusula de transformação, no que diz respeito à recepção do DI Convencional no Direito interno.

Como demonstra FAUSTO DE QUADROS[195], o desenvolvimento do Direito Internacional, a partir da Segunda Guerra Mundial, põe em causa a teoria da soberania una e indivisível dos Estados, e, consequentemente, as posturas voluntaristas deixam de fazer sentido. Esta posição é reforçada após a queda do Muro de Berlim, com a abertura dos Estados do Leste ao Direito Internacional e o consequente abandono da postura voluntarista.

Continuando a seguir FAUSTO DE QUADROS, bem como a doutrina alemã em que este Autor se apoia, diremos que o princípio imperante nas relações entre o Direito Internacional e os Direitos internos passa a ser o da interdependência, o qual se consubstancia num princípio de harmonia da Constituição com o Direito Internacional (*die Voelkerrechtsfreundlichkeit der Verfassung*)[196]. Este princípio impõe que a Constituição, e, por via dela, todo o Direito interno acolham as normas de DI, com especial destaque para as normas de protecção dos direitos humanos.

A Constituição portuguesa não foge a esta regra.

11. A recepção do Direito Internacional de Direitos Humanos no Direito Português

O Direito Português regula a problemática da recepção do Direito Internacional no Direito Interno no art. 8.º da CRP, distinguindo entre o Direito Consuetudinário (n.º 1), o Direito Convencional (n.º 2), o Direito das Organizações Internacionais (n.º 3) e, após a revisão de 2004, o Direito da União Europeia *qua tale* (n.º 4).

11.1. O DI consuetudinário

11.1.1. Universal

O art. 8.º, n.º 1, CRP estabelece que «*as normas e os princípios de Direito Internacional geral ou comum fazem parte integrante do Direito Português*».

---

[195] FAUSTO DE QUADROS, *A protecção da propriedade privada pelo Direito Internacional,* Coimbra, Almedina, 1998, p. 531 e ss.

[196] FAUSTO DE QUADROS, *A protecção da propriedade privada...,* p. 535.

Estão aqui contempladas todas as normas de Direito Internacional Consuetudinário universal, quer Portugal tenha participado na sua formação, quer não.

A questão que se coloca é a de saber quais as normas internacionais de protecção de direitos humanos que possuem natureza consuetudinária universal. Como exemplo ilustrativo podemos referir a Declaração Universal dos Direitos Humanos, a qual, independentemente da sua origem – uma resolução da Assembleia Geral das Nações Unidas – foi adquirindo um carácter vinculativo, por força da sua aplicação pelos diversos actores internacionais, sendo hoje considerada, pela maioria da doutrina, como Direito Internacional Consuetudinário geral[197].

A Constituição Portuguesa, sem tomar partido nesta querela, impõe, no seu art. 16.°, n.° 2, uma espécie de *interpretação e integração conformes à DUDH* dos preceitos constitucionais e legais relativos aos direitos fundamentais. Ou seja, a CRP opera uma recepção formal da DUDH e parece colocá-la numa posição hierárquica superior à das normas constitucionais e legais de direitos fundamentais[198].

Contudo, tendo em conta a amplitude do catálogo originário de direitos fundamentais da CRP – reforçado nas sucessivas revisões constitucionais – não se vislumbram facilmente situações de afastamento das normas constitucionais a favor das normas da DUDH.

11.1.2. Regional

O art. 8.°, n.° 1, CRP não faz qualquer referência ao Direito Internacional Consuetudinário regional de que Portugal faz parte, pelo que há que averiguar se ele é recebido nos mesmos moldes que o Direito Internacional Consuetudinário universal. Isto é, se, por hipótese, existirem normas internacionais consuetudinárias de direitos humanos à escala europeia, elas vigoram automaticamente na Ordem Jurídica portuguesa, tal como as normas universais, ou, pelo contrário, necessitam de um acto de transformação, ainda que implícito?

---

[197] Cfr. *infra* n.° *14.1.2*.
[198] Neste sentido, PAULO OTERO, *A Declaração Universal dos Direitos do Homem e Constituição: a inconstitucionalidade de normas constitucionais?*, O Direito, 1990, p. 613.

Em nosso entender, apesar de o art. 8.º, n.º 1, não mencionar expressamente o Direito Internacional Consuetudinário regional não se vislumbram razões de fundo para o excluir.

Afigura-se, no entanto, muito difícil encontrar, no domínio do Direito Internacional Regional dos Direitos Humanos, exemplos de normas consuetudinárias[199], dado que, como veremos[200], na Europa – comunidade regional em que Portugal se integra – preponderam as regras convencionais de protecção internacional dos direitos humanos.

11.2. O DI convencional

O art. 8.º, n.º 2, CRP opera a recepção do Direito Internacional convencional no ordenamento jurídico português, não efectuando qualquer distinção entre o DI universal e o regional.

Assim, do ponto de vista do Direito Constitucional português, as normas convencionais de direitos humanos, como, por exemplo, as constantes dos Pactos das Nações Unidas, da CEDH e da Carta Social Europeia são recebidas de modo idêntico.

Nos termos do art. 8.º, n.º 2, CRP, as normas das convenções internacionais regularmente ratificadas ou aprovadas vigoram na Ordem Jurídica portuguesa, após a sua publicação, e enquanto vincularem internacionalmente o Estado português. Ou seja, os tratados e os acordos internacionais que tenham cumprido o processo interno de vinculação do Estado português vigoram na Ordem Jurídica interna, desde que vigorem na Ordem Jurídica internacional e enquanto nela vigorarem.

11.3. O Direito das Organizações Internacionais

Na revisão constitucional de 1982 foi aditado um n.º 3 ao art. 8.º, que dispunha o seguinte:

---

[199] Como vimos, há quem considere que as normas da «dimensão humana» da OSCE têm natureza consuetudinária. Se assim fosse, elas vigorariam em Portugal, por força do art. 8.º, n.º 1, CRP.

[200] Cfr. *infra* n.ºs *22 e seguintes*.

«*As normas emanadas dos órgãos competentes das organizações internacionais de que Portugal seja parte vigoram directamente na ordem interna, desde que tal se encontre expressamente estabelecido nos respectivos tratados constitutivos*».

Embora não se mencionem, expressamente, as Comunidades Europeias nem o Direito delas emanado, este preceito foi introduzido na perspectiva da adesão de Portugal às Comunidades Europeias – que, entretanto, tinha sido solicitada (Março de 1977) pelo Governo português. Com efeito, os trabalhos preparatórios do preceito demonstram que o seu principal objectivo foi o de possibilitar a vigência do Direito Comunitário derivado na Ordem Jurídica portuguesa.

Contudo, a referência genérica às normas emanadas de Organizações Internacionais permite a aplicação do preceito a outras Organizações Internacionais, como, por exemplo, a ONU, cujas resoluções do Conselho de Segurança também podem comungar destas características, embora, na maior parte das vezes, isso não se verifique.

Na segunda revisão constitucional – a revisão de 1987 – suprimiu-se do n.º 3 do art. 8.º CRP o vocábulo «expressamente», o que tornou possível a invocação do efeito directo das directivas comunitárias, o qual não se encontra previsto no TCE, de modo expresso.

Este preceito mantém-se com a versão que lhe foi dada em 1987, mas a introdução de um n.º 4 no art. 8.º vai, como veremos em seguida, implicar a sua reinterpretação.

Assim, até à revisão constitucional de 2004, as normas de Direito Comunitário derivado que consagrassem direitos fundamentais vigoravam directamente na Ordem Jurídica Portuguesa, desde que tal se encontrasse estabelecido nos tratados institutivos, expressa ou implicitamente. Ou seja, as normas dos regulamentos e das directivas respeitantes a direitos fundamentais vigoravam de acordo com o art. 8.º, n.º 3, CRP.

Todavia, como estudaremos adiante[201], não são os regulamentos nem as directivas as principais fontes de protecção dos direitos fundamentais na União Europeia, mas sim os princípios gerais de Direito Comunitário, pelo que o art. 8.º, n.º 3, CRP não se afigurava no passado, nem se revela, após a revisão de 2004, como um preceito adequado à recepção dos direitos fundamentais na Ordem Jurídica portuguesa.

---

[201] Cfr. *infra* nesta Parte, cap. I, sub-cap. II.

11.4. O Direito da União Europeia

A sexta revisão constitucional de 2004 acrescentou ao art. 8.º um n.º 4, que estabelece o seguinte:

> «As disposições dos tratados que regem a União Europeia e as normas emanadas das suas instituições, no exercício das respectivas competências, são aplicáveis na ordem interna, nos termos definidos pelo Direito da União, com respeito pelos princípios fundamentais do Estado de direito democrático».

O art. 8.º, n.º 4, CRP recebe o Direito Constitucional ou originário, bem como o Direito subordinado ou derivado da União Europeia, na Ordem Jurídica portuguesa, desde que se respeitem duas condições:
   a) as competências da União;
   b) os princípios fundamentais do Estado de Direito democrático.

A introdução do n.º 4 no art. 8.º CRP coloca o problema da sua concatenação com os dois números anteriores do preceito. Isto porque, até à revisão de 2004, as normas de Direito constitucional ou originário da União se consideravam enquadradas no n.º 2 e as normas de Direito subordinado ou derivado da União Europeia no n.º 3.

Se se mantiver este entendimento, a partir da sexta revisão constitucional, verifica-se uma dupla base jurídica para a recepção do Direito da União Europeia, na medida em que não há dúvidas de que ele está especificamente incluído no n.º 4.

Ora só parece haver uma forma de compatibilizar os vários números do art. 8.º CRP: a *ratio* do n.º 4 é o reconhecimento por parte do legislador constituinte português de que os Tratados institutivos das Comunidades e da União Europeias, bem como os que os modificaram, são autónomos e possuem uma natureza diversa da dos outros tratados internacionais recebidos no n.º 2, assim como o Direito emanado dos órgãos da União também não comunga da mesma natureza do Direito emanado das organizações internacionais, cuja recepção está prevista no n.º 3 do preceito.

Como já tivemos oportunidade de defender no nosso *Curso de Direito Constitucional da União Europeia*[202], este é, em nossa opinião, o melhor entendimento.

---

[202] p. 438 e segs.

Assim, as normas de protecção dos direitos fundamentais da União Europeia são indirectamente recebidas na Ordem Jurídica interna, por força do art. 8.º, n.º 4, CRP, na medida em que é recebido por esta via o Tratado da União Europeia, que lhes faz referência[203].

O art. 8.º, n.º 4, CRP deixa, contudo, uma questão em aberto: quem tem competência para aferir o respeito das condições de aplicação do preceito atrás referidas? Isto é, caso a União não respeite as suas competências ou os seus actos violem os princípios fundamentais do Estado de Direito Democrático quem vai ser o último árbitro deste conflito – o Tribunal Constitucional português ou o Tribunal de Justiça?

Se em relação às divergências em matéria de competências da União, nos parece que só o Tribunal de Justiça poderá ter a última palavra neste domínio, sob pena de pôr em causa a própria subsistência do Direito da União, já o mesmo não se afigura tão evidente quanto ao segundo ponto, dado que nenhum tribunal está melhor colocado do que o Tribunal Constitucional português para aferir se as normas da União respeitam os princípios fundamentais do Estado de Direito Democrático. Na verdade, esta limitação é mais aparente do que real, dado que a União Europeia também se fundamenta nesses princípios.

Para além da recepção do Direito da União Europeia na Ordem Jurídica portuguesa, o art. 8.º, n.º 4, CRP regula também a hierarquia do Direito Constitucional e do Direito subordinado da União, por remissão para o Direito da União, ou seja, este direito prevalecerá ou não sobre o Direito nacional, incluindo o Direito Constitucional português, nos termos definidos pelo próprio Direito da União Europeia.

Esta é, aliás, em última análise, a solução que defendemos, no nosso *Curso de Direito Constitucional da União Europeia*[204], à luz da anterior versão da CRP, pelo que a sua consagração expressa no texto constitucional contribui, em nosso entender, para uma maior clareza e representa um ganho em termos de transparência.

---

[203] Ver art. 6.º, n.º 2, TUE.
[204] P. 440.

12. O grau de prevalência do DIDH na ordem interna portuguesa

12.1. O princípio da amizade da CRP ao DIDH

A Constituição portuguesa consagra o princípio da amizade ao Direito Internacional dos Direitos Humanos a vários propósitos.

Em primeiro lugar, deve mencionar-se o art. 7.º, que, no n.º 1, relativamente aos princípios pelos quais Portugal se rege nas relações internacionais, inclui, expressamente, o princípio do respeito dos direitos do homem e dos povos. O mesmo preceito, no n.º 3, reconhece o direito dos povos à autodeterminação e independência e desenvolvimento e no n.º 7, introduzido na revisão de 2001, aceita a jurisdição do Tribunal Penal Internacional com o objectivo de realizar uma justiça internacional, que promova o respeito pelos direitos da pessoa humana e dos povos.

Daqui decorre que a CRP confere, no domínio das relações internacionais, um papel muito importante à protecção internacional dos direitos humanos, indo ao ponto de elevar ao estatuto constitucional a jurisdição de um tribunal – o Tribunal Penal Internacional – que se destina a punir as violações mais graves de direitos humanos.

Além disso, o art. 16.º CRP, incorporado nos princípios gerais que regem os direitos e deveres fundamentais, reconhece, no seu n.º 1 um princípio de abertura às regras de Direito Internacional, na medida em que considera que os direitos consagrados na Constituição não excluem quaisquer outros constantes de regras aplicáveis de Direito Internacional. Quer dizer: qualquer regra internacional, seja qual for a fonte de onde emana – tratado, costume, decisão de uma organização internacional – e seja qual for o seu âmbito de aplicação territorial – universal ou regional – desde que, nos termos do art. 8.º CRP se deva aplicar em Portugal, serve de fundamento a esse princípio da abertura ao Direito Internacional. Por outras palavras: assiste-se à constitucionalização dos direitos fundamentais reconhecidos no plano do Direito Internacional.

Por último, como já mencionámos, o n.º 2 do art. 16.º CRP estabelece um princípio da interpretação e da integração de lacunas constitucionais conformes à Declaração Universal dos Direitos do Homem

Este princípio da amizade da Constituição ao DIDH não pode deixar de ter consequências, no que toca à posição hierárquica que este Direito deve ocupar na Ordem Jurídica interna portuguesa.

12.2. O primado absoluto das normas de DIDH que fazem parte do jus cogens

Como já atrás mencionámos[205], existe um certo consenso no sentido de que algumas normas internacionais de direitos humanos fazem parte do *jus cogens*, o que não pode deixar de ter consequências no que respeita ao posicionamento dessas normas no plano interno.

Com efeito, o próprio conceito de norma de *jus cogens* impõe a sua supremacia em relação a todas as outras normas, que não possuem essa natureza, sejam elas internacionais ou internas.

Começando pelo Direito Internacional: segundo a CVDT de 1969, o *jus cogens* é o parâmetro de validade dos tratados internacionais, uma vez que o seu art. 53.º comina com a nulidade todo o tratado que contrarie uma norma dessa natureza. Estas normas admitem derrogação somente por uma norma da mesma natureza. A mesma sanção é aplicável ao tratado que contrariar a norma de *jus cogens* superveniente (art. 64.º CVDT).

Mas o facto de o *jus cogens* se encontrar mencionado na CVDT não o transforma num parâmetro exclusivo de aferição da validade dos tratados internacionais. A própria definição de *jus cogens* como norma imperativa, que não pode ser derrogada por nenhuma outra, projecta a sua aplicação para além do Direito dos Tratados. As normas de *jus cogens* sobrepõem-se a quaisquer outras normas, incluindo as normas constitucionais. O *jus cogens* não se deve, portanto, limitar a critério de aferição da validade de normas internacionais, ele deve também servir de parâmetro de validade de normas de Direito interno, inclusive das normas constitucionais, pelo menos nos Estados monistas, como é o caso de Portugal.

E se assim é, por maioria de razão, as normas de DIDH que fazem parte do *jus cogens* prevalecem sobre as normas internas, quaisquer que elas sejam.

E dito isto, pode ainda dar-se mais o seguinte passo: o *jus cogens* deve ser encarado como um limite material de revisão constitucional. Até mesmo nos Estados dualistas existem áreas «*onde o Direito Internacional impõe a sua própria vigência na ordem interna estadual*»[206], e nessas áreas inclui--se, sem dúvida, o Direito Internacional dos Direitos Humanos[207].

---

[205] Cfr. *supra* n.º 5.5..
[206] ANDRÉ GONÇALVES PEREIRA/FAUSTO DE QUADROS, *Manual*..., p. 90.
[207] *Idem, ibidem.*

Não parece, portanto, concebível que se faça depender de cada um dos Estados a recepção das normas de *jus cogens* no Direito interno, dado que elas consubstanciam uma espécie de ordem pública internacional e criam obrigações *erga omnes*.

A sanção para a norma estadual que contrarie uma norma de *jus cogens* não poderá deixar de ser também a nulidade.

As normas de *jus cogens* constituem um limite que não deve ser ultrapassado por nenhum sujeito com capacidade para editar normas, pelo que os Estados devem observar as normas de *jus cogens* não só quando actuam no plano internacional, mas também quando actuam no âmbito do seu ordenamento jurídico interno, inclusivamente ao nível constitucional, pois existem certos princípios superiores, pré-estaduais e pré-positivos.

Daqui resulta que é concebível a inconstitucionalidade de normas constitucionais contrárias às normas de Direito Internacional de Direitos Humanos, havendo quem o admita apenas por contrariedade com a DUDH, uma vez que o art. 16.º, n.º 2, da CRP impõe um princípio de harmonia da interpretação e integração, de acordo com a mesma[208].

12.3. O grau de primado das outras normas de DIDH

12.3.1. O DIDH consuetudinário geral

As normas de DIDH Consuetudinário, que não fazem parte do *jus cogens*, não gozam, em princípio, de uma supremacia absoluta, no sentido de condicionarem as revisões constitucionais e o próprio legislador constituinte originário.

Todavia, a própria Constituição afirma a supremacia da DUDH em relação aos preceitos constitucionais no art. 16.º, n.º 2. Ora, para quem, como nós, defenda que a DUDH faz parte do DIDH Consuetudinário e que nem todos os seus preceitos fazem parte do *jus cogens*, podem-se daí inferir alguns argumentos a favor da supremacia do DIDH Consuetudinário.

Sabendo-se a influência da DUDH em todo o DIDH consuetudinário (e não só), a afirmação expressa, na nossa Constituição, da sua prevalên-

---

[208] JORGE MIRANDA, *Curso*..., p. 157 e ss. O autor considera, contudo, a questão bastante académica, devido ao grau de desenvolvimento da nossa Constituição em matéria de direitos fundamentais. V. também PAULO OTERO, *Declaração*..., p. 614 e ss.

cia em relação ao Direito Constitucional, significa o sentido que o legislador constituinte quis imprimir às relações entre o DIDH Consuetudinário e o Direito interno.

Mas para além do art. 16.º, n.º 2, também o princípio da amizade da Constituição Portuguesa ao DIDH, que resulta, sobretudo, do art. 7.º, n.ºs 1 e 7, e do art. 16.º, n.º 1, conjugados com o art. 8.º, n.º 1, que considera o DI Consuetudinário geral ou comum parte integrante do Direito Português, impõe o primado de todo o DIDH consuetudinário universal em relação ao Direito interno, inclusive o Direito Constitucional.

Assim, os direitos fundamentais reconhecidos pelo Direito Internacional geral ou comum fazem parte de um «nível mínimo» abaixo do qual não se pode descer.

12.3.2. DIDH Convencional

Nos termos da CRP, o Direito Internacional Convencional não ocupa o mesmo lugar do Direito Internacional Consuetudinário na hierarquia de normas ao nível da Ordem Jurídica interna. Com efeito, conjugando os arts. 8.º, n.º 2, CRP com as normas de fiscalização da constitucionalidade dos arts. 277.º e seguintes, podemos verificar que o legislador constituinte não quis posicionar as normas convencionais acima da Constituição, dado que, por um lado, faz depender a sua recepção da regularidade do processo de aprovação ou ratificação, e, por outro lado, admite a fiscalização preventiva da sua constitucionalidade, além de não excluir a fiscalização sucessiva. O único «privilégio» concedido pela CRP ao DI convencional consiste na admissibilidade da vigência em Portugal de tratados com inconstitucionalidades orgânicas e formais (já não as materiais), desde que o vício não resulte da violação de uma disposição fundamental, isto é, não seja muito grave (art. 277.º, n.º 2, CRP).

A questão que se coloca é a de saber se este regime se aplica às convenções que fazem parte do DIDH.

É óbvio que não se aplica, quando estão em causa convenções codificadoras de normas consuetudinárias, assim como quando se trata de convenções, cujas normas, entretanto, adquiriram essa natureza. Nesse caso, aplica-se o regime exposto no ponto anterior.

Em relação ao restante DIDH convencional, as dúvidas surgem quando se lê o art. 16.º, n.º 1, CRP, o qual reconhece ao Direito Internacional a possibilidade de aditar novos direitos fundamentais ao catálogo constitucional.

O art. 16.º, n.º 1, CRP, ao não fazer qualquer distinção entre o Direito Internacional Consuetudinário e o Convencional, aponta no sentido de que a Constituição admite a supremacia de todo o Direito Internacional de Direitos Humanos, se for mais protector do que o Direito Constitucional. Já o mesmo não sucede quando se tratar de normas menos protectoras.

Assim, do ponto de vista constitucional, as convenções internacionais de direitos humanos, quer universais, quer regionais, prevalecem sobre todas as normas de Direito interno, inclusive as constitucionais, a menos que se trate de convenções que conduzam à restrição do catálogo de direitos fundamentais incluído nas normas constitucionais.

12.4. *Bibliografia de apoio aos pontos 10, 11 e 12*

- BACELAR GOUVEIA, JORGE – *A Declaração Universal dos Direitos do Homem e a Constituição Portuguesa*, in ANTUNES VARELA e. a. (org.), *Ab Uno ad Omnes* – 75 anos da Coimbra Editora, Coimbra, Coimbra Editora, 1998, p. 925 e ss.
- BACELAR GOUVEIA, JORGE – *Manual...*, p. 345 e ss.
- CORREIA BAPTISTA, EDUARDO – *Direito Internacional Público...*, vol. I, p. 410 e ss.
- GOMES CANOTILHO, J. J. – *Direito Constitucional e Teoria da Constituição*, 6ª ed., Coimbra, 2002, p. 813 e ss.
- GONÇALVES PEREIRA, ANDRÉ/QUADROS, FAUSTO DE – *Manual...*, p. 81 e ss.
- MACHADO, JÓNATAS E. M. – *Direito Internacional...*, p. 101 e ss.
- MIRANDA, JORGE – *Curso...*, p. 137 e ss.
- OTERO, PAULO – *A Declaração Universal dos Direitos do Homem e Constituição: a inconstitucionalidade de normas constitucionais?*, O Direito, 1990, p. 603 e ss.
- QUADROS, FAUSTO DE – *A protecção da propriedade privada...*, p. 531 e ss.
- VITORINO, ANTÓNIO – *Protecção constitucional e protecção internacional dos Direitos do Homem: concorrência ou complementaridade?*, Lisboa, AAFFDL, 1993.

3. PARTE II – O SISTEMA UNIVERSAL DE PROTECÇÃO INTERNACIONAL DOS DIREITOS HUMANOS

O objecto da Parte II do programa da disciplina do DIDH é o sistema universal de protecção internacional dos direitos humanos, o qual abrange uma tal vastidão de matérias, que inviabiliza a sua leccionação num semestre. Daí que se tenha optado por focar o estudo no sistema das Nações Unidas, deixando de fora outras Organizações Internacionais, como é o caso da OIT ou da UNESCO, mau grado o relevante papel que têm tido no âmbito da protecção sectorial dos direitos humanos.

Partindo destas premissas, no primeiro capítulo, indicam-se as características e as fontes do sistema das Nações Unidas. No segundo capítulo, estudar-se-ão os direitos consagrados nas plúrimas fontes onusianas e, por fim, num terceiro capítulo, analisar-se-ão as formas de tutela desses direitos.

3.1. CAPÍTULO I – O SISTEMA DAS NAÇÕES UNIDAS: CARACTERIZAÇÃO E FONTES

13. Caracterização do sistema das Nações Unidas

O sistema de protecção internacional dos direitos humanos das Nações Unidas caracteriza-se como um sistema de cooperação intergovernamental, que se fundamenta numa multiplicidade de fontes, que têm um único objectivo – a protecção dos direitos inerentes à dignidade da pessoa humana. Trata-se de um sistema cuja efectividade está longe de ser satisfatória.

13.1. Um sistema de cooperação intergovernamental

Por sistema de cooperação intergovernamental entende-se um sistema dominado pelos Estados, que se baseia em relações de cooperação entre eles e não em relações de subordinação. Isto é, não existe uma entidade suprema que produza o Direito e que seja capaz de o aplicar coercivamente.

Porém, deve sublinhar-se que a evolução tem sido no sentido de atenuar esse carácter intergovernamental, introduzindo pequenas franjas de subordinação neste domínio. Para ilustrar o que acaba de se dizer, refira-

-se que certas normas originariamente provenientes das Nações Unidas se incluem no conceito de *jus cogens*.

13.2. Um sistema de fontes múltiplas

O sistema de protecção dos direitos humanos das Nações Unidas baseia-se numa multiplicidade de fontes, que incluem o Direito Costumeiro, o Direito Convencional e as decisões da própria Organização. Na verdade, a maior parte das convenções universais sobre direitos humanos foram adoptadas no seio da ONU, tendo sido, muitas vezes, precedidas de decisões dos seus órgãos, designadamente, resoluções da Assembleia Geral. Além disso, constituindo, as Nações Unidas, o fórum de reunião da comunidade internacional, é natural que nelas se vão gerando algumas normas consuetudinárias relativas a direitos humanos.

Para além da multiplicidade de fontes, assiste-se também, desde a II Guerra, à sua multiplicação, o que nem sempre funciona em benefício da protecção internacional dos direitos humanos. Verificam-se, por vezes, contradições entre normas de origens distintas, assim como aplicações conflituantes das mesmas por parte dos diversos órgãos e organismos, também eles multiplamente criados.

13.3. Um sistema de identidade de objectivos

Esta multiplicidade de fontes e de órgãos não deve, todavia, fazer esquecer que todos convergem num ponto: o reconhecimento a todos os seres humanos, sem distinção de qualquer espécie, dos direitos inerentes à dignidade humana. Ou seja, o objectivo comum a todas as fontes é a protecção dos direitos humanos.

13.4. Um sistema de efectividade reduzida

A multiplicidade de fontes e de órgãos aliada à identidade de objectivos não chegam para conferir eficácia ao sistema das Nações Unidas, na medida em que, como veremos mais à frente[209], os seus mecanismos de

---

[209] Cfr. *infra* n.ºs *19, 20 e 21*.

implementação e de garantia dos direitos estão distribuídos por vários órgãos e são pouco eficazes.

14. As fontes convencionais universais de protecção internacional dos direitos humanos

14.1. As fontes gerais

14.1.1. A Carta das Nações Unidas

Como já se mencionou, a Carta das Nações Unidas estabeleceu os fundamentos de uma nova ordem mundial baseada na paz e na segurança internacionais.

Do preâmbulo da Carta resulta que as Nações Unidas têm como objectivo salvar as gerações vindouras da guerra e assegurar a manutenção da paz e da segurança, pelo que a protecção dos direitos humanos assumiu um papel muito significativo.

A Carta não só contribuiu para a internacionalização dos direitos humanos como também para tornar claro que a protecção dos direitos humanos é um meio importante para assegurar a paz mundial.

A Carta das Nações Unidas refere-se aos direitos humanos em sete preceitos, a saber, parágrafo 3.º do preâmbulo, art. 1.º, n.º 3, arts. 55.º e 56.º; 76.º, al. c), art. 13, n.º 1, al. b), art. 62.º, n.ºs 2 e 3, e art. 68.º.

Se compararmos o número e o conteúdo das disposições sobre direitos humanos da Carta com as do seu antecessor – o Pacto da SDN – facilmente se conclui por uma diferença qualitativa no modo de encarar este assunto por parte do Direito Internacional.

As normas da Carta sobre direitos humanos revelam, todavia, alguma imprecisão e um carácter relativamente vago, pelo que importa averiguar qual a sua natureza jurídica e o seu significado.

O respeito dos direitos humanos na Carta deve ser entendido como um objectivo a longo prazo, que tanto a Organização como os seus membros se obrigam a cumprir.

Um dos aspectos inovadores da Carta é, precisamente, a formulação dos direitos humanos num contexto de interdependência como um dos requisitos para assegurar a paz e a segurança internacionais, as relações de amizade entre as Nações e o bem-estar dos povos.

O sistema de protecção dos direitos humanos, previsto na Carta, é, todavia, criticável por falta dos seguintes elementos:

– a definição do conceito de direitos humanos;
– um catálogo de direitos humanos;
– a identificação do conteúdo de cada direito;
– a menção dos mecanismos de implementação;
– os mecanismos de garantia, destinados a assegurar a observância dos direitos humanos.

Se o problema da definição poderia ser ultrapassado por recurso ao Direito Constitucional dos membros das Nações Unidas, já os problemas relacionados com a extensão da protecção, a identificação do conteúdo de cada direito, bem como os mecanismos de implementação e de garantia necessitavam de uma solução.

Alguns destes problemas foram, com o decorrer dos tempos, ultrapassados, nomeadamente, pela aprovação da Declaração Universal dos Direitos Humanos, dos Pactos das Nações Unidas e de outros instrumentos internacionais.

Além disso, embora todas as disposições da Carta relativas a direitos humanos sejam vinculativas, nem todas gozam do mesmo grau de imperatividade e de obrigatoriedade. Com efeito, na época, os Estados não estavam preparados para conferir uma maior protecção aos direitos humanos, devido a vários factores[210], incluindo o princípio da não ingerência nos assuntos internos.

Por último, deve salientar-se que, por força da eficácia *erga omnes* das normas da Carta, os seus preceitos sobre direitos humanos são obrigatórios para todos os membros da comunidade internacional e não apenas para os membros das NU.

---

[210] Na Conferência de S. Francisco, que elaborou a Carta, chegou-se mesmo a propor a adopção de uma Declaração de Direitos Humanos a anexar à Carta, a qual, todavia, não foi aprovada, devido a incompatibilidades da maior parte dos Estados. Basta lembrar que os Estados Unidos da América tinham, à época, leis de discriminação racial, a União Soviética tinha a polícia política e os *gulags*, a França e o Reino Unido tinham colónias.

14.1.2. A Declaração Universal dos Direitos do Homem

I) A origem

A adopção de uma declaração de direitos humanos constava, como primeiro *item*, da agenda das Nações Unidas, no âmbito do programa do *International Bill of Human Rights*.

A preparação daquela Declaração coube à Comissão dos Direitos Humanos, que iniciou os seus trabalhos em 1947, e criou um comité com oito membros encarregado de elaborar o projecto.

Em 1948 a mencionada Comissão adoptou um projecto de Declaração, que submeteu, através do Conselho Económico e Social, à Assembleia Geral, a qual aprovou, após discussão, em 10 de Dezembro de 1948, a Declaração Universal dos Direitos Humanos, por 48 votos a favor, nenhum contra e 8 abstenções[211].

A DUDH foi adoptada por uma resolução – a resolução n.º 217 (III).

II) O conteúdo

A DUDH é o primeiro instrumento internacional, de carácter geral e universal, que contém um catálogo de direitos reconhecidos a toda a pessoa.

A DUDH é composta por um preâmbulo e por trinta artigos.

O preâmbulo da DUDH é importante, na medida em que expressa ideias que se podem considerar universais, como, por exemplo, a de que os direitos humanos têm a sua raiz na dignidade inerente a todo o ser humano, pelo que lhe correspondem direitos iguais e inalienáveis (par. 1.º e 5.º). O princípio da universalidade dos direitos humanos ancora, portanto, na Declaração as suas bases.

O par. 3 do preâmbulo estabelece a ligação entre o respeito dos DH e o princípio da *rule of law*, assim como confirma o direito consuetudinário de resistência dos povos a governos de opressão.

O preâmbulo aponta ainda no sentido de que os direitos e liberdades contidos na Declaração devem ser vistos como um *standard* comum e um sistema de referência para a nova ordem internacional.

---

[211] Os Estados que se abstiveram foram a Bielorrússia, a Checoslováquia, a Polónia, a Arábia Saudita, a África do Sul, a URSS e a Jugoslávia

As disposições da DUDH podem dividir-se em três grandes grupos:
a) As disposições relativas aos fundamentos filosóficos – art. 1.º;
b) Os princípios gerais – abrangem o princípio da igualdade e da não discriminação (art. 2.º), o princípio de que os direitos contidos na Declaração devem ser completamente realizados (art. 28.º) e os deveres de todos para com a comunidade (art. 29.º), a proibição da actuação de qualquer Estado, grupo ou pessoa com vista à destruição dos direitos e liberdades previstos na Declaração (art. 30.º);
c) Os direitos substantivos – estão previstos nos arts. 3.º a 27.º, incluindo os direitos civis e políticos (arts. 3.º a 21.º) e os direitos económicos, sociais e culturais (arts. 22.º a 27.º).

A DUDH introduziu, ao tempo, uma inovação substancial no Direito Internacional, tendo contribuído para a sua modernização.

III) A natureza jurídica

A DUDH desenvolve as obrigações assumidas pelos Estados membros da ONU em virtude da Carta.

Do ponto de vista formal, como acabou de se mencionar, a Declaração foi adoptada por uma resolução da Assembleia Geral, que não tem juridicamente carácter vinculativo. Não se tratou, portanto, de um tratado[212], o que facilitou a sua aplicação a todos os Estados membros das Nações Unidas. Com efeito, se a Declaração tivesse assumido a forma de um tratado internacional, não vincularia um número tão vasto de Estados.

Chegados a este ponto, cumpre averiguar qual a natureza jurídica da Declaração, sendo certo que a doutrina se encontra bastante dividida a este propósito.

a) Há quem entenda que a DUDH tem o mesmo valor jurídico que as outras resoluções da Assembleia Geral, ou seja, não cria obrigações para os Estados membros das NU e não é fonte imediata de DI[213].

---

[212] Durante os trabalhos preparatórios da Declaração, alguns Estados, como, por exemplo, a Austrália e o Reino Unido, defenderam que a mesma deveria ser adoptada por tratado.

[213] Segundo CARLOS VILLÁN DURÁN, foi com base nesta premissa que 48 Estados a aprovaram. *In La Declaración Universal de Derechos Humanos en la pratica de las Naciones Unidas*, in ANTONIO BLANC ALTEMIR (Ed.), La protección internacional de los derechos humanos a los cinquenta años de la Declaración Universal, Madrid, Tecnos, 2001, p. 57.

b) Para outros, a DUDH deve ser vista como um elemento constitutivo de regras consuetudinárias preexistentes[214].

c) Uma terceira corrente considera que o carácter consuetudinário dos direitos e dos princípios consagrados na DUDH foi adquirido posteriormente. A DUDH tem, portanto, um carácter vinculativo[215].

d) Há ainda quem defenda que a DUDH deve ser analisada como um instrumento pré-jurídico, pois foi a fonte de inspiração de todas as outras regras, mas ela própria não tem força jurídica[216].

Todas estas posições são susceptíveis de crítica, sendo que a primeira é talvez a mais vulnerável, dado que o próprio valor jurídico das resoluções da Assembleia Geral das Nações Unidas é controverso.

Quanto à tese do carácter consuetudinário preexistente da DUDH, tem de se lhe opor, por um lado, o carácter inovador da DUDH e, por outro lado, a dúvida quanto à verificação da existência dos dois elementos do costume – uso e convicção da obrigatoriedade – devido à abstenção da União Soviética e dos Estados socialistas. A verdade é que a DUDH não foi favoravelmente votada pela generalidade dos Estados da comunidade internacional, o que põe em causa não só o elemento material do costume, como também a ausência de uma convicção da obrigatoriedade, no plano internacional.

É certo que os princípios enunciados na DUDH receberam concretização posterior e até se desenvolveram, mas sobretudo pela via das regras convencionais e, em especial, regionais e não através de regras consuetudinárias.

Em nosso entender, apesar de estas discussões estarem impregnadas de um carácter, de certo modo, estéril, é indiscutível que a DUDH influenciou o Direito Internacional dos Direitos Humanos posterior. Além disso, muitos Estados incluem partes da Declaração nas suas Constituições e outros mencionam-na como um sistema de referência. Daí que, actualmente, não exista qualquer dúvida quanto ao carácter vinculativo da DUDH. Ora, esse carácter vinculativo só pode fundamentar-se no costume internacional.

---

[214] EDUARDO CORREIA BAPTISTA, *Jus cogens*..., p. 402 e ss. Este Autor defende também que todas as disposições da DUDH são normas de *jus cogens* (*idem*, p. 413).

[215] Neste sentido, CARLOS VILLÁN DURÁN, *La Declaración Universal*..., p. 61. MANUEL DIEZ DE VELASCO é mais restritivo, limitando o carácter consuetudinário e vinculativo apenas a algumas normas da DUDH (*in Instituciones*..., p. 589).

[216] FRÉDÉRIC SUDRE, *Droit*..., p. 176.

Foi aliás, a Declaração que abriu o caminho para o que deve ser visto como a codificação e o progressivo desenvolvimento do Direito Internacional dos Direitos Humanos.

14.1.3. Os Pactos das Nações Unidas

Na sequência da DUDH, a Assembleia Geral das Nações Unidas pretendia adoptar um único instrumento convencional, no qual se positivassem os direitos humanos, tanto civis e políticos, como económicos, sociais e culturais, para o que encarregou a Comissão de Direitos Humanos de elaborar o respectivo texto.

Tendo em conta as dificuldades com que aquela Comissão se deparou, o Conselho Económico e Social propôs, em 1951, a elaboração de dois pactos, o que, efectivamente, veio a acontecer.

Assim, a Declaração Universal dos Direitos Humanos, o Pacto Internacional de Direitos Civis e Políticos e o Pacto Internacional de Direitos Económicos, Sociais e Culturais constituem o núcleo duro do Direito Internacional dos Direitos Humanos das Nações Unidas.

Entre a apresentação à Assembleia Geral dos projectos dos Pactos elaborados pela Comissão de Direitos do Homem, em 1954, e a aprovação do texto final mediaram 12 anos, reflexo da tensão Leste/Oeste.

Com efeito, os dois blocos apresentavam profundas divergências, no domínio da protecção internacional dos direitos humanos. Enquanto os Estados do Ocidente aceitavam a personalidade jurídica internacional do indivíduo, os Estados do Leste negavam-na. Os Estados do Ocidente davam primazia aos direitos civis e políticos. Pelo contrário, os Estados do Leste preferiam os direitos económicos, sociais e culturais. Além disso, enquanto estes últimos se mostraram totalmente avessos ao sistema judicial de controlo das normas relativas a direitos humanos, apresentando até restrições quanto ao sistema quase judicial, os Estados do Ocidente pugnavam pela eficácia do sistema de controlo, fosse ele judicial ou não.

Os Pactos acabaram por ser adoptados pela Assembleia Geral, em 16 de Dezembro de 1966, por unanimidade (106 Estados). O primeiro protocolo facultativo ao PIDCP, que prevê a possibilidade de comunicações individuais, foi aprovado por 66 votos contra 2 e 38 abstenções. Ambos os pactos, assim como o referido protocolo, entraram em vigor em 1976.

O segundo protocolo facultativo ao PIDCP relativo à abolição da pena de morte foi adoptado, em 15 de Dezembro de 1989, por 59 contra 26 votos, com 48 abstenções. Este protocolo entrou em vigor em 11 de Julho 1991.

Encontra-se, actualmente, em preparação um Protocolo Facultativo ao PIDESC que institui um sistema de comunicações individuais.

O número de Estados partes dos Pactos é bastante elevado, rondando os 150[217]. Quatro quintos dos Estados do Globo aceitam as comunicações interestaduais previstas no art. 41.º do PIDCP e 105 Estados aceitam o sistema de comunicações individuais consagrado no Primeiro Protocolo Facultativo.

O Segundo Protocolo, pelo contrário, vincula pouco mais de meia centena de Estados[218].

Os dois Pactos têm algumas disposições comuns: as relativas aos direitos colectivos e as relativas à proibição da discriminação.

14.1.3.1. *O Pacto Internacional de Direitos Civis e Políticos*

I) O conteúdo

O PIDCP é composto por um preâmbulo e divide-se em seis partes.

As Partes I a III (arts. 1.º a 27.º) contêm todos os direitos substantivos, assim como disposições gerais relacionadas com a proibição da discriminação e do abuso, da igualdade homem-mulher e as cláusulas de salvaguarda.

As Partes IV e V (arts. 28.º a 53.º) contêm as disposições de garantia (*monitoring*), os princípios de interpretação e as cláusulas finais.

Com excepção do direito dos povos à autodeterminação (art. 1.º), que, de acordo com o Comité dos Direitos Humanos, não pode ser objecto de comunicações individuais[219], o Pacto apenas garante os direitos enumerados na Parte III.

---

[217] Em 8 de Junho de 2005, são partes do PIDCP 154 Estados e 151 do PIDESC. Informação disponível no sítio http://www.unhchr.ch

[218] Mais precisamente, 54 Estados, em 8 de Junho de 2005.

[219] Ver comunicação n.º 167/84, *B. Ominayak c/ Canadá*, de 10/05/1990, CCPR//C/38/D/167/84; comunicação n.º 318/88, *E e P/Colômbia*, de 15/08/1990, CCPR/C/39//D/318/88; comunicação n.º 413/90, *A e B/Itália*, de 2/11/1990, CCPR/C/40/D/413/90.

Se compararmos os direitos reconhecidos na Declaração Universal dos Direitos Humanos com os direitos consagrados no Pacto, verificamos a ausência de três deles: o direito de propriedade, o direito à nacionalidade e o direito de asilo.

A maior parte dos direitos são formulados em termos genéricos e aplicam-se a todo o ser humano, mas também há direitos que se aplicam a certas categorias de pessoas, como, por exemplo, às minorias, aos estrangeiros, aos acusados, aos presos, aos condenados à morte (arts. 27.°; 12.°; 13.°; 23.°; 14.°, n.°s 2 e 3; 9.°, n.°s 2 a 5 e 10.°; 6.°, n.° 5).

II) O âmbito das obrigações dos Estados partes

Os Estados membros obrigam-se a respeitar e a assegurar a todos os indivíduos dentro do seu território e sujeitos à sua jurisdição os direitos reconhecidos no Pacto, sem discriminações de qualquer natureza (art. 2.°, n.° 1).

Como veremos, no PIDESC os contornos das obrigações dos Estados são diferentes, pois considerava-se, na época, que os direitos de segunda geração só obrigavam os Estados à sua progressiva realização. A prática demonstrou que o PIDESC contém obrigações que podem ser violadas pelos Estados.

A obrigação de respeito dos direitos, que o art. 2.° do PIDCP impõe aos Estados, apresenta uma dupla vertente.

a) A vertente negativa – os Estados não podem restringir o exercício dos direitos, se essas restrições não forem, expressamente, permitidas. Como se verá, o PIDCP encara alguns direitos como intangíveis, enquanto em relação a outros admite restrições.

b) A vertente positiva – é a obrigação de implementar o direito. Os Estados têm de adoptar a legislação e outras medidas necessárias para assegurar às vítimas a reparação das violações de direitos humanos, assim como têm de assegurar garantias processuais e o estabelecimento de instituições legais (arts. 2.°, n.°s 2 e 3). Como exemplo podem referir-se os direitos reconhecidos nos arts. 1.°, 9.°, 10.°, 13.°, 15.°, 16.°, 20.°, 23.°, 24.°, 25 °, 26.°, 27.°.

Deve salientar-se que os chamados direitos negativos também incluem uma obrigação positiva, como, por exemplo, no caso da proibição da tortura, que abrange a obrigação de prevenção da tortura e de investigação de alegados actos de tortura.

A obrigação de implementar implica ainda uma obrigação de proteger os indivíduos contra certas interferências nos seus direitos civis e políticos por parte de particulares, de grupos ou de certas entidades. Esta problemática é bem conhecida do Direito Internacional dos Direitos Humanos e consubstancia-se no chamado efeito directo horizontal das normas, de que são exemplo os arts. 8.º e 20.º do PIDCP.

III) As derrogações, as restrições, as limitações e as reservas

Raros são os direitos contidos no PIDCP que se podem considerar absolutos ou intangíveis. O art. 4.º, n.º 2, do Pacto permite inferir que o direito à vida (art. 6.º), os direitos derivados da proibição da tortura, das penas e dos tratamentos cruéis e desumanos ou degradantes (art. 7.º) e da proibição da escravatura e da servidão (art. 8.º, n.ºs 1 e 2), da proibição de prisão por dívidas (art. 11.º) e do princípio da legalidade[220] (art. 15.º), o direito ao reconhecimento da personalidade jurídica do ser humano (art. 16.º) e o direito à liberdade de pensamento, de consciência e de religião (art. 18.º) comungam dessa característica, dado que se afirma, expressamente, que estes direitos não admitem derrogações por parte dos Estados. Existem, contudo, divergências quanto ao conteúdo de cada um desses direitos, ou seja, do que se deve entender por vida, por tortura, ou por escravatura, as quais vão contribuir para mitigar o carácter absoluto do respectivo direito.

A maior parte dos direitos consagrados no Pacto são, portanto, susceptíveis de ser objecto de derrogações, restrições e limitações, o que deixa uma ampla margem de apreciação aos Estados. Permite-se, desse modo, a adaptação dos direitos humanos universais às circunstâncias políticas, sociais, económicas e culturais de cada Estado.

Além disso, o Pacto admite as reservas, ou, pelo menos, não as proíbe.

Comecemos pelas *cláusulas de derrogação*. O art. 4.º, n.º 1, do PIDCP permite aos Estados adoptarem medidas derrogatórias das suas obrigações, desde que respeitem determinadas condições substanciais e formais nele previstas, bem como as proibições relativas à inderrogabilidade de certos direitos.

---

[220] É o caso da irretroactividade da lei penal.

Um Estado só pode adoptar medidas derrogatórias quando se verifique um perigo público que ameace a vida da Nação e cuja existência seja proclamada por acto oficial. Além disso, as medidas derrogatórias têm de ser necessárias e proporcionais, não podem ser discriminatórias em função da raça, cor, sexo, língua, religião ou origem social e não podem ser incompatíveis com outras obrigações impostas pelo Direito Internacional.

De entre as condições formais, que o Estado tem de cumprir, contam-se a obrigação de informação.

Segundo o Comité dos Direitos Humanos, o abuso das cláusulas de derrogação, consubstancia violação do Pacto[221].

As autorizações de restrições e de limitações dos direitos são um outro modo de dar aos Estados alguma margem de manobra na aplicação do Pacto. Com efeito, muitas das suas disposições prevêem, expressamente, restrições aos direitos que consagram (ver arts 6.º, n.º 1; 9.º, n.º 1; 17.º, n.º 1), enquanto outras possibilitam a introdução de limitações aos respectivos direitos (arts 12.º, n.º 3; 13.º, 18.º, n.º 3; 19.º, n.º 3; 21.º; 22.º, n.º 3).

As restrições e as limitações de direitos devem estar previstas na lei, visar um fim legítimo, como, por exemplo, a ordem pública, a segurança nacional a saúde pública, a moralidade pública, ou os direitos e liberdades de outrem e, por último, devem respeitar o princípio da proporcionalidade.

O instituto das *reservas* também contribui para mitigar as obrigações dos Estados.

O art. 19.º da CVDT permite a aposição de reservas aos tratados, desde que se encontrem previstas no mesmo, não sejam proibidas e não sejam contrárias ao seu objecto e fim.

Uma parte da doutrina rejeita a admissibilidade das reservas em relação aos tratados de direitos humanos por as considerar incompatíveis com o objecto e o fim desses tratados[222]. Não há dúvida que as reservas afectam a efectividade da convenção, prejudicam a aplicação do direito em questão, assim como a universalidade dos direitos humanos em geral. A reserva retira ao particular um direito que à partida lhe tinha sido reconhecido na convenção.

---

[221] Ver Comentário Geral n.º 29 sobre os estados de emergência (art. 4.º) adoptado na sessão de 24/7/2001 (CCPR/C/21/Rev. 1/Add. 11).

[222] Neste sentido, ANTÔNIO AUGUSTO CANÇADO TRINDADE, *Tratado*..., vol. II, p. 154 e ss.

A verdade é que, tal como sucede em quase todos os tratados de direitos humanos, tanto o PIDCP como o seu Primeiro Protocolo Facultativo foram objecto de reservas por parte de cerca de metade dos Estados. Já em relação ao Segundo Protocolo não se verificaram reservas.

Em Novembro de 1994, o Comité dos Direitos Humanos[223] considerou que as disposições que consagram direito consuetudinário e outras disposições do Pacto estão subtraídas ao instituto das reservas. Além disso, considerou que a CVDT de 1969 não é apropriada para resolver o problema das reservas nos tratados de direitos humanos, porque não vigora aqui o princípio da reciprocidade.

Além disso, o Comité dos Direitos Humanos considera-se a única entidade competente para decidir se uma reserva é ou não compatível com o objecto e o fim do tratado. Se a reserva for considerada incompatível, o CDH aplica a esse Estado o direito em causa sem ter em conta a reserva.

IV) O Comité dos Direitos Humanos

O CDH foi criado por tratado (art. 28.º) para garantir o respeito por parte dos Estados das obrigações que lhes incumbem por força do Pacto. O Comité é composto por 18 peritos, que são eleitos por um período de 4 anos nas reuniões bianuais dos Estados partes.

O Comité adopta as suas próprias regras processuais, decidindo, habitualmente, por consenso.

As principais tarefas do Comité são as seguintes:

a) o exame dos relatórios dos Estados;
b) o exame das comunicações dos indivíduos;
c) o exame das comunicações dos Estados.

a) *Os relatórios* – segundo o art. 40.º do PIDCP, os Estados têm obrigação de submeter relatórios ao Comité, nos quais devem indicar a forma como estão a cumprir as obrigações que lhe incumbem por força do Pacto. A prática dos relatórios tem sido muito criticada[224], mas, apesar de tudo, tem alguma utilidade, pois obriga os Governos a reflectirem sobre as suas

---

[223] Ver ponto 18 do Comentário Geral n.º 24 do Comité de Direitos Humanos sobre as questões relativas às reservas..., adoptado na 52ª sessão (CCPR/C/21/REV1/ADD6).
[224] HENRY STEINER/PHILIP ALSTON, *International Human Rights...*, p. 710 e ss; A. H. ROBERTSON/J. G. MERRILS, *Human Rights in the World...*, p. 42.

obrigações, na medida em que são eles que terão de implementar no seu território as disposições do Pacto.

O que verdadeiramente interessa é o modo como o sistema funciona na prática, uma vez que ele tem evoluído muito nos últimos anos[225]. O Comité de Direitos Humanos estabelece um período de 5 anos para os Estados lhe submeterem relatórios. Todos os relatórios são examinados em sessão pública, com base num processo que obedece ao princípio do «diálogo construtivo». O Comité pode formular comentários aos relatórios, os quais podem ser gerais ou específicos em relação a cada Estado. Os Comentários ou Observações Gerais do CDH têm vindo a adquirir uma grande importância no domínio do DIDH, pois extravasaram, muitas vezes, os propósitos iniciais, tendo estabelecido interpretações sobre o conteúdo e o alcance das obrigações assumidas pelos Estados no PIDCP.

b) *As comunicações individuais* – o procedimento das comunicações individuais encontra-se previsto no Primeiro Protocolo Facultativo e consubstancia o mais eficaz sistema de comunicações ao nível universal. Este processo é decalcado da CEDH, mas não está aberto a grupos nem a ONG's, pelo que o direito à autodeterminação não lhe está sujeito. Vigora o princípio da exaustão dos meios judiciais internos. O processo é confidencial e baseia-se apenas na informação escrita. As decisões do Comité obedecem à estrutura de uma sentença, embora não tenham força vinculativa.

c) *As comunicações interestaduais* – este procedimento está previsto nos arts. 41.º e 42.º do Pacto e é decalcado da OIT e da CEDH (art. 24.º).

O sistema de controlo do PIDCP será melhor estudado, mais à frente, no capítulo III desta Parte.

14.1.3.2. *O Pacto Internacional de Direitos Económicos, Sociais e Culturais*

Os Pactos diferem, principalmente, nas obrigações impostas aos Estados e no sistema de controlo.

Os direitos económicos, sociais e culturais devem implementar-se progressiva e não imediatamente. Ao contrário do que sucedeu com o PIDCP, o sistema de controlo do PIDESC ficou limitado aos relatórios periódicos, não abrangendo as comunicações dos Estados nem as dos indi-

---

[225] Neste sentido, CARLOS VILLÁN DURÁN, *Curso...*, p. 384.

víduos e, de início estava a cargo do Conselho Económico e Social das Nações Unidas.

Porém, como há disposições idênticas nos dois Pactos (Preâmbulos e arts. 1.º a 3.º, 5.º, 24.º a 31.º), assim como direitos que constam de ambos os Pactos, nesses casos é possível recorrer aos mecanismos de garantia do PIDCP para assegurar o seu cumprimento.

I) O conteúdo

O Preâmbulo posiciona o Pacto no contexto da Carta.

A Parte I é mais económica que política. Contém o direito à autodeterminação dos povos (art. 1.º). A Parte II prevê os princípios. A Parte III contém o núcleo dos direitos a proteger (arts 6.º a 15.º). Muitos desses direitos aparecem reconhecidos noutros instrumentos internacionais, como a Convenção sobre Direitos da Criança (arts 24.º a 31.º), a Convenção para a Eliminação de Todas as Formas de Discriminação Racial (art. 5.º) ou a Convenção para a Eliminação de Todas as Formas de Discriminação contra as Mulheres (art. 1.º).

Os direitos enunciados no PIDESC são o direito a trabalhar (art. 6.º), o direito a gozar de condições de trabalho equitativas e satisfatórias (art. 7.º), o direito a criar sindicatos e a filiar-se neles (art. 8.º), o direito à segurança social (art. 9.º), o direito à protecção da família, das mães e dos filhos (art. 10.º), o direito a um nível de vida adequado (art. 11.º), o direito de gozar do melhor estado de saúde física e mental (art. 12.º), o direito à educação (art. 13.º), o direito a participar na vida cultural e a gozar dos benefícios do progresso científico (art. 15.º).

A protecção prevista no Pacto tem tanto de ampla como de genérica. Na verdade, há convenções internacionais que consagram direitos económicos e sociais, de forma muito mais pormenorizada, como é caso de algumas convenções da OIT.

Deve salientar-se que o PIDESC prevê um leque muito vasto de direitos económicos, sociais e culturais, mas, se o compararmos com a DUDH, verificamos a ausência do direito de propriedade.

II) A implementação dos direitos: as obrigações dos Estados

Os direitos previstos na Parte III regem-se pelos princípios constantes da Parte II (arts. 2.º a 5.º), que sublinham as obrigações dos Estados de implementação dos direitos.

O CDESC admite a diferença de natureza das obrigações assumidas pelos Estados no PIDCP e no PIDESC. Enquanto o primeiro enuncia obrigações imediatas de respeitar e garantir todos os direitos, o segundo prevê apenas a implementação progressiva dos direitos económicos, sociais e culturais, tendo os Estados a obrigação de adoptar, tão rápida e eficazmente quanto possível, medidas para esse fim ou usar o máximo de recursos disponíveis[226].

As obrigações gerais dos Estados estão previstas no art. 2.º e devem ser implementadas não só através de medidas individuais como também de assistência internacional e de cooperação, sendo que alguns direitos são susceptíveis de implementação imediata (ver arts. 7.º, a) e i), 8.º, 13.º, n.º 3 e 4, 15.º, n.º 3).

Apesar de as medidas de implementação a que se refere o Pacto serem medidas legislativas, o CDESC considera como medidas apropriadas, entre outras, as de carácter judicial e administrativo.

III) O sistema de controlo do cumprimento das obrigações dos Estados

De acordo com a Parte IV da versão original do Pacto (art. 16.º), os Estados deveriam submeter relatórios, no prazo estipulado pelo ECOSOC sobre as medidas adoptadas e os progressos efectuados na observância dos direitos consagrados no Pacto. Os primeiros relatórios deveriam ser submetidos dois anos após a entrada em vigor do Pacto e depois todos os cinco anos, mas a verdade é que os Estados nem sempre o fizeram. Os relatórios deveriam ser enviados ao Secretário-Geral das Nações Unidas, que os remeteria para o Conselho Económico e Social.

O ECOSOC não tinha, contudo, possibilidade de assumir as funções que lhe foram confiadas pelo PIDESC, o que impôs a evolução do sistema, no sentido da criação de um grupo de trabalho por sessão. Mas este grupo também nunca funcionou adequadamente, devido a desacordos políticos.

Neste contexto, com o intuito de melhorar o funcionamento do mecanismo de controlo do PIDESC, o ECOSOC decidiu criar, em 28 de Maio

---

[226] Ver Observação Geral n.º 3 do CDESC sobre a natureza das obrigações dos Estados parte no PIDESC (art. 2.º, par. 1.º) adoptada na sexta sessão, em 14/12/1990.

de 1985, pela resolução 1985/17, o Comité dos Direitos Económicos, Sociais e Culturais, que começou a funcionar em 1987. Este Comité é composto por 18 peritos independentes e tecnicamente constitui um órgão das Nações Unidas.

De início, o Comité recebia os relatórios periódicos dos Estados e discutia-os à porta aberta com o representante do Estado. Só mais tarde, em 1993, o Conselho Económico e Social autorizou o Comité a receber relatórios escritos e orais também de ONG's e em 1999 elaborou umas directivas sobre as informações que esses relatórios devem conter.

Este «diálogo construtivo» termina com a elaboração de Observações e Recomendações pelo Comité, as quais não têm força vinculativa, mas alertam a opinião pública para situações de eventual violação dos direitos humanos.

Uma das principais desvantagens do sistema de relatórios é a sua incapacidade para responder a comunicações individuais específicas. Por isso, encontra-se em negociação, há já algum tempo, um Protocolo Adicional ao PIDESC, o qual procura responder a esta insuficiência, mas ainda não obteve os consensos necessários.

Em comparação com os outros dois instrumentos que fazem parte do *International Bill of Human Rights*, o PIDESC foi marginalizado, pois os direitos económicos, sociais e culturais foram concebidos como programáticos e não preceptivos e susceptíveis de serem invocados em juízo.

14.2. Algumas convenções sobre direitos específicos

Ao longo da sua História tanto as Nações Unidas como as suas Organizações Especializadas têm aprovado inúmeras convenções internacionais no domínio dos direitos humanos. Nesta disciplina vamos estudar somente três delas, a saber:

- A Convenção para a Eliminação de Todas as Formas de Discriminação Racial;
- A Convenção para a Eliminação de Todas as Formas de Discriminação contra as Mulheres;
- A Convenção contra a Tortura e outras Penas e Tratamentos Cruéis, Desumanos ou Degradantes.

14.2.1. A Convenção para a Eliminação de Todas as Formas de Discriminação Racial

As Nações Unidas desempenharam um papel fundamental na luta contra a discriminação racial, a qual foi vista como uma injustiça e um impedimento à realização dos direitos humanos.

A reacção ao Nazismo e ao Fascismo, assim como a luta do Terceiro Mundo contra o colonialismo foram os principais acontecimentos que aceleraram a discussão acerca da discriminação racial.

A Assembleia Geral das Nações Unidas adoptou a Declaração sobre todas as formas de eliminação da discriminação racial, em 20 de Novembro de 1963 e dois anos mais tarde, em 21 de Dezembro de 1965, aprovou a Convenção sobre a Eliminação de Todas as Formas de Discriminação Racial, pela resolução 2106 (XX), por 106 votos a favor, nenhum contra e uma abstenção.

Esta convenção entrou em vigor em 4 de Janeiro de 1969 e, em 8 de Junho de 2005, faziam parte dela 170 Estados[227].

O art. 1.º considera como discriminação racial «qualquer distinção, exclusão, restrição ou preferência fundada na raça, cor, ascendência na origem nacional ou étnica que tenha como objectivo ou como efeito destruir ou comprometer o reconhecimento, o gozo ou o exercício, em condições de igualdade, dos direitos do homem e das liberdades fundamentais nos domínios politico, económico, social e cultural ou em qualquer outro domínio da vida pública».

As obrigações dos Estados estão previstas nos arts. 2.º a 7.º, incluindo a condenação de toda a discriminação racial e o compromisso de, por todos os meios apropriados e sem dilações, seguirem uma política com vista a eliminar a discriminação racial em todas as suas formas e a promover o entendimento entre todas as raças.

A Convenção permite aos Estados a adopção de medidas de *afirmative action* (arts. 1.º, n.º 4 e 2.º, n.º 2).

A Convenção estabelece, no art. 8.º, um Comité para a Eliminação de todas as formas de discriminação racial, composto por 18 peritos, eleitos pelos Estados partes entre os seus nacionais.

Os mecanismos de supervisão são decalcados do PIDCP e incluem relatórios periódicos e especiais (art. 9.º), um processo de comunicações

---

[227] Informação disponível no sítio das Nações Unidas – http://www.un.org

dos Estados (art. 11.º a 13.º) e um processo opcional de comunicações dos indivíduos (art. 14.º).

14.2.2. A Convenção para a Eliminação de Todas as Formas de Discriminação contra as Mulheres

As Nações Unidas reconheceram a necessidade de um regime de direitos humanos que se dirigisse directamente às mulheres e consagrasse direitos socio-económicos e direitos civis e políticos.

Em 1967, a Assembleia Geral adoptou uma declaração sobre a eliminação de todas as formas de discriminação contra as mulheres, tendo aprovado a respectiva convenção, em 18 de Dezembro de 1979, a qual entrou em vigor no dia 3 de Setembro de 1981.

A Convenção foi, até 8 de Junho de 2005, ratificada por 180 Estados[228].

A Convenção impõe regras sobre a não discriminação contra as mulheres e prevê a igualdade plena entre homens e mulheres nos arts 1.º a 16.º. Além disso, prevê os mecanismos de controlo, criando o Comité para a Eliminação de Todas as Formas de Discriminação Contra as Mulheres.

Este Comité é composto por 23 peritos e a sua principal função é administrar o sistema de relatórios. O Comité pode fazer sugestões e recomendações baseadas no exame dos relatórios e informações recebidas dos Estados partes.

O art. 28.º da Convenção considera que as reservas incompatíveis com o objecto e fim do tratado não são permitidas, mas, na prática, esta é a convenção que tem mais reservas e mais sérias, o que constitui um obstáculo ao progresso no sentido da não discriminação e à efectiva implementação dos princípios nela consignados.

14.2.3. A Convenção contra a Tortura e outras Penas e Tratamentos Cruéis, Desumanos ou Degradantes

Esta Convenção foi adoptada pela Assembleia Geral, em 10 de Dezembro de 1984, tendo entrado em vigor, em 26 de Junho de 1987. O número

---

[228] Informação disponível no sítio das Nações Unidas – http://www.un.org

de Estados que dela fazem parte aumentou significativamente nos últimos anos, tendo atingido, em 8 de Junho de 2005, os 139[229].

A proibição da tortura foi incluída em vários instrumentos internacionais universais e regionais e é considerada uma regra de *jus cogens*. Os arts. 4.° a 9.° relacionam-se com as penalidades para os actos de tortura e o estabelecimento de um sistema de jurisdição universal. A consequência deste sistema é que todo o Estado parte é obrigado ou a perseguir ou a extraditar as pessoas acusadas de tortura, de modo a limpar o seu território de torturadores.

Não se podem invocar circunstâncias excepcionais que justifiquem actos de tortura. As vítimas de tortura têm direito a uma indemnização (art. 14.°).

A Convenção prevê mecanismos de implementação, que incluem a criação do Comité contra a Tortura. Este Comité deve submeter um relatório anual aos Estados partes e à Assembleia Geral das Nações Unidas em que dê conta do estado da questão no Mundo.

A Convenção prevê os seguintes procedimentos de supervisão:

– A obrigação de apresentar relatórios que se aplica a todos os Estados parte (art. 19.°);
– O processo de inquérito (arts 20.° a 22.°);
– O sistema de comunicações estatais opcional (art. 21.°);
– O sistema de comunicações individuais opcional (art. 22.°).

14.3. Bibliografia de apoio ao ponto 14

I) Em especial sobre a Carta das Nações Unidas e a Declaração Universal dos Direitos Humanos

- CANÇADO TRINDADE, ANTÔNIO AUGUSTO – *O legado da Declaração Universal de 1948 e o Futuro da Protecção Internacional dos Direitos Humanos*, in O Direito Internacional em um Mundo em Transformação (Ensaios, 1976-2001), Rio de Janeiro, Renovar, 2002, p. 627 e ss.
- CARRILLO SALCEDO, JUAN ANTONIO – *Responde la Declaración Universal de 1948 a las exigencias de los derechos humanos?*, in PABLO ANTONIO FERNÁNDEZ SÁNCHEZ (Ed.), La desprotección internacional de los derechos humanos (a

---

[229] Informação disponível no sítio das Nações Unidas – http://www.un.org

la luz del 50 aniversario de la Declaración de los Derechos Humanos), Huelva, Universidad de Huelva,1998, p. 17 e ss.
- CARRILLO SALCEDO, JUAN ANTONIO – *Soberania de los Estados...*, p. 49 e ss.
- CASTILLO, MIREYA – *Derecho...*, p. 44 e ss.
- DRZEWICKI, KRZYSZTOF – *The United Nations Charter and the Universal Declaration on Human Rights*, in RAIJA HANSKI/MARKKU SUKSI, (org.), An Introduction..., p. 65 e ss.
- ERGEC, RUSEN – *Protection européenne...*, p. 27 e ss.
- FERNÁNDEZ SÁNCHEZ, PABLO ANTONIO (Ed.) – *La Desprotección internacional de los derechos humanos (a la luz del 50 aniversario de la Declaración de los Derechos Humanos)*, Huelva, Universidad de Huelva, 1998, p. 9 e ss.
- ORAÁ, JAIME – *La Declaración Universal de los Derechos Humanos*, in FELIPE GÓMEZ ISA (Dir.)/JOSÉ MANUEL PUREZA, La protección internacional..., p. 125 e ss.
- REHMAN, JAVAID – *International Human Rights...* p. 53 e ss.
- ROBERTSON, A. H./MERRILS, J. G. – *Human Rights in the World...*, p. 25 e ss.
- SMITH, RHONA K. M. – *Textbook on International...*, p. 26 e ss.
- STEINER, HENRY/ALSTON, PHILIP – *International Human Rights...*, p. 136 e ss.
- VILLALPANDO, WALDO – *De los Derechos Humanos al Derecho Internacional Penal*, Buenos Aires, Abeledo Perrot, 2000, p. 27 e ss.
- VILLÁN DURÁN, CARLOS – *La Declaración Universal de Derechos Humanos en la pratica de las Naciones Unidas*, in ANTONIO BLANC ALTEMIR (Ed.), La protección internacional de los derechos humanos a los cinquenta años de la Declaración Universal, Madrid, Tecnos, 2001, p. 51 e ss.

II) **Em especial sobre o Pacto de Direitos Civis e Políticos e o Pacto de Direitos Económicos, Sociais e Culturais**

- CARRILLO SALCEDO, JUAN ANTONIO – *Soberania de los Estados...*, p. 79 e ss.
- CASTILLO, MIREYA – *Derecho...*, p. 55 e ss.
- CRAVEN, MATTHEW – *The International Covenant on Economic, Social and Cultural Rights*, RAIJA HANSKI/MARKKU SUKSI (org.), An Introduction..., p. 101 e ss.
- ERGEC, RUSEN – *Protection européenne...*, p. 34 e ss.
- MILA MORENO, JOSÉ – *El Pacto Internacional de derechos económicos, sociales y culturales*, in FELIPE GÓMEZ ISA (Dir.)/JOSÉ MANUEL PUREZA, La protección internacional..., p. 185 e ss.

- Nowak, Manfred – *El Pacto Internacional de derechos civis y políticos*, in Felipe Gómez Isa (Dir.)/José Manuel Pureza, La protección internacional..., p. 161 e ss.
- Rehman, Javaid – *International Human Rights*... p. 62 e ss.
- Robertson, A. H./Merrils, J. G. – *Human Rights in the World*..., p. 30 e ss e 275 ss.
- Ruiloba Alvariño, Julia – *Los Pactos Internacionales de las Naciones Unidas de 16 de Diciembre de 1966*, in Carlos Fernández de Casadevante Romani (coord.), *Derecho*..., p. 111 e ss.
- Smith, Rhona K. M. – *Textbook on International*..., p. 38 e ss.
- Steiner, Henry/Alston, Philip – *International Human Rights*..., p. 136 e ss.

III) **Em especial sobre as convenções relativas a direitos específicos**

- Alvarez, Natalia – *La Convención para la Eliminación de Todas as Formas de Discriminación Racial*, in Felipe Gómez Isa (Dir.)/José Manuel Pureza, La protección internacional..., p. 215 e ss.
- De Casadevante Romani, Carlos Fernández – *Regime Jurídico Internacional de la Lucha contra la Tortura (I e II)*, in Carlos Fernández de Casadevante Romani, (coord.), *Derecho*..., p. 265 e ss.
- Ergec, Rusen – *Protection européenne*..., p. 48 e ss.
- Gomez Isá, Felipe – *La Convención sobre la Eliminación de Todas as Formas de Discriminación contra la Mujer y su Protocolo Facultativo*, in Felipe Gómez Isa (Dir.)/José Manuel Pureza, La protección internacional..., p. 279 e ss.
- Mariño, Fernando M. – *La Convención contra la Tortura*, in Felipe Gómez Isa (Dir.)/José Manuel Pureza, La protección internacional..., p. 243 e ss.
- Rehman, Javaid – *International Human Rights*... p. 280 e ss, 350 e ss e 410 e ss.
- Smith, Rhona K. M. – *Textbook on International*..., p. 185 e ss.
- Steiner, Henry/Alston, Philip – *International Human Rights*..., p. 158 e ss.

15. As especificidades das convenções universais de protecção internacional do ser humano

15.1. Quanto à interpretação

Os instrumentos internacionais relativos a direitos humanos contêm regras jurídicas que, como quaisquer outras, necessitam de ser interpretadas.

A tarefa da interpretação cabe, antes de mais, aos tribunais nacionais, dado que por força do princípio da exaustão dos meios judiciais internos, estes tribunais são os primeiros a ser chamados a aplicar o DIDH.

Todavia, quando se trata da especificidade de interpretação dos tratados internacionais de direitos humanos, pensa-se, sobretudo, nos órgãos de controlo da aplicação da convenção em causa, sejam eles jurisdicionais ou não.

No fundo, o que aqui se discute é a questão de saber se esses órgãos devem aplicar as regras de interpretação constantes da CVDT de 1969, ou seja, os arts. 31.º a 33.º, ou se, pelo contrário, devem recorrer a normas específicas de interpretação.

A verdade é que o Comité dos Direitos Humanos[230] refere, nas suas decisões, os preceitos da CVDT relativos à interpretação, mas não lhes confere um carácter exclusivo. Quer dizer: este órgão também criou alguns métodos de interpretação próprios do DIDH.

O modelo subjacente à interpretação parece ser o objectivo de protecção do indivíduo num Estado de direito democrático. Na verdade, o objecto e o fim das convenções atinentes a direitos humanos individualizam-nas em relação ao DI, pois as obrigações que impõem aos Estados aproveitam aos indivíduos, sem distinção de nacionalidade. As convenções têm, portanto, um carácter, essencialmente, objectivo[231].

Os órgãos internacionais, que aplicam o DIDH, partem da letra do texto e interpretam-no inserido no contexto do tratado em causa, de acordo com as regras da CVDT de 1969. Deste modo, aproximam-se dos tribu-

---

[230] E também o Tribunal Europeu dos Direitos do Homem e o Tribunal Americano dos Direitos do Homem.

[231] O TEDH parece ter seguido o mesmo raciocínio, o qual está bem patente, no caso *Loizidou*, de 23/3/1995, quando considera a CEDH como um «instrumento constitucional da ordem pública europeia», sendo os valores subjacentes à interpretação a democracia e a primazia do direito.

nais internacionais tradicionais, mas afastam-se destes, quando dão uma importância maior ao objecto e ao fim do tratado, quando utilizam a chamada regra do efeito útil e quando procedem a interpretações actualistas das convenções, relegando para segundo plano os trabalhos preparatórios, bem como os acordos posteriores das partes.

Por último, um aspecto que merece ser relevado é a influência recíproca dos órgãos que aplicam o DIDH. É comum que um tribunal invoque decisões de outros para justificar as suas interpretações. O TADH, por exemplo, menciona, com frequência, acórdãos do TEDH.

15.2. Quanto ao âmbito da vinculação jurídica

As convenções, que consagram direitos humanos, apresentam uma natureza diversa das outras convenções internacionais, reflexo do tipo de obrigações que impõem. Como já se disse, as convenções sobre direitos humanos têm um carácter objectivo, não estabelecem obrigações recíprocas entre os Estados, mas sim compromissos de carácter absoluto, os quais transcendem a esfera das relações entre Estados.

Os textos convencionais têm, portanto, um carácter obrigatório inequívoco, mas nem sempre as modalidades de vinculação são idênticas para todos os Estados.

Com efeito, pode suceder que alguns Estados não se encontrem vinculados a alguma parte da convenção, nomeadamente, por não terem assinado e ratificado algum instrumento internacional complementar (v., por exemplo, os Protocolos do PIDCP).

Além disso, o Direito Internacional dispõe de mecanismos que permitem aos Estados modelar a sua vinculação às convenções internacionais, como é o caso das declarações interpretativas e das reservas, que também se aplicam em DIDH.

Apesar de alguns autores negarem, pura e simplesmente, a possibilidade de aposição de declarações interpretativas e de reservas em relação às convenções sobre direitos humanos[232], como já vimos, a prática nacional e internacional vai no sentido oposto[233].

---

[232] V. ANTÔNIO AUGUSTO CANÇADO TRINDADE, *Tratado...*, vol. II, p. 154 e ss.
[233] V. FRÉDÉRIC SUDRE, *Droit...*, p. 68 e ss.

O mecanismo das reservas permite aos Estados precisarem a extensão das suas obrigações, o que torna possível uma mais ampla participação nos tratados relativos aos direitos humanos. As reservas devem ser entendidas como um mal menor, pois os tratados sobre direitos humanos são os que mais põem em causa a soberania dos Estados.

As declarações interpretativas e as reservas têm por objecto facilitar a aceitação dos instrumentos convencionais multilaterais e favorecer a extensão do seu âmbito de aplicação, sem pôr em causa a sua integridade.

A noção de reserva vem definida no art. 2.°, n.° 1, al. d), da CVDT. A reserva pode ser interpretativa, ou seja, fixa-se através dela o sentido de uma disposição.

As convenções sobre direitos humanos prevêem três tipos de situações quanto às reservas:
    a) a proibição;
    b) a autorização;
    c) o silêncio.

Se elas são proibidas, não é possível apor reservas (ver art. 2.° do Protocolo Adicional ao PIDCP relativo à pena de morte).

Se as convenções não contêm qualquer disposição quanto a reservas, como acontece com os Pactos, embora, inicialmente, a prática internacional tenha sido no sentido de considerar que elas são permitidas, desde que respeitem os arts. 19.° e seguintes da CVDT, mais recentemente, o CDH alterou a sua posição a este respeito. Como já mencionámos, no Comentário Geral n.° 24 relativo às reservas, invocando a especificidade do PIDCP, o CDH afirma a inaplicabilidade do regime das reservas definido na CVDT de 1969 às convenções de direitos humanos, bem como a sua competência exclusiva para apreciar a compatibilidade da reserva com o objecto e o fim do tratado. Além disso, considera que uma reserva inválida é dissociável do resto do tratado[234].

Se as convenções permitem as reservas (cfr. art. 20.° da Convenção para a Eliminação de Todas as Formas de Discriminação Racial), considera-se que elas são admissíveis, nos precisos termos previstos pela Convenção.

---

[234] Ver, para além do Comentário Geral citado, a Comunicação n.° 845/99, *Rawle Kennedy c/ Trinidade e Tobago*, 31/12/1999, par. 6.7. (CCPR/C/67/D/845/99), em que o CDH considerou que uma reserva que impõe discriminações é incompatível com o objecto e o fim do tratado.

As reservas a cláusulas insusceptíveis de derrogação não são proibidas, a menos que sejam incompatíveis com o objecto e o fim do tratado[235]. Já as reservas ao processo internacional de controlo da convenção são, por alguns, consideradas como totalmente inaceitáveis[236], sendo por outros admitidas, desde que não entravem seriamente esse controlo[237].

O controlo da admissibilidade da reserva compete ao órgão de controlo da convenção, quando existe, bem como a definição dos efeitos que a mesma produz[238]. Nos casos em que não há um sistema de controlo, então recorre-se às regras gerais.

O caso mais paradigmático de flexibilidade e incoerência é o da Convenção para a Eliminação de Todas as Formas de Discriminação Racial, pois, apesar de a convenção prever um sistema de garantia, deixa apenas aos Estados a apreciação das reservas e das objecções às reservas (art. 20.º da Convenção).

Deve ainda sublinhar-se que os princípios constantes da CVDT de 1969 (arts. 20, n.ºs 4 e 5) relativos aos efeitos das reservas, os quais se baseiam no princípio da reciprocidade, não se devem aplicar às convenções de direitos humanos, na medida em que este não vigora no DIDH.

15.3. *Quanto ao grau de vinculatividade e às obrigações impostas aos Estados*

Como já se disse, na Introdução (Parte I), certos direitos consagrados nas convenções internacionais universais fazem parte do *jus cogens*, ou seja, das normas imperativas de Direito Internacional geral, que não podem ser derrogadas, a não ser por normas de igual valor. É o caso, por exemplo, do direito à vida, do direito a não ser tornado escravo, do direito a não ser torturado, do direito a não ser racialmente discriminado.

Estes direitos têm uma origem consuetudinária, foram vertidos em inúmeras convenções internacionais, quer universais quer regionais, e

---

[235] Neste sentido, FRÉDÉRIC SUDRE, *Droit*..., p. 68. Ver também o Comentário Geral do CDH n.º 24 já citado, par. 10.

[236] FRÉDÉRIC SUDRE, *Droit*..., p. 74.

[237] Neste sentido, OLIVIER FROUVILLE, *L'intangibilité des droits de l'Homme en Droit International*, Paris, Pedone, 2004, p. 316.

[238] É o que acontece, como vimos, com o Comité de Direitos Humanos relativamente às reservas ao PIDCP.

impõem obrigações *erga omnes* aos Estados, não podendo, portanto, ser afastados sob qualquer pretexto.

15.4. Quanto à coexistência e esforço de coordenação

A multiplicidade de convenções internacionais, que consagram, não raramente, os mesmos direitos humanos, obriga a pré-determinar quais as regras de coexistência entre elas, assim como também impõe um esforço de coordenação acrescido, designadamente, no que diz respeito aos mecanismos de controlo por elas instituídos.

Além disso, alguns direitos consagrados no direito internacional convencional universal provêm já do direito consuetudinário, o que torna ainda mais difícil a identificação das obrigações dos Estados e a consequente definição dos direitos humanos em concreto.

15.5. Bibliografia de apoio ao ponto 15

- CANÇADO TRINDADE, ANTONIO A. – *Tratado...*, vol. II, p. 24 e ss.
- CARRILLO SALCEDO, JUAN ANTONIO – *Soberania de los Estados...*, p. 93 e ss.
- SCHILLING, THEODOR – *Internationaler Menschenrechtsschutz...*, p. 16 e ss.
- SMITH, RHONA K. M. – *Textbook on International...*, p. 171 e ss.
- SUDRE, FRÉDÉRIC – *Droit international...*, p. 57 e ss.
- VILLÁN DURÁN, CARLOS – *Curso...*, p. 209 e ss.

3.2. CAPÍTULO II – OS DIREITOS HUMANOS CONSAGRADOS NAS FONTES UNIVERSAIS GERAIS

16. *As categorias de direitos consagrados nas fontes universais gerais – remissão*

Estudámos, na Introdução (Parte I)[239], as várias classificações de direitos humanos, tendo então mencionado a distinção entre direitos civis

---

[239] Cfr. *supra* n.º 4.

e políticos e direitos económicos, sociais e culturais. É com base nela que, em seguida, vamos analisar os direitos consagrados nas fontes universais.

Antes, porém, deve sublinhar-se que o catálogo de direitos humanos do Direito Internacional não é rígido e o conteúdo de cada direito também tem evoluído ao longo dos tempos, adaptando-se às novas realidades.

17. Os direitos civis e políticos

17.1. Os direitos intangíveis

Em matéria de direitos civis e políticos, há que distinguir entre aqueles direitos que são eficazmente garantidos, ou seja, os direitos em que os Estados não devem tocar – os direitos intangíveis – e os direitos que podem ser objecto de derrogações e/ou restrições – os direitos condicionados ou ordinários.

O âmbito dos direitos intangíveis resulta das próprias convenções[240], as quais consagram, frequentemente, uma cláusula que exclui certos direitos da possibilidade de derrogação por parte dos Estados. Deve salientar-se que os direitos intangíveis não podem ser suprimidos em circunstância alguma.

Os direitos intangíveis situam-se na categoria dos direitos individuais da pessoa humana e o seu núcleo essencial é muito reduzido.

Se se fizer um estudo comparativo das várias convenções de alcance geral, chega-se à conclusão que apenas quatro direitos são considerados intangíveis por todas elas[241].

Os direitos intangíveis ou absolutos relacionam-se com a integridade física e moral da pessoa humana e com a liberdade e são o direito à vida, o direito a não ser torturado e a não ser submetido a tratamentos desumanos ou degradantes, o direito a não ser tomado como escravo ou como servo e o direito à não retroactividade da lei penal. Trata-se de normas fundamentais que beneficiam a todos, em toda a parte e em todas as circunstâncias.

---

[240] Ver, por exemplo, art. 4, n.º 2, PIDCP já estudado.

[241] O que, naturalmente, não exclui que cada convenção inclua outros direitos nesta categoria. É o que acontece, por exemplo, com a liberdade de pensamento e de consciência no PIDCP.

Estes quatro direitos devem ser considerados como os atributos inalienáveis da pessoa humana. Fundam-se em valores que se encontram, em princípio, em todos os patrimónios culturais e em todos os sistemas sociais, exprimindo o valor do respeito da dignidade inerente à pessoa humana. Esta posição é reforçada pelo facto de o direito à vida, o direito a não ser torturado e o direito à não retroactividade da lei penal figurarem entre o «mínimo humanitário garantido» às vítimas de conflitos armados internacionais e não internacionais pelo art. 3.º comum às convenções de Genebra de 1949. Além disso, o TIJ considera que estas regras se situam no limiar das «considerações elementares da Humanidade» e que a obrigação de as respeitar em todas as circunstâncias «não decorre somente das convenções, mas também de princípios gerais de Direito Humanitário, dos quais as convenções são a expressão concreta»[242].

O Comité de Direitos Humanos alargou a lista dos direitos intangíveis ou absolutos, nela incluindo, por exemplo, o direito de todas as pessoas privadas de liberdade a serem tratadas com humanidade e respeito, a proibição de fazer reféns, a proibição de deportações ou transferências forçadas de pessoas, a proibição do incitamento ao ódio racial, religioso ou nacional[243].

Com efeito, só os direitos intangíveis criam obrigações absolutas para os Estados: as normas que os consagram são obrigatórias em todos os seus elementos e proíbem uma aplicação incompleta.

Os direitos intangíveis formam, portanto, o *standard* mínimo de direitos humanos, que constituem uma espécie de património comum da Humanidade.

Chegados a este ponto, cumpre perguntar se existe uma hierarquia de direitos humanos.

A categoria dos direitos intangíveis parece ir contra um princípio muito caro à ONU, que, como vimos, foi afirmado nas duas Conferências Mundiais de Direitos Humanos (em Teerão, em 1968, e em Viena, em 1993) – o princípio da indivisibilidade ou interdependência dos direitos humanos – segundo o qual todos os direitos humanos são universais, indissociáveis, interdependentes e intimamente ligados.

---

[242] V. Ac. de 27/6/86, *Actividades militares e para-militares na Nicarágua*, Recueil 1986, p. 14.

[243] V. Comentário Geral n.º 29 sobre estados de emergência (art. 4.º), 31/08/2001, CCPR/C/21/Rev.1/Add.11, par. 13.

A verdade é que se deve distinguir entre as proclamações filosóficas no plano dos valores e o discurso jurídico. Ora, do ponto de vista jurídico é uma evidência que nem todos os direitos se situam ao mesmo nível, nem obedecem ao mesmo regime jurídico.

Os direitos humanos condicionados ou ordinários beneficiam de uma menor protecção, ou melhor dizendo, de uma protecção relativa, uma vez que, como veremos melhor adiante[244], podem ser objecto de restrições e de derrogações.

17.1.1. O direito à vida

O direito à vida está consagrado nos arts. 3.º da DUDH e 6.º do PIDCP e é o primeiro de todos os direitos humanos. Segundo o Comité dos Direitos do Homem «é o direito supremo do ser humano»[245].

A maior parte dos textos internacionais não define o que se deve entender por «vida», o que deixa em aberto a questão de saber se protege apenas o direito do ser vivo ou também o direito a nascer.

Segundo os textos internacionais o direito à vida deve ser protegido pela lei, o que implica que o Estado não só se deve abster de matar intencionalmente como também deve criar as condições necessárias à protecção da vida[246]. Tal obrigação positiva de proteger a vida implica uma protecção processual do direito à vida e a obrigação de levar a cabo inquéritos eficazes quando se verificam situações de recurso à força por parte de agentes do Estado que tenham conduzido à morte de pessoas.

O Comité dos Direitos Humanos inclui na violação do direito à vida o desaparecimento de pessoas detidas, dado que revela a omissão do Estado de tomar «medidas positivas» de protecção, e considera que o Estado tem a obrigação de investigar as alegadas violações do Pacto[247]. O Comité enquadra também na violação do direito à vida a morte «inex-

---

[244] Cfr. *infra* n.º *17.2*.

[245] Comunicação n.º 146/1983, *Baboeram e outros c/ Suriname*. 04/04/1985. CCPR/ /C/24/D/146/1983.

[246] V. Comunicação n.º 546/1993, *Burrel c/ Jamaica*. 01/08/1996. CCPR/C/57/D/ /546/1993.

[247] V. Comunicação n.º 161/1983, *Herrera Rubio c/ Colômbia*. 02/11/87. CCPR/ /C/31/D/161/1983 e Comentário Geral n.º 6 sobre o direito à vida (art. 6.º), de 30/04/1982.

plicada» de presos detidos por autoridades militares, por entender que as autoridades não tomaram as medidas adequadas para proteger a vida da vítima que estava à sua guarda e, além disso, não forneceram as informações e clarificações necessárias para afastar esse juízo de prognose[248].

Contraditório com o direito à vida é a admissibilidade da pena de morte. É certo que o art. 6.º, n.º 2, do PIDCP impõe algumas restrições[249], às quais o Comité de Direitos Humanos acrescentou que a validade de uma sentença de condenação à morte está subordinada ao respeito rigoroso de todas as garantias do processo equitativo[250].

17.1.2. O direito a não ser torturado e a não ser sujeito a penas ou tratamentos cruéis, desumanos ou degradantes

A proibição da tortura é «absoluta» e está consagrada internacionalmente não só em convenções universais (art. 7.º PIDCP) e regionais (art. 3.º CEDH e art. 5.º, par. 2.º, CADH) como também no Direito consuetudinário e na DUDH (art. 5.º). A norma que proíbe a tortura tem, portanto, uma dupla natureza: convencional e consuetudinária.

Além disso, a proibição da tortura encontra também fundamento em convenções específicas, como é o caso da Convenção contra a Tortura e Outras Penas ou Tratamentos Cruéis, Desumanos ou Degradantes, adoptada pela Assembleia Geral das Nações Unidas, em 10 de Dezembro de 1984, cuja entrada em vigor ocorreu, em 26 de Junho de 1987, a que atrás já fizemos referência.

O conceito de tortura está definido no art. 1.º da mencionada Convenção, nos seguintes termos: «*tortura significa qualquer acto por meio do qual uma dor ou sofrimentos agudos, físicos ou mentais, são intencio-*

---

[248] V. Comunicação n.º 194/1985, *L. Miango Muiyo c/ República Democrática do Congo*. 27/10/1987. CCPR/C/31/D194/1985 e Comunicação n.º 84/1981, *H.-G. Dermit c/ Uruguai*. 21/10/82 CCPR/C/17/D/84/81.

[249] A pena de morte só pode ser aplicável aos crimes mais graves, deve estar prevista na lei, deve respeitar as demais disposições do PIDCP e da Convenção para a Prevenção e Repressão do Crime de Genocídio e tem de ser aplicada em cumprimento de uma sentença definitiva de um tribunal.

[250] Comunicação n.º 250/87, *Carlton Reid c/ Jamaica*, 21/08/90. CCPR/C//39/D/250/1987; comunicação n.º 253/1987, *P. Kelly c/ Jamaica*. 10/4/1991. CCPR/C/41//D/253/1987.

nalmente causados a uma pessoa com os fins de, nomeadamente, obter dela ou de uma terceira pessoa informações ou confissões, a punir por um acto que ela ou uma terceira pessoa cometeu ou se suspeita que tenha cometido, intimidar ou pressionar essa ou uma terceira pessoa, ou por qualquer outro motivo baseado numa forma de discriminação, desde que essa dor ou esses sofrimentos sejam infligidos por um agente público ou por qualquer outra pessoa agindo a título oficial, a sua instigação ou com o seu consentimento expresso ou tácito».

Trata-se de uma definição bastante imprecisa e restrita, na medida em que abrange somente a tortura oficial, e está sujeita ao preenchimento de três requisitos: a intensidade dos sofrimentos, o carácter intencional e o fim determinado.

Já a noção de tratamentos cruéis, desumanos ou degradantes não foi objecto de definição naquela Convenção.

Ao longo dos tempos, o CDH tem procurado superar esta lacuna, através da apreciação de inúmeros casos de tratamentos desumanos e degradantes, considerando, como tal, os maus tratamentos infligidos aos prisioneiros, os interrogatórios muito prolongados, as brutalidades cometidas pelas forças policiais durante a prisão de um suspeito. Nestes casos, o Comité considerou verificada a violação do Pacto, em particular dos arts. 7.º e 10, n.º 1, devido à ausência de tratamento com humanidade e de respeito da dignidade inerente à pessoa humana[251].

Recentemente, o Comité autonomiza as situações de maus tratos dos prisioneiros, incluindo-as apenas no art. 10.º do PIDCP, enquanto *lex specialis* em relação à norma geral do art. 7.º[252].

---

[251] V. Comunicação n.º 80/1980, *S. Vasilskis c/ Uruguai*. 31/03/1983. CCPR/C/18/D/ /80/1980; comunicação n.º 88/1981, *D. Larosa c/ Uruguai*. 29/03/1983, CCPR/C/18/D/88/ /1981; comunicação n.º 320/1988, *Victor Francis, c/ Jamaica*. 12/05/93, CCPR/C/47/D/ /320/1988, par. 12 e ss.

No caso *H. Conteris c/ Uruguai* (n.º 139/1983, 17/07/1985. CCPR/C/25/D139/ /1983), o CDH considerou que houve violação do art. 7.º PIDCP, devido aos maus tratos que o detido sofreu durante os primeiros três meses de detenção e devido às severas e degradantes condições da detenção, assim como do art. 10.º, n.º 1, pelo facto de ter estado incomunicável durante mais de três meses.

[252] Ver Comunicação n.º 677/1996, *Teesdale c/ Trinidade e Tobago*, de 15/04/2002, CCPR/C/74/D/677/1996; comunicação n.º 695/96, *Simpson C/ Jamaica*, 5/11/2001, CCPR/C/73/D/695/1996.

A jurisprudência internacional[253] é unânime em considerar que a obrigação que impende sobre o Estado não se resume à omissão de prática da tortura, mas abrange também a protecção de toda a pessoa contra um perigo de violação do direito à integridade física[254].

Os Estados têm a obrigação de proceder ao controlo do respeito da proibição, pelo que sempre que se verifiquem índices razoáveis para crer que foi cometido um acto de tortura deve o Estado proceder imediatamente à abertura de um inquérito imparcial (art. 12.º da Convenção contra Tortura).

Como veremos mais adiante[255], a Convenção das Nações Unidas sobre a Tortura criou um Comité contra a Tortura dotado de poderes mais amplos que os outros órgãos de controlo.

17.1.3. O direito a não ser tornado escravo, servo ou obrigado a trabalho forçado e obrigatório

A proibição da escravatura, do tráfico de escravos e o consequente direito a não ser tornado escravo ou servo constam de todas as convenções gerais sobre direitos humanos, sendo ainda objecto de reforço em convenções especiais, como, por exemplo, a Convenção de Genebra de 1926 relativa à escravatura, modificada pelo protocolo, de 7 de Dezembro de 1953, a Convenção para a repressão do tráfico de seres humanos e da exploração da prostituição de outrem, de 21 de Março de 1950, as Convenções da OIT n.º 29 relativa ao trabalho forçado, de Junho de 1930, e n.º 105 relativa à abolição do trabalho forçado.

Além disso, este direito também se fundamenta no Direito Internacional consuetudinário.

Nos termos dos vários instrumentos internacionais[256], não se considera trabalho forçado ou obrigatório o serviço militar ou o serviço de um objector de consciência, o trabalho de um detido, o trabalho em caso de força maior ou de sinistro, o trabalho resultante de obrigações cívicas normais.

---

[253] Ao longo deste relatório utiliza-se, por vezes, o termo jurisprudência num sentido amplo, para abranger não só as decisões dos tribunais internacionais como também as decisões de órgãos não jurisdicionais, que actuam no domínio dos direitos humanos, como, por exemplo, o CDH.
[254] V. Comentário Geral n.º 21, de 6 de Abril de 1992, sobre ao art. 10.º PIDCP.
[255] Cfr. *infra* n.º 20.1.4.
[256] V., por exemplo, art. 8.º, n.º 3, al. c), do PIDCP.

17.1.4. *O direito à não retroactividade da lei penal*

O princípio da irretroactividade da lei penal está previsto no art. 15.º do PIDCP. Nos termos do n.º 1 deste preceito, ninguém será condenado por actos ou omissões que não constituam crime, segundo o Direito interno ou o Direito Internacional, no momento em que foram cometidos.

No art. 15.º, n.º 1, o Pacto reconhece também o princípio do tratamento mais favorável ao arguido.

17.2. *Os direitos condicionados*

Os direitos condicionados, ao contrário dos direitos intangíveis, acabados de estudar, admitem, como já sabemos, restrições e derrogações, reconhecendo-se, portanto, um «espaço de liberdade» aos Estados quanto à regulamentação do seu exercício. A margem de manobra dos Estados não é, contudo, ilimitada, devendo respeitar os seguintes parâmetros:

a) A proibição do abuso de direito

Nos termos do art. 30.º da DUDH e do art. 5.º, n.º 1, PIDCP ninguém (Estado, grupo ou indivíduo) tem o direito de se dedicar a uma actividade ou de realizar actos que visem a destruição dos direitos e liberdades previstos no Pacto nem pode impor limitações a esses direitos ou liberdades mais amplas do que as que constam do Pacto.

b) Os limites às restrições ao exercício dos direitos

Alguns direitos civis e políticos, como, por exemplo, o direito à intimidade da vida privada, as liberdades de expressão, de reunião e de associação e a liberdade de deslocação podem ser objecto de restrições por parte do Estado, desde que respeitem as seguintes condições:

i) a restrição deve estar prevista na lei, entendendo-se como tal o conjunto do Direito quer ele seja proveniente do poder legislativo, regulamentar ou jurisprudencial[257];

---

[257] Ver Comunicação n.º 550/93, *Faurisson c/ França*, 16/12/1996, par. 9.4. e segs. CCPR/C/58/D/550/1993 e Comentário Geral n.º 16 relativa ao art. 17.º do PIDCP, par. 8.

ii) a restrição deve visar um fim legítimo[258] – as restrições aos direitos devem ser adoptadas no interesse da vida estadual (segurança nacional, segurança pública, bem-estar económico ou geral do país), da vida social (segurança pública, ordem pública, saúde ou moralidade pública) ou dos direitos de outrem no seio da sociedade;

iii) a restrição deve ser necessária numa sociedade democrática – no DIDH universal é muito difícil de precisar a noção de sociedade democrática, daí que a verificação e controlo desta condição seja muito deficiente.

c) Os limites às derrogações

Como já vimos, o art. 4.°, n.° 1, do PIDCP autoriza os Estados a tomarem medidas, que derroguem as obrigações nele consagradas, em caso de emergência pública que ameace a vida da Nação e cuja existência seja proclamada por acto oficial.

O Estado não pode exercer o seu direito de derrogação para um fim diferente do previsto e deve respeitar o princípio da proporcionalidade, o que significa que as medidas derrogatórias devem revestir um carácter estritamente necessário. Além disso, estas medidas têm de ser compatíveis com as outras obrigações que decorrem do Direito Internacional e não podem envolver discriminação fundada na raça, cor, sexo, língua, religião ou origem social.

Por último, as medidas derrogatórias não devem pôr em causa os direitos intangíveis, limitativamente enunciados nos textos convencionais.

Mas os abusos desta cláusula só se conseguiriam evitar se se limitasse o poder arbitrário do Estado por meio de um órgão internacional encarregue de apreciar se o perigo público invocado justificaria ou não o recurso ao direito de derrogação. Ora, esse órgão ao nível universal não existe.

17.2.1. *As liberdades*

As liberdades consagradas no DIDH universal são as seguintes:

---

[258] Ver Comunicação n.° 518/92, *Jong-Kuy Sohn c/ República da Coreia*, 03/08/95. CCPR/C/54/D/518/91, par. 10.4. (relativa à liberdade de expressão).

a) a liberdade física;
b) a liberdade de pensamento;
c) a liberdade de acção social.

17.2.1.1. *A liberdade física*

a) O direito à liberdade e à segurança

O direito à liberdade e à segurança visa proteger a liberdade física da pessoa contra toda a prisão e detenção arbitrária ou abusiva (art. 9.º DUDH). Todavia, o Estado deve poder privar de liberdade aqueles que representam uma ameaça para a ordem social.

Assim sendo, segundo o art. 9.º do PIDCP, há certos casos em que se admite a privação da liberdade, desde que previstos pela legislação nacional.

A medida privativa da liberdade deve, portanto, ter uma base legal em Direito interno. Esta lei nacional deve ser suficientemente acessível e precisa, para se evitar qualquer arbitrariedade[259].

A regularidade da privação da liberdade supõe também uma adequação entre o motivo invocado para a privação da liberdade e o lugar e o regime da detenção.

Segundo o CDH, o art. 9.º PIDCP não se aplica apenas às privações de liberdade baseadas em infracções penais, mas antes a todos os casos de privação da liberdade[260].

Os órgãos internacionais consideram que o direito à liberdade e à segurança inclui também uma garantia contra os desaparecimentos involuntários, que constituem violações particularmente graves deste direito.

Além disso, o CDH tem vindo a desenvolver uma jurisprudência inédita, quando comparada com a de outros órgãos, designadamente o TEDH,

---

[259] O CDH tem interpretado a expressão "qualquer detenção arbitrária" de modo muito amplo, aí incluindo as situações inapropriadas, injustas, imprevisíveis e contrárias à lei. Ver Comunicação n.º 794/1998, *Jalloh/Países Baixos*, de 15/04/2002, CCPR/C/74/D/794/1998, par. 8.2.; Comunicação n.º 458/1991, *Mukong c/ Camarões*, de 10/08/1994, CCPR/C/51/D/458/1991, par. 9.8.

[260] Ver Comentário geral n.º 8 sobre o direito à liberdade e à segurança das pessoas (art. 9.º), de 30/06/82.

sobre o «direito à segurança da pessoa», impondo ao Estado o dever de assegurar este direito mesmo a pessoas não detidas[261].

Nos termos do Direito Internacional, devem ser conferidas às pessoas privadas de liberdade as garantias necessárias que lhes permitam defender-se contra uma prisão ou detenção injustificada. Apesar de estas garantias serem diversas nos planos do Direito Internacional universal e regional, verificam-se aspectos comuns, como, por exemplo, o direito à informação da natureza e da causa da detenção (art. 9.º, n.º 2, PIDCP) e o direito ao juiz ou a qualquer entidade habilitada a exercer funções judiciárias (art. 9.º, n.º 3, PIDCP).

O Comité de Direitos Humanos[262], inspirando-se claramente na jurisprudência europeia, considera que a manutenção da prisão preventiva não só deve ser legal como razoável[263] e que «a detenção antes do julgamento deve ser a excepção e só se justifica se houver risco de o suspeito se esconder, destruir provas, pressionar testemunhas ou abandonar o território do país»[264]. Além disso, o exame da legalidade da detenção deve abranger a possibilidade de o tribunal decretar a libertação do detido[265].

b) O direito à liberdade de circulação

Este direito está previsto no art. 12.º do PIDCP e inclui o direito de entrar, circular e sair do seu próprio país.

Para o Comité dos Direitos Humanos, a expressão «o seu próprio país» não deve ser interpretada apenas como o país de que se é nacional, mas deve incluir aquele com o qual se tem laços particulares. Porém, se o país de imigração dá facilidades de aquisição da nacionalidade e o imigrante não a adquire, então deixa de se poder considerar o seu próprio país[266].

---

[261] Ver Comunicação n.º 711/96, *Carlos Dias/Angola*, de 18/04/2000, CCPR/C/68/ /D/711/96, par. 3; comunicação 859/1999, *Jiménez Vacas/Colômbia*, de 15/04/2002, CCPR/C/74/D/859/1999.

[262] V. Comentário geral n.º 8 sobre o direito à liberdade e à segurança das pessoas (art. 9.º), de 30/06/82.

[263] V. Comunicação n.º 305/1988, *Van Alphen c/ Países Baixos*, 15/08/90. CCPR/ /C/39/D/305/1988, par. 5.8.

[264] V. Comunicação n.º 526/1993, *Michjael e Brian Hill c/ Espanha*, 03/06/97. CCPR/C/59/D/526/1993, par. 12.3.

[265] Ver Comunicação n.º 560/96, *A/Austrália*, de 30/04/97, CCPR/C/59/D/560/1996.

[266] Comunicação n.º 538/1993, *C. Stewart c/Canadá*, 16/12/96. CCPR/C/58/D/ /538/1993, par. 12.3.

O direito de residência só é reconhecido aos estrangeiros se estiverem em situação regular.

Só o direito de deixar o país, incluindo o seu, é reconhecido de maneira idêntica aos nacionais do Estado e aos estrangeiros. O CDH interpretou este direito como tratando-se do direito ao passaporte[267].

17.2.1.2. *A liberdade de pensamento*

A liberdade de pensamento tem uma dupla dimensão, a saber:

– A dimensão individual – abrange o direito de ter opiniões e convicções;
– A dimensão social e política – abarca a liberdade de as manifestar.

As liberdades de pensamento são características dos direitos humanos em sociedade.

I) A liberdade de pensamento, de consciência e de religião

Esta liberdade é afirmada pelos textos internacionais de modo idêntico (art. 18.º DUDH, art. 18.º PIDCP) e supõe o respeito pelas autoridades públicas da diversidade de convicções, com vista a garantir ao indivíduo a independência espiritual.

O carácter fundamental desta liberdade é até marcado, no PIDCP, pela impossibilidade de derrogação (art. 4.º, par. 2.º).

A liberdade de pensamento, de consciência e de religião abrange os seguintes direitos:

    A) O direito a ter convicções;
    B) O direito de manifestar essas convicções;
    C) O direito à objecção de consciência.

A) O direito a ter convicções

Trata-se de um direito que protege o foro íntimo, isto é, o domínio das convicções pessoais e das crenças religiosas.

---

[267] Comunicação n.º 106/1981, *Pereira Monteiro c/ Uruguai*, 31/03/83. CCPR/C/18//D/106/1981, par. 9.4.

O direito a ter uma convicção implica o princípio da neutralidade do Estado em relação às convicções morais e políticas, abarcando o seu conteúdo os seguintes aspectos:

- a liberdade para toda a pessoa de ter ou adoptar uma convicção ou uma religião à sua escolha[268];
- a liberdade de não ter uma convicção ou crença religiosa: ao indivíduo não deve ser imposta a obrigação de participar directamente em actividades religiosas contra a sua vontade, sem que seja membro da comunidade religiosa em causa;
- a liberdade de mudar de convicções religiosas, sem ficar sujeito a qualquer prejuízo ou ameaça. É com base neste espírito que foi adoptada a Declaração das NU para a eliminação de todas as formas de discriminação fundadas na religião ou convicções, de 25 de Novembro de 1981 (Resolução 36/55, A/36/684).

B) O direito de manifestar as suas convicções

Toda a pessoa, individual ou colectivamente, pode, em público ou em privado, manifestar as suas convicções pelo exercício do culto e dos rituais, pelas práticas e pelo ensino[269].

O direito de manifestar as suas convicções pode ser restringido por razões de ordem, de saúde e de segurança públicas ou ainda com fundamento na liberdade de pensamento, de consciência e de religião de outrem (art. 18.º, n.º 3, PIDCP).

C) O direito à objecção de consciência

A objecção de consciência pode ser definida como o direito de um indivíduo se subtrair deliberadamente às suas obrigações legais, em nome de uma exigência superior da sua consciência. A objecção de consciência manifesta-se, principalmente, em relação ao serviço militar.

---

[268] O CDH considera que a liberdade religiosa não se limita às religiões tradicionais, mas abrange também os ateus e os agnósticos. Ver Comentário Geral n.º 22 sobre o art. 18.º do Pacto, de 30/7/93. CCPR/C/21/Rev. 1/ Add. 4, par. 1.

[269] O direito de manifestar as suas convicções também poder ser exercido na prisão. Ver Comunicação n.º 721/96, *Boodoo/Trinidade e Tobago*, 15/04/2002. CCPR/C/74/D//721/1996.

Embora o direito à objecção de consciência não resulte claramente de nenhum texto internacional universal, o Comité dos Direitos Humanos considera que ele se pode deduzir do art. 18.º PIDCP, na medida em que a obrigação de emprego da força contra pessoas pode entrar em conflito com a liberdade de consciência e o direito de manifestar a sua religião e as suas convicções[270]. Por isso, o CDH protege indirectamente o direito à objecção de consciência, na medida em que aprecia a duração do serviço de substituição ao serviço militar[271] ou a diferença de tratamento dos objectores de consciência, segundo a natureza das suas convicções[272]. Assim, segundo o Comité, uma duração de 24 meses de um serviço de substituição de um serviço militar de 12 meses constitui uma discriminação sem qualquer critério razoável ou objectivo[273].

II) A liberdade de consciência dos pais sobre o ensino dado aos filhos

O PIDCP reconhece a liberdade de consciência dos pais sobre o ensino dado aos filhos (art. 18.º, n.º 4). De acordo com a Declaração dos direitos da criança, de 20 de Novembro de 1959, a responsabilidade pela educação dos filhos pertence aos pais que a devem exercer no interesse superior da criança.

Esta liberdade abarca:

A) O direito à educação;
B) O direito dos pais ao respeito das suas convicções em matéria de educação.

A) O direito à educação

O direito à educação abrange o direito de qualquer pessoa beneficiar dos meios de instrução existentes num determinado momento, pertencendo ao Estado a dupla obrigação de garantir a todos, e sem discrimi-

---

[270] Comentário Geral n.º 22, citado, par. 11.
[271] Comunicação n.º 295/1988, *Järvinen c/ Finlândia*, 15/08/90. CCPR/C/39/D/295/88.
[272] Comunicação n.º 402/1990, *Brinkhof c/ Países Baixos*, 30/07/93. CCPR/C/48/D//402/90, par. 9.3.
[273] Comunicação n.º 666/95, *Foin/França*, 9/11/99. CCPR/C/67/D/666/1995; comunicação n.º 689/96, *Maille/França*, 31/7/2000. CCPR/C/69/D/689/1996.

nação, um direito de acesso aos estabelecimentos de ensino existentes e assegurar o reconhecimento oficial dos estudos realizados com o objectivo de permitir a utilização dos diplomas no plano profissional (arts. 26.º da DUDH e 13.º do PIDESC).

Voltaremos a este assunto mais adiante, quando tratarmos dos direitos económicos, sociais e culturais, pois o direito à educação, em bom rigor, deveria ser tratado nessa sede[274].

B) O direito dos pais ao respeito das suas convicções em matéria de educação dos filhos

O direito dos pais ao respeito das suas convicções em matéria de educação dos filhos repousa sobre o princípio do pluralismo educativo. Este princípio aplica-se a todos os sectores do sistema educativo, quer públicos, quer privados. Os pais têm a liberdade de escolher entre colocar os filhos numa escola pública ou privada.

Se o direito dos pais entrar em conflito com o direito à educação da criança é o desta que deve prevalecer e não o dos pais.

III) A liberdade de expressão

A liberdade de expressão está consagrada nos arts. 19.º DUDH e 19.º, n.º 2, PIDCP. É um direito em si, mas também é indispensável à realização de outros direitos, como, por exemplo, a liberdade de reunião. É um direito individual que releva da liberdade espiritual de cada um, mas também implica a convivência com os outros.

O alcance político e social considerável da liberdade de expressão justifica que o seu exercício implique deveres e responsabilidades próprios.
O conteúdo do direito à liberdade de expressão engloba:
– A liberdade de opinião – constitui o elemento clássico da liberdade de expressão e supõe que ninguém pode ser prejudicado em virtude das suas opiniões. A possibilidade de ter e exprimir uma opinião minoritária é uma componente essencial da sociedade democrática, que assenta no pluralismo, na tolerância e no espírito de abertura.

---

[274] Cfr. *infra* n.º *18*.

– A liberdade de informação – vale para toda a pessoa, física ou moral. Esta liberdade abrange a liberdade de receber informações e ideias e a liberdade de as comunicar[275].

O Comité dos Direitos Humanos considera que a liberdade de informação e a liberdade de expressão são as pedras angulares de toda a sociedade livre e democrática[276].

O PIDCP admite, todavia, limitações à liberdade de expressão, baseadas no respeito dos direitos ou da reputação de outrem, na salvaguarda da segurança nacional, da ordem pública, da saúde e da moralidade públicas (art. 19.°, n.° 3, als. a) e b)), as quais, segundo o CDH[277] se aplicam apenas à liberdade de informação e já não à liberdade de opinião.

17.2.1.3. A liberdade de acção social e política

As liberdades de pensamento têm o seu prolongamento natural nas liberdades de acção social e política, que permitem ao ser humano, enquanto ser social, exercer certas actividades ao nível do grupo, e de uma maneira geral, participar na vida política e económica da cidade. Essas liberdades são individuais quanto aos seus titulares, mas o seu modo de exercício é colectivo. São liberdades de acção colectiva.

I) A liberdade de reunião e de associação

A liberdade de reunião e de associação está prevista, ao nível universal geral, no art. 20.° DUDH, bem como nos arts. 21.° e 22.° PIDCP[278].

O direito à liberdade de reunião pacífica traduz-se na formação de grupos momentâneos, permite a troca em comum de ideias e a manifes-

---

[275] O CDH define a liberdade de informação de um modo muito amplo. Ver Comunicação n.° 359/89 e 385/89, *MaIntntyre e. a./Canadá*, 05/05/1993. CCPR/C/47/D/359/89 e Comunicação n.° 195/85, *Delgado/Colômbia*, 23/8/1990, CCPR/C/39/D/195/85.

[276] Comunicação n.° 422/1990, 19/08/96, *Adimayo M. Aduanyom e outros c/ Togo*, CCPR/C/57/D/422/1990, par. 7.4.

[277] Ver Comentário Geral n.° 10 sobre liberdade de expressão (art. 10.°), de 29/6/1983, par. 1.

[278] Ver Comunicação n.° 412/90, *Auli Kivenmaa /Finlândia*, 10/6/94, CCPR/C/58/D//412/90.

tação colectiva da actividade política e visa tanto as reuniões privadas como públicas, as quais podem estar sujeitas a um regime de autorização.

À liberdade de reunião não basta um simples dever de não ingerência do Estado, existe também um dever do Estado assegurar o desenrolar pacífico de uma manifestação lícita.

O direito à liberdade de reunião admite limitações, desde que fundadas na lei e desde que sejam necessárias numa sociedade democrática para assegurar a segurança nacional, a ordem, a saúde e a moralidade públicas ou ainda os direitos e as liberdades de outrem (art. 21.º PIDCP).

A liberdade de associação supõe a constituição de grupos permanentes, como os partidos políticos. A liberdade de associação deve abranger não só o direito de criar o partido político como também o direito de levar a cabo livremente as suas actividades.

A liberdade de associação aparece hoje ligada à liberdade sindical: toda a pessoa tem o direito de constituir sindicatos e de a eles aderir para a protecção dos seus interesses.

A liberdade sindical (Convenção n.º 87, de 9/7/1948, da OIT, arts. 23.º, n.º 4, DUDH, 22.º, n.º 1, PIDCP e 8.º PIDESC) realiza a interpenetração dos direitos considerados como civis e políticos com os direitos económicos e sociais, permitindo à democracia exercer-se nas relações de trabalho.

O exercício concreto do direito sindical é deixado à margem de apreciação do Estado e não abrange o direito à greve[279].

II) O direito a eleições livres

O direito a eleições livres vem enunciado nos arts. 21.º DUDH e 25.º PIDCP. Este direito abrange:
- o direito de tomar parte na direcção da coisa pública, directamente ou através de representantes eleitos;
- o direito de voto e de ser eleito no quadro de eleições livres por sufrágio universal;
- o direito igual de acesso às funções públicas do seu país.

Segundo o Comité de Direitos Humanos, estes direitos estão estritamente ligados à liberdade de expressão e à liberdade de formação de par-

---

[279] Comunicação n.º 118/82, *J. D. B./Canadá,* 18/7/1986. CCPR/C/28/D/118/1986.

tidos políticos e englobam a liberdade de se dedicar, individualmente, ou no quadro de partidos políticos, a actividades políticas, a liberdade de debater os negócios públicos e a de criticar o Governo e publicar documentos de teor político[280].

Estes direitos podem ser objecto de limitações, dispondo os Estados de uma ampla margem de apreciação para regulamentar os direitos de voto e de elegibilidade e impor-lhes condições e limitações como a nacionalidade, a idade, a residência, ou ainda a situação penal[281].

Deve, todavia, assegurar-se a igualdade de tratamento de todos os cidadãos no exercício dos seus direitos cívicos, pelo que o Comité de Direitos Humanos considera que as restrições ao direito de ser eleito não devem ser discriminatórias ou desrazoáveis[282].

17.2.2. Os direitos

Para além das liberdades acabadas de mencionar, o DIDH universal consagra ainda dois outros direitos – o direito ao respeito da vida privada e familiar e o direito de propriedade – que também devem ser aqui estudados.

17.2.2.1. O direito ao respeito da vida privada e familiar

O direito à protecção da vida privada e familiar está previsto no art. 17.º PIDCP e o direito à protecção da família é retomado no art. 23.º. Além disso, o art. 10.º do PIDESC prevê o direito a uma protecção e a uma assistência à família muito amplas.

---

[280] Comunicação n.º 422 a 424/1990, 19/08/96, *Adimayo M. Aduayon e outros c/ Togo*, CCPR/C/57/D/422/1990, par. 7.4. Ver também Comentário Geral n.º 25 sobre o direito de participar na direcção dos negócios públicos, o direito à igualdade de voto e de acesso à função pública, de 12/07/1996, CCPR/C/21/D/21/Rev 1/ Add. 7.

[281] O CDH considera que as limitações ao direito de ser eleito não devem ser discriminatórias ou desrazoáveis (ver Comunicação n.º 500/92, *Debreczeny/Holanda*, 04/04/95, CCPR/C/53/D/500/92 e Comunicação n.º 884/99, *Ignatane/Letónia*, 31/7/2001, CCPR//C/72/D/884/1999.

[282] Comunicação n.º 500/1992, *Debreczeny c/ Países Baixos*, 04/04/95, CCPR/C/53//D/500/1992, par. 9.3.

O direito ao respeito da vida privada e familiar procura garantir o indivíduo contra as ingerências arbitrárias ou ilegais dos poderes públicos, sendo a família considerada o elemento natural e fundamental da sociedade (art. 23.º PIDCP).

O direito ao respeito da vida familiar pode ainda criar obrigações positivas para o Estado.

O CDH considera que as obrigações impostas pelos preceitos citados do PIDCP exigem que o Estado adopte medidas, legislativas ou outras, que se destinem a tornar efectiva a proibição das ingerências e das eventuais violações deste direito, podendo considerar-se como tal a abstenção do Estado[283].

I) A protecção da vida privada

A noção de vida privada varia em função da época, do meio e da sociedade, nos quais o indivíduo vive.

O Comité de Direitos Humanos considera que «a noção de vida privada incide no domínio da vida do indivíduo em que ele pode exprimir livremente a sua identidade, quer seja nas suas relações com outros, quer sozinho»[284].

Assim, o direito ao respeito da vida privada abrange:

– o direito à vida privada pessoal;
– o direito à vida privada social.

O direito à vida privada pessoal visa proteger a esfera íntima das relações pessoais, incluindo o direito ao respeito do domicílio, da correspondência e da liberdade da vida sexual[285].

O Comité de Direitos Humanos considera como domicílio o local onde a pessoa reside ou exerce a sua actividade profissional habitual[286]. O PIDCP protege ainda o direito à identidade e ao nome[287].

---

[283] Ver Comentário Geral n.º 16 sobre o direito ao respeito da privacidade, família, domicílio e correspondência e protecção da honra e reputação (artigo 17.º) e Comentário Geral n.º 19, sobre o art. 23.º.

[284] Comunicação n.º 453/1991, *Coeriel e Aurik c/ Holanda*, 09/12/94, CCPR/C/52/ /D/453/91, par. 10.2.

[285] Para o CDH, a sexualidade consentida, em privado, e as relações homossexuais duráveis estão incluídas na vida privada. Ver Comunicação n.º 488/1992, *N. Toonen c/ Austrália*, 04/04/94, CCPR/C/50/D/488/1992, par. 8.2. e ss.

[286] Comentário geral n.º 16: o direito ao respeito da privacidade, família, domicílio e correspondência e protecção da honra e reputação (artigo 17.º): 08/04/88, n.º 5.

[287] Ver Comunicação n.º 453/1991, *Coeriel e Aurik c/ Holanda*, cit.

Além disso, o Comité conclui pela violação do direito à vida privada, quando o Estado não faz prova de que as cartas dirigidas ao detido lhe foram entregues[288].

II) A protecção da vida familiar

A protecção da vida familiar abrange:
– o direito ao casamento;
– o direito ao respeito da vida familiar.

O direito ao casamento está previsto, ao nível universal, nos arts. 16.º DUDH e 23.º PIDCP, os quais visam também assegurar a igualdade homem-mulher durante a vigência do casamento e aquando da sua dissolução. O direito ao casamento parece não incluir o direito ao divórcio.

O CDH considera que o direito de constituir família implica, em princípio, a possibilidade de procriar e de viver em conjunto[289]. Este direito não impõe ao Estado a obrigação de reconhecer como casamento a união entre pessoas do mesmo sexo, mas apenas entre um homem e uma mulher[290].

O direito ao respeito da vida familiar implica que haja uma ligação de facto, mesmo sem coabitação, constitutiva de uma vida familiar efectiva. O direito ao respeito da vida familiar vale tanto para a família natural como para a família legítima, desde que exista uma vida familiar efectiva.

Para o CDH, a família abrange não só as relações no seio do casamento ou da união de facto, mas também as relações entre pais e filhos[291]. Tendo em consideração as diferentes tradições culturais neste domínio, o Comité não adopta uma noção uniforme de família, remetendo esta definição para o Estado[292].

---

[288] Comunicação n.º 74/1980, *M.-A. Estrela*, 23/03/83. CCPR/C/18/D/74/1980, par. 9.2 e 10.

[289] Comentário Geral n.º 19, sobre o art. 23.º e comunicação n.º 205/1985, *Hendriks c/ Holanda*, 12/08/88, CCPR/C/33/D/201/1985.

[290] Ver Comunicação n.º 902/1999, *Joslin/Nova Zelândia*, 17/7/2002, CCPR/C/75/ /D/902/1999, par. 8.2.

[291] Comunicação n.º 201/1985, *Hendriks c/ Holanda*, 12/08/88, CCPR/C/33/D/ /201/1985, par. 10.3.; comunicação n.º 417/1990, *Balaguer Santacana c/ Espanha*, 27/07/ /94, CCPR/C/51/D/417/1994, par. 10.2.

[292] Comunicação n.º 201/1985, cit.

O direito ao respeito da vida familiar implica para o Estado uma obrigação de meios. O Estado deve agir de forma a permitir aos interessados levarem uma vida familiar normal e desenvolverem relações efectivas.

O Comité dos Direitos Humanos considera que o art. 23.º, n.º 4, PIDCP, reconhece, salvo circunstâncias excepcionais, o direito a contactos regulares entre os pais e cada um dos filhos, mesmo em caso de divórcio[293].

17.2.3. As garantias processuais

17.2.3.1. O direito de acesso aos tribunais

O direito de acesso aos tribunais não se encontra autonomamente reconhecido nos instrumentos internacionais de direitos humanos, antes decorrendo das garantias inerentes ao direito a um processo equitativo, que se estudará a seguir.

17.2.3.2. O direito a um processo equitativo

O direito a um processo justo ou equitativo é uma manifestação do princípio do primado do direito numa sociedade democrática e visa assegurar o direito a uma boa administração da justiça.

Este direito está consagrado, ao nível universal, no art. 10.º DUDH e foi, posteriormente, desenvolvido no art. 14, n.º. 1, PIDCP. Segundo estes preceitos, todos são iguais perante os tribunais, tendo direito a que a sua causa seja ouvida equitativa e publicamente por um tribunal competente, independente e imparcial, estabelecido por lei, que decidirá do bem fundado de qualquer «acusação em matéria penal» e das «contestações sobre direitos e obrigações em matéria carácter civil».

O direito a um processo equitativo não se aplica, portanto, a todos os litígios.

Os preceitos mencionados contêm conceitos jurídicos indeterminados, os quais necessitam de ser interpretados e concretizados. Essa concretização tem cabido aos diversos órgãos internacionais.

---

[293] Comunicação n.º 514/1992, *Sandra Frei c/ Colômbia*, 26/04/1995, CCPR/C/53//D/514/1992, par. 8.9.

A) *Âmbito de aplicação do direito a um processo equitativo*

i) Acusação em matéria penal

A aplicação do art. 14.°, n.° 1, PIDCP está subordinada, antes de mais, à existência de uma «acusação em matéria penal». Esta noção tem sido densificada pelos órgãos internacionais, com especial destaque para o TEDH. Como veremos melhor na Parte III, este órgão definiu a acusação como «a notificação oficial, que emana de uma autoridade competente, que acusa de ter cometido uma infracção penal»[294].

O Comité de Direitos Humanos tem seguido, nesta matéria, a jurisprudência do TEDH[295], considerando, assim, que a qualificação dada pelo Direito interno do Estado em causa não é o único critério relevante, sendo de levar em linha de conta a natureza da infracção e a natureza e gravidade da pena em que se incorre.

Daí que o âmbito de aplicação do direito ao processo equitativo se tenha vindo a alargar.

ii) Contestações em matéria civil

Como veremos adiante, o TEDH é o órgão que mais tem contribuído para concretizar o conceito de contestações em matéria civil. O CDH tem-se inspirado frequentemente, nessa jurisprudência.

De acordo com este último órgão, as contestações de direitos e de obrigações de carácter civil são todos os processos que têm uma incidência patrimonial, o que exclui as acções sobre o estado das pessoas. O Comité tem, portanto, um entendimento material do direito de carácter civil[296].

Assim sendo, a contestação de direitos e obrigações de carácter civil abrange qualquer processo e qualquer lei (civil, comercial, administrativa), assim como qualquer órgão (tribunal ou órgão administrativo). Basta que o direito em causa seja privado e que tenha um carácter patrimonial, e que viole direitos, também eles, patrimoniais. O critério determinante

---

[294] Ac. de 27/02/80, *Deweer*, A. 35.
[295] Ver Comunicação n.° 265/87, *Vuolane/Finlândia*, de 02/05/89. CCPR/C/35/D//265/1987.
[296] Comunicação n.° 441/90, *Casanovas c/ França*, 10/08/94. CCPR/C/51/D/411/90.

parece, portanto, ser a incidência de uma situação ou de um acto sobre os direitos patrimoniais do interessado.

Ao contrário do TEDH, o CDH considera como processo de carácter civil, um processo de despedimento da função pública[297].

Estão excluídos os processos de natureza «administrativa e discricionária», que implicam o exercício de *jus imperii*, como o processo de expulsão de estrangeiros ou o processo de concessão de asilo político.

B) As regras do processo equitativo

i) Os tribunais em causa

O direito a um processo equitativo abrange todos os tribunais, mesmo quando as suas acções não são recorríveis e aplica-se a todo o estádio do processo[298].

O PIDCP não reconhece o direito ao duplo grau de jurisdição em matéria civil, mas já o reconhece quando se trata de matéria penal (ver art. 14.°, n.° 5)[299]. Além disso, o CDH admite o direito à indemnização com fundamento em erro judiciário[300].

ii) As garantias

1ª) A primeira garantia do direito a um processo justo é o *direito de acesso efectivo e, em concreto, a um tribunal*. Este direito admite limitações, que devem, todavia, ser proporcionadas ao fim legítimo prosseguido e não devem pôr em causa o conteúdo do direito protegido.

Este direito a um tribunal pode ser violado pela existência de obstáculos jurídicos, como, por exemplo, a complexidade das modalidades de exercício de um recurso de anulação ou por obstáculos de facto, tais como

---

[297] Comunicação n.° 441/90, cit.
[298] Comunicação n.° 547/1993, *Apriana Mahuika c/ Nova Zelândia*, 15/11/2000. CCPR/C/70/D/547/1993, par. 9.10 e 9.11.
[299] Comunicação n.° 253/1987, *P. Kelly c/ Jamaica*. 10/4/1991. CCPR/C/41/D/253//1987, par. 5.12.
[300] Comunicação n.° 354/89, *LG/Maurícias*, de 28/11/1990, CCPR/C/40/D/354/89, par. 5.2.

o custo elevado do processo ou a impossibilidade de obter assistência judiciária gratuita[301].

Para efeitos da aplicação do art. 14.º do PIDCP, o «tribunal» pode não ser um órgão jurisdicional clássico, mas deve, materialmente, exercer funções jurisdicionais. O tribunal deve decidir com base em normas jurídicas, no âmbito de um processo organizado e em questões da sua competência. O «tribunal» deve proceder a um exame efectivo dos argumentos invocados pelas partes e deve fundamentar as suas decisões.

2ª) A segunda garantia do direito a um processo justo é a «*igualdade de armas*»[302], que significa a obrigação de oferecer a cada parte uma possibilidade razoável de apresentar a sua causa em condições que não a coloquem numa situação de nítida desvantagem em relação ao seu adversário.

Segundo o CDH a noção de processo justo exige o respeito de um certo número de condições, tais como a igualdade de armas, o respeito do princípio do contraditório, a proibição da agravação *ex officio* das penas e a celeridade do processo[303].

3ª) O direito a um processo justo engloba ainda as *garantias relativas à organização e à composição do tribunal e ao desenrolar do processo*. Os tribunais numa sociedade democrática devem inspirar confiança às partes.

O tribunal deve ser independente tanto em relação ao executivo[304] como em relação às partes. Devem existir garantias constitucionais e legais que protejam os juízes contra as pressões exteriores.

O tribunal deve ser imparcial, quer do ponto de vista subjectivo, quer objectivo. O primeiro presume-se até prova em contrário. O segundo con-

---

[301] Comunicação n.º 779/1997, *Aarela e outros c/ Finlândia*, 07/11/2001. CCPR/C//73/D/779/1997, par. 7.2. e ss.

[302] Comunicação n.º 846/1999, *Jansen-Gielen c/ Holanda*, 14/05/2001. CCPR/C/71//D/846/1999, par. 8.2.

[303] Comunicação n.º 207/1986, *Morael c/ França*, 28/7/89. CCPR/C/36/D/207//1986, par. 9.3.; comunicação n.º 307/1988, *J. Campbell c/ Jamaica*, 12/05/93. CCPR/C//47/D/307/1988, p. 6.4.

[304] O CDH considerou incompatível com o direito a um tribunal independente casos em que as funções e as atribuições do poder judiciário e do poder executivo não se podiam distinguir claramente ou situações em que o segundo está em condições de controlar o primeiro – ver comunicação n.º 468/91, *Angel N. Olo Bahamonde/Guiné Equatorial*, de 10/11/1993, CCPR/C/49/D/468/1991.

siste na questão de saber se, independentemente da conduta pessoal do juiz, alguns factos autorizam a suspeitar da sua imparcialidade.

O Comité de Direitos Humanos considera que a imparcialidade do tribunal «exige que os juízes não tenham ideias pré-concebidas em relação ao processo em causa e que não ajam de maneira a favorecer os interesses de uma das partes»[305].

Para o CDH, o tribunal deve não só ser, como também, parecer independente e imparcial, daí que tenha considerado que o sistema dos tribunais sem rosto instituído pela legislação antiterrorista no Peru não garantia nem a imparcialidade nem a independência do tribunal[306].

A publicidade do processo judicial garante os particulares contra uma justiça secreta e contribui para preservar a confiança na justiça, mas, de acordo com o Comité de Direitos Humanos, pode ser objecto de restrições justificadas pelo interesse geral[307].

A duração razoável do processo preserva a credibilidade da justiça e a sua eficácia[308]. O carácter razoável dessa duração aprecia-se, tendo em conta as circunstâncias da causa e com base nos seguintes critérios:

– a complexidade do caso;
– o comportamento do requerente;
– o comportamento das autoridades nacionais.

Só esta última é relevante para efeitos da apreciação do prazo razoável.

O direito a um processo justo pressupõe também o direito à execução das decisões dos tribunais.

iii) As garantias específicas do acusado

As garantias específicas do processo justo valem tanto para a fase da instrução como para a fase do julgamento.

---

[305] Comunicação n.º 387/1989, *Arvo Karttunen c/ Finlândia*, 15/11/92, CCPR/C/46//D/387/1989, par. 7.1.

[306] Comunicação n.º 577/1994, *Espinoza de Polay c/ Peru*, 9/01/98, CCPR/C/61//D/577/1994, par. 9.

[307] Comunicação n.º 74/1980, *M. -A. Estrella c/ Uruguai*, 23/03/83. CCPR/C/18/D//74/1980, par. 10.

[308] Comunicação n.º 207/1986, cit., par. 9.3.; comunicação n.º 203/1086, 17/11/88, *Muñoz Hermonzac c/ Peru*, CCPR/C/34/D/203/1986, par. 11.3.; comunicação n.º 27/1977, *Pinckney c/ Canadá*, 29/10/1981, CCPR/C/14/D/27/1977, par. 35.

O PIDCP reconhece os direitos específicos do acusado de uma infracção penal no art. 14.º, n.º 3.

Em primeiro lugar, devem mencionar-se o direito a calar-se e a não contribuir para a sua própria incriminação, bem como o direito a não testemunhar contra si próprio (art. 14.º, n.º 3, al. g)). Trata-se de direitos elementares do processo justo.

Segundo o CDH, o direito a não testemunhar contra si próprio significa que o acusado não deve ser submetido a qualquer pressão física ou psíquica pelas autoridades[309].

Em seguida, deve referir-se o direito à presunção da inocência, o qual constitui um dos princípios base do Direito Penal moderno. O CDH retira deste direito um dever de abstenção de pré-julgar para todas as autoridades públicas[310].

Em terceiro lugar, deve sublinhar-se que os direitos de defesa (art. 14.º, n.º 3, PIDCP) visam assegurar ao indivíduo uma defesa concreta e efectiva. Os princípios da igualdade de armas e o princípio do contraditório revestem aqui uma importância particular: o interessado deve poder fazer-se ouvir em todos os estádios do processo.

O acusado deve ser informado da natureza e da causa da acusação que sobre ele impende, de forma detalhada, e numa língua que ele compreenda[311]. Além disso, deve dispor de tempo e das facilidades necessárias para preparar a sua defesa[312], bem como deve poder interpor utilmente um recurso contra uma decisão de condenação, o qual não deve ser limitado pela ausência de fundamentação da decisão recorrida[313].

O acusado deve também ter a possibilidade de se defender, de maneira adequada, o que implica um direito de acesso ao processo, bem

---

[309] Comunicação n.º 248/1987, 07/041992, *Campbell c/ Jamaica*. CCPR/C/44/D/ /248/87, par. 6.1. e ss; comunicação n.º 253/87, *Paul Kelly*, 10/04/91, CCPR/C/41/D/ /253/1987.

[310] Ver Comunicação n.º 770/1997, *Gridin/Federação Russa*, de 18/07/2000, CCPR/C/69/D/770/1997.

[311] Comunicação n.º 626/1995, *Domukovsky e outros c/ Georgia*, 29/05/98. CCPR/C/62/D/626/1995; comunicação n.º 16/1977, *D. Monguya Mbenge c/ República Democrática do Congo*, 25/03/83, CCPR/C/18/D/16/1977, par. 14.1. e ss.

[312] Comunicação n.º 16/1977, cit.; comunicação n.º 226/1987, *M. Sawyers c/ Jamaica*, 11/04/91, CCPR/C/41/D/226/1987, par. 13.6.

[313] Comunicação n.º 283/1988, *Aston Little c/ Jamaica*, 19/11/91. CCPR/C/43/D/ /283/1988, par. 8.6.

como a comunicação das peças processuais[314]. O Estado tem o dever de assegurar a comparência pessoal do acusado, nos casos em que a questão reveste uma importância fundamental[315], assim como a defesa do acusado através da assistência de um defensor à sua escolha[316] ou de um nomeado oficiosa e gratuitamente.

Os Estados podem, contudo, impor limites ao direito de ser assistido por um advogado oficioso, limites esses que não devem abranger, segundo o Comité de Direitos Humanos, os acusados que incorrem em pena de morte[317].

Segundo o mesmo Comité, a assistência judiciária deve ser efectiva[318], não sendo suficiente a simples designação de um advogado oficioso, e não deve ser impedida por obstáculos materiais relacionados com a detenção, devendo o acusado poder comunicar sem entraves com o seu defensor[319].

Se o acusado não compreender a língua do processo, o Comité de Direitos Humanos, ao contrário do TEDH, não considera que exista uma obrigação do Estado fornecer gratuitamente um intérprete para traduzir ou interpretar qualquer acto do processo[320].

17.3. O princípio da não discriminação

Este princípio baseia-se na igualdade de todos os seres humanos e é uma decorrência da igual dignidade de todos os seres humanos. É afir-

---

[314] Comunicação n.º 519/1992, *Marriot c/ Jamaica*, 8/11/95, CCPR/C/55/D/519//1992, par. 10.2.

[315] Comunicação n.º 139/1983, *H. Conteris*, cit.

[316] Comunicação n.º 74/1980, *M. -A. Estrella c/ Uruguai*, 23/03/83, CCPR/C/18/D//74/1980, par. 10.; comunicação n.º 626/1995, cit.

[317] Comunicação n.º 223/1987, *Robinson c/ Jamaica*, 04/04/89, CCPR/C/35/D//223/1987, par. 10.3.

[318] Comunicação n.º 315/1988, *R. H. c/ Jamaica*, 6/11/90, CCPR/C/40/D/315/1988, par. 6.4.

[319] Comunicação n.º 49/1979, *D. Marais c/ Madagáscar*, 24/03/83. CCPR/C/18/D//49/1979; comunicação n.º 83/1981, *Martinez Machado c/ Uruguai*, 4/11/83, CCPR/C/20//D/83/1981, par. 13.

[320] Comunicação n.º 219/1986, *Guesdon c/ França*, 23/08/1990, CCPR/C/39/D//219/1986, par. 10.2. e comunicação n.º 221/1987, *Cadoret c/ França*, 11/04/91, CCPR//C/41/D/221/1987, par. 5.6.

mado no art. 1.º, par. 3.º, da Carta das Nações Unidas, nos arts. 1.º e 2.º da DUDH e em todos os instrumentos internacionais de direitos humanos, de entre os quais cumpre destacar o art. 2.º, n.º 1, do PIDCP.

O princípio da não discriminação supõe que deve ser dado um tratamento igual a indivíduos e situações iguais e implica a existência de uma norma que prescreva essa igualdade de tratamento.

As convenções de âmbito geral adoptam uma postura global e esforçam-se por levar em conta toda a discriminação, proibindo as discriminações em função do sexo, da raça, da língua, da religião, das opiniões, do nascimento, da origem nacional ou social, de pertencer a uma minoria nacional, da fortuna ou ainda qualquer outra situação.

Várias convenções específicas proíbem a discriminação em função do sexo (Convenção para a Eliminação de todas as Formas de Discriminação contra as Mulheres), da raça (Convenção para a Eliminação de todas as Formas de Discriminação Racial), em matéria de emprego e de profissão (Convenção OIT n.º 111, de 25 de Junho de 1958) ou no domínio do ensino (Convenção da UNESCO, de 14 de Dezembro de 1960).

Ao contrário do que sucede na CEDH, em que o art. 14.º não tem existência independente, mas apenas reforça a lista de direitos garantidos, o CDH considera que o art. 26.º PIDCP consagra um princípio geral de proibição da discriminação perante a lei, proclamado pelo art. 7.º da DUDH. Segundo aquele Comité, o direito previsto no art. 26.º do PIDCP é autónomo e o seu âmbito de aplicação não está limitado aos direitos nele enunciados[321], podendo abranger direitos constantes do PIDESC[322] ou até de leis nacionais[323].

Além disso, o CDH também não hesita em aplicar o direito à não discriminação, quanto está em causa o direito de propriedade, como veremos em seguida, ou o direito à objecção de consciência, os quais nem sequer estão consagrados nos Pactos das Nações Unidas.

---

[321] Comentário Geral n.º 18: Não discriminação, de 10/11/89, par. 12.

[322] Ver Comunicação n.º 172/84, *Brooks /Holanda*, de 9/4/87, CCPR/C/29//D/172/84; Comunicação n.º 180/84, *Danning/Holanda*, de 9/4/87, CCPR/C29/D/172/84.

[323] Comunicação n.º 191/85, *Blom/Suécia*, de 04/04/88, CCPR/C32/D/191/85, par. 10.2.

17.4. Bibliografia de apoio ao ponto 17

- CASTILLO, MIREYA – *Derecho...*, p. 57 e ss.
- REHMAN, JAVAID – *International Human Rights...*, p. 68 e ss e 407 e ss.
- SCHILLING, THEODOR – *Internationaler Menschenrechtsschutz...*, p. 30 e ss.
- SMITH, RHONA K. M. – *Textbook on International...*, p. 184 e ss.
- SUDRE, FRÉDÉRIC – *Droit international...*, p. 251 e ss.

18. Os direitos económicos, sociais e culturais

Os direitos económicos, sociais e culturais são, frequentemente, considerados como os parentes pobres dos direitos humanos. Com efeito, enquanto os direitos civis e políticos impõem imediatamente obrigações aos Estados, os direitos económicos, sociais e culturais limitam-se a impor obrigações de implementação progressiva, as quais, de um modo geral, são difíceis de concretizar na prática, na medida em que dependem, em grande parte, do poder económico de cada Estado.

Além disso, o facto de o sistema de controlo do PIDESC não incluir as comunicações individuais também tem contribuído para um menor desenvolvimento dogmático destes direitos.

Não se deve, todavia, esquecer que os princípios da indivisibilidade e da universalidade dos direitos humanos impedem a subalternização de uns direitos em relação a outros. Por outras palavras, os direitos económicos, sociais e culturais não se encontram, pelo menos, em teoria, numa posição de inferioridade em relação aos direitos civis e políticos, pelo que lhes deve ser dedicada idêntica atenção.

Deve ainda salientar-se que os Pactos também apresentam alguma interdependência entre uns e outros, na medida em que em certos casos a base jurídica de um direito tem de se procurar nos dois Pactos. É o caso, por exemplo, do direito de associação reconhecido no PIDCP e do direito a formar sindicatos previsto no PIDESC.

Como já estudámos, o Pacto Internacional dos Direitos Económicos, Sociais e Culturais é o instrumento universal que consagra o catálogo dos direitos económicos, sociais e culturais, o qual abrange o direito ao trabalho e os direitos dos trabalhadores, o direito à segurança social, o direito à protecção da família, o direito a um adequado nível de vida, o direito à saúde física e mental, o direito à educação e o direito à cultura. Alguns destes direitos encontram-se desenvolvidos em convenções específicas. É o caso dos direitos dos trabalhadores que foram objecto de inúmeras convenções da OIT.

O PIDESC inclui também o direito colectivo dos povos à auto-determinação no seu catálogo, que, como vimos, também aparece referido no PIDCP. Este direito não vai ser objecto de um estudo individualizado nesta disciplina, na medida em que não se trata de um direito humano, em sentido restrito, mas antes de um direito dos povos.

18.1. *O direito de propriedade*

O direito de propriedade é um direito contestado, desde logo, quanto ao seu carácter de direito humano. Além disso, a sua natureza de direito económico ou de direito civil é também muito controversa[324].

O art. 17.º DUDH, bem como o art. 5.º, al. b), da Convenção para a Eliminação de todas as Formas de Discriminação Racial incluem o direito de propriedade nos direitos civis.

Como já se mencionou, o direito de propriedade não figura nos dois Pactos das Nações Unidas, onde a propriedade individual parece ter sido absorvida pela propriedade dos povos (art. 47.º PIDCP). Dada esta lacuna do PIDCP, o CDH não tem competência para se pronunciar sob o direito de propriedade[325], a menos que se trate de garantir o direito à não discriminação em matéria de direito de propriedade[326].

Deve, contudo, salientar-se que o Direito Internacional garante o direito de propriedade, embora sem referência explícita aos direitos humanos. Daí resulta que a privação de um bem implica uma indemnização adequada, justa e pronta. Assim, a nacionalização de um bem sem a referida indemnização configura o confisco.

---

[324] Um estudo muito desenvolvido sobre a protecção do direito de propriedade pelo Direito Internacional veja-se em FAUSTO DE QUADROS, *A protecção da propriedade privada...*, p. 149 e ss.

[325] Ver, por exemplo, Comunicação n.º 520/1992, *E e AK/Hungria*, 05/05/94, CCPR/C/50/D/520/1992.

[326] Ver Comunicação n.º 328/88, *Zelaya Blanco/Nicarágua*, 10/08/1994, CCPR/ /C/51/D/318/88; Comunicação n.º 516/92, *Simunek e. a./República Checa*, 31/07/1995, CCPR/C/54/D/516/92; Comunicação n.º 566/93, *Ivan Somers*, de 29/07/96, CCPR/C/57/ /D/566/93; Comunicação 774/97, *Brok/República Checa*, de 15/01/2002, CCPR/C/73/D/ /774/97.

18.2. *O direito ao trabalho e os direitos dos trabalhadores*

O direito ao trabalho está previsto no art. 6.º, n.º 1, PIDESC e compreende o direito que todas as pessoas têm de ganhar a vida por meio de um trabalho livremente escolhido ou aceite.

Ao longo dos tempos, certos grupos (minorias étnicas, certas raças, as mulheres) têm sido objecto de discriminações arbitrárias, no que diz respeito ao direito ao trabalho, chegando-se mesmo ao ponto da negação do direito.

O n.º 2 do art. 6.º do PIDESC estabelece as medidas que os Estados devem tomar para assegurar o pleno exercício do direito ao trabalho.

O art. 7.º do PIDESC consagra o direito dos trabalhadores a condições de trabalho justas e equitativas, das quais se destacam o direito a salário igual para trabalho igual, o direito a uma existência decente para si e para a sua família, o direito a condições de trabalho seguras e higiénicas, o direito à igualdade de oportunidades, o direito ao repouso, ao lazer, a uma jornada de trabalho razoável e a férias periódicas pagas.

Resulta dos relatórios do CDESC, que as principais preocupações, neste domínio, se prendem com determinados grupos mais vulneráveis, como, por exemplo, os trabalhadores irregulares, os trabalhadores migrantes e, em especial, as mulheres.

O art. 8.º PIDESC reconhece o direito sindical dos trabalhadores e o direito à greve.

Estes direitos não são, contudo, ilimitados. Pelo contrário, encontram-se sujeitos às leis do Estado em causa. O exercício do direito de formar sindicatos ainda está sujeito a restrições baseadas na segurança nacional, na ordem pública ou na protecção dos direitos de outrem, desde que sejam necessárias numa sociedade democrática (art. 8.º, n.º 1, al. a), PIDESC). Admitem-se também restrições ao exercício deste direito para os membros das forças armadas, da polícia e das autoridades da função pública (art. 8.º, n.º 2, PIDESC).

18.3. *O direito à segurança social e os direitos da família*

O PIDESC reconhece o direito à segurança social, incluindo os seguros sociais (art. 9.º).

O art. 10.º PIDESC trata da promoção e da protecção da família, que é, segundo o Pacto, o «núcleo elementar natural e fundamental da sociedade», consagrando o princípio do consentimento livre dos esposos no casamento.

O preceito reconhece a necessidade de medidas de protecção especiais para certas categorias de pessoas: as mães antes e depois do nascimento das crianças, as crianças e os adolescentes.

18.4. O direito a um nível de vida suficiente e à saúde física e mental

O art. 11.º PIDESC reconhece o direito a um nível de vida suficiente para si e para a sua família, incluindo alimentação, vestuário e alojamento suficientes, bem como a melhoria contínua das suas condições de existência.

O art. 12.º PIDESC reconhece o direito de todas as pessoas a gozarem do melhor estado de saúde física e mental possível de atingir.

O CDESC já teve ocasião de elaborar um comentário geral[327] sobre este direito, no qual considera que o direito à saúde inclui a liberdade de controlar a saúde e o corpo, nomeadamente, no que diz respeito aos aspectos sexuais e reprodutivos, bem como o direito a estar livre de interferência, como a tortura, o tratamento médico não consentido e experiências científicas. Além disso, o direito à saúde também inclui o direito a um sistema de saúde fundado na acessibilidade igual ao nível mais alto de protecção da saúde.

18.5. O direito à educação

O direito à educação está consignado no art. 13.º, n.º 1, PIDESC, de um modo muito abrangente.

Os Estados comprometem-se a assegurar todos os níveis de ensino, devendo o ensino primário ser obrigatório e gratuito e os outros níveis progressivamente gratuitos e acessíveis a todos em condições de igualdade (art. 13, n.º 2, PIDESC).

Os Estados comprometem-se a respeitar a liberdade dos pais de escolher para os seus filhos estabelecimentos de ensino privados e a assegurar

---

[327] Comentário Geral n.º 14 sobre o direito ao melhor estado de saúde possível de atingir: 11/08/2000 – E/C-12/2000/4.

a educação religiosa e moral, de acordo com as suas próprias convicções (art. 13.º, n.º 3, PIDESC)[328].

18.6. Os direitos culturais

O art. 15.º, n.º 1, PIDESC reconhece a todos o direito de participar na vida cultural, de beneficiar do progresso científico e técnico e de beneficiar da protecção dos interesses morais e materiais, que decorrem de toda a produção científica, literária ou artística.

Os Estados comprometem-se a respeitar a liberdade indispensável à investigação científica e às actividades criadoras (art. 15.º, n.º 3, PIDESC).

18.7. Bibliografia de apoio ao ponto 18

- CASTRO CID, BENITO – *Problemática teórica y práctica de los derechos económicos, sociales y culturales,* in ANTONIO BLANC ALTEMIR, (Ed.), La protección internacional..., p. 63 e ss.
- REHMAN, JAVAID – *International Human Rights...* p. 111 e ss.
- SMITH, RHONA K. M. – *Textbook on International...,* p. 295 e ss.
- STEINER, HENRY/ALSTON, PHILIP – *International Human Rights...,* p. 237 e ss.

3.3. CAPÍTULO III – O SISTEMA UNIVERSAL DE GARANTIA DOS DIREITOS HUMANOS: UM SISTEMA NÃO JURISDICIONAL

Neste capítulo vamos estudar o sistema de garantia dos direitos humanos reconhecidos no DIDH universal, quer de fonte convencional, quer de fonte consuetudinária.

19. A multiplicidade de mecanismos de controlo

A multiplicidade de convenções internacionais em matéria de direitos humanos tem conduzido à correspondente multiplicação de mecanismos de controlo. Mas para além desses mecanismos de controlo, existem

---

[328] V. Comentário Geral n.º 13 sobre o direito à educação: 8/12/99, EC-12/1999/10.

ainda outros, não convencionais, provenientes de resoluções do Conselho Económico e Social ou da prática da Comissão de Direitos Humanos, que se aplicam a todos os Estados membros das Nações Unidas e têm em vista fiscalizar o cumprimento por parte dos Estados das obrigações que lhes são impostas, no domínio dos direitos humanos, tanto pela Carta das Nações Unidas, como pela Declaração Universal dos Direitos Humanos.

Deve ainda sublinhar-se que não existe, ao nível universal, um mecanismo judicial específico para assegurar a protecção dos direitos humanos. O Tribunal Internacional de Justiça não é o órgão mais adequado para a protecção dos direitos humanos, na medida em que os indivíduos não têm perante ele legitimidade processual activa.

20. Os mecanismos de controlo

20.1. Convencionais

Os mecanismos de controlo utilizados pelos instrumentos internacionais universais de direitos humanos têm carácter não jurisdicional e, muitas vezes, não são obrigatórios. Trata-se, portanto, de mecanismos que respeitam totalmente as soberanias dos Estados.

Esses mecanismos são os seguintes:

a) os relatórios periódicos;
b) as comunicações interestaduais;
c) as comunicações individuais;
d) a investigação confidencial;
e) as visitas periódicas.

20.1.1. O sistema de relatórios periódicos

O sistema de relatórios periódicos está previsto em várias convenções internacionais universais.

a) Começando pelo *PIDCP*: o art. 40.º impõe aos Estados a obrigação de apresentarem relatórios periódicos sobre as dificuldades e os progressos alcançados no cumprimento das normas do Pacto. Estes relatórios são enviados ao Secretário-Geral da ONU, que, por sua vez, os transmite ao Comité de Direitos Humanos.

Os Estados devem fornecer todas as informações sobre as medidas legislativas, administrativas ou judiciárias adoptadas, com vista à aplicação das disposições do Pacto a que estão vinculados.

O controlo destes relatórios é exercido pelo CDH (art. 40.º), criado pelo PIDCP (art. 28.º).

Segundo o PIDCP, os Estados deveriam apresentar um relatório no prazo de um ano, a contar da sua entrada em vigor e depois todos os 5 anos. O Comité interpretou a sua própria competência num sentido extensivo e flexibilizou esta exigência. Assim, considera que pode solicitar relatórios especiais aos Estados e que estes lhos devem apresentar.

O Comité também estabeleceu directrizes sobre a forma e o conteúdo dos relatórios, indicando que eles devem conter informações sobre as normas constitucionais e legislativas, mas também sobre a prática jurisdicional e administrativa[329].

São muitos os Estados que não apresentam relatórios, o que mostra que a técnica dos relatórios não é satisfatória.

O procedimento que o Comité segue no exame dos relatórios é o seguinte: numa primeira fase, encarrega um grupo de trabalho de estudar o relatório, grupo esse que pode colocar perguntas ao Estado, com vista a completá-lo. Em seguida, o Comité analisa o relatório em sessão pública na presença dos representantes do Estado em causa e das ONG's interessadas, estabelecendo, deste modo, um «diálogo construtivo» entre os membros do Comité e os representantes dos Estados.

Por fim, apesar de não ter uma competência de recomendação, o Comité acaba por fazer uma avaliação geral dos relatórios, na qual refere as lacunas na aplicação do Pacto e formula recomendações para resolver as eventuais deficiências. Estas recomendações não são vinculativas. Para além disso, o Comité reserva-se ainda o direito de decidir se um Estado não observou as obrigações que lhe incumbem em virtude do Pacto.

Além disso, o Comité assumiu a competência de elaborar as «observações gerais», as quais são enviadas a todos os Estados partes sobre os relatórios examinados.

b) O sistema dos relatórios também está previsto no *PIDESC*.

Inicialmente, o controlo do PIDESC estava confiado, exclusivamente, ao ECOSOC, que poderia solicitar a assistência técnica de órgãos

---

[329] Ver Comentário Geral n.º 2, de 28/7/81, versão consolidada de 29/9/1999, CCPR//C/66/GUI.

subsidiários. Este sistema não funcionou adequadamente, o que levou aquele órgão a criar, em 1985, por resolução, o Comité de Direitos Económicos, Sociais e Culturais (CDESC), com base no modelo do Comité de Direitos Humanos.

O controlo do PIDESC é, exclusivamente, baseado no sistema de relatórios (arts. 16.º a 22.º), competindo ao CDESC apreciar esses relatórios, assim como apresentar sugestões e recomendações aos Estados, com vista a um melhor cumprimento do Pacto.

O CDESC, na análise dos relatórios, segue um procedimento idêntico ao CDH, que já estudámos.

c) A Convenção para a Eliminação de Todas as Formas de Discriminação Racial criou um órgão de supervisão e controlo – o Comité para a Eliminação de Todas as Formas de Discriminação Racial –, o qual também tem competência para examinar os relatórios dos Estados.

d) A Convenção para a Eliminação de Todas as Formas de Discriminação contra as Mulheres instituiu um órgão de controlo, que se denomina Comité para a Eliminação da Discriminação contra a Mulher (art. 17.º), e optou, de entre os diferentes mecanismos de controlo conhecidos no Direito Internacional dos Direitos Humanos, pelo sistema de relatórios (art. 18.º).

e) A Convenção contra a Tortura e outras Penas e Tratamentos Cruéis, Desumanos ou Degradantes também instituiu um órgão específico de controlo do cumprimento das suas disposições por parte dos Estados – o Comité contra a Tortura – o qual tem competência para apreciar os clássicos relatórios.

20.1.2. *O sistema das comunicações entre Estados*

O segundo mecanismo de controlo das convenções universais, no domínio dos direitos humanos, é o sistema das comunicações entre Estados.

Este sistema foi previsto, em primeiro lugar, na Convenção para a Eliminação de Todas as Formas de Discriminação Racial (arts. 11.º a 13.º), tendo sido, posteriormente, retomado no 41.º do PIDCP e na Convenção contra a Tortura.

Concentrando-nos no PIDCP: a competência do CDH é, neste domínio, facultativa e, como tal, funciona com base no princípio da reciprocidade, ou seja, ambos os Estados devem aceitar previamente a competência do Comité. Ao contrário do sistema de relatórios, que é caracterizado pela publicidade, este mecanismo tem natureza confidencial e conciliatória, ou seja, pretende-se que os Estados cheguem a um acordo perante o Comité.

Este sistema nunca foi utilizado, tal como acontece com sistemas similares previstos noutras convenções, como é o caso da Convenção para a Eliminação de todas as Formas de Discriminação Racial já citada e da Convenção contra a Tortura.

O procedimento das comunicações estaduais desenrola-se em dois momentos distintos. Em primeiro lugar, existe uma fase prévia ao processo, que consiste na tentativa de solução amigável entre os Estados, e que durará no máximo seis meses.

A conciliação tem, portanto, uma natureza diplomática. Não tem em vista julgar o Estado.

Se a solução amigável falhar, então inicia-se o processo, propriamente dito, com a conciliação. Trata-se, pois, de um mecanismo subsidiário, que só vai actuar depois de terem falhado as negociações preliminares directas entre os Estados em causa.

Além disso, a admissibilidade da comunicação depende ainda da exaustão dos meios internos.

Este processo comporta duas fases: a) os bons ofícios do Comité e b) Comissão *ad hoc* (art. 42.°).

Do exposto resulta que os Estados dominam completamente este procedimento.

20.1.3. *O sistema das comunicações individuais*

O controlo com base em comunicações dos particulares é o mecanismo mais evoluído, encontrando-se previsto em dois Protocolos Adicionais ao PIDCP e à Convenção para a Eliminação de todas as Formas de Discriminação contra as Mulheres e na Convenção contra a Tortura.

a) O *Protocolo Adicional ao PIDCP* previu o direito de comunicação individual, reconhecendo a competência do CDH para receber e examinar as comunicações individuais, que denunciem a violação pelo Estado parte de um dos direitos protegidos pelo Pacto.

O Comité examina as comunicações quanto à admissibilidade e quanto ao seu bem fundado.

Segundo o art. 1.º do Protocolo, os titulares do direito de comunicação são apenas os «particulares», pelo que o CDH não é competente para apreciar comunicações de associações[330], sociedades, partidos políticos[331] ou de organizações não governamentais[332]. Pode, contudo, apreciar uma comunicação comum a vários particulares, desde que cada um tenha um interesse pessoal em agir.

A comunicação pode ser apresentada pelo particular, pelo seu representante ou por uma terceira pessoa, desde que esteja autorizada a agir pela vítima.

A noção de vítima é, pois, neste contexto, uma noção fundamental, sendo que aquele que exerce o direito de comunicação deve considerar-se pessoal e efectivamente vítima de uma violação de um dos direitos enunciados no Pacto e ter um interesse pessoal em agir. Não há acção popular, nem é possível o exame em abstracto das legislações nacionais[333].

Por outro lado, o procedimento de comunicação individual instituído pelo PIDCP também não foi concebido para provocar um debate público sobre temas de interesse geral, como, por exemplo, os ensaios nucleares[334].

Mas o CDH admite que, para além da vítima, também os familiares podem exercer o direito de comunicação[335] e que a simples existência de uma legislação contrária ao PIDCP, independentemente da sua aplicação efectiva, pode ser constitutiva de violação de um dos direitos consagrados no PIDCP[336].

Para se poder agir contra um Estado é necessário que a pretensa vítima esteja sob a «jurisdição» desse Estado, ou seja, é necessário que se verifique uma ligação da vítima ao Estado acusado[337]. O art. 2.º, n.º 1, do Pacto limita o benefício dos direitos enunciados aos indivíduos que se

---

[330] Ver Comunicação n.º 163/84, *Grupo de Associações para a defesa das pessoas com deficiência/Itália*, de 10/04/1984, CCPR/C/21/D/163/1984.

[331] Comunicação n.º 104/81, *JRT e Partido WG/Canadá*, de 06/04/1983, CCPR/C//18/D/104/1981.

[332] Comunicação n.º 136/83, *X/Uruguai*, de 25/07/83, CCPR/C/19/D/136/1983.

[333] Comunicação n.º 187/85, *J.H./Canadá*, de 12/04/85.

[334] Comunicação n.º 645/95, *Vailhere Bordes e outros/França*, de 30/7/1996, CCPR/C/57/D/645/1995.

[335] Comunicação n.º 16/1977, *D. Monguya Mbenge*, cit.

[336] Comunicação n.º 359/89 e 385/89, *MaIntntyre*, cit.

[337] Comunicação n.º 217/1986, *H.. v.. d. P../Holanda*, de 8/4/87. CCPR/C/29//D/217/1986.

encontrem sobre o território de algum dos Estados partes. A pretensa vítima deve estar, efectivamente, sob a autoridade do Estado parte, exercendo-se essa autoridade sobre o seu território ou no estrangeiro. Não é relevante se o indivíduo ainda se encontra sobre o território[338] nem se tem a nacionalidade do Estado onde foram cometidos os actos contrários ao Pacto[339].

Os trâmites do procedimento de comunicação individual perante o Comité estão previstos nos arts. 2.º a 5.º do mencionado Protocolo Facultativo.

As comunicações são examinadas por um grupo de trabalho de cinco membros, que as pode aceitar por unanimidade, ou, pelo contrário, transmiti-las ao Comité com as suas propostas relativas à admissibilidade e ao mérito. O CDH pode sugerir ao Estado a adopção de medidas cautelares, como sejam a suspensão da execução de uma sentença de morte[340] ou da extradição[341], com base no critério do carácter irreversível das consequências[342].

Este processo é confidencial (art. 5.º, n.º 3, do Protocolo), deve ter carácter contraditório, de acordo com o princípio da igualdade das armas, pelo que as comunicações individuais devem ser transmitidas aos Estados e o indivíduo deve poder corresponder-se com o CDH sem interferência por parte do Estado.

A jurisprudência do CDH, em matéria de admissibilidade das comunicações, é muito liberal.

A comunicação deve enquadrar-se na competência do Comité tanto *ratio personae*, como *ratione loci, ratione materiae* e *ratione temporis*.

O CDH é competente para apreciar toda a alegada violação de direitos enunciados no PIDCP e até admite comunicações com base em violação de direitos consagrados no PIDESC. Considera-se, porém, incompetente, quando existem reservas dos Estados sobre as matérias[343].

---

[338] Comunicação n.º 110/81, *Viana Acosta/Uruguai*, de 29/03/1984. CCPR/C/21/D//110/1981.

[339] Comunicação n.º 74/1980, *Estrela/Uruguai*, cit.

[340] Comunicação n.º 251/87, *A A/Jamaica*, 22/11/89. CCPR/C/37/D/251/1987.

[341] Comunicação n.º 470/1991, *Kindler/Canadá*, 18/11/1993. CCPR/C/48/D/470//1991.

[342] Comunicação 538/93, *Steward/Canadá*, de 16/12/96. CCPR/C/58/D/538/1993.

[343] Comunicação n.º 347/88, *SG/França*, 15/11/1991. CCPR/C/43/D/347/1988.

O Comité só se considera competente para conhecer de comunicações relativas a factos posteriores à entrada em vigor do Pacto e do Protocolo[344], a menos que se trate de uma violação contínua[345].

O Comité só pode aceitar a comunicação, se não se verificar qualquer causa de indeferimento liminar, a saber:

i) Exaustão dos meios internos – sem sujeição a prazo. Devem considerar-se meios internos apenas os meios normais e efectivos, ou seja, disponíveis[346]. A condição de esgotamento dos meios internos considera-se preenchida se o Estado não junta elementos de prova, que atestem que não foram utilizados meios eficazes, ou se o uso desses meios impõem prazos desrazoáveis, a menos que esses prazos longos se devam ao próprio interessado.

ii) A excepção do recurso paralelo – o art. 5.º, n.º 2, al. a) do Protocolo proíbe o Comité de examinar um caso individual se a mesma questão está a ser examinada por outra instância internacional de inquérito ou de regulamentação. Consideram-se processos paralelos os previstos no art. 25.º CEDH e no art. 44.º CADH. O Comité não pode apreciar a questão se ela estiver a ser examinada noutra instância, mas já pode se ela já foi examinada e se o outro processo já se extinguiu[347]. Por «mesma questão» deve entender-se o mesmo pedido, que diz respeito ao mesmo indivíduo, levado ao conhecimento do Comité por ele, ou por alguém em seu nome, e perante uma outra instância internacional. A comunicação não se deve admitir quando há identidade de partes, de pedido e de causa de pedir[348].

iii) A comunicação deve ser compatível com as disposições do PIDCP – o art. 3.º do Protocolo estabelece que a comunicação não deve ser manifestamente mal fundamentada, devendo o queixoso fornecer suficientes elementos de prova[349].

---

[344] Comunicação n.º 457/1991, *AIE/Líbia*, 15/11/1991. CCPR/C/43/D/457/1991.
[345] Comunicação n.º 586/94, *J.-F Adam/República Checa*, 25/07/1996. CCPR/C/57//D/586/1994.
[346] Comunicação n.º 352/1989, *Douglas/Jamaica*, 03/11/93. CCPR/C/49/D/352/1989.
[347] Comunicação n.º 349/1989, *Clifton Wright/Jamaica*, 27/08/92. CCPR/C/45/D//349/1989.
[348] Comunicação n.º 191/85, *Blom/Suécia*, 4/04/88, CCPR/C/32/D/195/1985, par. 8.2.
[349] Comunicação n.º 302/88, *AH/Trinidade e Tobago*, 15/11/90. CCPR/C/40/D/302//1988.

Uma vez admitida a comunicação, abre-se a fase do exame de fundo da questão.

Por fim, o Comité emite um parecer, no qual se pronuncia acerca da violação, ou não, de algum direito consagrado no PIDCP, parecer esse que é comunicado ao Estado parte e ao particular (art. 5.º, n.º 4).

Os pareceres do CDH não têm força jurídica vinculativa para os Estados, que não estão obrigados a dar-lhes seguimento, embora o Comité considere que, se os Estados aceitaram a obrigação de aplicar as disposições do Pacto e do Protocolo, então também devem dar seguimento às suas decisões.

Muitas vezes, o CDH não se limita a dar o seu parecer sobre a pretensa violação, mas indica também aos Estados quais as medidas, gerais e individuais, que eles devem adoptar para se conformarem com o Pacto. Como exemplo podem mencionar-se os seguintes casos: modificar a legislação[350], rever o seu sistema de ajuda judiciária[351], proceder a um inquérito[352], libertar imediatamente o requerente[353], pôr termo aos maus tratos[354], etc.

O Comité publica as suas decisões e colige-as no Relatório Anual de Actividades, que apresenta à Assembleia Geral, através do ECOSOC.

Se é certo que as decisões do Comité não são obrigatórias, também não se pode afirmar que elas são puramente declarativas. A prática demonstra que os Estados adoptam medidas, tanto individuais como gerais, para se conformarem com essas decisões.

b) O sistema de controlo do *PIDESC* não contempla as comunicações individuais, mas, desde 1990, que, por iniciativa do CDESC, se tenta elaborar um Protocolo Facultativo que as inclua.

O texto definitivo do Protocolo foi examinado pela Comissão de Direitos Humanos, em Abril de 1997. Em 2001 foi nomeado um perito independente para examinar o projecto de Protocolo, mas até ao momento ainda não se conseguiu obter um acordo definitivo dos Estados quanto a este assunto.

---

[350] Comunicação n.º 385/89, cit.
[351] Comunicação n.º 250/87, cit.
[352] Comunicação n.º 277/88, *JN Teeron Jigon/Equador*, 08/04/92. CCPR/C/44/D//277/1988.
[353] Comunicação n.º 336/88, *Fillastre/Bolívia*, 06/11/91. CCPR/C/43/D/336/1988.
[354] Comunicação n.º 240/87, *Williard Collins/Jamaica*, 14/11/91. CCPR/C/43/D//240/1987.

c) A Convenção para a Eliminação de todas as formas de Discriminação Racial também permite as comunicações individuais por violação dos direitos nela consagrados.

d) Como já se mencionou, a Convenção para a Eliminação de Todas as Formas de Discriminação contra as Mulheres instituiu um órgão de controlo, que se denomina Comité para a Eliminação da Discriminação contra a Mulher (art. 17.º), e optou, de entre os diferentes mecanismos de controlo conhecidos no Direito Internacional dos Direitos Humanos, pelo sistema de relatórios, que, como já se mencionou, é o menos eficaz (art. 18.º).

Foi precisamente para ultrapassar esta debilidade, que, em Outubro de 1999, a Assembleia Geral das Nações Unidas aprovou um Protocolo Facultativo à referida Convenção, o qual entrou em vigor, em Dezembro de 2000, e conta, em 8 de Junho de 2005, com 71 partes.

Este Protocolo consagra o sistema das comunicações individuais (art. 1.º) e o sistema da investigação (arts. 8.º e seguintes), tendo afastado, deliberadamente, o sistema das comunicações interestaduais, dado o insucesso que o mesmo tem demonstrado noutras convenções.

e) A Convenção contra a Tortura e outras Penas e Tratamentos Cruéis, Desumanos ou Degradantes, tal como as duas anteriormente mencionadas, instituiu um órgão específico de controlo do cumprimento das suas disposições por parte dos Estados – o Comité contra a Tortura.

Ela prevê também o sistema de comunicações individuais, as quais devem ser apresentadas ao Comité contra a Tortura.

20.1.4. *O sistema de investigação confidencial e de visitas periódicas*

A Convenção contra a Tortura prevê ainda, no art. 20.º, um quarto meio de controlo, que consiste na investigação confidencial. Este mecanismo está, todavia, dependente da boa cooperação do Estado em causa.

Por fim, deve mencionar-se o Protocolo Facultativo à Convenção contra a Tortura aprovado pela Assembleia Geral das Nações Unidas em 18/12/2002, que prevê um sistema de visitas periódicas aos centros de detenção, com vista a prevenir a tortura e os maus tratos. Este Protocolo ainda não se encontra em vigor.

20.1.5. Bibliografia de apoio ao ponto 20

- CARRILLO SALCEDO, JUAN ANTONIO – *Soberania de los Estados...*, p. 112 e ss.
- CASTILLO, MIREYA – *Derecho...*, p. 70 e ss.
- DE CASADEVANTE ROMANI, CARLOS FERNÁNDEZ – *El derecho internacional de los derechos humanos*, in CARLOS FERNÁNDEZ DE CASADEVANTE ROMANI, (coord.) – *Derecho...*, p. 61 e ss.
- ERGEC, RUSEN – *Protection européenne...*, p. 39 e ss.
- LEWIS-ANTHONY, SIÂN/SCHEININ, MARTIN – *Treaty-Based Procedures for Making Human Rights Complaints Within the UN System*, in HURST HANNUM (ed.), Guide to International Human Rights Practice, 4ª ed., Ardsley, Nova Iorque, Transnational Publishers, Lc., 2004, p. 43 e ss.
- REHMAN, JAVAID – *International Human Rights...* p. 83 e ss; p. 123 e ss.
- SCHILLING, THEODOR – *Internationaler Menschenrechtsschutz...*, p. 218 e ss.
- SMITH, RHONA K. M. – *Textbook on International...*, p. 145 e ss.
- STEINER, HENRY/ALSTON, PHILIP – *International Human Rights...*, p. 705 e ss.
- SUDRE, FRÉDÉRIC – *Droit international...*, p. 427 e ss.
- VILLÁN DURÁN, CARLOS – *Curso...*, p.639 e ss.

20.2. Extra-convencionais

As possibilidades que as convenções internacionais oferecem às vítimas de violação de direitos humanos são, manifestamente, insuficientes, devidos a vários factores, que se prendem com o frequente não reconhecimento por parte dos Estados da competência dos Comités para apreciarem comunicações individuais, com a rigidez das regras de admissibilidade dessas comunicações e com a lentidão dos procedimentos. Além disso, são escassas as convenções que admitem as comunicações individuais e, quando isso acontece, a sua aceitação por parte dos Estados é normalmente muito tardia.

Daí que a Assembleia Geral das Nações Unidas tenha sentido, desde muito cedo, necessidade de criar órgãos permanentes, a quem confiou a tarefa de velar pelo cumprimento dos direitos humanos, pois as Nações Unidas não dispunham de qualquer mecanismo de controlo dos direitos humanos consagrados na Carta ou na DUDH.

Esta situação só se alterou, verdadeiramente, com a aprovação pelo Conselho Económico e Social, em 1967 e 1970, das Resoluções 1235 e 1503.

Por força destas Resoluções, a Comissão de Direitos Humanos, para além das competências de estudo e de promoção dos direitos humanos, que já detinha, passa a dispor também de funções de controlo. Ao contrário dos órgãos instituídos pelas convenções internacionais para este efeito, a Comissão de Direitos Humanos é um órgão de carácter político e intergovernamental, composto por representantes dos Governos, a qual aprecia as comunicações dos indivíduos em bloco e não individualmente.

A Resolução 1235 do Conselho Económico e Social introduziu um procedimento, pelo qual as comunicações individuais passaram a ser consideradas num procedimento público, em que a Comissão de Direitos Humanos pode decidir estabelecer um órgão especial de investigação da situação, sem necessidade de consentimento do Estado sujeito a controlo.

A Resolução 1503 do Conselho Económico e Social institui um procedimento confidencial para o tratamento das comunicações individuais, ainda que sujeito a rigorosos requisitos de admissibilidade. Este procedimento necessita do consentimento do Estado.

Com base na resolução 1235, a Comissão de Direitos Humanos passa, a partir de 1975, a criar órgãos para investigar a situação dos direitos humanos em determinados países ou regiões geográficas. E é com fundamento na mesma Resolução que, a partir de 1980, a Comissão institui órgãos de investigação por fenómenos ou por temas, tais como os desaparecimentos forçados ou involuntários, as execuções sumárias, a tortura, a intolerância religiosa, a detenção arbitrária, os mercenários, a venda de crianças e os deslocados internos. Além disso, a Comissão de Direitos Humanos institucionalizou, a partir de 1980, um sistema das acções urgentes, que constitui um procedimento especial de natureza preventiva e cautelar.

Nos casos em que os Estados o admitem, pode haver visitas *in loco*.

20.3. *Bibliografia de apoio ao ponto 20.2*

- CARRILLO SALCEDO, JUAN ANTONIO – *Soberania de los Estados...*, p. 119 e ss.
- ERGEC, RUSEN – *Protection européenne...*, p. 57 e ss.
- GÓMEZ DEL PRADO, JOSÉ LUIS – *La protección extraconvencional de los derechos humanos*, in FELIPE GÓMEZ ISA (Dir.)/JOSÉ MANUEL PUREZA, La protección internacional..., p. 353 e ss.

- ROBERTSON, A. H./MERRILS, J. G. – *Human Rights in the World...*, p. 77 e ss.
- RODLEY, NIGEL S./WEISSBRODT, DAVID – *United Nations Nontreaty Procedures for Dealing with Human Rights Violations*, in
- HURST HANNUM (ed.), Guide to International..., p. 65 e ss.
- STEINER, HENRY/ALSTON, PHILIP – *International Human Rights...*, p. 611 e ss.
- SUDRE, FRÉDÉRIC – *Droit international...*, p. 666 e ss.
- VILLÁN DURÁN, CARLOS – *Curso...*, p. 569 e ss.

4. PARTE III – OS SISTEMAS REGIONAIS DE PROTECÇÃO INTERNACIONAL DOS DIREITOS HUMANOS

Na Parte III vamos tratar dos sistemas regionais de protecção internacional dos direitos humanos, com especial destaque para o sistema europeu por três razões:

a) o sistema europeu aplica-se na Ordem Jurídica portuguesa, o que não acontece com o sistema americano nem com o africano;
b) o sistema europeu já atingiu um grau de perfeição, do ponto de vista jurídico, que os outros ainda não alcançaram;
c) o sistema europeu influencia, de um modo muito acentuado, os outros sistemas regionais.

Tendo em conta o exposto, a referência aos sistemas americano e africano será feita no final em jeito de excurso.

4.1. CAPÍTULO I – O SISTEMA EUROPEU

21. *Preliminares*

A protecção dos direitos humanos assume na Europa uma enorme importância. Tendo começado por ganhar forma no âmbito do Conselho da Europa, foi-se afirmando, posteriormente, ao nível das Comunidades e da União Europeias e, por fim, no âmbito da OSCE, a qual também possui uma dimensão humana.

No sub-capítulo I vamos estudar apenas as convenções gerais aprovadas no seio do Conselho da Europa, que são a CEDH e os seus protocolos e a Carta Social Europeia, deixando de fora todas as convenções relativas a direitos[355] ou destinatários específicos[356].

No estudo do Direito Europeu dos Direitos Humanos utilizaremos a metodologia já ensaiada para o Direito Internacional Universal, isto é, começaremos por individualizar o conteúdo dos direitos reconhecidos e trataremos dos seus meios de tutela *a posteriori*.

No sub-capítulo II analisaremos, de modo bastante mais sucinto, pelas razões atrás aludidas[357], o sistema de protecção dos direitos fundamentais na União Europeia.

4.1.1. SUB-CAPÍTULO I – O SISTEMA DO CONSELHO DA EUROPA

22. *A criação do Conselho da Europa*

Durante a II Guerra Mundial foi Winston Churchill quem alertou para a necessidade de construir uma espécie de ONU europeia.

A ideia ganhou força no âmbito do Movimento Europeu e, em Março de 1948, a Bélgica, a França, a Holanda, o Luxemburgo e o Reino Unido celebraram o Tratado de Bruxelas, no qual reafirmaram a sua fé nos ideais proclamados na Carta das Nações Unidas e declararam-se decididos a «*fortificar e preservar os princípios da democracia, da liberdade individual e da liberdade política, as tradições constitucionais e o primado do Direito que são sua herança comum*».

---

[355] Convenção para a Protecção das Pessoas relativamente ao Tratamento Automatizado de Dados de Carácter Pessoal adoptada em 28 de Janeiro de 1981 (entrou em vigor internacionalmente em 1 de Outubro de 1985), Convenção Europeia para a Prevenção da Tortura e das Penas ou Tratamentos Desumanos ou Degradantes adoptada em 26 de Novembro de 1987 (entrou em vigor internacionalmente em 1 de Fevereiro de 1989) e Convenção para a Protecção dos Direitos do Homem e da Dignidade do Ser Humano face às Aplicações da Biologia e da Medicina adoptada em 4 de Abril de 1997 (entrou em vigor internacionalmente em 1 de Dezembro de 1999. Portugal é parte em todas estas convenções.

[356] Ver Convenção Europeia relativa ao Estatuto Jurídico do Trabalhador Migrante adoptada em 24 de Novembro de 1977 (entrou em vigor internacionalmente em 1 de Maio de 1983), Convenção-Quadro para a Protecção das Minorias Nacionais adoptada em 1 de Fevereiro de 1995 (entrou em vigor internacionalmente em 1 de Fevereiro de 1998).

[357] Cfr. *supra* n.º 1.3. do Capítulo II deste Relatório.

Em 5 de Maio de 1949 os cinco Estados, a que atrás se aludiu, em conjunto com a Dinamarca, a Irlanda, a Itália, a Noruega e a Suécia assinaram, em Londres, o Estatuto do Conselho da Europa.

Os membros do Conselho da Europa reconhecem o princípio do primado do Direito e o princípio de que qualquer pessoa sob sua jurisdição goza dos direitos humanos e das liberdades fundamentais (art. 3.º do Estatuto do Conselho da Europa). Assim, estes dois princípios são não só objectivos do Conselho da Europa mas também verdadeira condição da qualidade de membro. Assim, só pode ser membro do Conselho da Europa o Estado que observe estes princípios (art. 4.º do Estatuto do Conselho da Europa), sendo que a sua violação pode levar à suspensão ou expulsão (arts. 8.º e 9.º do Estatuto do Conselho da Europa).

Por isso, Portugal só se pode tornar membro desta Organização Internacional com a aprovação da Constituição de 1976 e com a realização de eleições livres. Depositou o seu instrumento de adesão, em 22 de Setembro de 1976, e assim se tornou o 19.º membro do Conselho da Europa.

A abertura da Organização aos países da Europa Central e de Leste também ficou dependente da verificação daquelas condições.

Na década de 90, o Conselho da Europa quase duplicou os seus membros, contando, actualmente, com 46 Estados membros.

23. A Convenção Europeia dos Direitos do Homem e os seus protocolos

23.1. As origens da CEDH

A CEDH enquadra-se no movimento de dotar a Europa de uma carta comum de direitos e liberdades, que repercuta os valores políticos e culturais das democracias ocidentais.

Esta causa foi entusiasticamente abraçada pela Europa (ocidental) de então, por duas razões:
- as atrocidades cometidas durante a II Guerra Mundial, com o consequente atropelo e a violação dos mais elementares direitos inerentes à dignidade da pessoa humana, tinham mostrado a necessidade de uma maior protecção dos direitos humanos;
- o desejo de afirmação de um quadro ideológico comum em relação aos países de Leste e de consolidação da unidade dos Estados ocidentais relativamente à ameaça soviética.

A esse entusiasmo inicial vieram depois juntar-se receios em relação à perda de soberania, que dificultaram *grosso modo* as negociações da CEDH.

As origens da CEDH podem procurar-se em dois acontecimentos distintos:

a) O Congresso Europeu – convocado pelo Comité Internacional de Movimentos para a Unidade Europeia, teve lugar na Haia, em Maio de 1948, e dele saiu uma proposta de elaboração de uma Carta dos Direitos Humanos e de criação de um Tribunal de Justiça. No ano seguinte o Movimento Europeu enviou um projecto ao Comité de Ministros, que o deveria apresentar à Assembleia Consultiva (hoje Assembleia) do Conselho da Europa. Após várias vicissitudes e muitas reticências, o Comité de Ministros conseguiu aprovar um projecto de Convenção, em 7 de Agosto de 1950, ao qual a Assembleia deu o seu parecer favorável, em 25 de Agosto, e o texto final foi assinado, em Roma, a 4 de Novembro de 1950.

b) A DUDH – tinha acabado de ser aprovada, por isso foi uma importante fonte inspiradora da CEDH.

A CEDH entrou em vigor em 3 de Setembro de 1953, quando o 10.º instrumento de ratificação foi depositado.

À Convenção juntam-se 14 Protocolos[358], que acrescentam novos direitos (Protocolos n.ºs 1, 4, 6, 7, 12 e 13) ou introduzem modificações na competência, na estrutura e no funcionamento dos seus órgãos de controlo (Protocolos n.ºs 2, 3, 5, 8, 9, 10, 11 e 14[359]).

Portugal aderiu à Convenção, em 9 de Novembro de 1976, mas formulou oito reservas, das quais apenas subsistem duas. A primeira refere-se à prisão disciplinar imposta a militares e a reserva foi aposta ao art. 5.º da CEDH e a segunda diz respeito ao princípio da irretroactividade da lei penal previsto no art. 7.º da Convenção, devido à norma constitucional de incriminação dos agentes da ex-PIDE-DGS.

23.2. *Os objectivos da CEDH*

O objectivo primordial da CEDH é assegurar a protecção dos direitos humanos. O preâmbulo afirma que a manutenção da justiça e da paz

---

[358] A Convenção e os Protocolos devem ser vistos como um todo.

[359] O Protocolo n.º 14 encontra-se a aguardar ratificação por parte dos Estados.

repousa sobre um regime verdadeiramente democrático e sobre um comum respeito dos direitos humanos. A salvaguarda e o desenvolvimento dos direitos humanos são um dos meios para atingir o fim do Conselho da Europa de realização de uma união estreita entre os seus membros.

23.3. A aplicação da CEDH e dos seus protocolos no tempo e no espaço

A Convenção e os seus protocolos não se aplicam na íntegra em todos os Estados partes, existindo, pelo contrário, uma certa «geometria variável» na sua aplicação, que se deve, essencialmente, a dois factores:
– a ratificação tardia de alguns protocolos por parte dos Estados;
– o mecanismo das reservas.

Daqui decorre que a aplicação no tempo da CEDH e dos seus protocolos difere de Estado para Estado e a sua aplicação no espaço também não é uniforme[360].

A título ilustrativo refira-se que os Protocolos n.ºs 1[361] e 6[362] foram ratificados por quase todos os Estados, enquanto o mesmo não sucedeu com os Protocolos n.ºs 4[363] e 7[364].

O Protocolo n.º 12, relativo ao princípio da igualdade foi assinado em 4/11/2000, entrou em vigor em 1/4/2005 e encontra-se, actualmente[365], ratificado por onze Estados. O Protocolo n.º 13 relativo à proibição geral da pena de morte foi assinado em 3/5/2002, entrou em vigor em 1/7/2003 e até 13/06/2005 foi objecto de 30 ratificações.

---

[360] A consulta do estado das assinaturas e das ratificações de todos os instrumentos internacionais do Conselho da Europa pode fazer-se no sítio http://conventions.coe.int

[361] Em Junho de 2005 só a Suiça, Andorra e o Mónaco ainda não o tinham ratificado, sendo que Andorra nem sequer o tinha assinado.

[362] Só dois Estados o não ratificaram até Junho de 2005: a Moldávia e a Rússia.

[363] Em Junho de 2005 não tinha sido ratificado por sete Estados, dos quais três são membros da União Europeia – Grécia, Espanha e Reino Unido. Andorra, Lituânia, Moldávia e Suiça também não o tinham ratificado.

[364] Em Junho de 2005 faltava a ratificação de nove Estados, nos quais se incluem Andorra, Liechtenstein e Turquia e seis Estados da União Europeia – Bélgica, Alemanha, Holanda, Espanha, Malta e Reino Unido.

[365] Informação recolhida no sítio do Conselho da Europa em 13/06/2005.

O mais recente Protocolo – o Protocolo n.º 14 – modifica o sistema de controlo da Convenção e foi assinado em 13/5/2004. Ainda não entrou em vigor mas, em 28 de Julho de 2005, já tinha sido ratificado por treze Estados.

Além disso, deve salientar-se que a CEDH e os seus protocolos não se aplicam retroactivamente, pelo que o facto de um Estado não ratificar um determinado protocolo significa que as eventuais violações do mesmo por parte desses Estado só serão relevantes a partir da sua ratificação.

23.4. A interpretação da CEDH

A CEDH, sendo um tratado internacional, deve ser interpretada, nos termos dos arts. 31.º a 33.º da CVDT. Não obstante, a jurisprudência, quer do TEDH quer da ComEDH, desenvolveu a este propósito regras específicas.

A) A interpretação teleológica

O TEDH e a ComEDH esforçaram-se por interpretar a Convenção e os seus protocolos, de modo a conferir-lhes um sentido ou efeito úteis. Para isso recorreram à interpretação teleológica e evolutiva ou actualista.

O Tribunal deu, portanto, uma particular atenção ao objecto e ao fim do tratado[366], considerando que a Convenção é um tratado normativo e, por isso, deve procurar-se a interpretação mais apropriada para atingir o objecto e o fim desse tratado.

B) A interpretação actualista e evolutiva

Para o TEDH, a Convenção deve ser interpretada de uma forma actualista, ou seja, à luz das condições actuais[367]. A Convenção é, pois, um instrumento vivo e dinâmico, susceptível de adaptação ao Mundo em devir, pelo que, embora não se tenham incluído expressamente certos

---

[366] Ver, por exemplo, ac. *Delcourt*, de 17/01/1970, A 11, p. 14 e 15.

[367] Ver, por exemplo, ac. *Loizidou*, de 23/03/1995, A 310, p. 71; ac. *Marckx*, de 13/06/1979, A 31, p. 41; ac. *Airey*, de 9/10/1979, A 32, p. 15.

direitos na época em que foi elaborada, estes acabaram por ser deduzidos de outros. É o caso da protecção dos direitos dos homossexuais e dos transsexuais ou do direito a um ambiente são, que foram deduzidos, por exemplo, do direito à vida privada e familiar[368].

Para adaptar a Convenção à evolução dos usos e costumes e das mentalidades, o Tribunal leva em linha de conta a evolução do Direito interno da maioria dos Estados partes.

Este dinamismo jurisprudencial também procura um equilíbrio entre a efectividade do sistema e a sua subsidiariedade.

C) O sentido ou efeito úteis

A interpretação à luz do sentido ou efeito úteis tem sido, frequentemente, mencionada pelo TEDH[369].

Assim, a procura da efectividade de um direito conduz o Tribunal a «retirar» dele todos os elementos que lhe são inerentes. Como exemplo pode apontar-se o direito de acesso a um tribunal, o qual, apesar de não constar expressamente da CEDH, foi considerado um direito inerente ao direito a um processo equitativo, previsto no art. 6.°[370].

O princípio da efectividade fundamentou também alguma da mais inovadora jurisprudência do Tribunal, a saber:

- *A teoria das obrigações positivas dos Estados*[371] – implica que a CEDH, para além das clássicas obrigações negativas, também impõe aos Estados obrigações positivas, o que contribuiu para o esbatimento da diferença entre os direitos civis e políticos e os direitos económicos, sociais e culturais.
- *O efeito directo horizontal de certos direitos* – permite invocar alguns direitos contidos na Convenção não só contra os Estados, mas também contra outros particulares[372].
- *O carácter autónomo da interpretação* – os conceitos e os princípios jurídicos constantes da Convenção não devem ser interpreta-

---

[368] Ver *infra* n.° 24.5.
[369] Ver, por exemplo, ac. *Artico*, de 13/05/1980, A 37, p. 33; caso *Airey*, cit., p. 24.
[370] Ver caso *Artico*, cit, p. 33.
[371] Ac. *X e Y/Holanda*, de 26/03/1985, A 91, p. 11; ac. *Plattform Ärzte für das Leben*, de 21/06/1988, A 139, p. 12.
[372] Ac. *X e Y/Holanda*, cit.; ac. *Plattform Ärzte für das Leben*, cit.

dos por referência ao Direito interno, mas sim de um modo autónomo, ou seja, num «sentido europeu»[373].
– *A teoria da interpretação restritiva das limitações aos direitos* – segundo o TEDH as restrições aos direitos consagrados na CEDH devem ser interpretadas restritivamente[374].

D) O princípio da subsidiariedade

Um outro princípio a ter em conta na interpretação da Convenção é o princípio da subsidiariedade, o qual implica:

– *A autonomia nacional* – as autoridades nacionais permanecem livres de escolher as medidas que elas consideram necessárias para implementar as obrigações decorrentes da Convenção. O TEDH é, portanto, sensível à diversidade europeia de culturas jurídicas, pois o pluralismo é uma das bases da democracia. Por isso, o Tribunal presta muita atenção aos particularismos locais.
– *A teoria da margem de apreciação dos Estados na aplicação da Convenção* – o TEDH retirou-a do carácter subsidiário do sistema europeu de salvaguarda de direitos humanos. Segundo ele, as autoridades nacionais estão melhor colocadas do que os órgãos da Convenção, incluindo ele próprio, para se pronunciarem sobre certos aspectos previstos na Convenção[375], como, por exemplo, a presença de um perigo público ou a definição de ordem pública ou de moral pública. A margem de apreciação dos Estados não é, todavia, ilimitada, estando sujeita ao controlo do TEDH[376]. É, portanto, o Tribunal que fixa os limites do poder discricionário dos Estados, baseando-se, muitas vezes, na ideia do «denominador comum dos Direitos nacionais»[377], a qual reduz a margem de apreciação dos Estados.

---

[373] Ver ac. *Sunday Times*, de 26/04/1979, A 30, p. 34; ac. *Öztürk*, de 21/02/1984, A 73, p. 18.

[374] Ver, por exemplo, ac. *Klass*, de 06/09/78, A 28, p. 21; ac. *Berthold*, de 25/03/1985, A 90, p. 21.

[375] Ac. *Rasmussen*, de 28/11/1984, A 73, p. 18.

[376] Ac. *Groppera*, de 28/03/1990, A 173, p. 28; ac. *Autronic*, de 22/05/1990, A 178, p. 26 e 27.

[377] Ac. *Marckx*, cit., p. 19; ac. *F./Suíça*, de 18/12/1987, A 128, p. 16.

23.5. As reservas à CEDH

A questão das reservas à CEDH foi objecto de alguma controversa aquando da sua redacção.

Na época defrontaram-se, fundamentalmente, duas tendências:

a) os que consideravam que as reservas não deveriam ser admitidas;

b) os que as admitiam, com vista a conseguir um maior número de Estados parte.

A solução, que acabou por ficar consagrada, consta do art. 57.º, n.º 1, CEDH e permite aos Estados a aposição de reservas, desde que respeitem certas condições. Assim, para além dos requisitos gerais de validade das reservas, previstos no art. 19.º da CVDT de 1969, já estudado, as reservas à CEDH devem:

– ser formuladas no momento da assinatura ou do depósito do instrumento de ratificação;
– ser relativas a uma disposição da CEDH, na medida em que uma lei em vigor esteja em discordância com ela;
– não revestir carácter geral;
– ser acompanhada de uma breve descrição da lei em causa.

As reservas são admitidas, quer para a CEDH, quer para os seus Protocolos que aditam direitos, com excepção dos Protocolos n.º 6 e 13 relativos à abolição da pena de morte, que as proíbem.

Na prática, quase todos os Estados usaram esta prerrogativa com alguma moderação, pelo que não se têm levantado muitos problemas a este nível.

O Tribunal tem competência para apreciar a conformidade das reservas com a CEDH[378].

Para além das reservas, também se admitem declarações interpretativas, desde que não violem nenhuma das condições previstas no art. 57.º da Convenção, o que, na prática, coloca algumas dificuldades, provenientes da proibição do carácter geral.

23.6. Bibliografia de apoio aos pontos 22 e 23

- CABRAL BARRETO, IRINEU – *A Convenção Europeia dos Direitos do Homem*, 2ª ed., Coimbra, Coimbra editora, 1999, p. 19 e ss.

---

[378] Ac. *Belilos*, de 29/04/1988, A 132, p. 23 e 24.

- DECAUX, EMMANUEL – *Les États parties et leurs engagements*, in LOUIS-EDMOND PETTITI/EMMANUEL DECAUX/PIERRE-HENRI IMBERT, La Convention européenne des droits de l'homme. Commentaire article par article, 2ª ed., Paris, Economica, 1999, p. 3 e ss.
- GRABENWARTER, CHRISTOPH – *Europäische Menschenrechtskonvention*, Munique, Beck, 2003, p. 1 e ss e 42 e ss.
- JACOT-GUILLARMOD, OLIVIER – *Règles, méthodes et principes d'interprétation dans la jurisprudence de la Cour européenne des droits de l'homme*, in LOUIS-EDMOND PETTITI/EMMANUEL DECAUX/PIERRE-HENRI IMBERT, La Convention européenne…, p. 41 e ss.
- JANIS, MARK W./KAY, RICHARD S./BRADLEY, ANTHONY W. – *European Human Rights Law – Text and Materials*, 2ª ed., Oxford, Oxford University Press, 2000, p. 3 e ss.
- MACDONALD, R. ST. J. – *The Margin of Appreciation*, in MACDONALD, R. ST. J./MATSCHER, F./PETZOLD, H. (ed.), The European System for the Protection of Human Rights, Dordrecht, Martinus Nijhoff, 1993, p. 83 e ss.
- MATSCHER, F. – *Methods of Interpretation of the Convention*, in MACDONALD, R. ST. J./MATSCHER, F./PETZOLD, H. (ed.), The European System…, p. 63 e ss.
- MERRILS, J. G./ROBERTSON, A. H. – *Human Rights in Europe – A Study of the European Convention on Human Rights*, 4ª ed., Manchester, Júris, 2001, p. 1 e ss e 228 e ss.
- MOWBRAY, ALASTAIR/HARRIS, DAVID – *Cases and Materials on the European Convention on Human Rights*, Londres, Butterworths, 2001, p. 1 e ss.
- RENUCCI, JEAN-FRANÇOIS – *Droit Européen des Droits de l'Homme*, 3ª ed. Paris, LGDJ, 2002, p. 10 e ss.
- SUDRE, FRÉDÉRIC e. a. – *Les grands arrêts de la Cour européenne des Droits de l'Homme*, Paris, puf, 2003, p. 7 e ss.
- TEITGEN, P.H. – *Introduction to the European Convention on Human Rights*, in MACDONALD, R. ST. J./MATSCHER, F./PETZOLD, H. (ed.), The European System…, p. 3 e ss.
- VAN DICK, P./VAN HOOF, G. J. H. – *Theory and Practice of the European Convention on Human Rights*, 3ª ed., Haia, Kluwer, 1998, p. 1 e ss e 71 e ss.
- WALTER, CHRISTIAN – *Die europäische Grundrechtsidee*, in DIRK EHLERS, (org.), Europäische Grundrechte und Grundfreiheiten, Berlim, De Gruyter, 2003, p. 2 e ss.

24. Os direitos reconhecidos pela CEDH

A CEDH e os seus Protocolos n.ºs 1, 4, 6, 7, 12 e 13 protegem, essencialmente, direitos civis e políticos, sendo que a maior parte dos direitos económicos, sociais e culturais foram relegados para a Carta Social Europeia, que trataremos adiante[379].

Vamos começar pelos direitos consagrados na CEDH e nos seus Protocolos, os quais visam, antes de mais, proteger a liberdade e a dignidade da pessoa humana.

Como ponto prévio, estudaremos o direito à não discriminação, dado que, não sendo autónomo, está relacionado com qualquer um dos direitos que vamos tratar a seguir.

24.1. O direito à não discriminação

O direito à não discriminação retira-se da ideia de igual dignidade de todos os seres humanos.

O art. 14.º da CEDH estabelece que «*o gozo dos direitos e liberdades reconhecidos na presente Convenção deve ser assegurado sem quaisquer distinções, tais como as fundadas no sexo, cor, língua, religião, opiniões públicas ou outras, a origem nacional ou social, a pertença a uma minoria nacional, a riqueza, o nascimento ou qualquer outra situação*».

Como se vê da última frase do preceito, a lista dos possíveis fundamentos da discriminação não é exaustiva, mas sim exemplificativa, pelo que se admite que dela faz parte também, por exemplo, a orientação sexual[380].

O art. 14.º CEDH não proíbe toda e qualquer discriminação, mas sim as discriminações arbitrárias, ou seja, que não têm uma justificação objectiva e razoável[381].

O TEDH aceita, e até estimula, as discriminações positivas, ao considerar que o direito à não discriminação também é violado quando, sem justificação objectiva e razoável, os Estados não aplicam um tratamento diferente a pessoas cuja situações são sensivelmente diferentes[382].

---

[379] Cfr. *infra* n.º 27.

[380] Ver caso *Salgueiro da Silva Mouta*, de 21/12/1999, Rec. 1999, X, par. 36.

[381] V. caso *Van der Mussele*, de 23/11/1983, A 70, par. 10; caso *Rasmussen*, de 28/11/1984, A 73, par. 34.

[382] Ver caso *Thlimmenos/Grécia*, de 6/04/2000, Rec. 2000, IV, par. 44.

A questão das discriminações positivas tem-se colocado, essencialmente, em relação às mulheres e às minorias.

Nos termos do art. 14.° CEDH, o direito à não discriminação não tem uma existência independente, aplicando-se unicamente aos direitos e liberdades garantidos pela Convenção. Ao estudarmos os direitos em especial, veremos casos em que o direito à não discriminação foi invocado em consonância com outros direitos.

A invocação do art. 14.° CEDH é relativamente frequente e o seu âmbito de aplicação tem vindo a ser alargado[383], chegando a abranger o domínio dos direitos sociais[384].

Donde resulta que, na prática, o art. 14.° CEDH veio a adquirir, progressivamente, autonomia, a qual foi consolidada com a entrada em vigor do Protocolo n.° 12, que consagra um princípio geral de não discriminação[385].

Recentemente, o TEDH reconheceu um efeito directo horizontal ao art. 14.° CEDH[386].

24.2. Os direitos relativos à vida e à integridade física da pessoa

Os direitos relativos à vida e à integridade física da pessoa reconhecidos na CEDH são os seguintes:

a) O direito à vida;

b) O direito a não ser submetido a tortura e tratamentos desumanos ou degradantes;

c) O direito a não ser colocado em escravatura ou servidão e a não ser constrangido a realizar um trabalho forçado ou obrigatório.

24.2.1. O direito à vida

Segundo o TEDH, o direito à vida é o direito supremo, do qual dependem todos os outros[387].

---

[383] Ver caso *Affaire linguistique belge*, de 23/07/1968, A 8, par. 9.

[384] Ver caso *Van Raalte*, de 21/02/1997, Rec. 1997, I.

[385] Ver caso *Fretté/França*, de 26/02/2002, Rec. 2002, II, que, de certa maneira, antecipa a entrada em vigor do protocolo n.° 12, ao aplicar o princípio da não discriminação a um direito reconhecido pelo Direito interno.

[386] Ver caso *Pla e Puncernau /Andorra*, de 13/07/2004.

[387] Ac. *McCann e outros*, de 27/09/1995, A n.° 324, par. 147. Ver também ac. de 22/03/2001, *Streletz, Kessler e Krenz*, Rec. 2001, par. 87 e 94.

a) O âmbito pessoal da protecção da vida na CEDH

Nos termos do art. 2.º, n.º 1, CEDH, o direito de qualquer pessoa à vida é protegido por lei.

A expressão «qualquer pessoa» indica que o direito à vida é protegido, independentemente das condições físicas, mentais, económicas, sociais, ou outras, da pessoa em causa.

O preceito não responde à questão essencial de saber quando começa e quando acaba a vida, pelo que ficam por resolver vários problemas, a saber, os que se relacionam com o aborto, com a eutanásia, bem como com a fronteira entre a vida e a vida vegetativa. O preceito também não se debruça sobre os aspectos relacionados com o desenvolvimento das ciências da vida, como sejam as manipulações genéticas, as experiências com embriões humanos ou os processos médicos assistidos[388].

A jurisprudência do TEDH não é elucidativa a este propósito: ou ainda não se pronunciou sobre o problema ou, tendo em conta as diferenças que os Direitos nacionais apresentam, prefere remeter para a livre margem de apreciação dos Estados[389].

De qualquer modo, o art. 2.º CEDH não garante «a liberdade negativa», que se traduziria no direito de acabar com a vida[390].

b) O âmbito das obrigações do Estado

O âmbito das obrigações do Estado também não é muito claro. A verdade é que aquelas não parecem poder restringir-se ao simples impedir de matar pessoas.

O facto de o art. 2.º CEDH prever que o direito à vida será protegido por lei, significa que as pessoas têm o direito de exigir do Estado as medidas necessárias e adequadas à protecção da sua vida. Isto é, o art. 2.º CEDH impõe ao Estado uma obrigação positiva. Daí que o homicídio deva

---

[388] Trata-se de problemas de tal modo complexos que PAULO OTERO propôs a criação de uma disciplina de Direito da Vida para que pudessem obter um tratamento conveniente no curso de Direito. *In Direito da Vida...*, p. 97 e ss.

[389] Ver sobre a questão do aborto, ac. *Open Door e outros*, de 29/10/92, A 146, par. 66; ac. *Vo /França*, de 8/7/2004, par. 82-84.

[390] Ver a propósito da ajuda ao suicídio, caso *Pretty*, de 29/04/2002, Rec. 2002, III, par. 39.

ser efectivamente punido por lei e o Estado deva tomar todas as medidas para promover a segurança dos cidadãos[391].

A expressão «*ninguém poderá ser intencionalmente privado da vida*» constante do art. 2.°, n.° 1, CEDH colocou o problema de saber se a morte por negligência também se encontrava abrangida. Inicialmente, a ComEDH parece ter interpretado o preceito restritivamente[392], mas depois alterou a sua posição e acabou por considerar abrangida a negligência[393].

O direito à vida será violado se alguém for morto e não se verificar qualquer investigação para se encontrar o assassino[394] ou se as autoridades utilizarem a força para além do razoável[395].

O desaparecimento de pessoas ou a morte inexplicável de pessoas detidas foi, durante muito tempo, enquadrado pelo TEDH na violação do direito à liberdade e à segurança[396]. Só mais recentemente, o Tribunal admite que pode também, em certos casos, consubstanciar uma violação do direito à vida[397], tal como vimos defender o CDH[398].

Mas o direito à vida impõe-se não só ao Estado como também aos outros indivíduos[399].

c) As causas de justificação

O art. 2.° CEDH prevê quatro causas justificativas do uso da força, a qual pode conduzir à violação do direito à vida, a saber:

– a execução de uma sentença de morte;
– a defesa de alguém contra violência ilegal;
– a força usada para efectuar uma prisão legal ou para impedir a fuga de uma pessoa legalmente detida;
– o controlo de uma revolta ou de uma insurreição.

---

[391] Ver caso *Osman*, de 28/10/98, Rec. 1998, VIII, par. 115 e 116.
[392] Ver decisão ComEDH, de 21/05/69, *X/Bélgica*.
[393] Ver decisão ComEDH, de 10/07/84, *Stewart/Reino Unido*.
[394] Ver caso *Yasa*, de 02/09/98, Rec. 1998, VI, par. 74 e *McCann*, de 27/09/95, A 324, par. 161.
[395] Ver caso *Ergi*, de 28/07/98, Rec. 1998, IV, par. 82 e ss.
[396] Ver caso *Kurt/Turquia*, de 25/05/1998, Rec. 1998, III.
[397] Ver caso *Orhan*, de 18/06/2002, Rec. 2002, par. 326 e ss; caso *Ikincisoy*, de 27/07/2004, Rec. 2004, par. 67 e ss; caso *Slimani*, de 27/07/2004, Rec. 2004, par. 27 e ss.
[398] Ver *supra* n.° *17.1.1.* deste Capítulo.
[399] Ver caso *Osman*, cit.

A estas causas de justificação deve ainda acrescentar-se o caso de actos lícitos de guerra, decorrente do art. 15.º, n.º 2.

i) A questão da pena de morte

A versão originária da CEDH não proíbe a pena de morte, admitindo até que a lei a possa prever[400]. A pena deve ser pronunciada por um tribunal competente, órgão caracterizado pela sua independência e imparcialidade, em processo público e equitativo e executada, sem que assuma a forma de um tratamento desumano ou degradante[401].

Posteriormente, o Protocolo n.º 6 proibiu a pena de morte, em tempo de paz, e o Protocolo n.º 13 interditou-a, em qualquer caso. Estes dois protocolos não são susceptíveis de reservas, mas, como já se mencionou, não estão ratificados por todos os Estados partes da CEDH.

ii) As outras causas de justificação

As causas de justificação previstas n.º 2 do art. 2.º CEDH devem ser interpretadas restritivamente e a força empregue deve ser estritamente proporcional à realização do fim autorizado[402].

24.2.2. *O direito a não ser submetido a tortura, nem a penas e tratamentos desumanos ou degradantes*

O art. 3.º CEDH proíbe a tortura e os tratamentos e as penas desumanos ou degradantes, sem admitir quaisquer restrições ou excepções.

Em consequência, a tortura, as penas e os tratamentos degradantes nunca têm justificação, mesmo que se trate de reagir contra um perigo público, que ameace a vida da Nação, como, por exemplo, o terrorismo ou o crime organizado[403]. O TEDH reconhece que a proibição da tortura se tornou uma regra imperativa de direito internacional[404].

---

[400] Ac. *Soering*, de 07/07/1989, A 161, p. 41.

[401] Ac. *Soering*, de 07/07/1989, A 161, p. 41

[402] Ver caso *McCann*, cit.; caso *Andronicou e Constantinou*, de 9/10/97, Rec. 1997, VI, par. 29; caso *Güleç*, de 27/07/1998, Rec. 1998, V, par. 71.

[403] Ver caso *Chahal*, de 15/11/1996, Rec. 1996, V, par. 73 e ss.

[404] Ver caso *Al-Adsani*, de 21/11/2001, Rec. 2001, par. 61.

O bem protegido pelo art. 3.º CEDH é a integridade física e psíquica do ser humano.

i) A definição de tortura e de penas e de tratamentos desumanos ou degradantes

O preceito não define o que se deve entender por tortura, penas e tratamentos desumanos nem por penas e tratamentos degradantes, pelo que coube aos órgãos da CEDH concretizar este conceito.

Para tal recorreram a outros instrumentos internacionais, como é o caso da Convenção das Nações Unidas contra a Tortura de 1984 e da Convenção Europeia para a Prevenção da Tortura e de Tratamentos ou Penas Desumanos ou Degradantes[405], a que já fizemos alusão.

Para os órgãos da CEDH, a diferença entre a tortura e os outros maus tratos reside na intensidade dos sofrimentos infligidos[406], sendo que a tortura é um tratamento agravado e desumano infligido a alguém com o objectivo de obter informações, confissões ou como forma de punição[407].

Segundo o TEDH, o tratamento desumano é aquele que provoca voluntariamente graves sofrimentos físicos ou mentais, podendo causar um dano corporal permanente[408].

A gravidade do tratamento desumano define-se em função da duração, dos efeitos físicos e mentais, da idade, do sexo e do estado de saúde da vítima, não sendo suficiente que o tratamento seja ilegal, desonroso, repreensível ou desagradável[409].

Ao averiguar se um tratamento é desumano, o TEDH examina se o seu fim é o de humilhar e de rebaixar e se, considerada nos seus efeitos, a

---

[405] Ver caso *Aydin*, de 25/09/1997, Rec. 1997, VI, par. 48 e ss.

[406] Ver, por exemplo, caso *Irlanda/Reino Unido*, de 18/01/1978, A 25, p. 66; caso *Aydin*, cit., par. 82; caso *Pretty*, cit., par. 52.

[407] Ver casos *Aksoy*, de 18/12/1996, Rec. 1996, VI, par. 61 e ss; *Aydin*, cit., par. 82 e ss; *Selmouni* de 28/07/1999, Rec. 1999, V, par. 96. Neste último acórdão, o TEDH considera como tortura certos actos, que, no passado, tinha qualificado como tratamentos desumanos, através de uma interpretação actualista da CEDH. O nível de tolerância para este tipo de actos tem vindo a diminuir, pelo que os actos incluídos no conceito de tortura têm vindo a aumentar.

[408] Ver caso *Kudla*, de 26/10/2000, Rec. 2000, XI, par. 92; caso *Kalashnikov*, de 15/07/2002, Rec. 2002, VI, par. 95 e ss.

[409] Ver casos *Selmouni*, cit.; *Price*, de 10/07/2001, Rec. 2001, VII, par. 24.

medida atingiu, ou não, a personalidade do visado de maneira incompatível com o art. 3.° CEDH[410].

O tratamento degradante é a forma menos grave de violação do art. 3.° CEDH. O Tribunal considera-o como o acto, ainda que não público, que causa ao interessado uma humilhação ou um aviltamento que atinge um mínimo de gravidade[411].

ii) O âmbito das obrigações do Estado

O art. 3.° impõe aos Estados partes na Convenção não só obrigações negativas, ou seja, de não procederem à prática de tortura, nem de tratamentos desumanos ou degradantes, como também impõe que tomem medidas, no sentido de impedir que estas práticas sejam levadas a cabo no seu território[412].

Não é necessário que a potencial tortura ou tratamento desumano ou degradante provenham de autoridades públicas (hipótese clássica), eles podem ser levados a cabo por particulares ou grupos de pessoas[413]. O abandono do critério do agente público explica-se pelo carácter absoluto do direito.

O TEDH reconhece, portanto, efeito directo horizontal ao art. 3.° CEDH.

Quando há uma prática administrativa, ou seja, uma tolerância oficial, é dispensável o esgotamento dos meios internos[414].

iii) Os casos de extensão de aplicação do art. 3.° CEDH

Em certos casos pode ser possível a um indivíduo invocar a violação do art. 3.° CEDH, apesar de ainda não ter sofrido qualquer mau trato.

---

[410] Ver caso *Raninen*, de 16/12/1997, Rec. 1997, VIII, par. 55.

[411] Ver, por exemplo, caso *Tyrer*, de 25/04/1978, A 26, p. 30; *Soering*, de 07/07/1989, A 161, p. 100; *Costello- Roberts*, de 25/03/1993, A 247, p. 32; *Campbell e Cosans*, de 25/02/1983, A 48, p. 29 e ss.

[412] Ver caso *A./Reino Unido*, de 23/09/1998, Rec. 1998, VI, par. 22; caso *D. P. e J. C./Reino Unido*, de 10/10/2002, Rec. 2002, VIII, par. 109 e ss.

[413] Ver casos *H.L.R./França*, de 29/04/1997, Rec. 1997, III; *Ahmed/Áustria*, de 17/12/1996, Rec. 1996, VI.

[414] Caso *Irlanda/Reino Unido*, cit., p. 64

Assim, uma decisão de extradição ou de expulsão para um país onde a pessoa corre o sério risco de ser torturada ou sujeita a tratamentos desumanos ou degradantes pode ser contrária ao art. 3.º CEDH [415]. No caso *Soering*[416], o Tribunal considerou que o fenómeno do «corredor da morte» pode ser considerado como tratamento desumano, para efeitos de aplicação da CEDH.

A segunda situação de extensão do âmbito de aplicação do art. 3.º CEDH diz respeito a decisões de recusa de entrada de estrangeiros ou até de nacionais. Embora não exista nenhum direito de entrada previsto na CEDH nem nos seus Protocolos, a sua recusa pode consubstanciar um tratamento desumano ou degradante[417].

24.2.3. O direito a não ser colocado em escravatura ou servidão e a não ser constrangido a realizar um trabalho forçado ou obrigatório

i) A escravatura e a servidão

O art. 4.º, n.º 1, da CEDH proíbe a escravatura e a servidão, de modo absoluto[418].

A Convenção não define, todavia, o que se deve entender por escravatura nem por servidão, pelo que há que recorrer a outros instrumentos internacionais para chegar a uma definição.

Assim sendo, a escravatura é o estado ou condição de um indivíduo sobre o qual se exercem os atributos do direito de propriedade ou alguns destes atributos e escravo é o indivíduo que tem este estatuto ou esta condição (art. 7.º, al. a), da Convenção de Genebra de 1956 sobre a Abolição da Escravatura).

---

[415] Ver caso *Ahmed*, de 17/12/1996, Rec. 1996, VI, par. 47; *D/Reino Unido*, de 02/05/1997, Rec. 1997, III, par. 51 e ss.

[416] Caso citado, par. 87.

[417] Ver caso *Adlulaziz, Cabales e Balkandali*, de 28/05/1985, A 94, par. 90 e 91, em que o TEDH considerou não se ter verificado a violação do art. 3.º.

[418] O art. 15.º, n.º 2, CEDH apenas considera como direitos intangíveis a proibição da escravatura e da servidão, mas não inclui a proibição de trabalho forçado ou obrigatório.

A servidão é um estado de dependência completa de alguém em relação a outrem[419] e engloba a servidão por dívidas, a servidão da gleba, a entrega da mulher prometida e ainda a entrega de menores de 18 anos a terceiros com o fim de explorar o menor.

A servidão implica uma forma particularmente grave de negação da liberdade[420], mas não compreende o direito de propriedade característico da escravatura.

Não constitui escravatura a obrigação de trabalhar para empresas privadas impostas aos presos pela administração prisional.

ii) O trabalho forçado ou obrigatório

A Convenção também não define trabalho forçado nem trabalho obrigatório, pelo que o TEDH recorreu, como meio auxiliar da interpretação, a outros textos internacionais[421], que se ocupam da questão[422].

Para a ComEDH, o trabalho forçado ou obrigatório é o trabalho prestado contra a vontade, o qual constitui uma obrigação injusta ou opressiva de prestar esse trabalho e, além disso, o trabalho ou serviço constituem uma provação evitável porque inutilmente penosa ou vexatória.

O TEDH parece ser menos restritivo, revelando-se, por vezes, nos casos concretos, difícil decidir se se verifica ou não a existência de trabalho forçado, como aconteceu, por exemplo, em relação aos defensores oficiosos, no âmbito da assistência judiciária gratuita[423].

iii) As excepções ao trabalho forçado ou obrigatório

Estão previstas nas quatro alíneas do n.º 3 do art. 4.º. Assim sendo, ao contrário do que acontece com a proibição da escravatura e da servidão, a proibição do trabalho forçado ou obrigatório não é absoluta.

As razões previstas no art. 4.º, n.º 3, CEDH baseiam-se no interesse geral e na normalidade[424] e são as seguintes:

---

[419] JEAN-FRANÇOIS RENUCCI, *Droit Européen...*, p. 107.
[420] Ver caso *van Droogenbroeck,* de 24/06/1982, A 50, p. 32 e ss.
[421] V., por exemplo, as Convenções n.º 29 e 105 da OIT.
[422] Ver caso *van der Mussele,* de 23/11/1983, A 70, p. 32 e ss.
[423] Ver caso *van der Mussele*, cit., par. 46.
[424] Ver caso *van der Mussele*, cit.; caso *Karlheinz Schmidt,* de 18/06/1994, A 291-B, p. 32 e ss.

a) o trabalho dos detidos;
b) o serviço militar ou serviço prestado em sua substituição;
c) o trabalho em situação de crise ou de calamidade pública;
d) o trabalho incluído nas obrigações cívicas normais.

24.2.4. Bibliografia de apoio ao ponto 24.2.

- CABRAL BARRETO, IRINEU – *A Convenção Europeia...*, p. 69 e ss.
- GRABENWARTER, CHRISTOPH – *Europäische Menschenrechtskonvention...*, p. 147 e ss.
- GUILLAUME, GILBERT – *Comentário ao Artigo 2.º*, in LOUIS-EDMOND PETTITI/EMMANUEL DECAUX/PIERRE-HENRI IMBERT, La Convention européenne..., p. 143 e ss.
- JANIS, MARK W./KAY, RICHARD S./BRADLEY, ANTHONY W. – *European Human Rights...*, p. 93 e ss.
- MALINVERNI, GIORGIO – *Comentário ao Artigo 4.º*, in LOUIS-EDMOND PETTITI/EMMANUEL DECAUX/PIERRE-HENRI IMBERT, La Convention européenne..., p. 177 e ss.
- MERRILS, J. G./ROBERTSON, A. H. – *Human Rights in Europe...*, p. 30 e ss.
- MOWBRAY, ALASTAIR/HARRIS, DAVID – *Cases and Materials...*, p. 35 e ss.
- RENUCCI, JEAN-FRANÇOIS – *Droit Européen...*, p. 76 e ss.
- SCHILLING, THEODOR – *Internationaler Menschenrechtsschutz...*, p. 42 e ss.
- SUDRE, FRÉDÉRIC – *Comentário ao Artigo 3.º*, in LOUIS-EDMOND PETTITI/ /EMMANUEL DECAUX/PIERRE-HENRI IMBERT, La Convention européenne..., p. 155 e ss.
- SUDRE, FRÉDÉRIC e. a. – *Les grands arrêts....* p. 83 e ss.
- UERPMANN, ROBERT – *Höchstpersönliche Rechte und Diskriminierungsverbot*, in DIRK EHLERS, (org.), Europäische Grundrechte..., p. 59 e ss.
- VAN DICK, P./VAN HOOF, G. J. H. – *Theory and Practice...*, p. 293 e ss.

24.3. Os direitos que protegem a liberdade física da pessoa

24.3.1. O direito à liberdade e à segurança

O objecto do art. 5.º CEDH é a liberdade e a segurança contra prisões ou detenções arbitrárias. O bem jurídico que se visa proteger é, pois, a liberdade pessoal do indivíduo.

O direito à liberdade implica a garantia de que um indivíduo só pode ser preso, ou detido, por motivos e segundo os processos previstos na lei. Este direito visa não só a liberdade física, mas também a liberdade de não ser ameaçado nem ser objecto de detenções ou prisões arbitrárias.

Apesar de a letra do art. 5.º CEDH referir o direito à liberdade e à segurança, o preceito não desenvolve o direito à segurança[425]. De qualquer modo, a segurança deve ser entendida no âmbito mais vasto da liberdade, embora com um campo específico de acção contra as ingerências arbitrárias da autoridade pública.

Para que a prisão seja conforme ao art. 5.º CEDH, é necessário que ela se encontre abrangida por alguma das alíneas do seu n.º 1.

Ao contrário do que sucede em relação aos três direitos estudados no número anterior, as obrigações decorrentes do art. 5.º CEDH podem ser derrogadas, em caso de guerra ou outro perigo público, que ameace a vida de uma nação, de acordo com o art. 15.º, n.º 2, CEDH.

i) O âmbito de aplicação do art. 5.º CEDH

O preceito trata três aspectos distintos:

a) o processo de privação da liberdade – de acordo com o procedimento legal;
b) a privação da liberdade – só se pode efectuar nas situações previstas no n.º 1;
c) os direitos das pessoas privadas da liberdade – estão previstos nos n.ºs 2 a 5.

ii) O conteúdo do direito à liberdade

A definição de liberdade é controversa, mas uma coisa é certa: o direito à liberdade implica a liberdade física da pessoa de ir e vir[426].

Assim, a privação da liberdade existe desde que um acto atente contra um estado de liberdade, pelo que as medidas que o Estado tome no

---

[425] O TEDH refere este direito no caso *Bozano* (de 18/12/1986, A 111, p. 54), sem que daí retire quaisquer consequências.

[426] Caso *Engel*, de 08/06/1986, A 22, par. 58.

âmbito da liberdade condicional podem implicar violação do direito previsto no art. 5.º CEDH[427].

É indiferente se a detenção é voluntária ou não, podendo uma detenção a pedido violar o art. 5.º[428] e também não é relevante a menoridade do detido[429].

Questão diferente é a de saber que significado deve ser atribuído ao conceito de privação da liberdade, se estão em causa situações especiais, como, por exemplo, a disciplina do serviço militar. Segundo o TEDH, nestes casos só haverá privação de liberdade se as restrições se afastarem das condições normais de vida nas Forças Armadas[430].

A distinção entre a restrição da liberdade física e a restrição da liberdade de circular, prevista no art. 2.º do Protocolo n.º 4, nem sempre é fácil. O caso *Guzzerdi*[431] é bem ilustrativo dessa dificuldade. Foi fixada residência numa ilha deserta a um presumível mafioso durante 16 meses. O TEDH considerou que a restrição da liberdade envolvida se incluía no art. 5.º CEDH, não se confinando apenas ao Protocolo, do qual, aliás, a Itália nem sequer era parte na altura em que a questão se colocou.

iii) As razões justificativas da privação da liberdade

O n.º 1 do art. 5.º prevê os casos em que a CEDH admite a privação da liberdade. A enumeração do art. 5.º, n.º 1, CEDH é taxativa e todos os casos nele previstos pressupõem a actuação do Estado, de acordo com um procedimento legal. Além disso, porque se trata de restrições a direitos, deve proceder-se a uma interpretação restritiva das diversas alíneas[432].

---

[427] Ver caso *Weeks*, de 02/03/1987, A 114. A questão que se colocou foi a de saber se a revogação da liberdade condicional afecta o direito à liberdade. O Tribunal decidiu em sentido positivo.

[428] Ver caso *De Wilde, Ooms e Versyp*, de 18/06/1971, A 12, p. 65.

[429] Caso *Nielsen*, de 28/11/1988, A 144, par. 58.

[430] Ver caso *Engel* já citado, par. 66.

[431] Acórdão de 06/11/1980, A 39, par. 92 e 93.

[432] Caso *Engel*, cit., par. 57; caso *Winterwerp*, de 24/10/1979, A 33, par. 37; caso *Giulia Manzoni*, de 01/07/1997, Rec. 1997, IV, par. 25; caso *Kurt*, de 25/05/1998, Rec. 1998, III, par. 122.

A privação da liberdade deve, pois, respeitar o Direito interno, do ponto de vista formal e substancial. Os tribunais nacionais devem observar as regras e o processo pertinentes[433].

As razões da exigência da fundamentação da privação da liberdade, numa lei interna, prendem-se com a possibilidade de os interessados preverem as consequências dos seus actos.

Essa lei interna deve ser conforme com a CEDH, o que pressupõe a ideia de um processo justo e adequado, isento de arbitrariedade e executado por uma autoridade qualificada[434].

Os órgãos da Convenção têm competência para controlar a compatibilidade do Direito interno com as exigências da mesma. Deve, todavia, sublinhar-se que este controlo está sujeito a limites, que advêm do facto de serem as autoridades nacionais que devem interpretar e aplicar o Direito interno[435].

Vejamos então quais são os casos enumerados nas alíneas do n.º 1 do art. 5.º CEDH, em que a Convenção permite a privação da liberdade.

a) A prisão após condenação

A primeira causa de privação da liberdade enumerada no art. 5.º, n.º 1, al. a), CEDH é a prisão, em consequência da condenação por um tribunal competente.

A necessidade de uma condenação significa que, para a prisão ser justificada, ao abrigo desta alínea, uma pessoa deve ser considerada culpada de um crime.

Independentemente do conceito de condenação ao nível interno, a decisão condenatória é a declaração de culpabilidade, consecutiva ao estabelecimento legal de uma infracção e a aplicação de uma pena ou de outra medida privativa da liberdade[436].

A noção de condenação pressupõe, portanto, a responsabilidade penal, abarcando também as medidas de segurança ou de defesa social,

---

[433] Caso *Monnell e Morris*, de 02/03/1987, A 115, par. 50; caso *Bouamar*, de 29/02/1988, A 129, par. 47; caso *Aerts*, de 30/07/1998, Rec. 1998, V, par. 24.

[434] Ver, por exemplo, caso *Winterwerp*, de 20/10/1979, A 33, par. 45.

[435] Ver casos *Winterwerp*, cit., par. 46; *Tsirlis e Kouloumpas*, de 29/05/1997, Rec. 1997, III, par. 58.

[436] Ver casos *X/Reino Unido*, de 5/11/1981, A 46, par. 39 e *van Droogenbroeck*, cit., par. 35.

que possam, eventualmente, ser aplicadas em complemento ou em substituição da pena. Desta noção afastam-se as medidas preventivas ou de segurança, tomadas com base em índices denunciadores de uma propensão para a delinquência[437].

A condenação deve ser proferida por um tribunal competente, tribunal esse que se deve caracterizar pela independência face ao Executivo e às partes[438].

b) A prisão ou a detenção por não cumprimento de obrigações

Nos termos da al. b) do n.º 1 do art. 5.º CEDH, a prisão ou detenção são legais, se houver desobediência a uma decisão tomada em conformidade com a lei por um tribunal ou para garantir o cumprimento de uma obrigação prescrita por lei.

A medida de prisão ou de detenção para cumprimento de uma obrigação prescrita na lei implica que a pessoa esteja sujeita a uma obrigação específica e concreta compatível com a Convenção[439]; que esta obrigação se mantenha sem cumprimento ainda que esta omissão não decorra, necessariamente, de uma vontade deliberada ou de uma negligência; que o visado tenha tido, previamente, a possibilidade de cumprir a obrigação; que as circunstâncias sejam tais que não exista, para além da prisão, outro meio disponível para garantir o cumprimento da obrigação[440].

c) A prisão preventiva

O art. 5.º, n.º 1, al. c), CEDH abrange três situações distintas: 1) a prisão ou detenção sob razoável suspeita de ter cometido uma infracção; 2) a prisão ou detenção para impedir a prática de nova infracção; 3) a prisão ou detenção para evitar a fuga. Estas são também as circunstâncias que justificam a continuação da prisão.

A prisão preventiva deve respeitar a lei nacional, mas o TEDH estabelece alguns limites a essa lei nacional.

---

[437] Ver caso *Guzzardi*, cit., par. 100.
[438] Caso *De Wilde*..., cit., par. 77 e ss; caso *Engel*, cit., par 68.
[439] Ver caso *Lawless*, de 1/7/61, A 3, par. 12.
[440] Sobre a al. b) do n.º 1 do art. 5.º ver casos *Lawless, Irlanda /Reino Unido* e *Guzzardi*, já citados, nos quais o TEDH considerou que as condições nele previstas não estavam preenchidas.

Assim, a alínea c) do art. 5.º, n.º 1, CEDH não pode ser invocada quando a conduta que deu lugar à prisão não constitui crime à luz da lei nacional[441] ou quando a pessoa é detida por um período superior ao previsto na lei nacional[442].

Além disso, o TEDH interpreta os conceitos da mencionada al. c), de modo a não alargar o seu âmbito de aplicação.

Assim, a noção de «suspeita razoável» foi objecto de vários acórdãos do TEDH, o qual considerou verificada a razoabilidade da suspeita nalguns casos[443] e noutros não[444].

O mesmo se passou com a prisão para impedir a prática de nova infracção[445] e com o perigo de fuga[446].

d) A detenção de menores

O art. 5.º, n.º 1, al. d), CEDH autoriza a detenção de um menor feita com o objectivo de o educar sob vigilância ou de o fazer comparecer perante a autoridade competente[447].

e) A detenção de pessoas susceptíveis de transmitirem uma doença contagiosa, de perturbações mentais, de alcoólicos, de toxicómanos ou de vagabundos (art. 5.º, n.º 1, al. e), CEDH).

Esta detenção pretende responder a uma protecção face a certas categorias de pessoas que representam um perigo para a sociedade ou para elas próprias. Dos cinco grupos mencionados apenas dois – vagabundos[448] e

---

[441] Ver caso *Lukanov*, de 20/03/1997, Rec. 1997, II, par. 41 e ss.

[442] Ver caso *K. F. c. Alemanha*, de 27/11/1997, Rec. 1997, VII, par. 56 e ss.

[443] Ver caso *Murray*, de 28/10/1994, A 300/A, par. 55 e caso *Erdagöz*, de 22/10/1997, Rec. 1997, VI, par. 51.

[444] Ver casos *Fox, Campbell e Hartley*, de 30/08/1990, A 182, par. 32; *Brogan e outros*, de 29/11/1988, A 145-B, par. 94 e ss.

[445] Ver casos *Lawless* e *Guzzardi*, já citados.

[446] Ver casos *Wemhoff*, de 27/07/1968, A 7, par. 14 e *Stogmüller*, de 10/11/1969, A 9, par. 13 e ss.

[447] Ver caso *Bouamar*, de 29/02/1988, A 129, par. 50.

[448] Ver o caso *De Wilde, Ooms e Versyp* já citado

pessoas mentalmente perturbadas[449] – foram objecto de jurisprudência. Nas outras situações os processos não chegaram ao TEDH.

f) A detenção anterior à recusa de entrada, à expulsão ou à extradição

O art. 5.º, n.º 1, al. f), CEDH permite a prisão de uma pessoa para impedir a entrada ilegal no território ou contra a qual está em curso um processo de expulsão ou de extradição[450].

A CEDH não protege o estrangeiro de uma medida de expulsão ou de extradição, mas o art. 4.º do Protocolo n.º 4 proíbe a expulsão colectiva de estrangeiros e o art. 1.º do Protocolo n.º 7 prevê certas garantias processuais em benefício de um estrangeiro ameaçado de expulsão.

iv) Os direitos de uma pessoa privada de liberdade

O art. 5.º, n.ºs 2 a 5, CEDH prevê os direitos da pessoa privada de liberdade.

a) O direito à informação

Qualquer pessoa deve ser informada no mais curto prazo, em língua que compreenda, das razões da sua prisão e de qualquer acusação formulada contra ela (art. 5.º, n.º 2, CEDH).

Esta disposição visa informar convenientemente toda a pessoa detida das razões da detenção, para que ela possa apreciar a sua regularidade e tomar as medidas para a contestar, se assim o entender, prevalecendo-se do direito que lhe reconhece o n.º 4 do art. 5.º CEDH[451].

Se as circunstâncias mudam no decurso do processo, o detido deve ser informado, para que possa adequar a sua defesa às novas circunstâncias.

No momento da prisão a obrigação de informação não tem de revestir a forma escrita, ao contrário do que sucede no caso previsto no art. 6.º, n.º 3, al. a), CEDH, que estudaremos adiante.

---

[449] Ver casos *Luberti*, de 23/02/1984, A 75, par. 27; *Ashingdane*, de 28/05/1985, A 93, par. 93; *Van der Leer*, de 21/02/1990, A 170, par. 23; *Wassink*, de 27/09/1990, A 185, par. 27; *Aerts*, cit., par. 54.

[450] O principal caso de aplicação do art. 5.º, n.º 1, al. f), é o caso *Bozano*, cit., par. 60.

[451] Caso *X/Reino Unido*, cit., A 46, par. 66 e caso *Van der Leer*, cit., par. 28.

A comunicação das razões da privação da liberdade deve ser feita no mais curto espaço de tempo, mas não forçosamente no momento da detenção[452].

b) O direito ao juiz

O n.º 3 do art. 5.º CEDH impõe que qualquer pessoa presa ou detida nas condições previstas, na al. c), do n.º 1, do mesmo preceito deve ser apresentada, imediatamente, ao juiz ou outro magistrado habilitado por lei a exercer funções judiciais e tem direito a ser julgada, num prazo razoável, ou a ser posta em liberdade durante o processo[453].

Este preceito pretende reduzir o risco de arbítrio e assegurar a primazia do direito, um dos princípios fundamentais de uma sociedade democrática[454].

As garantias consagradas no n.º 3 do art. 5.º CEDH beneficiam apenas as pessoas presas preventivamente.

O preceito prevê que a pessoa detida deve ser apresentada imediatamente ao juiz, mas não define o prazo em que tal deve ser feito. A jurisprudência do TEDH também não é peremptória a este respeito, tendo já admitido como prazos razoáveis 4, e excepcionalmente, 5 dias[455] e rejeitado prazos de 6, 7 e 15 dias como não conformes à Convenção[456].

A obrigação de apresentar a pessoa a um juiz é incondicional e automática[457], sem que isso implique o direito de ser ouvida num determinado prazo.

Como se disse, a apresentação do preso deve ser feita a um juiz, ou a um magistrado habilitado a exercer funções judiciais[458], o qual deve ser independente, ter poderes para ouvir o detido, e, caso não se justifique a prisão preventiva, ordenar a sua libertação.

---

[452] Ver caso *Fox, Campbell e Hartley* e caso *Murray*, já citados.
[453] Ver casos *Wemhoff*, cit., par. 4 e *Neumeister*, de 27/06/1968, A 8, par. 4.
[454] Ver caso *Brogan*, cit., par. 58; caso *Sakik*, de 26/11/1997, Rec. 1997, VII, par. 44.
[455] Ver caso *De Jong, Baljet e van der Brink*, de 22/05/1984, A 77, par. 52.
[456] Ver casos *Duinhof e Duijt*, de 22/05/1984, par. 41; caso *Brogan e outros*, cit., par. 62
[457] Ver caso *Brogan*, cit., par. 61; caso *Koster*, A 221 e caso *Sakik*, de 26/11/1997, Rec. 1997, VII, 44.
[458] Ver caso *Schiesser*, de 04/12/1979, A 34, par. 30; caso *Nikolova*, 18/02/1999, Rec. 1999, II, par. 49.

Não se deve confundir o prazo razoável do art. 5.º, n.º 3, CEDH com o prazo razoável a que alude o n.º 1 do art. 6.º CEDH. O prazo do n.º 3 do art. 5.º visa unicamente evitar prisões preventivas de duração excessiva, enquanto no n.º 1 do art. 6.º se abrangem as situações das pessoas acusadas, presas ou não, que têm direito de não ficarem muito tempo numa situação de incerteza sobre o desfecho do processo.

Uma longa instrução pode ser justificada, devido à complexidade do processo, à dificuldade de obtenção de provas, ao volume das provas, à extensão e à natureza da acusação, mas isso pode justificar[459] ou não[460] a prisão preventiva.

c) O direito de recurso

O n.º 4 do art. 5.º CEDH prevê que toda a pessoa privada da sua liberdade tem direito a recorrer a um tribunal para que este se pronuncie, em curto prazo, sobre a legalidade da sua detenção e ordenar a sua libertação, se a detenção for ilegal.

O direito a recorrer a um tribunal tem um conteúdo autónomo e existe independentemente de a prisão ser ou não regular, isto é, estar ou não conforme com as exigências escritas no n.º 1 do art. 5.º CEDH[461] e não se confunde com os recursos permitidos nos arts. 6.º, n.º 1, e 13.º CEDH.

O tribunal deve pronunciar-se sobre a legalidade da detenção, sob o ponto de vista do Direito interno, mas também nos termos da Convenção, dos princípios gerais que ela consagra e da finalidade das restrições à liberdade autorizadas no n.º 1[462].

O controlo da legalidade cobre todos os aspectos, incluindo a regularidade formal do processo e a justificação material da privação da liberdade[463].

---

[459] Ver casos *Stögmüller*, cit., par. 34; *Neumeister*, cit.; *Matznetter*, de 10/11/1969, A 10, par. 12 e *Wemhoff*, cit.

[460] Ver caso *Assenov*, de 28/10/1998, Rec. 1998, VIII, par. 156 e 157; caso *I. A. c. França*, de 23/09/1998, Rec. 1998, VII, par. 111 e 116 a 122.

[461] Ver casos *De Wilde...*, cit., par. 73; *Winterwerp*, cit., par. 53; *Bouamar*, cit., par. 53; e *Kolompar*, de 29/09/1992, A235-C, par. 45.

[462] Ver ac. *van Droogenbroeck*, cit., par. 48.

[463] Ac. *Brogan*, cit., par. 65.

O tribunal deve julgar num curto espaço de tempo, o que deve ser ponderado à luz das circunstâncias de cada caso concreto, considerando a sua complexidade[464].

d) O direito a indemnização

O n.º 5 do art. 5.º CEDH estabelece que qualquer pessoa vítima de prisão ou de detenção em condições contrárias às disposições deste artigo tem direito a uma indemnização[465].

Não se deve confundir esta indemnização com a consagrada no art. 41.º da CEDH (antigo art. 50.º)[466].

A verificação da violação do art. 5.º CEDH deve ser solicitada antes de mais aos órgãos jurisdicionais internos, pois a Convenção exige no art. 26.º o esgotamento dos meios jurisdicionais internos.

24.3.2. A liberdade de circulação

O art. 2.º do Protocolo n.º 4 prevê a liberdade de circulação e de escolher residência, mas esta liberdade está condicionada à situação regular no Estado em causa. O estrangeiro só satisfaz esta condição, quando respeita a disciplina fixada pelo Estado para a sua entrada e permanência[467].

A Convenção garante a um estrangeiro o direito a deixar o seu próprio país, bem como o direito de entrar, residir ou estabelecer-se num outro à sua escolha, pelo que as autoridades não têm o direito de privar as pessoas dos seus documentos de identificação, designadamente, do passaporte[468].

O n.º 1 do art. 2.º do Protocolo n.º 4 não se aplica a um estrangeiro a quem foi retirado o título de residência.

Este direito admite as restrições consagradas no n.º 3 do mesmo preceito, a saber, a segurança nacional, a segurança pública, a manutenção da

---

[464] Ac. *Sanchez-Reisse*, de 21/10/1986, A 107, par. 54-55, *R.M.D./ Suíça*, de 26/09/1997, Rec. 1997, VI, par. 42.
[465] Ac. *Wassink*, de 27/09/1990, A 185, p. 14.
[466] Ver caso *van Droogenbroeck*, cit.
[467] Caso *Piermont*, de 27/04/1995, A 314, par. 44 e 49.
[468] Caso *Baumann*, de 22/05/2001, Rec. 2001, V, par. 61 e ss.

ordem pública, a prevenção das infracções penais, a protecção da saúde ou da moral ou a salvaguarda dos direitos e liberdades de terceiros.

O n.º 4 do art. 2.º admite restrições à circulação e à residência – não ao direito de deixar o país – por motivos de interesse público, como, por exemplo, a salvaguarda da natureza e do urbanismo e do ordenamento do território.

24.3.3. A proibição de expulsão dos nacionais

O art. 3.º do Protocolo n.º 4 proíbe a expulsão de nacionais.

O n.º 2 deste artigo reconhece incondicionalmente o direito de entrar no país da nacionalidade, competindo ao candidato à entrada fazer a prova. O direito garantido é o de entrada, já não o de permanência.

24.3.4. A proibição da expulsão colectiva de estrangeiros

Nos termos do art. 4.º do Protocolo n.º 4, são proibidas as expulsões colectivas de estrangeiros, devendo entender-se por estrangeiros todos aqueles que não têm nacionalidade do Estado, independentemente de estarem, ou não, de passagem, ou de aí residirem, se são ou não refugiados ou se são apátridas ou possuem outra nacionalidade.

Por expulsão colectiva deve entender-se toda a medida da autoridade competente obrigando os estrangeiros, enquanto grupo a deixar o país, salvo se a medida é tomada após um exame razoável e objectivo da situação de cada um dos estrangeiros que formam o grupo.

24.3.5. Bibliografia de apoio ao ponto 24.3.

- CABRAL BARRETO, IRINEU – *A Convenção Europeia...*, p. 85 e ss.
- DE GOUTES, RÉGIS – *Comentário ao Artigo 5.º, n.º 2, in* LOUIS-EDMOND PETTITI/EMMANUEL DECAUX/PIERRE-HENRI IMBERT, La Convention européenne..., p. 203 e ss.
- DE MEYER, JAN – *Comentário ao Artigo 5.º, n.º 1, in* LOUIS-EDMOND PETTITI/EMMANUEL DECAUX/PIERRE-HENRI IMBERT, La Convention européenne..., p. 189 e ss.

- GRABENWARTER, CHRISTOPH – *Europäische Menschenrechtskonvention* ..., p. 174 e ss.
- GRABENWARTER, CHRISTOPH – *Justiz- und Verfahrensgrundrechte*, in DIRK EHLERS, (org.), Europäische Grundrechte..., p. 126 e ss.
- JANIS, MARK W./KAY, RICHARD S./BRADLEY, ANTHONY W. – *European Human Rights*..., p. 308 e ss.
- KOERING-JOULIN, RENÉE – *Comentário ao Artigo 5.°, n.° 4, in* LOUIS-EDMOND PETTITI/EMMANUEL DECAUX/PIERRE-HENRI IMBERT, La Convention européenne..., p. 229 e ss.
- MERRILS, J. G./ROBERTSON, A. H. – *Human Rights in Europe*..., p. 53 e ss.
- MOWBRAY, ALASTAIR/HARRIS, DAVID – *Cases and Materials*..., p. 151 e ss.
- PICARD, MICHÈLE/TITIUN, PATRICK – *Comentário ao Artigo 5.°, n.° 3, in* LOUIS-EDMOND PETTITI/EMMANUEL DECAUX/PIERRE-HENRI IMBERT, La Convention européenne..., p. 211 e ss.
- RENUCCI, JEAN-FRANÇOIS – *Droit Européen*..., p. 179 e ss.
- SCHILLING, THEODOR – *Internationaler Menschenrechtsschutz*..., p. 68 e ss.
- SUDRE, FRÉDÉRIC e. a. – *Les grands arrêts*..., p.129 e ss.
- VAN DICK, P./VAN HOOF, G. J. H. – *Theory and Practice*..., p. 343 e ss.

24.4. Os direitos que incidem sobre a administração da justiça

24.4.1. O direito a um processo equitativo

A protecção dos direitos humanos necessita de garantias processuais efectivas, de modo a reforçar os mecanismos de salvaguarda dos direitos. Daí que a garantia de um processo equitativo se tenha tornado um princípio fundamental do Estado do Direito.

I) O âmbito de aplicação

Segundo o art. 6.°, n.° 1, da CEDH, qualquer pessoa tem direito a um tribunal, que decidirá sobre a determinação dos seus direitos e obrigações de carácter civil e sobre o fundamento de qualquer acusação em matéria penal.

O art. 6.°, n.° 1, CEDH não tem, pois, por objectivo criar novos direitos substantivos, sem base no Direito interno, mas antes conferir uma protecção processual aos direitos ali reconhecidos. Quer dizer: o preceito não assegura, por si só, qualquer conteúdo material aos direitos reconhecidos na ordem interna.

O direito a um processo equitativo aplica-se, portanto, à determinação dos direitos e obrigações de carácter civil, bem como às acusações em matéria penal, pelo que estas noções têm de ser clarificadas.

a) A determinação dos direitos e obrigações de carácter civil

As noções de *determinação* e do *carácter civil do direito ou da obrigação* nem sempre são fáceis de definir.

i) A *determinação* pressupõe a existência de um desacordo, de um litígio quanto à existência de um direito ou de uma obrigação, do seu conteúdo ou da sua duração[469]. O litígio pode incidir sobre questões de facto ou de direito[470].

Assim, um tribunal, que rejeita uma acção por motivos processuais, não está a estatuir sobre um direito civil. Nos procedimentos cautelares, que não afectam a decisão de fundo, também não há controvérsia, de acordo com o art. 6.º CEDH.

ii) Os direitos e as obrigações de carácter civil devem ter fundamento no Direito interno[471], mas a sua definição é feita de uma maneira autónoma[472], teleológica e funcional.

O TEDH recusou uma interpretação do art. 6.º, n.º 1, CEDH que apenas incluísse os litígios de Direito Privado clássico. Pelo contrário, estendeu a sua aplicação aos litígios entre privados e o Estado, quando este age como particular, ou seja, destituído de *jus imperii*[473]. A natureza da lei tanto pode ser civil como comercial ou administrativa, e a autoridade competente na matéria pode ser um tribunal de direito comum, um órgão da administração, ou qualquer outro. No fundo, o que interessa é o direito que está em causa.

---

[469] Ver caso *Le Compte e outros*, de 23/06/1981, A 43, p. 22; *Pudas*, de 27/10/1987, A 125, p. 14; *Zander*, de 25/11/1993, A 279-B, p. 38.

[470] Ver casos *Le Compte e outros*, cit.; *Sporrong*, de 23/09/1982, A 52, p. 31; *Albert e Le Compte*, de 10/02/1983, A 58, p. 16; *Van Marle e outros*, de 26/06/1986, A 101, p. 11.

[471] Ver caso *Ringeisen*, de 16/07/1971, A 13, p. 39, caso *König*, de 28/06/1978, A 27, p. 29; caso *Sramek*, de 22/10/1984, A 84, p. 17.

[472] Ver caso *Mennitto*, de 05/10/2000, Rec. 2000, X, par. 28.

[473] Ver caso *Ringeisen*, de 16/07/1971, A 13, par. 94.

Na prática, conjugam-se, muitas vezes, elementos de Direito Público e de Direito Privado, pelo que tem de se averiguar, no caso concreto, quais são os aspectos predominantes.

Embora o TEDH tenha fugido a definições de carácter geral, parece possível deduzir da sua jurisprudência um critério material, demonstrando a análise dos acórdãos que os direitos e as obrigações civis se podem agrupar em três categorias:

– decisões que têm efeitos na posição jurídico-civil das pessoas[474];
– decisões em que o litígio se ganha na ponderação entre os aspectos de Direito Privado e os aspectos de Direito Público[475];
– decisões em que estão em causa direitos de natureza patrimonial[476].

Segundo os órgãos da Convenção, encontram-se excluídos do âmbito de aplicação do art. 6.º, n.º 1, CEDH aqueles direitos que, no quadro do sistema jurídico dos Estados membros, fazem parte do cerne do Direito Público, como, por exemplo, as contestações relativas ao serviço militar, a imunidade parlamentar, o contencioso fiscal[477], o contencioso eleitoral, os direitos de natureza política, o exercício de mandato de deputado, o contencioso relativo ao direito de asilo, à expulsão e à extradição de estrangeiros, o direito a uma elementar educação, o direito a um passaporte, os direitos de carácter processual, como a decisão sobre custas e a obrigação de depor como testemunha[478].

---

[474] Neste grupo abrangem-se, essencialmente, litígios que têm a ver com a propriedade ou com o direito ao trabalho. São inúmeros os acórdãos em que o TEDH aplicou este critério. Ver casos *Ringeisen, König, Le Compte, Sporrong, Pudas* e *Zander* já citados. Mais recentemente, *Fischer*, de 26/04/1995, A 312, par. 28; *Diennet*, 26/09/1995, A 325-A, par. 27; *Bryan*, de 22/11/1995, A 335-A, par. 31.

[475] Neste grupo estão abrangidos, principalmente, direitos derivados da segurança social (v. casos *Feldbrugge*, de 29/05/1986, A 99, p. 13 e ss; *Deumetland*, de 29/05/1986, A 100, p. 24 e ss; *Salesi*, de 26/02/1993, A 257-E, p. 59 e ss; *Schuler-Zgraggen*, de 24/06/1993, A 263, p. 17 e ss) e aspectos de quotizações e montantes das pensões dos funcionários públicos (v. casos *Francesco Lombardo*, de 26/11/1992, A 249-B, p. 26; *e Giancarlo Lombardo*, de 26/11/1992, A 249-C, p. 42; *Pauger*, de 28/05/1997, Rec. 1997, III, p. 894 e *Stamoulakatos*, de 26/11/1997, Rec. 1997, VII, p. 2648.

[476] Ver casos *Pellegrin*, de 8/12/1999, Rec. 1999, VIII, par. 60 e ss; *Editions Periscope*, de 26/03/1992, A 234-B, p. 40.

[477] Caso *Ferrazzini*, de 12/07/2001, Rec. 2001, VII, par. 29.

[478] A propósito de todas estas questões foram apresentadas várias queixas à Comissão, que foram sendo sucessivamente rejeitadas.

Encontram-se excluídos do âmbito de aplicação do art. 6.º CEDH todos os processos administrativos e discricionários que implicam o exercício de prerrogativas de poder público[479].

Já em relação ao Contencioso da Função Pública, a jurisprudência do TEDH sofreu uma evolução. Tendo começado por o excluir do âmbito de aplicação do art. 6.º, n.º 1, CEDH, passou, posteriormente, a incluí-lo, quando estão em causa direitos patrimoniais, como o pagamento de pensões[480] ou de salários[481], a menos que os funcionários ou agentes envolvidos participem, directa ou indirectamente, no exercício do poder público e que esteja em causa o interesse geral do Estado[482].

b) A acusação em matéria penal

Para apuramento do *conceito de acusação em matéria penal*, o TEDH parte do Direito interno dos Estados, mas não se fica por aí. Tal como vimos suceder em relação a outros conceitos, o TEDH considera que a noção de acusação em matéria penal também apresenta um carácter autónomo, não dependendo das qualificações internas dos respectivos países[483].

A *acusação* é «a notificação oficial, emanada de uma autoridade competente, da censura de ter cometido uma infracção penal»[484], mas essa acusação pode revestir outras formas, como a prisão ou a abertura de um inquérito[485,486].

---

[479] Neste sentido, JEAN-FRANÇOIS RENUCCI, *Droit Européen...*, p. 238.

[480] Caso *Lombardo*, de 26/11/1992, A 249-C, par. 17 e caso *Massa*, de 24/08/1993, A 265-B, par. 25.

[481] Caso *Scuderi*, de 23/08/1993, A 265-A; caso *De Santa*, de 02/09/1997, Rec. 1997, V, par. 18.

[482] Ac. *Satonnet*, de 02/08/2000, Rec. 2000, par. 29; *Frydlender*, de 27/06/2000, Rec. 2000, VII, par. 34-41; *Castanheira Barros*, 26/10/2000, Rec. 2000, par. 26, 29-31.

[483] Ver caso *König*, de 28/06/1978, A 27, par. 88 e ss; *Adolf*, de 26/03/1982, A 49, par. 30; *Deweer*, de 27/02/1980, A 35, par. 42-44; *Malige*, de 23/09/1998, Rec. 1998, VII, par. 39.

[484] Caso *Deweer*, cit., par. 42.

[485] Ver casos *Wemhoff, Neumeister, Ringeisen, Engel, Guzzardi*, já citados e ainda *Oztürk*, de 21/02/1984, A 73, p. 21; *Serves*, de 20/10/1997, Rec. 1997, VI, p. 2172; *Tejedor Garcia*, de 16/12/1997, Rec. 1997, VIII, p. 2794.

[486] Há casos que escapam ao art. 6.º CEDH por não haver propriamente julgamento em matéria penal. A título de exemplo refiram-se os seguintes: o pedido de revisão de sentença, a concessão da liberdade condicional, o processo de execução das penas, o processo

O TEDH considera que há acusação em matéria penal, quando se verifica um de três critérios:

– a qualificação dada pelo Direito nacional[487];
– a natureza da infracção;
– o grau de severidade ou gravidade da sanção.

A interpretação autónoma do conceito de acusação em matéria penal pode levar a considerar, como tal, infracções consideradas internamente como administrativas[488], disciplinares[489] ou fiscais[490]

II) As garantias gerais do processo equitativo

Uma vez estabelecido que os procedimentos se enquadram no âmbito do art. 6.º CEDH põe-se a questão de saber se as garantias, nele previstas, foram observadas.

Essas garantias relacionam-se com os seguintes aspectos:

a) o direito de acesso ao tribunal;
b) a organização;
c) o processo em sentido restrito (processo equitativo).

a) O direito de acesso a um tribunal

As garantias do processo equitativo pressupõem que toda a pessoa tenha, a montante, acesso a um tribunal[491]. A noção de tribunal também é autónoma, sendo assim qualificado qualquer órgão, cuja função jurisdicional consista em decidir, com base em normas jurídicas e com base num processo

---

de extradição, a aplicação de uma amnistia, o processo de fixação de residência, o processo de prorrogação da prisão preventiva ou o levantamento da imunidade parlamentar.

[487] Caso *Adolf*, cit.

[488] Ver caso *Oztürk*, cit.

[489] Ver caso *Engel e outros*, cit.; *Campbell e Fell*, de 28/06/1984, A 80, par. 68-73; *Morris*, de 26/02/2002, Rec. 2002, I, par. 38; *Demicoli*, de 27/08/1991, A 210, par. 30-35.

[490] Os órgãos da Convenção não aceitaram, até princípios dos anos 90, que as sanções fiscais se enquadravam no âmbito de aplicação do art. 6.º CEDH. Esta situação alterou-se, contudo, a partir do caso *Bendendoun* (de 21/02/1994, A 282-A, par. 47). Ver também casos *AP, MP, TP*, de 29/08/1997, par. 43 e *JB*, de 03/05/2001, par. 47 a 49.

[491] Ver caso *Golder*, de 21/02/1975, A 18, par. 36.

organizado, uma questão que releve da sua competência[492]. O poder de tomar uma decisão obrigatória, que não pode ser modificada por uma autoridade não judicial, em prejuízo de uma parte, é inerente à noção de tribunal.

Este direito de acesso não é, contudo, absoluto[493], podendo ser objecto de regulamentação por parte dos Estados[494]. Mas as limitações que, eventualmente, venham a ser impostas não podem ser tais que alterem a sua substância[495]. As eventuais restrições devem visar um fim legítimo e deve existir uma razoável relação de proporcionalidade entre os meios empregues e o fim visado[496].

Todo o indivíduo deve ter a possibilidade de apresentar a sua causa perante um tribunal, com livre acesso e o domínio dos meios materiais e humanos necessários. Esse tribunal deve ter plena jurisdição[497].

O direito de acesso ao tribunal pode ser objecto de renúncia, por exemplo, em favor da arbitragem[498]. Mas a renúncia deve ser livre e inequívoca[499].

A CEDH impõe ainda que o direito de acesso ao tribunal se efective num prazo razoável, isto porque se pretende uma justiça ministrada sem atrasos, os quais comprometem a sua eficácia e a sua credibilidade. Tanto em matéria civil como penal, o prazo razoável cobre todo o processo, incluindo as instâncias de recurso[500].

A duração da instância nos tribunais constitucionais também entra em linha de conta para o cômputo global do prazo[501]. Pelo contrário, o processo das questões prejudiciais perante o TJ da União Europeia não releva para efeitos de contagem do prazo[502].

---

[492] Ver caso *Sramek*, de 22/10/1984, A 84. par. 36 e ss.
[493] Ver caso *Deweer*, cit.
[494] Ver caso *Stubbings*, de 22/10/1996, Rec. 1996, IV, par. 50.
[495] Ver casos *Philis*, de 27/08/1991, A 209, par. 65; *Geouffre de la Pradelle*, de 16/12/1992, A 253-B, par. 28.
[496] Ver caso *Waite e Kennedy*, de 18/02/1999, Rec. 1999, I, par. 59; caso *Ashingdane*, cit.
[497] Ver caso *Albert e Le Compte*, 10/02/1983, A 58, par. 29.
[498] Ver caso *Colozza*, de 12/02/85, A 89.
[499] Ver caso *Deweer,* cit.
[500] Ver caso *König*, cit.; *Piron*, de 14/11/2000, Rec. 2000, par. 52.
[501] Ver caso *Bock*, de 29/03/1989, A 150, par. 37.
[502] Ver caso *Pafitis*, de 26/02/1998, Rec. 1998, I, par. 95.

A determinação da razoabilidade do prazo tem de ser vista em função da situação concreta[503], que engloba a complexidade do caso[504], o comportamento do requerente[505] e a atitude das autoridades nacionais[506].

O prazo razoável apresenta-se como uma questão de facto, cujo ónus da prova recai sobre o Estado requerido.

b) As garantias relativas à organização

Segundo o art. 6.º CEDH, toda pessoa tem direito a que a sua causa seja examinada por um tribunal independente e imparcial e estabelecido por lei.

Começando pela noção de tribunal: já tivemos oportunidade de referir que esta noção, como tantas outras, é autónoma em relação aos Direitos nacionais.

Em segundo lugar, o tribunal deve ser estabelecido por lei em sentido formal, ou seja, por uma lei emanada de um órgão legislativo. Pretende-se, deste modo, impedir que a organização do sistema judicial seja deixada a cargo do Executivo.

Em terceiro lugar, o tribunal deve ser independente e imparcial. A independência afere-se em relação ao Poder Executivo e às partes, mas também face ao Poder Legislativo e aos grupos de pressão. A imparcialidade tem de ser analisada de um ponto de vista subjectivo e objectivo[507].

Em quarto lugar, toda a pessoa tem direito a que a sua causa seja examinada publicamente. A publicidade protege as pessoas contra uma justiça secreta. Ela constitui um dos meios para preservar a confiança nos tribunais, devido à transparência que confere à administração da justiça[508].

---

[503] Ver caso *König*, cit.

[504] Ver casos *Pretto*, de 8/12/1983, A 71, par. 32 e 37; *Katikaridis e Tsomtos*, de 15/11/1996, Rec. 1996, V, par. 41.

[505] Ver casos *Vernillo*, de 20/02/1991, A 198, par. 30; *Scopellitti*, de 23/11/1993, A 287, par. 25.

[506] Ver casos *Philis*, de 27/06/1997, Rec. 1997, IV, par. 35; *Garyfallou Aebe*, de 24/09/1997, Rec. 1997, V, par. 39.

[507] Ver caso *Piersack*, de 01/10/1982, A 53, par. 30; *Hauschildt*, de 24/05/1989, A 154, par. 46 e ss.

[508] Ver caso *Pretto*, cit., par. 22 e ss.

A decisão do tribunal deve ser sempre pública, não havendo sequer lugar a limitações implícitas, mas a forma que assume essa publicidade pode variar de Estado para Estado e de processo para processo. Não se afigura, por exemplo, necessário que a audiência seja pública[509].

c) O processo equitativo

Um processo equitativo exige que cada uma das partes tenha possibilidades razoáveis de defender os seus interesses numa posição não inferior à da parte contrária[510]. Para isso é necessário que lhe seja dado conhecimento de todas as peças processuais e de todos os meios de prova, bem como a possibilidade de contestar todos os argumentos da parte contrária[511].

Assim, os principais elementos constitutivos de um processo equitativo são os princípios do contraditório[512] e da igualdade de armas[513], cuja distinção na jurisprudência do TEDH nem sempre é clara[514].

O tribunal deve proceder a um exame efectivo dos meios, dos argumentos e dos elementos de provas oferecidos pelas partes.

Um processo equitativo pressupõe a fundamentação das decisões: a enunciação dos pontos de facto e de direito sobre os quais se funda a decisão deve permitir às partes avaliar as possibilidades de sucesso dos recursos. A fundamentação é um elemento de transparência da justiça, inerente a todo o acto jurisdicional, dispensando-se, no entanto, uma resposta minuciosa a todos os argumentos.

O processo equitativo não implica necessariamente a presença do acusado em tribunal[515], mas, em certas circunstâncias, pode existir um direito de presença[516]. É o que se verifica quando o comportamento ou o

---

[509] Ver caso *Helmers*, 29/10/1991, A 212-A.

[510] Sobre este princípio, ver, entre outros, caso *Niderhörst-Huber*, de 18/02/1997, Rec. 1997, par. 23; caso *Ankerl*, de 23/10/1996, Rec. 1996, V, par. 38; caso *Dombo Beher*, de 27/10/1993, A 274, par. 30 e ss; *Delcourt*, cit.; *Neumeister*, cit.

[511] Ver caso *Bulut*, de 22/02/1996, Rec. 1996, II, par. 47.

[512] Ver caso *Niderhörst-Huber*, cit.

[513] Ver caso *Borgers*, de 30/10/1991, A-214-A, par. 24 e ss.

[514] A impossibilidade de responder ao advogado-geral foi considerada uma violação do princípio da igualdade de armas no acórdão *Borgers*, e qualificada como violação do princípio do contraditório nos casos *Vermeulen* (de 20/02/1996, Rec. 1996, I, par. 27 e ss) e *Lobo Machado* (de 20/02/1996, Rec. 1996, I, par. 24 e ss).

[515] Ver caso *Poitrimol*, de 23/11/1993, A 277-A, par. 31.

[516] Ver caso *Standford*, de 23/02/1994, A 282-A, par. 26 e ss.

carácter das partes ou apenas de uma delas é um elemento a ponderar na decisão.

O art. 6.º CEDH não consagra o princípio *non bis in idem*, o qual, como veremos, foi introduzido no art. 2.º do Protocolo n.º 7.

III) As garantias do acusado

a) O direito à presunção de inocência

O art. 6.º, n.º 2, CEDH estabelece que qualquer pessoa acusada de uma infracção se presume inocente, enquanto a sua culpa não tiver sido legalmente provada.

A presunção da inocência impõe a proibição de inversão do ónus da prova[517], ou seja, esta deve caber ao Ministério Público ou ao assistente.

O acusado tem direito a guardar silêncio, não contribuindo para a sua própria condenação[518]. O direito ao silêncio está intimamente ligado à presunção da inocência[519].

b) Os direitos de defesa

O n.º 3 do art. 6.º CEDH consagra os seguintes direitos de defesa do acusado, que não vamos aqui desenvolver[520]:

– o direito a ser informado no mais curto prazo, em língua que entenda e de forma minuciosa, da natureza e do fundamento da acusação contra ele formulada (al. a));
– o direito a dispor do tempo e dos meios necessários para preparação da sua defesa (al. b));
– o direito a defender-se a si próprio ou a ter a assistência de um defensor da sua escolha e, se não tiver meios para remunerar um defensor, poder ser assistido gratuitamente por um defensor oficioso, quando os interesses da justiça o exigirem (al. c));

---

[517] Caso *Barbéra, Méssegué e Jabardo*, de 06/12/1988, A 146, par. 77; caso *Murray*, de 08/02/1996, Rec. 1996, p. 30.

[518] Caso *Albert et Le Compte*, cit., p. 20, par. 40.

[519] Ver casos *Heaney e McGuiness*, de 21/12/2000, Rec. 2000, XII, par. 40 e *Quinn*, de 21/12/2000, Rec. 2000, XII, par. 40.

[520] Para um estudo aprofundado, ver JEAN-FRANÇOIS RENUCCI, *Droit Européen...*, p. 282 e ss.

– o direito a interrogar ou fazer interrogar as testemunhas de acusação e a obter a convocação e o interrogatório das testemunhas de defesa, nas mesmas condições que as testemunhas de acusação (al. d));
– o direito a fazer-se assistir gratuitamente por um intérprete, se não compreender ou não falar a língua usada no processo (al. e)).

24.4.2. *O princípio da legalidade dos crimes e das penas*

O n.º 1 do art. 7.º CEDH consagra o princípio da legalidade em matéria penal, mas não abrange toda esta matéria[521]. Estão excluídas as medidas que não constituem propriamente uma pena e as medidas de execução da pena.

Segundo a jurisprudência do TEDH, deste princípio podem inferir-se os princípios da não retroactividade da lei penal e o da aplicação da lei penal mais favorável.

Assim, o art. 7.º, n.º 1, CEDH proíbe que uma lei incrimine factos passados ou que puna mais severamente crimes anteriormente praticados[522].

O princípio da aplicação da lei penal mais favorável implica que deve deixar de constituir crime o facto que foi objecto de despenalização por lei posterior e deve penalizar-se com pena mais leve o facto que, como tal, foi considerado por lei posterior.

O art. 7.º não proíbe, contudo, a *reformatio in pejus*.

O TEDH interpretou a expressão «lei» num sentido lato, abrangendo o Direito escrito e o Direito não escrito. Assim, como acontece nos sistemas de *common law*, o costume e a jurisprudência também podem definir a infracção como crime. A norma deve ser sempre clara, precisa[523], previsível e acessível[524].

O art. 7.º CEDH proíbe a analogia, salvo naquilo em que for mais favorável ao acusado[525].

---

[521] Ver caso *Tre Traktöter*, de 07/07/1989, A 159, par. 46.
[522] Ver caso *Kokkinakis*, de 25/05/1993, A 260-A, p. 22, par. 52; caso *S. W./Reino Unido*, de 22/11/1995, A 335-B, par. 34 e ss.
[523] Ver caso *Kokkinakis*, cit.; caso *S. W./Reino Unido*, cit.
[524] Ver caso *Sunday Times*, de 26/04/1979, A 30, par. 47.
[525] Ver caso *S. W./Reino Unido*, cit., par. 35.

O n.º 2 do preceito prevê a possibilidade de o juiz condenar, ao abrigo do Direito Internacional. Na época, esta excepção tinha em vista justificar os julgamentos de Nuremberga. Actualmente, vale para os crimes internacionais previstos nos arts. 5.º e seguintes do Estatuto de Roma do Tribunal Penal Internacional.

24.4.3. A proibição da prisão por dívidas

O art. 1.º do Protocolo n.º 4 prevê que ninguém pode ser privado da sua liberdade pela única razão de não cumprir uma obrigação contratual.

A expressão «pela única razão» mostra que a proibição deste artigo diz respeito aos devedores que estejam de boa fé.

24.4.4. As garantias processuais em caso de expulsão de estrangeiros

O art. 1.º do Protocolo n.º 7 prevê as garantias processuais, em caso de expulsão de estrangeiros. Em primeiro lugar, a decisão de expulsão deve basear-se numa decisão tomada em conformidade com a lei. Em segundo lugar, o estrangeiro deve ter a possibilidade de fazer valer as razões contra a expulsão, de fazer examinar o seu caso e de fazer-se representar, para esse fim, perante a autoridade competente, ou perante uma ou várias pessoas designadas por essa autoridade.

O estrangeiro só goza destas garantias se residir regularmente no território do Estado em causa e, por razões de ordem pública ou de segurança nacional, pode ser expulso antes de ter tido oportunidade de exercer os direitos acabados de referir (n.º 2 do art. 1.º do Protocolo n.º 7).

24.4.5. O direito a um duplo grau de jurisdição em matéria penal

O art. 2.º do Protocolo n.º 7 prevê que o condenado em processo penal tem direito a recorrer para um tribunal superior que examinará a declaração de culpa ou a condenação.

A garantia do duplo grau de jurisdição não vale para os casos em que as infracções que tenham sido examinadas por autoridade diferente de um tribunal, de acordo com o art. 6.º da CEDH.

O n.º 2 do art. 2.º do Protocolo mencionado prevê as excepções ao duplo grau de jurisdição.

24.4.6. *O direito a indemnização em caso de erro judiciário*

O art. 3.º do Protocolo n.º 7 prevê que, no caso de condenação penal definitiva ulteriormente anulada, ou caso seja concedido o indulto, porque um facto novo, ou recentemente revelado, prova que se produziu um erro judiciário, a pessoa que cumpriu uma pena, em virtude dessa condenação, será indemnizada, de acordo com a lei do Estado em causa, a menos que se prove que a não revelação do facto, em tempo útil, lhe é, no todo ou em parte, imputável.

24.4.7. *O direito a não ser julgado ou punido mais de uma vez*

O art. 4.º do Protocolo n.º 7 consagra o princípio clássico *non bis in idem*, no duplo sentido da proibição do duplo julgamento de uma infracção penal e da dupla punição[526]. Mas esta proibição está limitada ao plano interno, não abrangendo tribunais de dois ou mais Estados.

A Convenção Europeia de Extradição, de 27 de Abril de 1977, regulou este problema quando a condenação ocorreu noutro Estado europeu.

24.4.8. *O direito a um recurso efectivo*

O art. 13.º CEDH prevê que qualquer pessoa, cujos direitos reconhecidos na Convenção tenham sido violados, tem direito a recurso perante uma instância nacional, mesmo quando a violação tenha sido cometida por pessoas que actuaram no exercício das suas funções oficiais.

Segundo a letra do preceito, o direito ao recurso efectivo é um direito complementar, secundário ou acessório, só podendo ser invocado para apoiar outro direito garantido pela Convenção, e assim foi encarado pela

---

[526] Ver caso *Gradinger*, de 23/10/1995, A 328-C, par. 55.

jurisprudência do TEDH, a qual, em muitos casos, recusou a sua aplicação, quando estavam em causa o art. 5.º, n.º 4, e o art. 6.º, n.º 1[527].

Só recentemente, no caso *Kudla*[528], o Tribunal parece ter inflectido a sua jurisprudência, ligando o direito ao recurso efectivo ao princípio da subsidiariedade da protecção europeia e ao carácter prioritário da protecção nacional, procurando que os Estados partes instituam mecanismos de controlo interno das violações dos direitos e das liberdades reconhecidos na Convenção. Esses mecanismos podem ser judiciais ou não.

O objectivo do art. 13.º é o de instituir um mecanismo de controlo nacional independente do controlo europeu[529].

Não se exige a incorporação da CEDH no Direito interno.

O art. 13.º protege a vítima contra os actos do poder judicial, mas não garante um segundo grau de jurisdição nem recurso das decisões dos tribunais superiores.

A noção de recurso efectivo implica que, quando está em causa a morte de uma pessoa, devem realizar-se investigações aprofundadas e efectivas adequadas a conduzir à identificação e à punição dos responsáveis, admitindo o acesso efectivo da família ao processo de inquérito[530].

24.4.9. *Bibliografia de apoio ao ponto 24.4.*

- CABRAL BARRETO, IRINEU – *A Convenção Europeia...*, p. 113 e ss; 221 e ss; 355 e ss.
- GRABENWARTER, CHRISTOPH – *Europäische Menschenrechtskonvention ...*, p. 325 e ss.
- GRABENWARTER, CHRISTOPH – *Justiz- und Verfahrensgrundrechte*, in DIRK EHLERS, (org.), Europäische Grundrechte..., p. 133 e ss.
- JANIS, MARK W./KAY, RICHARD S./BRADLEY, ANTHONY W. – *European Human Rights...*, p. 402 e ss.
- MERRILS, J. G./ROBERTSON, A. H. – *Human Rights in Europe...*, p. 87 e ss; 194 e ss.

---

[527] Ver, por exemplo, casos *Pizetti*, de 26/02/1993, A 257-C, par. 21; *Bouilly*, de 07/12/1999, Rec. 1999, par. 27; *Tripodi*, de 25/01/2000, Rec. 2000, par. 15.

[528] Acórdão de 26/10/2000, Rec. 2000, par. 146 e ss.

[529] JEAN-FRANÇOIS RENUCCI, *Droit Européen...*, p. 225.

[530] Ver caso *Aksoy*, cit., par. 98.

- MOWBRAY, ALASTAIR/HARRIS, DAVID – *Cases and Materials...*, p. 235 e ss e 591 e ss.
- RENUCCI, JEAN-FRANÇOIS – *Droit Européen...*, p. 208 e ss.
- SCHILLING, THEODOR – *Internationaler Menschenrechtsschutz...*, p. 175 e ss.
- SOYER, JEAN-CLAUDE/SALVIA, MICHEL DE – *Comentário ao Artigo 6.º*, in LOUIS-EDMOND PETTITI/EMMANUEL DECAUX/PIERRE-HENRI IMBERT, La Convention européenne..., p. 239 e ss.
- SUDRE, FRÉDÉRIC e. a. – *Les grands arrêts...*, p. 156 e ss.
- VAN DICK, P./VAN HOOF, G. J. H. – *Theory and Practice...*, p. 391 e ss.

24.5. Os direitos relativos à vida privada e familiar

24.5.1. O direito ao respeito da vida privada, familiar, domicílio e correspondência

O direito ao respeito da vida privada, familiar, do domicílio e da correspondência vem previsto no art. 8.º CEDH e tem como objectivo essencial salvaguardar o indivíduo das ingerências arbitrárias dos poderes públicos.

Este direito exige do Estado não só um dever de abstenção como também uma actuação no sentido do efectivo respeito da vida privada e familiar[531], até nas relações interindividuais[532].

As medidas positivas exigidas aos Estados, embora sob controlo do Tribunal de Estrasburgo, estão, em geral, sujeitas à margem de apreciação do próprio Estado[533], sendo necessário procurar um justo equilíbrio entre o interesse geral e o interesse do indivíduo[534].

Os órgãos da Convenção têm dedicado uma particular atenção a este direito, sendo que, em muitos casos, não se afigura possível proceder à autonomização da violação da vida privada, familiar, do domicílio e da correspondência, pois, no mesmo caso, verifica-se a interferência do

---

[531] Ver caso *X e Y/Holanda*, de 26/03/1985, A 91, par. 23.
[532] Ver caso *X e Y/Holanda*, cit., par. 23.
[533] Ver caso *Airey*, cit.
[534] Ver caso *Rees*, de 17/10/1986, A 106, par. 37; caso *Gaskin*, de 07/07/1989, A 160, par. 42.

Estado em todos estes direitos. É o que sucede em certas medidas de investigação, de inquérito e de polícia[535].

Para efeitos didácticos, vamos, contudo, analisá-los separadamente.

a) O direito ao respeito da vida privada

A definição de vida privada não consta da CEDH e é muito difícil de estabelecer. O direito ao respeito da vida privada não se limita a um círculo íntimo, englobando para o indivíduo o direito de criar e desenvolver relações com os outros, incluindo actividades profissionais e comerciais[536], bem como o direito ao desenvolvimento pessoal[537].

O direito ao respeito da vida privada tem, portanto, uma dimensão pessoal e uma dimensão social. Da primeira relevam o direito à identidade, o segredo da vida sexual e o segredo da vida privada. Na segunda incluem-se as relações sociais, profissionais e a protecção do ambiente.

A questão da homossexualidade foi considerada, diversas vezes, à luz do art. 8.º CEDH e, em especial, por referência ao direito ao respeito da vida privada. Segundo o Tribunal, a existência de legislação que proíbe relações homossexuais, quando mantidas sem constrangimento, em privado, e entre adultos, é contrária à Convenção[538].

Além disso, contrariando a relativa flexibilidade da Comissão, o Tribunal condenou práticas discriminatórias fundadas na orientação sexual, particularmente vexatórias, em matéria de emprego[539] ou de acesso aos direitos parentais[540].

Já a interdição das práticas sadomasoquistas com lesões físicas graves é admissível[541].

---

[535] Ver, por exemplo, caso *Klass*, cit.

[536] O Tribunal fixou os contornos da noção de vida privada em vários acórdãos. Ver caso *Klass*, cit., par. 41; *Lüdi*, de 15/07/1992, A 238, par. 40; *Niemietz*, de 16/12/1992, A 251-B, par. 29.

[537] Ver caso *Pretty*, cit., par. 61.; *Christine Goodwin*, de 11/07/2002, Rec. 2002, VI, par. 90.

[538] Ver caso *Dudgeon*, 22/10/1981, A 45, par. 41 e ss; caso *Norris*, 26/10/1988, A 142, par. 35 e ss e caso *Modinos*, 22/04/1993, A 259, par. 25.

[539] Ver casos *Lustig-Prean e Beckett* e *Smith e Grady*, ambos de 27/09/1999, Rec. 1999.

[540] Ver caso *Salgueiro da Silva Mouta*, de 21/12/1999, Rec. 1999, IX, par 36.

[541] Ver caso *Laskey, Jaggard e Brown*, de 19/02/1997, Rec. 1997, I, par. 36.

A situação jurídica dos transsexuais também foi objecto de análise pelos órgãos da Convenção, ao abrigo do art. 8.º CEDH, tendo dividido a Comissão e o Tribunal. Assim, a questão de saber se o transsexual tem direito a ver rectificada a documentação relativa à sua identificação, bem como as menções relativas ao sexo anterior foi resolvida pela Comissão no sentido afirmativo, pois a exibição de uma documentação, que menciona um sexo diferente do da sua aparência física exporia o transsexual a interferências na sua vida íntima. O TEDH, pelo contrário, começou por considerar que o modo como os Estados regulam esta matéria releva da sua margem de apreciação[542], mas acabou por aceitar a obrigação de os Estados reconhecerem juridicamente a identidade transsexual[543].

O respeito da vida privada abrange o direito a guardar segredo sobre as suas convicções religiosas.

A protecção de dados pessoais e a interligação de ficheiros ou a sua utilização para fins diversos dos previstos, aquando da sua recolha, estão abrangidos pelo art. 8.º CEDH[544]. O mesmo se diga relativamente à divulgação de dados médicos[545].

A regulamentação do aborto pode traduzir-se também numa ingerência no direito à vida privada da mulher, mas como também afecta os interesses da sociedade, a sua limitação pode justificar-se nos termos do n.º 2 do preceito. Além disso, o aborto atinge a vida privada e familiar do próprio pai.

A integridade física e moral, a livre disposição do seu corpo e a vida sexual estão cobertas pela protecção da vida privada[546].

b) O direito ao respeito da vida familiar

A protecção da vida familiar tem sido invocada inúmeras vezes e em situações muito diversas, o que permitiu uma abundante jurisprudência do TEDH.

---

[542] Ver caso *Rees*, cit., par. 37; *Cossey*, 27/09/1990, A 184, par. 40; *Sheffield e Horsham*, de 30/07/1998, Rec. 1998, V, p.ar. 59.

[543] Ver caso *Christine Goodwin*, cit., par. 93.

[544] Ver casos *Laender*, de 26/03/1987, A 160, par. 59; *Amann*, de 16/02/2000, Rec. 2000, II, par. 69; *Rotaru*, de 04/05/2000, Rec. 2000, IV, par. 43.

[545] Ver caso *Z./Finlândia*, de 25/02/1997, Rec. 1997, I, par. 65 e ss; *M. S./Suécia*, de 27/08/1997, Rec. 1997, IV, par. 38.

[546] Caso *Stubbings e outros*, de 22/10/1996, Rec. 1996, IV, par. 61.

O direito ao respeito da vida familiar pressupõe, obviamente, a existência de uma família[547]. Não se encontrando este termo definido na CEDH, o Tribunal optou por uma interpretação extensiva. Apesar disso, recusou-se a consagrar o direito ao divórcio[548].

Assim sendo, a família não se esgota no casamento. O art. 8.º CEDH também protege a família natural e os filhos nascidos de uma relação de facto[549], o que não implica que exista a obrigação de atribuir às uniões de facto estatuto idêntico ao do casamento[550].

A família não termina com o casamento, pois persistem os laços familiares entre pais divorciados e os filhos[551]. Além disso, existe família entre adoptante e adoptado.

O art. 8.º CEDH não abrange, todavia, o direito de escolha pelo casal do seu domicílio comum, nem a obrigação para o Estado de aceitar a instalação do cônjuge não nacional[552].

As relações entre um transsexual, a sua companheira e um filho desta por inseminação artificial são, segundo o TEDH, relações familiares[553]. Já as relações entre homossexuais devem ser analisadas pela óptica da vida privada e não familiar.

Em certas situações o exercício do direito à vida familiar revela-se particularmente difícil. É o caso dos prisioneiros, em que, por um lado, é evidente que a sua vida familiar se encontra afectada, mas, por outro lado, é essencial que eles mantenham contactos com a família mais próxima[554].

A CEDH não garante o direito dos presos a estarem numa determinada prisão, mas a colocação dos presos em estabelecimentos muito distantes da sua família pode violar a obrigação de respeito da vida familiar, a menos que se justifique por razões de ordem pública.

---

[547] Ver caso *Marckx*, cit., par. 31.
[548] Ver caso *Johnston e outros*, de 18/12/1986, A 112, par. 57.
[549] Ver caso *Johnston e outros*, de 18/12/1986, A 112, par. 57; caso *Keegan*, 26/05/1994, A 290, par. 44; caso *Kroon*, de 27/10/1994, A 297-C, par. 30.
[550] Caso *Marckx*, cit., par. 31.
[551] Ver caso *Keegan*, cit.,
[552] Ver caso *Abdulaziz*, de 28/05/1985, A 49, par. 62 e 63.
[553] Caso *X., Y. e Z./Reino Unido*, de 22/04/1997, Rec. 1997, II, par. 36 e 37.
[554] Caso *Messina*, de 28/09/2000, Rec. 2000, X, par. 61.

A expulsão[555] ou a recusa de admissão[556] de estrangeiros também pode ferir a sua vida privada e familiar.

c) A inviolabilidade do domicílio

A CEDH proíbe a invasão do domicílio[557], salvo se tal invasão se justificar pelos motivos invocados no art. 8.º, n.º 2[558].

A interpretação do direito à inviolabilidade do domicílio e do próprio conceito de domicílio por parte do TEDH tem vindo a ser objecto de uma considerável evolução.

Sobre o conceito de domicílio, o TEDH, embora reconhecendo que a compra de um terreno, com vista a instalar nele uma caravana pode relevar do respeito ao direito ao domicílio[559], recusou, no caso concreto, a aplicação do art. 8.º CEDH, com fundamento no direito dos outros membros da comunidade à protecção do ambiente. Mais tarde, vai inflectir esta jurisprudência, reconhecendo que a vida em caravana faz parte integrante da identidade cigana e, como tal, deve ser protegida[560].

Num outro processo, o TEDH começa por admitir que as ofensas graves ao ambiente, que afectem o bem-estar do indivíduo, podem privar uma pessoa do gozo do domicílio[561], mas, mais tarde, vai deslocar a fundamentação do direito a um ambiente são para o direito ao respeito da vida privada e familiar[562]. Nesta medida, os ruídos de um aeroporto podem causar danos ao domicílio e atingir a vida privada da pessoa[563].

---

[555] Ver caso *Berrehab*, de 21/06/1988, A 138, par. 23; caso *Beldjoudi*, de 26/03/1992, A 234-A, par. 76 e ss; caso *Nasri*, de 13/07/1996, A 320-B, par. 43-46; caso *Mehemi*, de 26/09/1997, par. 36-37.

[556] Ver caso *Abdulaziz*, cit.

[557] Ver casos *Akdivar*, de 16/09/1996, Rec. 1996, IV, par. 88; *Mentes*, de 28/11/1997, Rec. 1997, VIII, par, 73 e *Selçuk e Askev*, de 24/04/1998, Rec. 1998, II, par. 86.

[558] Ver caso *Murray*, cit.; *Chappell*, de 30/03/1989, A 152-A, par. 51 e ss.

[559] Caso *Buckley*, de 25/09/1996, Rec. 1996, IV, par. 54.

[560] Caso *Chapman*, de 18/01/2001, Rec. 2001, I, par. 70 e 73.

[561] Ver casos *Powell e Rayner*, de 21/02/1990, A 172, par. 41; *Lopez Ostra*, de 09/12/1994, A 303 C, par. 51.

[562] Caso *Guerra*, de 19/02/1998, Rec. 1998-I, par. 60.

[563] Caso *Hatton e outros*, de 02/10/2001, Rec. 2001, par. 94 e ss.

d) O respeito da correspondência

O art. 8.º CEDH protege também a correspondência, no sentido mais amplo do termo. Daí que o TEDH tenha considerado como violação da correspondência a interferência das autoridades no sentido de impedirem um prisioneiro de escrever ao seu advogado[564]. A correspondência inclui também as conversas telefónicas[565], bem como os mais sofisticados meios de comunicação de mensagens.

e) As excepções previstas no n.º 2 do art. 8.º CEDH

A ingerência da autoridade pública na vida privada, familiar, no domicílio e na correspondência da pessoa deve estar prevista na lei, ser necessária, numa sociedade democrática, para a segurança nacional, para a segurança pública, para o bem-estar económico do país, para a defesa da ordem e a prevenção de infracções penais, para a protecção da saúde ou da moral e para a protecção dos direitos e das liberdades de terceiros.

A restrição deve estar prevista na lei, entendendo-se por tal o direito escrito e não escrito[566]. A lei deve ser clara, precisa e compatível com o Estado de Direito[567]. Além disso, deve fixar o conteúdo da restrição.

A restrição deve mostrar-se necessária numa sociedade democrática, prosseguir objectivos legítimos, as medidas devem ser proporcionais ao fim visado e nunca devem atingir a substância do direito.

As excepções do n.º 2 devem ser interpretadas restritivamente e a sua necessidade no caso concreto deve ser estabelecida de forma convincente[568].

Segundo o TEDH, as escutas telefónicas dos suspeitos de actividades terroristas ou de espionagem podem ser justificadas, com base na necessidade de proteger a segurança nacional e a segurança pública[569].

---

[564] Caso *Golder*, de 21/02/1975, A 18, par. 43.
[565] Caso *Klass*, cit., par. 41.
[566] Caso *Sunday Times*, de 26/04/1979, A 30, par. 47.
[567] Caso *Kruslin*, de 24/04/1990, A 176-A, par. 20 e ss; *Huvig*, de 24/04/1990, A 176-B, par. 25 e ss; *Kopp*, de 25/03/1998, Rec. 1998, par. 64; *Valenzuela Contreras*, de 30/07/1998, Rec. 1998, V, par. 46.
[568] Ver caso *Funke*, de 25/02/1993, A 265-A, par. 55; caso *Vogt*, de 26/10/1995, A 323, par. 52; *Buckley*, cit., par. 74 e ss;
[569] Caso *Klass e outros*, cit., par. 45 e ss.

Esta última pode ainda, segundo a ComEDH, justificar certas restrições da vida prisional, como, por exemplo, a obrigação de usar uniforme, o isolamento ou determinadas limitações de visitas e saídas.

A ComEDH admite que o bem-estar económico do país pode permitir a ingerência na correspondência do falido e a regulamentação do horário do comércio.

A defesa da ordem e a prevenção das infracções penais podem ser invocadas como motivo para uma política de controlo de imigração apertada.

O controlo da correspondência dos presos, assim como as escutas telefónicas, podem ainda justificar-se, por razões de ordem pública.

A recolha de urina de um detido para prevenção da toxicodependência, a obrigação de tratar os dentes dos estudantes ou a obrigação de vacinação podem estar justificadas por razões de protecção da saúde pública.

A invocação da protecção da moral encontra-se, muitas vezes, ligada à repressão de actos homossexuais[570].

A protecção dos direitos de terceiros pode justificar os exames do grau de alcoolemia dos condutores de veículos, assim como o acesso da direcção de um estabelecimento prisional à informação sobre a seropositividade de um detido.

24.5.2. *O direito ao casamento*

O art. 12.º CEDH estabelece que a partir da idade núbil, o homem e a mulher têm o direito de casar-se e de constituir família, segundo as leis nacionais que regem o exercício deste direito.

O TEDH começou por afirmar que o direito ao casamento consagrado na CEDH era de duas pessoas de sexo diferente[571] e que na determinação do sexo deveria presidir o critério biológico[572], podendo os Estados proibir os casamentos entre transsexuais[573]. Num acórdão recente, o Tribunal inflectiu esta jurisprudência, passando a admitir que o critério

---

[570] Caso *Dudgeon*, cit., par. 47.
[571] Ver casos *Rees*, par. 49 e *Sheffield e Horsham*, par. 66, já citados.
[572] Ver casos *Cossey* e *Sheffield e Horsham*, já citados.
[573] Ver caso *Rees*, cit.

biológico já não deve ser o determinante e que a impossibilidade de um casal procriar (porque um deles é transssexual) não pode, por si só, privá-lo do direito ao casamento[574]. O TEDH aceitou uma noção mais lata de sexo, mas parece manter a exigência de sexos diferentes, pelo que os Estados podem continuar a proibir o casamento de homossexuais.

A falta de reconhecimento da nova identidade masculina dos transsexuais impedirá o transsexual de contrair casamento com uma pessoa do mesmo sexo[575].

Do preceito resulta que o direito ao casamento e a constituir família não tem carácter absoluto, antes se encontra sujeito às leis nacionais. As limitações de direito interno podem relevar da forma – publicidade e celebração do casamento – ou do fundo – capacidade, consentimento e impedimentos. Assim, são compatíveis com esta disposição a interdição da bigamia e o não reconhecimento do casamento religioso em detrimento do casamento civil.

O art. 12.º CEDH não garante o direito ao divórcio[576].

O direito de uma pessoa isolada adoptar uma criança não se pode retirar do art. 12.º CEDH[577].

O direito de constituir família abrange o direito de procriar, o direito de ter filhos, mas sem que se reconheça o direito de um preso casado manter relações sexuais.

24.5.3. O princípio da igualdade entre os cônjuges

O art. 5.º do Protocolo n.º 7 consagra o princípio da igualdade entre os cônjuges.

Este direito é restrito ao campo civil, não abarcando outros domínios do Direito, como o administrativo ou o fiscal.

O facto de o artigo referir a dissolução do casamento não significa que os Estados tenham a obrigação de prever o divórcio.

---

[574] Ver caso *Goodwin*, cit., par. 78, 98, 100.
[575] Ver caso *Rees*, cit.
[576] Ver casos *Johnston*, cit., par. 51 e 52, e *F/Suíça*, de 18/12/1987, A 128, par. 39.
[577] Caso *Dalila Di Lazaro*, dec. Com.EDH, de 10/07/1997.

24.5.4. Bibliografia de apoio ao ponto 24.5.

- CABRAL BARRETO, IRINEU – *A Convenção Europeia...*, p. 180 e ss.
- COUSSIRAT-COUSTERE, VINCENT – *Comentário ao Artigo 8.°, § 2.°, in* LOUIS-EDMOND PETTITI/EMMANUEL DECAUX/PIERRE-HENRI IMBERT, La Convention européenne..., p. 323 e ss.
- GRABENWARTER, CHRISTOPH – *Europäische Menschenrechtskonvention ...*, p. 201 e ss.
- JANIS, MARK W./KAY, RICHARD S./BRADLEY, ANTHONY W. – *European Human Rights...*, p. 225 e ss.
- MERRILS, J. G./ROBERTSON, A. H. – *Human Rights in Europe...*, p. 137 e ss e 189 e ss.
- MOWBRAY, ALASTAIR/HARRIS, DAVID – *Cases and Materials...*, p. 345 e ss.
- RENUCCI, JEAN-FRANÇOIS – *Droit Européen...*, p. 150 e ss.
- RUSSO, CARLO – *Comentário ao Artigo 8.°, § 1.°, in* LOUIS-EDMOND PETTITI/EMMANUEL DECAUX/PIERRE-HENRI IMBERT, La Convention européenne..., p. 305 e ss.
- SCHILLING, THEODOR – *Internationaler Menschenrechtsschutz...*, p. 87 e ss.
- SUDRE, FRÉDÉRIC e. a. – *Les grands arrêts...* p. 315 e ss.
- UERPMANN, ROBERT – *Höchstpersönliche Rechte und Diskriminierungsverbot*, *in* DIRK EHLERS (org.), Europäische Grundrechte..., p. 47 e ss.
- VAN DICK, P./VAN HOOF, G. J. H. – *Theory and Practice...*, p. 489 e ss e 601 e ss.

24.6. Os direitos intelectuais

24.6.1. O direito à liberdade de pensamento, de consciência e de religião

O art. 9.°, n.° 1, CEDH consagra a liberdade de pensamento, de consciência e de religião.

Segundo o TEDH, estas liberdades representam um dos principais fundamentos de uma sociedade democrática, no sentido da Convenção[578].

---

[578] Caso *Kokkinakis*, de 25/05/1993, A 260-A, par. 31.

A CEDH, para além do direito a ter convicções, que relevam, antes de mais, do foro íntimo de cada um[579], reconhece também o direito de as manifestar por palavras e por actos.

A Convenção não se limita a proteger as convicções religiosas. Ela engloba todas as outras convicções – filosóficas, morais, políticas, sociais, económicas ou científicas[580].

As convicções distinguem-se das meras opiniões ou ideias visadas no art. 10.º CEDH, na medida em que assumem um certo grau de força, de coerência, de importância[581].

A Convenção não proíbe o sistema da ligação entre a Igreja e o Estado, como existe nalguns países membros do Conselho da Europa, mas proíbe a imposição da obrigação de pertencer a essa religião ou de aí permanecer, assim como impede um tratamento mais favorável dos seus membros[582].

O direito à liberdade religiosa implica um dever de neutralidade por parte do Estado, que não se deve pronunciar sobre a legitimidade ou as modalidades de expressão das crenças nem imiscuir-se na direcção da comunidade religiosa[583].

A obrigação de alguém aceitar um emprego incompatível com as suas convicções religiosas afigura-se contrária ao art. 9.º CEDH. Já o voto obrigatório parece compatível com este artigo, porque o eleitor pode votar em branco.

Como se disse, o art. 9.º, n.º 1, CEDH consagra também o direito de qualquer pessoa manifestar, individual ou colectivamente, em público ou em privado, as suas convicções, embora com as limitações inerentes à necessidade de manter um verdadeiro pluralismo religioso numa sociedade democrática[584].

O art. 9.º CEDH não consagra a objecção de consciência ao serviço militar.

---

[579] Caso *Kokkinakis*, cit., par. 31.
[580] Caso *Kokkinakis*, cit., par. 31.
[581] Ver casos *Campbell e Cosans*, cit., par.36.
[582] Casos *Kokkinakis*, cit., par. 31; *Thlimmenos*, de 06/04/2000, Rec. 2000, IV, par. 44.
[583] Ver caso *Hassan e Chausch*, de 26/10/2000, Rec. 2000, X, par. 62.
[584] Ver caso *Manoussakis e outros*, de 26/09/1996, Rec. 1996, IV, par. 44.

A liberdade religiosa comporta o direito de tentar convencer o próximo, através do ensino[585], bem como o direito de participar na vida da comunidade religiosa sem ingerência arbitrária por parte do Estado[586].

O n.° 2 do art. 9.° CEDH consagra limites à liberdade de manifestar a sua religião ou as suas convicções, que são decalcados do art. 8.°, n.° 2, CEDH, que já estudámos, na medida em que, numa sociedade democrática, onde várias religiões coexistem no seio da mesma população, pode revelar-se necessário revestir essa liberdade de limitações adequadas a conciliar os diversos grupos e a assegurar o respeito pelas convicções de cada um[587].

24.6.2. *O direito à liberdade de expressão*

O art. 10.°, n.° 1, CEDH prevê que todos têm o direito à liberdade de expressão. Este direito compreende a liberdade de opinião e a liberdade de receber e de transmitir informações ou ideias, sem que possa haver ingerência de quaisquer autoridades públicas.

a) A liberdade de expressão

O titular do direito à liberdade de expressão pode ser qualquer pessoa singular ou colectiva[588]. O direito vale tanto nas relações com o Estado como perante entidades privadas[589] e impõe aos Estados uma obrigação positiva no sentido de impedir a violação do mesmo por parte dos particulares[590]. Isto é: o art. 10.° CEDH tem eficácia horizontal.

A liberdade de expressão consubstancia um dos fundamentos essenciais de uma sociedade democrática, constituindo um dos pressupostos do exercício das liberdades de associação[591], de reunião[592] e do direito a eleições livres[593].

---

[585] Caso *Kokkinakis*, cit., par. 31.
[586] Ver caso *Hassan e Chausch*, de 26/10/2000, Rec. 2000, X, par. 62.
[587] Caso *Kokkinakis*, cit., par. 33.
[588] Caso *Autronic AG*, de 22/05/1990, A 178, par. 47.
[589] Caso *Fuentes Bobo*, de 29/02/2000, Rec. 2000, II, par. 38.
[590] Caso *Ozgur Gundem*, de 16/03/2000, Rec. 2000, III, par. 43.
[591] Ver caso *Partido Comunista Unificado da Turquia e outros*, de 30/01/1998, Rec. 1998, I, par. 42.
[592] Caso *Ezelin*, de 26/04/1991, A 202, par. 37.
[593] Caso *Bowman*, de 19/02/1998, Rec. 1998, I, par. 47.

O pluralismo, a tolerância e o espírito de abertura de uma sociedade democrática exigem o respeito da liberdade de expressão[594].

A liberdade de expressão abrange a liberdade de opinião e a liberdade de receber e transmitir informações ou ideias, mesmo que se trate de ideias «incómodas» para o Poder político ou para certos sectores da população[595].

A liberdade de expressão reveste uma especial importância para os eleitos pelo povo para cargos públicos[596], assim como para os partidos políticos e os seus membros activos[597].

A liberdade de expressão pode manifestar-se das mais variadas formas – comunicação oral ou escrita, musical, pintura, gestual, imagem[598]. A ausência de referência explícita à liberdade de criação artística, no art. 10.º CEDH, não significa a sua exclusão do campo de aplicação do preceito[599].

b) A liberdade de imprensa

A liberdade de imprensa constitui um dos elementos fundamentais da liberdade de expressão[600].

Deve sublinhar-se que a liberdade de informação pode colidir com outros direitos, como, por exemplo, a protecção da vida privada, os direitos de personalidade e até os direitos relativos a bens patrimoniais. Com efeito, é muito difícil conciliar todos estes direitos. Mas uma coisa é certa: os limites da crítica admissível por parte da comunicação social em relação a uma pessoa pública são menos rigorosos do que se se tratar de um cidadão anónimo[601].

A jurisprudência do TEDH considera que o art. 10.º CEDH é aplicável tanto à imprensa escrita[602] como ao audiovisual[603].

---

[594] Ver casos *Handyside*, de 07/12/1976, A 24, par. 49; *Sunday Times*, de 29/04/1979, A 30, par. 65.
[595] Caso *Handyside*, cit., par. 49.
[596] Ver caso *Castells*, de 23/04/1992, A 236, par. 42; *Piermont*, cit., par.76.
[597] Ver caso *Incal*, de 09/06/1998, Rec. 1998, IV, par. 17.
[598] Ver caso *Groppera Rádio AG e outros*, de 28/03/1990, A 173, par. 55.
[599] Ver caso *Müller*, de 24/05/1988, A 133, par. 31.
[600] Caso *Goodwin*, cit., par. 40.
[601] Ver caso *Oberschlick*, de 1/7/97, Rec. 1997, IV, par. 29 e ss.
[602] Ver caso *Sunday Times*, cit.
[603] Caso *Jersild*, de 23/09/1994, A 298, par. 31.

A liberdade de imprensa fornece aos cidadãos um dos melhores meios de conhecer e de julgar as ideias e as atitudes dos seus dirigentes.

As particularidades da comunicação audiovisual podem justificar um regime de monopólio, desde que se verifiquem razões imperiosas nesse sentido. Porém, numa sociedade democrática a imprensa deve ser pluralista, pelo que o Estado deve impedir as concentrações excessivas[604].

A amplitude da liberdade de expressão dos jornalistas contrasta com os limites impostos pelo TEDH à liberdade de expressão dos advogados, com fundamento na sua participação na administração da justiça[605].

c) As restrições admissíveis à liberdade de expressão

As restrições estão consagradas no n.º 2 do art. 10.º CEDH e devem estar previstas na lei, ser necessárias numa sociedade democrática, dizer respeito à segurança nacional, integridade territorial ou segurança pública, à defesa da ordem ou à prevenção do crime, à protecção da saúde ou da moral, à protecção da honra, à protecção dos direitos de outrem, impedir a divulgação de informações confidenciais e garantir a autoridade e imparcialidade do poder judicial.

Tal como todas as restrições a direitos, também as excepções à liberdade de expressão devem ser interpretadas restritivamente[606].

Todavia, o TEDH admite que os Estados gozam de uma substancial margem de apreciação sobre a necessidade de ingerência, nomeadamente, no domínio da moral[607], e em especial da religião[608], pois encontram-se melhor colocados do que o juiz internacional para apreciar a necessidade das medidas, à luz da situação que existe no plano local numa dada época[609].

Deve, contudo, existir um controlo, mais ou menos alargado, por parte do TEDH, controlo que deve apurar se as medidas visadas são proporcionais ao fim legítimo prosseguido e ainda se os motivos invocados pelas autoridades nacionais para justificar a ingerência se afiguram pertinentes, suficientes e proporcionais aos fins visados[610].

---

[604] Ver caso *Informationverein Lentia*, 24/11/1993, A 276, par. 39 e 42.
[605] Ver caso *Schöpfer*, de 20/05/98, Rec. 1997, IV, par. 29.
[606] Ver caso *Sunday Times*, de 27/04/1979, A 30, par. 65.
[607] Ver casos *Müller*, cit., par. 35; *Handyside*, cit., par. 48.
[608] Ver caso *Wingrove*, 25/11/1996, Rec. 1996, V, par. 50.
[609] Ver caso *Otto-Preminger-Institut*, de 27/09/1994, A 295-A, par. 56
[610] Ver caso *Wingrove*, cit., par. 58.

O exercício da liberdade de expressão implica deveres e responsabilidades, com a extensão e o conteúdo, que dependem da situação e do processo utilizado[611].

Os funcionários públicos, por razões de lealdade ao Estado[612], e os militares, por causas relacionadas com a segurança nacional ou a defesa da ordem[613], podem estar sujeitos a restrições à sua liberdade de expressão. No caso dos funcionários públicos a limitação mais frequente incide sobre a liberdade de expressão política[614]. Todavia, as exigências excessivas a este respeito são contrárias ao art. 10.° CEDH.

24.6.3. Bibliografia de apoio ao ponto 24.6

- CABRAL BARRETO, IRINEU – *A Convenção Europeia...*, p. 198 e ss.
- COHEN-JONATHAN, GÉRARD – *Comentário ao Artigo 10.°, in* LOUIS-EDMOND PETTITI/EMMANUEL DECAUX/PIERRE-HENRI IMBERT, La Convention européenne..., p. 365 e ss.
- COUSSIRAT-COUSTERE, VINCENT – *Comentário ao Artigo 9.°, § 2.°, in* LOUIS-EDMOND PETTITI/EMMANUEL DECAUX/PIERRE-HENRI IMBERT, La Convention européenne..., p. 361 e ss.
- FROWEIN, J. A. – *Comentário ao Artigo 9.°, § 1.°, in* LOUIS-EDMOND PETTITI/EMMANUEL DECAUX/PIERRE-HENRI IMBERT, La Convention européenne..., p. 353 e ss.
- GRABENWARTER, CHRISTOPH – *Europäische Menschenrechtskonvention ...,* p. 253 e ss.
- JANIS, MARK W./KAY, RICHARD S./BRADLEY, ANTHONY W. – *European Human Rights...,* p. 138 e ss.
- MARAUHN, THILO – *Kommunikationsgrundrechte, in* DIRK EHLERS, (org.), Europäische Grundrechte..., p. 73 e ss.
- MERRILS, J. G./ROBERTSON, A. H. – *Human Rights in Europe...*, p. 163 e ss.
- MOWBRAY, ALASTAIR/HARRIS, DAVID – *Cases and Materials...*, p. 417 e ss.

---

[611] Caso *Müller*, cit.
[612] Ver caso *Vogt*, de 26/09/1995, A 323, par. 53 e 59.
[613] Casos *Hadjianastassiou*, de 16/12/1992, A 252, par. 46 e 47; *Chorherr*, de 25/03/1993, A 266-B, par. 32 a 34; *Engel*, cit., par. 45.
[614] Ver casos *Ahmed*, de 02/09/1998, Rec. 1998, IV, par. 51 e ss; *Janowski*, de 21/01/99, Rec. 1999, I, par. 30, *Rekvenyi*, de 20/05/99, Rec. 1999, III, par. 34 e ss.

- RENUCCI, JEAN-FRANÇOIS – *Droit Européen*..., p. 118 e ss.
- SCHILLING, THEODOR – *Internationaler Menschenrechtsschutz*..., p. 111 e ss.
- SUDRE, FRÉDÉRIC e. a. – *Les grands arrêts*.... p. 413 e ss.
- VAN DICK, P./VAN HOOF, G. J. H. – *Theory and Practice*..., p. 541 e ss.
- UERPMANN, ROBERT – *Höchstpersönliche Rechte und Diskriminierungsverbot*, in DIRK EHLERS, (org.), Europäische Grundrechte..., p. 57 e ss.

24.7. Os direitos relativos ao funcionamento das instituições democráticas

24.7.1. O direito à liberdade de reunião e de associação

O art. 11.º CEDH reconhece o direito à liberdade de reunião pacífica e à liberdade de associação, incluindo o direito de se filiar em sindicatos para defesa dos seus interesses.

a) A liberdade de reunião

O exercício do direito de reunião pressupõe uma consciência e uma vontade de reunir, por um período mais ou menos longo, para prosseguir um ou vários objectivos e está subordinado ao seu carácter pacífico[615].

Uma manifestação pacífica beneficia de uma ampla protecção europeia tanto quanto à organização como quanto à liberdade de nela participar.

Uma vez admitida e não proibida, o Estado tem as obrigações – negativa e positiva – de velar para que a manifestação decorra em boa ordem, ou seja, o Estado deve garantir o direito à liberdade de reunião. Donde decorre que a liberdade de reunião pacífica inclui o direito de beneficiar da protecção das autoridades contra os opositores à manifestação[616].

O direito de reunião inclui também o direito de participar numa manifestação pacífica, protegendo os participantes contra medidas de carácter repressivo antes, durante e após a manifestação[617].

---

[615] A noção de reunião pacífica não abrange uma manifestação, cujos organizadores são claramente animados de fins violentos – ver caso *Stankov* e *United Macedonian Organisation Ilinden*, de 02/10/2001, Rec. 2001, par. 77.

[616] Ver caso *Plattform «Ärtze für das Leben»*, cit., par. 32.

[617] Ver caso *Ezelin*, cit., par. 39.

b) O direito de associação

O direito de associação compreende o direito de pessoas singulares e colectivas se agruparem, por um período mais ou menos longo, para a prossecução de determinados fins. A liberdade de associação visa constituir grupos duráveis, estáveis e permanentes.

A CEDH refere expressamente os sindicatos, isto é, considera o direito de filiação sindical como um aspecto particular da liberdade de associação[618], excluindo, portanto, o monopólio sindical.

Questão que suscitou alguma controversa foi a de saber se a CEDH garantia também o direito de não se sindicalizar, ou seja, se este direito também tinha uma componente negativa. Após alguma hesitação[619], o TEDH acabou por considerar que existe um direito de associação negativo[620] e que o Estado deve proteger o indivíduo na sua liberdade de não se sindicalizar[621].

No caso *Gustafsson*, o Tribunal admitiu implicitamente que o direito de negociação colectiva é inerente à liberdade sindical[622].

O direito à greve representa uma componente essencial do direito sindical, mas os Estados podem limitar nalguns casos o seu exercício[623].

Outro aspecto controverso prende-se com a questão de saber se o direito de associação se aplica aos partidos políticos e, em caso afirmativo, qual a protecção de que gozam.

Partindo do carácter autónomo do conceito de associação[624], o TEDH engloba os partidos políticos nas associações[625] e a protecção europeia aos partidos políticos é a mais ampla possível e inclui o direito de se filiar num partido[626].

---

[618] Em bom rigor, a liberdade sindical é um direito social e não um direito civil e político.
[619] Ver caso *Young, James e Webster*, de 13/08/1981, A 44, par. 55.
[620] Ver caso *Sigurdur*, de 30/06/1993, A 264, par. 35.
[621] Ver caso *Gustafsson*, de 25/04/1996, Rec. 1996, par. 45.
[622] Caso cit.
[623] Ver caso *Schmidt e Dahlströn*, de 06/02/1976, A 21, par. 36 e ss.
[624] Ver casos *Engel e König*, cit.
[625] Ver caso *Partido Comunista Unificado da Turquia (PCU)*, cit.
[626] Ver caso *Ahmed*, de 02/09/1998, Rec. 1998, IV, par. 51 e ss.

c) As restrições admissíveis ao exercício do direito de associação

As restrições ao exercício do direito de associação estão previstas no n.º 2 do art. 11.º CEDH e, tal como já vimos suceder em relação às restrições aos outros direitos e liberdades, encontram-se submetidas a um rigoroso controlo dos órgãos da Convenção, na medida em que a violação do art. 11.º CEDH implica, de um modo geral, também a violação do art. 10.º CEDH, relativo à liberdade de expressão. Esta é a posição do TEDH relativamente, por exemplo, à protecção dos partidos políticos. Segundo ele, os partidos desempenham um papel essencial para a manutenção do pluralismo e para o bom funcionamento da democracia, pelo que beneficiam da protecção dos arts. 10 e 11.º CEDH[627].

Contudo, casos há em que se justifica restringir o direito de associação. Assim, a dissolução de uma associação fascista pode ser necessária para a segurança pública. A proibição de uma reunião, que visa pôr em causa a identidade de uma Nação, pode ter fundamento na segurança nacional. Por razões de ordem pública certas manifestações podem ser até totalmente proibidas, dependendo da gravidade da ameaça e da proporcionalidade da medida, desde que a interdição seja limitada no tempo e no espaço. Não basta, todavia, ao Estado invocar o risco de contra-manifestações violentas[628].

24.7.2. *As restrições à actividade política dos estrangeiros*

O art. 16.º CEDH permite aos Estados imporem limitações especiais aos estrangeiros e apátridas, relativamente ao gozo das liberdades de expressão, de associação e de reunião.

Este preceito deve interpretar-se restritivamente, circunscrevendo as actividades políticas não admitidas àquelas que possam deteriorar as relações entre o Estado de acolhimento e o Estado estrangeiro. Os estrangeiros têm um dever de discrição em relação ao país de acolhimento e devem evitar conflitos entre facções ou grupos políticos do país de origem que perturbem a ordem pública no país de acolhimento.

---

[627] Ver caso *PCU*, par. 43.
[628] Ver caso *Stankov*, cit., par. 94.

24.7.3. O direito a eleições livres

O art. 3.º do Protocolo n.º 1 consagra o direito a eleições livres, o qual está intimamente ligado às liberdades de expressão e de associação. O Estado tem o dever de organizar eleições democráticas.

O direito a eleições livres implica não só o direito de votar, mas também o direito de ser eleito[629] e, uma vez eleito, de exercer o seu mandato[630].

Este artigo não se aplica apenas às eleições para o parlamento nacional, mas a todas as eleições, incluindo as do Parlamento Europeu[631]. Contudo, não impõe a eleição do Chefe de Estado e não se aplica aos referendos.

O direito a eleições livres não pressupõe nenhum sistema eleitoral determinado, mas é essencial que os Estados observem o princípio da igualdade de tratamento de todos os cidadãos no seu direito de voto e no direito de se apresentar ao sufrágio[632]. Além disso, as eleições devem ser organizadas, de modo a que a escolha dos eleitores seja livre, periódica e por escrutínio secreto.

O TEDH admite limitações ao exercício do direito a eleições livres fundadas na nacionalidade, na idade, na profissão, no domicílio ou residência, na prisão, em consequência de certas condenações penais[633]. Também é possível estabelecer as condições para o reconhecimento de um partido político ou para a apresentação de listas.

A ausência de uma enumeração exaustiva das causas de limitação deixa aos Estados uma grande margem de manobra[634], devendo, contudo, sublinhar-se que não pode ser posto em causa o conteúdo essencial do direito. Assim, por exemplo, a imposição de uma restrição automática e geral aos direitos dos presos excede os limites da margem de apreciação admissível e, actualmente, já não se pode considerar aceitável numa sociedade democrática[635].

---

[629] Caso *Mathieu-Mohin e Clerfayt*, de 02/03/1987, A 113, par. 51.
[630] Ver caso *Sadak e outros*, de 11/06/2002, Rec. 2002, IV, par. 33.
[631] Caso *Matthews*, de 18/02/1999, Rec. 1999, I, par. 48 e ss.
[632] Caso *Mathieu-Mohin e Clerfayt*, cit., par. 54; caso *Aziz*, de 22/6/2004, Rec. 2004, par. 34 e ss.
[633] Caso *Mathieu-Mohin e Clerfayt*, cit, par. 51 e 52.
[634] Ver caso *Zdanoka*, de 17/6/2004, Rec. 2004, par. 86.
[635] Ver caso *Hirst*, de 30/3/2004, Rec. 2004, par. 39 e ss.

24.7.4. Bibliografia de apoio ao ponto 24.7.

- CABRAL BARRETO, IRINEU – *A Convenção Europeia...*, p. 203 e ss.
- GRABENWARTER, CHRISTOPH – *Europäische Menschenrechtskonvention ...*, p. 267 e ss.
- JANIS, MARK W./KAY, RICHARD S./BRADLEY, ANTHONY W. – *European Human Rights...*, p. 217 e ss.
- MARAUHN, THILO – *Kommunikationsgrundrechte*, in DIRK EHLERS, (org.), Europäische Grundrechte..., p. 95 e ss.
- MERRILS, J. G./ROBERTSON, A. H. – *Human Rights in Europe...*, p. 181 e ss.
- MOWBRAY, ALASTAIR/HARRIS, DAVID – *Cases and Materials...*, p. 539 e ss e 709 e ss.
- RENUCCI, JEAN-FRANÇOIS – *Droit Européen...*, p. 171 e ss.
- SCHILLING, THEODOR – *Internationaler Menschenrechtsschutz...*, p. 118 e ss.
- SUDRE, FRÉDÉRIC e. a. – *Les grands arrêts....* p. 463 e ss.
- VALTICOS, NICOLAS – *Comentário ao art. 11.º*, in LOUIS-EDMOND PETTITI/ /EMMANUEL DECAUX/PIERRE-HENRI IMBERT, La Convention européenne..., p. 419 e ss.
- VAN DICK, P./VAN HOOF, G. J. H. – *Theory and Practice...*, p. 586 e ss.

25. Os direitos económicos, sociais e culturais reconhecidos na CEDH

Como já vimos, a CEDH debruça-se, essencialmente, sobre direitos civis e políticos, deixando a maior parte dos direitos económicos, sociais e culturais para a Carta Social Europeia.

Todavia, a CEDH e os seus protocolos também reconhecem alguns direitos de segunda geração, como é o caso da liberdade sindical, do direito à instrução e do direito de propriedade, encarando-os, muitas vezes, como o prolongamento dos direitos civis e políticos. Aliás, torna-se muito difícil estabelecer departamentos estanques neste domínio.

Tendo em conta que já estudámos o direito à liberdade sindical em ligação com a liberdade de associação, vamos agora tratar do direito à instrução e do direito de propriedade.

25.1. O direito à instrução

O direito à instrução está previsto no art. 2.º do Protocolo n.º 1. Segundo este preceito, a ninguém pode ser recusado o direito à instrução.

Apesar da formulação negativa, este direito deve considerado como fundamental.

Positivamente, o direito à instrução é o direito de beneficiar do acesso às escolas existentes num determinado momento[636], devendo o Estado reconhecer oficialmente os estudos realizados[637].

Os Estados não estão obrigados a organizar à sua custa ou a subvencionar um determinado ensino[638].

O art. 2.º do Protocolo n.º 1 reconhece também o direito dos pais a proporcionar aos filhos a educação e o ensino que eles consideram mais adequados, salvaguardando, assim, a possibilidade de um pluralismo educativo, essencial à preservação de uma sociedade democrática, tal como a concebe a CEDH[639]. Por isso, o Estado está obrigado nas escolas públicas a respeitar as convicções dos pais no conjunto dos programas de ensino[640].

25.2. O direito ao respeito dos bens e o direito de propriedade

Segundo o art. 1.º do Protocolo n.º 1, qualquer pessoa singular ou colectiva tem direito ao respeito dos seus bens. Para o Tribunal este preceito contém três regras distintas. A primeira, de ordem geral, enuncia o respeito da propriedade. Protege, portanto, o direito de propriedade das pessoas físicas e colectivas. A segunda admite a privação da propriedade, submetendo-a a certas condições. A terceira reconhece a possibilidade de o Estado regulamentar o uso dos bens, de acordo com o interesse geral, ou para assegurar o pagamento de impostos ou outras contribuições ou multas[641].

a) Noção de bem

O direito de propriedade aqui protegido não se limita aos bens corpóreos, englobando os direitos reais, como, por exemplo, as servidões, ou

---

[636] Caso *Kjeldsen e outros*, de 07/12/76, A 23, par. 52.
[637] Caso *Affaire linguistique belge*, cit.
[638] Ver caso *Affaire linguistique belge*, cit.
[639] Caso *Kjeldsen e outros*, cit., par. 50.
[640] Caso *Kjeldsen e outros*, cit., par. 51.
[641] Caso *Sporrong e Lönnroth*, de 23/09/1982, A 52, par. 60.

as acções de uma sociedade anónima[642], a licença de explorar um estabelecimento comercial[643], o direito exclusivo de caçar ou de pescar. Um crédito também pode constituir um bem[644].

A Convenção não abrange o direito de propriedade em relação a bens futuros e também não garante qualquer direito de adquirir a propriedade[645].

b) A privação do direito de propriedade

Nos termos do art. 1.°, par. 1.°, do Protocolo n.° 1, a privação de bens deve ocorrer, de acordo com as condições previstas na lei[646] e nos princípios gerais de direito internacional, segundo os quais a privação de bens dos estrangeiros pressupõe uma indemnização pronta, adequada e efectiva[647].

Esta remissão para os princípios gerais de direito internacional coloca problemas de eventual discriminação dos nacionais, nos casos em que há lugar a uma indemnização, devido à privação ou afectação do direito de propriedade. O TEDH torneou esta dificuldade com a ideia do justo equilíbrio entre os diversos interesses, o que pode implicar a necessidade de indemnizar tanto nacionais como estrangeiros, com uma soma igual ao valor do bem, podendo existir excepções onde a indemnização não exista ou seja parcial.

A ofensa do direito de propriedade só está justificada, se existir um justo equilíbrio entre, por um lado, as exigências do interesse geral e, por outro lado, os imperativos dos direitos fundamentais de um indivíduo[648], ou seja, uma indemnização razoável e proporcional ao prejuízo.

A privação da propriedade por causa de utilidade pública abrange a expropriação formal e a expropriação de facto, traduzida numa ocupação, sem que ao longo do tempo fosse concedida uma indemnização[649].

---

[642] Caso *Sovtransavto Holding*, de 25/07/2002, Rec. 2002, VII, par. 91.

[643] Caso *Van Marle*, de 26/06/1986, A 101, par. 41 e ss e caso *Tre Traktörer Aktielobag*, de 07/07/1989, A 159, par. 53.

[644] Ver caso *Refinarias gregas Stran e Stratis Andreadis*, de 09/12/1994, A 301-B, par. 62; *S. A. Dangeville*, de 16/04/2002, Rec. 2002, III, par. 46 e ss.

[645] Caso *Oneryildiz*, de 18/06/2002, Rec. 2002, par. 40.

[646] Caso *James e outros*, de 21/02/1986, A 98, par. 54.

[647] Caso *Lithgow* e outros, de 08/07/1986, A 102, par. 119.

[648] Caso *James e outros*, cit., par. 50; caso *Sporrong e Lönnroth*, cit., par. 69.

[649] Caso *Sporrong e Lönnroth*, cit., par. 63 e 72; caso *Mellacher*, de 19/12/89, A 169, par. 44.

Abrange também a transferência de propriedade entre particulares, no quadro de uma política de ordem social, económica ou outra[650], como a reestruturação da propriedade para uma exploração racional. Deve haver uma proporcionalidade entre os meios utilizados e o fim visado[651].

O art. 1.º do Protocolo n.º 1 não garante uma certa qualidade do meio ambiente, mas ruídos consideráveis podem, por força da perda de valor do bem imobiliário, prejudicar o direito ao respeito dos bens.

c) A regulamentação do uso dos bens

A regulamentação do uso dos bens está subordinada à lei, à prossecução do interesse geral e à proporcionalidade com o fim e ainda a um justo equilíbrio entre as exigências do interesse geral e os imperativos de protecção dos direitos fundamentais dos indivíduos[652].

Na definição do interesse geral os Estados detêm uma grande margem de apreciação tanto para escolher as modalidades de aplicação como para julgar se as suas consequências se encontram legitimadas no interesse geral e pela preocupação de atingir os objectivos da lei[653].

As medidas de urbanismo que acordam, retiram ou limitam o direito de construir em razão da protecção do ambiente devem ser vistas como uma regulamentação do uso dos bens[654].

A regulamentação de bens pode justificar-se para assegurar o pagamento de impostos ou de outras contribuições ou multas.

25.3. Bibliografia de apoio ao ponto 25

- CABRAL BARRETO, IRINEU – *A Convenção Europeia...*, p. 327 e ss.
- CONDORELLI, LUIGI – *Comentário ao art. 1.º do Protocolo n.º 1*, in LOUIS-EDMOND PETTITI/EMMANUEL DECAUX/PIERRE-HENRI IMBERT, La Convention européenne..., p. 971 e ss.

---

[650] Caso *James e outros*, cit., par. 45.
[651] Caso *James e outros*, cit., par. 50.
[652] Caso *Chassagnou*, de 29/04/1999, Rec. 1999, III, par. 75.
[653] Caso *Chassagnou*, cit., par. 75.
[654] Caso *Fredin*, de 18/02/1991, A 192, par. 47; *Pine Valley*, de 29/11/1991, A 222, par. 56.

- GRABENWARTER, CHRISTOPH – *Europäische Menschenrechtskonvention* ..., p. 412 e ss.
- MERRILS, J. G./ROBERTSON, A. H. – *Human Rights in Europe*..., p. 234 e ss.
- MOWBRAY, ALASTAIR/HARRIS, DAVID – *Cases and Materials*..., p. 647 e ss.
- QUADROS, FAUSTO DE – *A protecção da propriedade*..., p. 228 e ss
- RENUCCI, JEAN-FRANÇOIS – *Droit Européen*..., p. 333 e ss.
- SUDRE, FRÉDÉRIC e. a. – *Les grands arrêts*.... p. 497 e ss.
- SCHILLING, THEODOR – *Internationaler Menschenrechtsschutz*..., p. 157 e ss.
- VAN DICK, P./VAN HOOF, G. J. H. – *Theory and Practice*..., p. 618 e ss.
- WEGENER, BERNHARD W. – *Wirtschaftsgrundrechte, in* DIRK EHLERS, (org.), Europäische Grundrechte..., p. 108 e ss.

26. O controlo do respeito dos compromissos resultantes da CEDH e dos seus protocolos

26.1. A evolução do sistema de controlo

A CEDH, para além de reconhecer o catálogo de direitos fundamentais, que acabámos de analisar, previu, desde o início, formas diversas de garantia desses mesmos direitos. O sistema começou por ter um carácter misto, mas, após várias modificações, acabou por adquirir um carácter totalmente jurisdicional.

Actualmente, encontra-se aberto à ratificação dos Estados partes o Protocolo n.° 14, o qual introduzirá novas alterações no sistema de controlo da Convenção.

26.1.1. De um sistema originário misto...

O sistema de controlo originariamente previsto na CEDH era composto pela Comissão Europeia dos Direitos Humanos, pelo Tribunal Europeu dos Direitos Humanos e por um órgão pré-existente à Convenção – o Comité de Ministros. Tratava-se, portanto, de um sistema misto, em que participavam dois órgãos políticos e um órgão jurisdicional.

A ComEDH tinha competência para se pronunciar sobre a admissibilidade das petições, para fixar os factos, para conciliar as partes e, no caso de a tentativa de conciliação fracassar, deveria formular um parecer sobre se havia ou não violação da Convenção.

O TEDH estava encarregado de proferir a decisão definitiva e obrigatória sobre os processos que lhe eram submetidos pela Comissão ou por uma Alta Parte Contratante.

Ao Comité de Ministros competia tomar uma decisão definitiva e obrigatória sobre os processos que não fossem submetidos ao Tribunal.

Este mecanismo inicial de controlo era bastante complexo e tinha um carácter híbrido – meio jurisdicional, meio político. Como já se disse, sofreu algumas modificações ao longo da sua existência, modificações essas que culminaram no Protocolo n.° 11.

26.1.2. ...A um sistema exclusivamente jurisdicional – o Protocolo n.° 11

O Protocolo n.° 11 reformou o sistema de controlo da Convenção, com base em duas ideias-força:

1. a supressão das cláusulas facultativas de aceitação do direito de petição individual e da jurisdição do TEDH, conferindo ao indivíduo acesso directo àquele Tribunal;
2. a unificação orgânica, ou seja, substituem-se os três órgãos envolvidos no controlo por um órgão permanente – o TEDH.

O novo Tribunal, funcionando em secção de três juízes, assumiu certas funções anteriormente exercidas pela ComEDH, a saber, o exame da admissibilidade da petição, a fixação dos factos, a conciliação e a decisão de fundo. A secção emite um acórdão obrigatório, ao contrário da ComEDH, que emitia um parecer.

A secção de três juízes pode, por unanimidade, declarar a petição inadmissível. Então competirá a uma secção de sete juízes decidir. Este acórdão só é definitivo se, no prazo de 3 meses, nenhuma das partes solicitar o reenvio ao Pleno de dezassete juízes.

Daqui decorre que desapareceu a ComEDH e se suprimiram os poderes do Comité de Ministros no sistema de garantia, devido à sua falta de independência e de imparcialidade. Além disso, o processo não obedecia ao princípio do contraditório nem ao da igualdade de armas.

26.2. O Tribunal Europeu dos Direitos Humanos

O Tribunal Europeu foi criado em 1959, após a aceitação da sua jurisdição por oito Estados.

26.2.1. A composição

O TEDH é composto por um número de juízes igual ao número de Estados Contratantes (art. 20.º CEDH), ou seja, 46 juízes.

Os juízes são eleitos pela Assembleia Parlamentar relativamente a cada Alta Parte Contratante, por maioria dos votos expressos, com base numa lista de três candidatos (art. 22.º, n.º 1, CEDH), de entre pessoas da mais elevada reputação moral e que reúnam as condições requeridas para o exercício de altas funções judiciais ou sejam jurisconsultos de reconhecida competência (art. 21.º, n.º 1, CEDH).

A duração do mandato é de seis anos, renovável (art. 23.º, n.º 1, CEDH).

26.2.2. A organização e o funcionamento

O TEDH só funciona em plenário nos casos previstos no art. 26.º CEDH, dos quais se destacam a eleição dos seus Presidente e Vice-Presidentes e a adopção do seu regulamento interno.

Nos restantes casos, o Tribunal funciona em secções de três juízes, as quais têm competência para rejeitar, por unanimidade, as petições individuais manifestamente inadmissíveis (art. 28.º CEDH), em secções de sete juízes, que são as formações ordinárias de julgamento e em Pleno, que é composto por dezassete juízes (art. 27.º CEDH).

26.2.3. A competência consultiva e contenciosa

A competência do TEDH é de dois tipos:
a) consultiva – aprecia os pedidos de parecer que lhe forem formulados nos termos do art. 47.º (art. 31.º, al. b), CEDH);
b) contenciosa – pronuncia-se sobre as petições interestaduais (art. 33.º CEDH) e individuais (art. 34.º CEDH).

26.2.4. A competência contenciosa

Após a entrada em vigor do Protocolo n.º 11, a adesão à CEDH implica o reconhecimento da competência obrigatória do Tribunal.

Antes da entrada em vigor deste Protocolo, a competência do Tribunal era facultativa e dependia de uma declaração de aceitação por parte dos Estados.

A competência do TEDH estende-se a todos os casos que digam respeito à interpretação e aplicação da CEDH e dos seus protocolos adicionais (art. 32.º CEDH).

26.2.5. As características do processo perante o TEDH

O processo perante o TEDH tem as seguintes características:

a) Publicidade – as audiências do TEDH são públicas, salvo decisão contrária do Tribunal por razões de moralidade, ordem pública, segurança nacional ou interesse da justiça (art. 40.º, n.º 1, CEDH). O público tem acesso aos documentos depositados no Secretário, salvo decisão em sentido contrário do Presidente do TEDH (art. 40.º, n.º 2, CEDH). O acórdão final é lido em audiência pública e será publicado (art. 44.º, n.º 3, CEDH).

b) Processo contraditório – ao conferir ao indivíduo o direito de acesso directo ao TEDH, a Convenção confere-lhe também a qualidade de parte e garante o princípio do contraditório.

c) Intervenção de terceiros – o art. 36.º CEDH organiza um processo de intervenção de terceiros, autorizando o Estado de que o requerente é nacional e toda a pessoa interessada, para além do próprio requerente, a apresentar observações escritas e a tomar parte nas audiências.

26.2.6. A competência ratione personae

26.2.6.1. Os assuntos interestaduais

O art. 33.º CEDH prevê que todo o Estado parte pode recorrer ao TEDH por violação de toda e qualquer norma da Convenção cometida por qualquer outro Estado.

Trata-se de um recurso «objectivo», pois o Estado não age para proteger os seus próprios direitos, nem de acordo com o princípio da reciprocidade.

26.2.6.2. As petições individuais

Após o Protocolo n.º 11 o direito de petição individual está consagrado no art. 34.º CEDH e não está sujeito a restrições.

Os titulares do direito de petição individual são as pessoas singulares, as organizações não governamentais e os grupos de particulares.

A CEDH não impõe condições relativas à nacionalidade, à residência, ao estado civil ou à capacidade dos indivíduos. Assim, a protecção da CEDH pode ser invocada contra um Estado parte não apenas pelos seus nacionais, mas também pelos nacionais de outros Estados partes ou terceiros à Convenção, por refugiados ou apátridas, desde que a violação invocada tenha tido lugar nos limites da jurisdição do Estado parte da Convenção. As pessoas consideradas como incapazes podem dirigir-se ao TEDH, mesmo sem serem representadas por um tutor ou curador.

As organizações não governamentais não podem ser entendidas no sentido internacional da expressão, pois tem-se em vista excluir toda a organização governamental. Ficam assim abrangidas as sociedades comerciais, os sindicatos, as associações religiosas, as associações com fim social e caritativo, as aldeias de grupos minoritários, etc.

Organização não governamental é, portanto, toda a pessoa colectiva que não participe na Administração Pública.

O art. 34.º CEDH impõe que o indivíduo tenha sido vítima de uma violação da Convenção, o que significa que não existe uma acção popular a favor dos particulares.

Mas já se admite a noção de vítima potencial ou eventual, ou seja, toda a pessoa susceptível de ficar abrangida pela aplicação de uma lei pretensamente incompatível com as disposições da Convenção. Além disso, também se admite a noção de vítima indirecta, ou seja, toda a pessoa que sofreu um prejuízo, devido à violação dos direitos de um terceiro ou que tem um interesse pessoal válido que seja posto fim à violação.

26.2.7. As condições de admissibilidade da petição

26.2.7.1. Prazos

A petição deve ser feita num prazo de 6 meses a contar da data da decisão interna definitiva (art. 35.º CEDH), a qual consiste na decisão que esgotou todos os meios na ordem jurídica interna.

26.2.7.2. O princípio do esgotamento dos meios internos

O princípio do esgotamento dos meios internos está previsto no art. 35.º, n.º 1, CEDH. Esta regra tem por objectivo a protecção das soberanias nacionais contra os processos internacionais intempestivos.

A regra do esgotamento dos meios jurisdicionais internos implica o carácter complementar e subsidiário do sistema de protecção dos direitos humanos, valendo tanto para as petições interestaduais como para as individuais.

A *ratio* desta regra baseia-se na ideia de que os sistemas nacionais estão, em princípio, melhor colocados – porque mais próximos – para se pronunciar do que os sistemas internacionais.

A obrigação de esgotar os meios internos limita-se aos meios efectivos e úteis.

26.2.7.3. As condições específicas de admissibilidade das petições individuais

As causas de inadmissibilidade das petições individuais estão previstas nos arts. 35.º, n.ºs 2 e 3, CEDH e são as seguintes:

– o carácter anónimo da petição (al. a) do n.º 2 do art. 35.º CEDH);
– a coincidência, no essencial, do conteúdo da petição com outra anteriormente submetida a instância internacional, nomeadamente ao Comité dos Direitos do Homem, criado pelo Pacto Internacional de Direitos Civis e Políticos (art. 35.º, n.º 2, al. b, CEDH) – cabe, pois, ao particular escolher qual o meio processual internacional que pretende accionar, sendo parcialmente interdito o cúmulo dos meios previstos em ambos os instrumentos internacionais;
– a incompatibilidade das disposições da Convenção (art. 35.º, n.º 3, CEDH);
– o abuso de direito (art. 35.º, n.º 3, CEDH);
– a falta manifesta de fundamentação (art. 35.º, n.º 3, CEDH).

26.2.8. O procedimento no TEDH

a) O exame preliminar da petição

O exame preliminar da petição foi, inicialmente, confiado à ComEDH, mas com a entrada em vigor do Protocolo n.º 11 passou a ser da competência do TEDH. As petições individuais são atribuídas a uma secção, sendo designado um juiz relator pelo presidente. Se o juiz relator considerar o processo manifestamente inadmissível pode remetê-lo a um comité de três juízes (art. 28.º). Pelo contrário, se o considerar admissível remete-o à secção de sete juízes (art. 29.º).

b) A legitimidade

A legitimidade passiva pertence aos Estados partes da Convenção. O TEDH não é competente para examinar petições contra particulares nem contra a Comunidade Europeia ou a União Europeia. A legitimidade activa pertence tanto aos Estados como aos indivíduos.

c) A admissibilidade da petição

A secção de três juízes pode rejeitar as petições manifestamente inadmissíveis, por unanimidade. Esta decisão é definitiva (art. 28.º CEDH).

d) A decisão sobre a admissibilidade da petição

A decisão de admissibilidade pode mais tarde vir a sofrer uma excepção de rejeição.

e) O exame da petição admissível

Uma vez admitida a petição, a secção deve fixar os factos e facilitar uma solução amigável entre os interessados (art. 38.º CEDH).

  i) A fixação dos factos – a secção é o juiz colegial da instrução. De acordo com o art. 38.º, n.º 1, al. a), CEDH, deve assegurar-se o carácter contraditório do processo para garantir a igualdade das partes.

ii) A solução amigável – implica uma função de conciliação da secção (art. 38.º, n.º 1, al. b), CEDH). A originalidade deste sistema reside no facto de o indivíduo poder levar a cabo verdadeiras negociações com o Governo do Estado acusado, do qual ele é, na maior parte dos casos, nacional. Este processo é confidencial (art. 38.º, n.º 2, CEDH).
A secção não pode homologar qualquer acordo, sem averiguar se ele é conforme à CEDH.
A ausência de solução amigável abre a fase do julgamento sobre o fundo por parte da secção.

26.2.9. O julgamento sobre o fundo da questão

A CEDH, revista pelo Protocolo n.º 11, jurisdicionaliza totalmente o processo, confiando, em exclusivo, ao Tribunal a competência para se pronunciar, segundo as diversas modalidades, sobre o fundo do caso, através de um acórdão.

a) A adopção de um acórdão

De acordo com o art. 45.º CEDH, o processo perante o TEDH deve conduzir à adopção de um acórdão, que deve ser fundamentado. Os juízes podem juntar as suas opiniões individuais dissidentes ou concordantes.
O acórdão do TEDH vai declarar a compatibilidade ou não das medidas nacionais com a Convenção. Trata-se de um contencioso de legalidade e não de um contencioso de anulação.
A CEDH prevê a possibilidade de conferir uma indemnização ao indivíduo, cujos direitos foram violados (art. 41.º). Trata-se de um direito subsidiário que só será accionado se o direito interno não permitir a reparação dos prejuízos sofridos.
O TEDH subordina a reparação do prejuízo às seguintes condições:
i) o prejuízo deve ser pessoal;
ii) o prejuízo deve ser directo[655];

---

[655] Ver caso *Ed. Périscope*, cit.

iii) deve existir um nexo de causalidade entre a falta constatada e o prejuízo alegado;

iv) o prejuízo deve ser certo[656].

b) O acórdão do Pleno

O art. 43.º CEDH prevê um processo de devolução para o Tribunal Pleno, o qual implica o reexame dos casos julgados pelas secções. Uma decisão de rejeição não é susceptível de devolução.

O reexame tem em vista assegurar a coerência da jurisprudência e a uniformidade da interpretação da CEDH.

26.2.10. *Os efeitos do acórdão proferido pelo TEDH*

O acórdão tem autoridade de caso julgado. É definitivo (art. 44.º, n.º 1, CEDH), mas não imediatamente, devido à possibilidade de devolução para o Tribunal Pleno, acabada de mencionar.

O carácter definitivo do acórdão não impede o pedido de revisão ou de interpretação dirigido ao TEDH.

O acórdão não tem autoridade *erga omnes* e não vale como título executivo nos territórios dos Estados condenados (art. 46.º, n.º 1, CEDH). O TEDH considera que os seus acórdãos deixam aos Estados a escolha dos meios para se conformar com as obrigações impostas pelos acórdãos.

O Comité de Ministros deve velar pela execução do acórdão (art. 46.º, n.º 2, CEDH). Numa primeira fase, convida o Estado a informá-lo sobre as medidas adoptadas na sequência do acórdão. Se o Estado não responde a este convite, então inscreve o caso de seis em seis meses na ordem do dia.

Na prática, os Estados cumprem, de um modo geral, os acórdãos do TEDH, alterando, frequentemente, a sua legislação na sequência de «condenações» no TEDH[657].

---

[656] Ver caso *Keegan*, cit.
[657] Ver sítio http://www.echr.coe.int/Fr/FDocs/EffectsofJudgements.html

26.3. O Protocolo n.° 14

O alargamento do Conselho da Europa aos países da Europa Central e de Leste, que se verificou desde 1989, implicou um crescente número de petições individuais, que provocou o congestionamento do TEDH, o qual não melhorou com a reforma operada pelo protocolo n.° 11.

Daí que, os Estados membros do Conselho da Europa, tenham adoptado, em 12 de Maio de 2004, o Protocolo n.° 14, que já obteve 13 ratificações[658] e entrará em vigor quando todos os Estados membros o tiverem ratificado.

Este protocolo modifica o sistema de controlo da CEDH no sentido da sua maior eficácia. Para isso, introduz, a montante, um sistema de filtragem das petições e, a jusante, consolida o controlo da execução dos acórdãos. Além disso, reforça a ideia de que a principal responsabilidade de implementação da CEDH compete aos Estados membros.

O Protocolo n.° 14 modifica o sistema de controlo nos seguintes termos:

a) a formação de juiz singular (art. 6.°, n.° 3, e art. 7.° do Protocolo) – o TEDH passará a actuar em formação de juiz singular, que terá competência para rejeitar uma petição individual manifestamente inadmissível;

b) a introdução de um processo acelerado para os casos repetitivos – a secção de três juízes passará a poder admitir a petição, por unanimidade, e julgar sobre o fundo da questão, desde que já exista jurisprudência constante do TEDH sobre a matéria (art. 8.° do Protocolo);

c) a exigência do requisito do prejuízo significativo – as petições individuais serão declaradas inadmissíveis, se não houver um prejuízo significativo (art. 12.° do Protocolo).

O Protocolo n.° 14 reforça os poderes do Comité de Ministros, em matéria de execução das decisões do TEDH, o qual passa a ter competência para suscitar questões de interpretação de um acórdão anterior, bem como para propor uma acção por incumprimento contra o Estado que não cumpre um acórdão anterior (art. 16.° do Protocolo). Em ambos os casos, o Comité deve decidir por maioria de dois terços dos seus membros.

---

[658] Informação obtida no sítio do Conselho da Europa, em 28 de Julho de 2005.

26.4. Bibliografia de apoio ao ponto 26

a) Sobre o sistema de controlo previsto na CEDH em geral

- CABRAL BARRETO, IRINEU – *A Convenção Europeia...*, p. 236 e ss.
- GRABENWARTER, CHRISTOPH – *Europäische Menschenrechtskonvention ...*, p. 53 e ss.
- JANIS, MARK W./KAY, RICHARD S./BRADLEY, ANTHONY W. – *European Human Rights...*, p. 27 e ss.
- MERRILS, J G./ROBERTSON, A. H. – *Human Rights in Europe...*, p. 271 e ss.
- MOWBRAY, ALASTAIR/HARRIS, DAVID – *Cases and Materials...*, p. 1 e ss.
- RENUCCI, JEAN-FRANÇOIS – *Droit Européen...*, p. 573 e ss.
- SCHILLING, THEODOR – *Internationaler Menschenrechtsschutz...*, p. 251 e ss.
- SUDRE, FRÉDÉRIC e. a. – *Les grands arrêts....* p. 531 e ss.
- VAN DICK, P./VAN HOOF, G. J. H. – *Theory and Practice...*, p. 97 e ss.

b) Sobre o Protocolo n.º 11

- MAKARCZYK, JERZY – *Le protocole n.º 11 à la Convention de sauvegarde des droits de l'Homme et des libertés fondamentales: notes de lecture, in* Mélanges en l'honneur de NICOLAS VALTICOS, Paris, 1999, p. 439 e ss.
- MICHEO, FERNANDO ALVAREZ-OSSORIO – *Perfecciones e imperfecciones en el protocolo 11 al Convenio Europeo de Derechos Humanos y otros comentarios a proposito de su entrada en vigor (1-XI-98),* Revista Española de Derecho Constitucional (REDC), 1999, p. 135 e ss.

c) Sobre o Protocolo n.º 14

- BEERNAERT, MARIE-AUDE – *Protocol 14 and New Strasbourg Procedures: Towards Greater Efficiency? At what Price?,* E.H.R.L.R., 2004, p. 544 e ss.
- LAGOUTTE STÉPHANIE – *Le Protocole 14 à la Convention européenne des droits de l'homme: une assurance de la pérennité du système européen de protection des droits de l'homme?,* CDE, 2005, p. 127 e ss.

27. A Carta Social Europeia

Como já vimos, a Convenção Europeia dos Direitos Humanos reconhece, essencialmente, os direitos, as liberdades e as garantias, ou numa terminologia mais internacionalista, os direitos civis e políticos. Os direitos económicos e sociais estão previstos na Carta Social Europeia. Aliás, a CEDH e a CSE completam-se[659].

A CSE foi adoptada, em Turim, em 18 de Outubro de 1961, e entrou em vigor, em 26 de Fevereiro de 1965[660]. Desde então, foi objecto de algumas modificações ou aditamentos, a saber:

    a) O Protocolo Adicional à Carta, de 5 de Maio de 1988, que entrou em vigor em 4 de Setembro de 1992, consagrou novos direitos[661];

    b) O Protocolo de Emenda à Carta Social Europeia, de 21 de Outubro de 1991, que ainda não entrou em vigor[662];

    c) O Protocolo Adicional à Carta, de 9 de Novembro de 1995, que entrou em vigor em 1 de Setembro de 1998, introduz um sistema de reclamações colectivas[663];

    d) A Carta Social Europeia Revista, de 3 de Maio de 1996, que entrou em vigor em 1 de Setembro de 1999[664], destina-se a substituir progressivamente a Carta Social Europeia e o seu Protocolo Adicional de 1988, através da introdução de novos direitos económicos e sociais e da ampliação dos já existentes.

A CSE tem como objectivo a eliminação de toda a discriminação social, a melhoria do nível de vida e a promoção do bem-estar social e para isso reconhece os direitos económicos e sociais. Os Estados têm levantado, todavia, mais dificuldades ao reconhecimento destes direitos do que levantaram ao reconhecimento dos direitos, liberdades e garantias previstos na CEDH.

Com efeito, a enumeração dos direitos na CSE é bastante minimalista, pelo simples facto de que não se conseguiu chegar a um consenso mais alargado. Tal situação foi objecto de muitas críticas, o que contribuiu

---

[659] O próprio TEDH não hesita em invocar, quer preceitos contidos na CSE, como é o caso, por exemplo, do art. 1.º, n.º 2, relativo ao direito do trabalhador ganhar a sua vida através de um trabalho livremente realizado, quer a interpretação que o CEDS deu a esse preceito. Ver caso *Sidabras e Dziautas*, de 27/7/2004, Rec. 2004, par. 47.

[660] Em Junho de 2005, são 27 os Estados partes.

[661] Em Junho de 2005, conta com 13 Estados partes.

[662] Em Junho de 2005, os Estados partes são 22.

[663] Em Junho de 2005, são 11 os Estados partes.

[664] Em Junho de 2005, a Carta Social Europeia revista conta com 19 Estados partes.

para a incorporação de novos direitos na CSE, quer através de Protocolos Adicionais, quer da revisão da própria CSE.

Outro aspecto que deve ser salientado como um dos pontos fracos da CSE é a possibilidade conferida aos Estados de usarem a técnica da opção e de recorrerem a cláusulas gerais de aplicação, o que transforma a CSE num instrumento de «aplicação assimétrica ou variável».

Por último, o sistema de controlo da CSE e dos instrumentos que a modificaram, apesar da evolução que têm vindo a sofrer, ainda está muito longe do grau de efectividade e do sucesso alcançados pelo sistema de controlo jurisdicional da CEDH, uma vez que se baseia nos relatórios periódicos enviados pelos Estados e, mais recentemente, nas reclamações colectivas. Na verdade, os Estados, ao rejeitarem o sistema jurisdicional de controlo dos instrumentos da Carta Social Europeia, relegam-na, fatalmente, para um segundo plano.

Por estas razões, o sistema da Carta Social Europeia não será estudado, no âmbito da disciplina objecto deste Relatório, com o mesmo grau de aprofundamento do sistema da CEDH. Não podemos, contudo, deixar de lhe fazer referência, na medida em que se trata de um sistema complementar, e, além disso, na sequência da Conferência de Viena de 1993, a Assembleia Geral das Nações Unidas proclamou o carácter indivisível e interdependente de todos os direitos humanos, realçando que a plena realização dos direitos civis e políticos não é possível sem o pleno gozo dos direitos económicos, sociais e culturais[665].

Assim, o estudo da CEDH só se pode considerar, verdadeiramente, completo após a menção, ainda que sucinta, dos seguintes aspectos da Carta Social Europeia:

– os direitos reconhecidos;
– a forma que assumem os compromissos dos Estados;
– o sistema de controlo.

27.1. *Os direitos reconhecidos no sistema da Carta Social Europeia*

Os direitos reconhecidos na versão original da Carta Social Europeia são os seguintes:

---

[665] Resolução 32/130.

a) Direitos relacionados com o trabalho propriamente dito:

– Direito ao trabalho (art. 1.º);
– Direito a condições de trabalho equitativas (art. 2.º);
– Direito à segurança e higiene no trabalho (art. 3.º);
– Direito a uma remuneração equitativa e suficiente (art. 4.º);
– Direito a exercer uma actividade lucrativa no território das outras partes (art. 18.º).

b) Direitos sindicais e de negociação colectiva:

– Direito de constituir e aderir a organizações de trabalhadores e de empregadores (art. 5.º);
– Direito de negociação sindical (art. 6.º).

c) Direitos de protecção e assistência social:

– Direito das crianças e dos adolescentes à protecção (art. 7.º);
– Direito das trabalhadoras a protecção (art. 8.º);
– Direito da família a uma protecção social, jurídica e económica (art. 16.º);
– Direito das mães e dos filhos a uma protecção social e económica (art. 17.º);
– Direito de protecção da saúde (art. 11.º);
– Direito à segurança social (art. 12.º);
– Direito à assistência social e médica (art. 13.º);
– Direito a benefícios dos serviços sociais (art. 14.º);
– Direito dos trabalhadores migrantes e das suas famílias à protecção e assistência (art. 19.º).

d) Direitos relativos à formação profissional:

– Direito à orientação profissional (art. 9.º);
– Direito à formação profissional (art. 10.º);
– Direitos das pessoas, física e mentalmente, diminuídas à formação profissional (art. 15.º).

O Protocolo Adicional de 1988 adita os seguintes direitos:

– Direito à igualdade de oportunidades e de tratamento em matéria de emprego e de profissão (art. 1.º);

- Direito à informação e à consulta (art. 2.°)
- Direito a tomar parte na determinação e na melhoria das condições de trabalho e do meio laboral (art. 3.°);
- Direito à protecção social das pessoas idosas (art. 4.°).

A Carta Social Europeia Revista de 1996, para além de actualizar e ampliar os direitos já consagrados, acrescenta ainda os seguintes direitos:
- Direito à protecção em caso de despedimento (art. 24.°);
- Direito dos trabalhadores ao pagamento dos seus créditos, em caso de insolvência do empregador (art. 25.°);
- Direito à dignidade no trabalho (art. 26.°);
- Direito dos trabalhadores com responsabilidades familiares à igualdade de condições, de oportunidades e de tratamento que lhes assegure a sua permanência na vida activa ou a sua incorporação depois do desempenho das tarefas familiares (art. 27.°);
- Direito dos representantes dos trabalhadores à protecção na empresa (art. 28.°);
- Direito à informação e consulta nos processos de despedimento colectivo (art. 29.°);
- Direito à protecção contra a pobreza e exclusão social (art. 30.°);
- Direito à habitação (art. 31.°).

27.2. *Os compromissos assumidos pelos Estados*

Os vários instrumentos do sistema da CSE obedecem a uma técnica de vinculação dos Estados, que consiste na possibilidade de estes optarem pelas obrigações que pretendem contrair, desde que respeitem o mínimo de 10 artigos ou 47 números de artigos. Por outro lado, a CSE assegura que todos fiquem vinculados por um núcleo duro de direitos, por isso impõe que, de entre sete artigos da Parte II (arts. 1.°. 5.°, 6.°, 12.°, 13.° 16.° e 19.°), os Estados se devem obrigar, pelo menos, a cinco. Podem, portanto, ficar vinculados a um número limitado de direitos.

Além disso, a CSE prevê cláusulas gerais de aplicação muito mais favoráveis aos Estados. É o caso da cláusula de suspensão de direitos, em caso de guerra ou de perigo público (art. 30.°), que, ao contrário do art.

15.º da CEDH, não exclui nenhum direito da cláusula de restrição de direitos (art. 31.º) e da cláusula de denúncia decorridos cinco anos após a entrada em vigor da totalidade da Carta (art. 37.º).

Com excepção dos direitos reconhecidos aos trabalhadores migrantes, a CSE só é aplicável aos nacionais dos Estados Contratantes.

27.3. O sistema de controlo dos compromissos assumidos na Carta

27.3.1. Os órgãos de controlo

Os órgãos principais do Conselho da Europa – o Comité de Ministros, a Assembleia Parlamentar e o Secretário-Geral – participam no sistema de controlo instituído pela Carta Social Europeia.

Para além destes, foram criados dois órgãos específicos:
– o Comité Europeu dos Direitos Sociais, que antes de 2000 se denominava Comité de Peritos Independentes – composto por peritos independentes e de reconhecida integridade e competência nas questões sociais internacionais;
– o Comité Governamental – composto por representantes das Partes Contratantes, convidará, no máximo duas organizações internacionais de trabalhadores e duas organizações internacionais de empregadores, a participarem, como observadores e a título consultivo, nas suas reuniões.

O CEDS adoptou a sua primeira decisão de fundo num processo contra Portugal, tendo considerado que a situação de Portugal, no que diz respeito ao trabalho infantil é contrária ao art. 7, n.º 1, da CSE[666].

27.3.2. O sistema de controlo

A) O sistema de relatórios

O controlo da CSE baseia-se, essencialmente, no sistema de relatórios a apresentar pelos Estados, dos quais devem ser enviadas cópias às

---

[666] Ver Dec. n.º 1/1998, Comissão Internacional de Juristas contra Portugal. Disponível no sítio do Conselho da Europa – http://www.coe.int/T/E/Human_Rights/Esc/4_Collective-Complaints

organizações nacionais filiadas nas organizações internacionais de trabalhadores e de empregadores.

Esses relatórios são examinados, em primeiro lugar, pelo CEDS, que apresentará as suas conclusões. Em segundo lugar, o relatório, acompanhado das conclusões do CEDS, será examinado pelo Comité Governamental que também apresenta conclusões, as quais são enviadas ao Comité de Ministros. Por seu turno, ao Comité de Ministros compete dirigir recomendações ao Estado.

B) *O mecanismo de reclamações colectivas do Protocolo Adicional à Carta Social Europeia de 1995*

O Protocolo Adicional à Carta de 1995, que entrou em vigor em 1998, introduz um mecanismo facultativo de reclamações colectivas, cujos titulares são as organizações de empregadores e de trabalhadores indicadas no art. 27.º, n.º 2, da CSE.

27.4. *Bibliografia de apoio ao ponto 27*

- BONET PEREZ, JORDI/BONDÍA GARCÍA, DAVID – *La Carta Social Europea*, in FELIPE GÓMEZ ISA/JOSÉ MANUEL PUREZA (Dir.), La protección internacional..., p. 441 e ss.
- BRILLAT, RÉGIS – *Le système de contrôle de l'application de la Charte sociale*, in JEAN-FRANÇOIS AKANDJI-KOMBÉ/STÉPHANE LECLERC, La Charte sociale européenne, Bruxelas, Bruylant, 2001, p. 45 e ss.
- GRÉVISSE, SUZANNE – *La Charte Sociale: rapport introductif*, in JEAN-FRANÇOIS AKANDJI-KOMBÉ/STÉPHANE LECLERC, La Charte sociale..., p. 3 e ss.
- HARRIS, DAVID – *The Council of Europe (II): The European Social Charter*, in RAIJA HANSKI/MARKKU SUKSI, An Introduction..., p. 307 e ss.
- JIMÉNEZ GARCIA, FRANCISCO – *El sistema europeo de protección de los derechos huamnos: el Consejo de Europa y la Carta Social (II)*, in
- CARLOS FERNÁNDEZ DE CASADEVANTE ROMANI (coord.), Derecho..., p. 205 e ss.
- LECLERC, STÉPHANE – *Les restrictions et limitations à l'application de la Charte sociale*, in JEAN-FRANÇOIS AKANDJI-KOMBÉ/STÉPHANE LECLERC, La Charte sociale..., p. 67 e ss.
- RENUCCI, JEAN-FRANÇOIS – *Droit Européen*..., p. 351 e ss.

• VANDAMME, FRANÇOIS – *Les droits protégés par la Charte sociale, contenu et portée*, in JEAN-FRANÇOIS AKANDJI-KOMBÉ/STÉPHANE LECLERC, La Charte sociale..., p. 11 e ss.

4.1.2. SUB-CAPÍTULO II – O SISTEMA DA UNIÃO EUROPEIA

28. O sistema de protecção dos direitos fundamentais na União Europeia

28.1. Nota justificativa

A inserção, num curso de Direito Internacional dos Direitos Humanos, de um sub-capítulo relativo ao sistema de protecção dos direitos humanos na União Europeia necessita de uma explicação prévia, quando se pensa – como nós pensamos – que o Direito da União Europeia já há muito se autonomizou do Direito Internacional, constituindo um Direito Constitucional transnacional[667].

A inclusão da matéria da protecção dos direitos fundamentais da União Europeia nesta disciplina prende-se com duas ordens de razões:

a) a crescente influência do sistema do Conselho da Europa na União Europeia, a qual se aprofundará se a União vier a aderir à CEDH, como está previsto no art. 9.º, n.º 2, do Tratado que estabelece uma Constituição para a Europa, aliada à influência do sistema da União Europeia na aplicação da CEDH;

b) a metodologia usada na elaboração do programa da disciplina procura realçar os aspectos específicos e originais da protecção regional dos direitos humanos, muito especialmente na Europa, pelo que o sistema da União Europeia se afigura fundamental no estabelecimento do confronto entre o défice de efectividade da protecção universal e a afirmação da efectividade da protecção regional europeia[668].

---

[667] ANA MARIA GUERRA MARTINS, *Curso...*, p. 121 e ss.

[668] Certos autores defendem a existência de uma disciplina autónoma de Direito Europeu dos Direitos do Homem, na qual está incluído o Direito proveniente do Conselho da Europa, com especial destaque para a CEDH e seus protocolos, bem como o Direito proveniente da União Europeia. Ver JEAN-FRANÇOIS RENUCCI, *Droit Européen* ..., p. 5 e ss.

Importa, todavia, notar que ao estudo do sistema da União Europeia não será dedicado o mesmo grau de desenvolvimento que se dedicou à Convenção Europeia dos Direitos do Homem, pois não se trata de Direito Internacional. Além disso, aquela matéria já terá sido objecto da disciplina de Direito Comunitário I, ou, numa terminologia mais correcta, de Direito da União Europeia.

A inclusão da matéria da protecção dos direitos fundamentais na União Europeia nesta disciplina não implica, portanto, qualquer concessão à tese internacionalista, no que diz respeito à natureza do Direito da União Europeia.

28.2. A génese da protecção dos direitos fundamentais no seio da União Europeia

28.2.1. A ausência de um catálogo de direitos fundamentais no TCE

A versão originária dos Tratados não continha, como a versão actual também não contém, um catálogo de direitos fundamentais. Todavia, tornou-se claro, desde os primórdios da integração europeia que, apesar de as Comunidades terem um carácter eminentemente económico e de as suas atribuições serem funcionais, a importância dos poderes conferidos aos órgãos comunitários possibilitava uma violação dos direitos dos cidadãos, por parte das próprias Comunidades, designadamente, dos direitos económicos e sociais e dos direitos relativos à regularidade dos processos judiciais e administrativos.

Assim sendo, os direitos fundamentais não podiam continuar a perspectivar-se apenas por referência aos Estados membros[669], mas tinham de se encarar também no seio dessa nova forma de agregação do poder político em emergência, que eram as Comunidades Europeias.

---

[669] Ao contrário do que sucede na protecção internacional dos direitos humanos, designadamente, no âmbito do Conselho da Europa, nas Comunidades e na União Europeias, a protecção dos direitos fundamentais opera, em primeira linha, na relação que se estabelece entre os indivíduos e as instituições comunitárias. Como veremos, a relação entre os indivíduos e os Estados só interessa à protecção dos direitos fundamentais da União Europeia, quando estes executam o Direito da União. A perspectiva é, portanto, completamente diferente.

Capítulo III – Os conteúdos do ensino de DIDH   275

A preocupação com o respeito dos direitos fundamentais por parte das Comunidades retira-se implicitamente, desde logo, da versão originária do TCE, quando no preâmbulo se afirmam os ideais de paz e de liberdade, bem como o objectivo de melhoria das condições de vida dos seus povos.

28.2.2. *A tentativa de colmatar a lacuna através da jurisprudência do Tribunal de Justiça*

O primeiro órgão comunitário a tomar consciência desta problemática e a encetar esforços para a solucionar, foi, sem dúvida, o TJ, o qual, através de uma consistente jurisprudência elaborada ao longo de décadas, enquadrou a protecção dos direitos fundamentais no âmbito do Direito Comunitário.

Após uma primeira fase em que se recusou a aceitar a relevância dos direitos fundamentais, o TJ acabou, numa segunda fase, por os integrar no Direito Comunitário pela via dos princípios gerais de direito.

Com efeito, na jurisprudência do TJ relativa aos direitos fundamentais podem-se descortinar as seguintes fases:

1ª) A fase da recusa – num primeiro momento, o TJ recusou aferir a validade do Direito Comunitário pelos direitos fundamentais, com base na ideia de que se o Direito Comunitário prevalecia sobre o Direito nacional, essa prevalência incidia também sobre as normas constitucionais, incluindo as relativas aos direitos fundamentais[670]. Contudo, a protecção dos direitos fundamentais impôs-se, devido às tradições constitucionais dos Estados membros, na medida em que a transferência de soberania para as Comunidades não podia significar uma diminuição dos direitos dos indivíduos. Assim, nos domínios em que as Comunidades deveriam actuar, afigurou-se necessário encontrar uma forma de protecção dos direitos fundamentais, no seio da própria Ordem Jurídica comunitária.

O TJ viu-se aqui confrontado com vários aspectos que exigiam uma ponderação muito atenta e de cuja solução muito iria depender o futuro da integração europeia. Por um lado, a especificidade das Comunidades Europeias e a consequente autonomia da Ordem Jurídica comunitária não

---

[670] Ac. de 4/2/59, *Stork*, proc. 1/58, Rec. 1958-59, p. 43 e ss e ac. de 15/7/60, *Comptoirs de Vente de la Rhur*, procs 36 a 38 e 40/59, Rec. 1960, p. 890.

se compadeciam com a sua subjugação às normas constitucionais nacionais, ainda que relativas aos direitos fundamentais. Mas, por outro lado, as Comunidades Europeias são constituídas por Estados que comungam de certos valores, de entre os quais se destaca o respeito dos direitos fundamentais[671]. A "habilidade" do Tribunal consistiu em atribuir a este valor um cunho comunitário e não apenas estadual, pois as Comunidades não são apenas constituídas por Estados, mas também por cidadãos, no sentido de que o seu Direito se aplica não só aos Estados como também aos cidadãos.

É, pois, após a ponderação dos vários interesses em presença, a saber, a especificidade da Ordem Jurídica comunitária, as tradições constitucionais dos Estados membros e a protecção dos direitos dos indivíduos, que o TJ vai atenuar a sua posição rígida inicial.

2ª) A fase da aceitação – num segundo momento, que se inicia com o caso *Stauder*[672], o TJ aceita a integração dos direitos fundamentais nos princípios gerais de direito, cujo respeito deve assegurar. No caso *Internationale Handelsgesellschaft*, após ter negado a possibilidade de o Direito Comunitário ser posto em causa pelo Direito Constitucional dos Estados, o TJ vai afirmar:

> «convém, todavia, examinar se alguma garantia análoga inerente ao Direito Comunitário foi desconhecida: com efeito o respeito dos direitos fundamentais é parte integrante dos princípios gerais de direito de que o Tribunal assegura o respeito; que a salvaguarda destes direitos, inspirando-se nas tradições comuns aos Estados membros deve ser assegurada no quadro, na estrutura e nos objectivos da Comunidade»[673].

Esta jurisprudência é particularmente interessante não apenas pelo facto de deslocar a protecção dos direitos fundamentais para o nível do Direito Comunitário, mas também pela concepção que lhe está subjacente

---

[671] É de realçar que o conteúdo dos direitos fundamentais no Direito Comunitário pode não coincidir com o conteúdo que lhe é atribuído pelos direitos nacionais. Aliás, esse conteúdo também não coincide em todos os Estados membros. O Tribunal tem de proceder a uma ponderação, por vezes muito difícil, entre a relevância que deve ser dada aos direitos individuais e o interesse público comunitário.

[672] Ac. de 12/11/69, proc. 29/69, Rec. 1969, p. 419.

[673] Ac. de 17/12/70, proc. 11/70, Rec. 1970, p. 1125.

de compatibilização entre os ordenamentos constitucionais nacionais e o ordenamento comunitário. Uma das características fundamentais da Ordem Jurídica da União Europeia, qual seja a da influência mútua dos dois ordenamentos e a da existência de vasos comunicantes entre ambos, ancora nesta jurisprudência as suas raízes.

3ª) A fase da "internacionalização" – num terceiro momento, o TJ vai completar o quadro de protecção dos direitos fundamentais na Comunidade com a tomada em conta da CEDH e dos demais instrumentos de Direito Internacional, designadamente, o Pacto Internacional de Direitos Civis e Políticos.

No caso *Nold* o TJ defende que:

«*os instrumentos internacionais que dizem respeito à protecção dos direitos do homem nos quais os Estados membros cooperaram ou aos quais aderiram podem igualmente fornecer indicações que convém ter em conta no quadro do Direito Comunitário*»[674].

A jurisprudência posterior vem confirmar que a CEDH é o quadro de referência, no que diz respeito à protecção dos direitos fundamentais[675]. Mais recentemente, o Tribunal parece ir mais longe ao afirmar que não serão admitidas na Comunidade medidas incompatíveis com o respeito dos direitos humanos reconhecidos e garantidos pela Convenção[676].

Ao longo dos anos, o TJ construiu a sua jurisprudência relativa à protecção dos direitos fundamentais, indo buscar inspiração em fontes jurídicas e fontes políticas.

As fontes jurídicas são as seguintes:

– os princípios comunitários retirados do Direito escrito – a não discriminação, as liberdades instituídas pelos Tratados, a promoção dos direitos sindicais básicos (art. 137.°, n.° 1, TCE), a igualdade de remuneração entre homens e mulheres (art. 141.° TCE), a salvaguarda do segredo profissional (art. 287.° TCE), a tutela dos regimes de propriedade instituídos nos Estados membros (art. 295.° TCE);

---

[674] Ac. de 14/5/74, proc. 4/73, Rec. 1974, p. 491.
[675] Ac. de 28/10/75, *Rutili*, proc. 36/75, Rec. 1975, p. 1219; ac. de 15/5/86, *Johnston*, proc. 222/84, Rec. 1986, p. 1651 e ss; ac. de 13/12/79, *Hauer*, proc. 44/79, Rec. 1979, p. 2727 e ss.
[676] Ac. de 29/5/97, *Kremzow*, proc. C-299/95, Rec. 1997, p. I-2629.

– as tradições constitucionais comuns aos Estados membros – o TJ afirma que anulará ou declarará inválida qualquer disposição de Direito Comunitário derivado contrária aos direitos fundamentais, consagrados nas constituições dos Estados membros ou apenas numa delas[677];
– os instrumentos internacionais relativos aos direitos humanos que os Estados membros subscreveram[678].

De entre as fontes políticas destaca-se a Declaração comum do Parlamento Europeu, Conselho e Comissão de 5.4.77 relativa aos direitos fundamentais e à democracia[679].

O âmbito material da competência do TJ, no que diz respeito aos direitos fundamentais, abrange não só a legislação comunitária como também a apreciação de medidas estaduais de execução de actos de Direito Derivado[680] e as medidas nacionais adoptadas em derrogação da proibição de restringir as quatro liberdades, excluindo-se as medidas nacionais que não se situam dentro do âmbito do Direito Comunitário[681].

Da jurisprudência do TJ pode retirar-se o reconhecimento, entre outros, dos seguintes direitos:

– o princípio da igualdade de tratamento[682];
– o direito de propriedade[683];
– o livre exercício das actividades económicas e profissionais[684];

---

[677] Trata-se do princípio do standard máximo, ou seja, da aplicação ao nível comunitário da garantia nacional mais elevada.

[678] O Tribunal consagra o princípio do standard mínimo europeu.

[679] Publicada no JOCE C 103, de 27/4/77.

[680] Ac. de 25/11/86, *Klensch*, proc. 201 e 202/85, Rec. 1986, p. 3477 e ss e ac. de 13/7/89, *Wachauf*, proc. 5/88, Rec. 1989, p. 2609 e ss.

[681] Ac. de 18/6/91, *ERT*, proc. C-260/89, Rec. 1991, p. I-2925.

[682] Ver, por exemplo, ac. de 19/10/77, *Ruckdeschel*, procs. 117/76 e 16/77, Rec. 1977, p. 1753; ac. de 5/10/94, *Alemanha c. Comissão*, proc. C-280/93, Rec. 1994, p. I-4701.

[683] Ver, por exemplo, caso *Hauer*, cit., p. 3727; ac. de 18/3/80, *Valsabbia*, proc. 154/78, Rec. 1980, p. 907; caso *Wachauf*, cit., p. 2609; ac. de 11/7/89, *Schräder*, proc. 265/87, Rec. 1989, p. 2237.

[684] Ver, por exemplo, caso *Hauer*, cit., p. 3727 e ss; ac. de 8/10/86, *Keller*, proc. 234/85, Rec. 1986, p. 2897; ac. de 10/7/91, *Neu E. A.*, procs. C-90 e C-91/90, Rec. 1990, p. I-3617; ac. de 13/11/90, *Marshall*, proc. C-370/88, Rec. 1990, p. I-4087.

Capítulo III – Os conteúdos do ensino de DIDH 279

– o respeito da vida privada e familiar, do domicílio e da correspondência[685];
– a liberdade de associação[686];
– o respeito dos direitos de defesa[687];
– a liberdade religiosa[688];
– a liberdade de expressão[689];
– o princípio da não retroactividade das disposições penais[690];
– a proibição das discriminações fundadas no sexo[691];
– o direito ao recurso judicial efectivo[692].

A afirmação da protecção dos direitos fundamentais desloca para o quadro comunitário os direitos, as liberdades e as garantias, bem como os direitos económicos, sociais e culturais, que, à partida, se encontravam protegidos apenas ao nível do Direito interno ou no quadro do Direito Internacional clássico, o que contribui para uma certa «humanização» da Comunidade Europeia. Os indivíduos não são apenas tidos em conta na sua faceta de agentes económicos (trabalhadores, prestadores de serviços, receptores de serviços), mas também na sua faceta humana.

Deve, todavia, realçar-se que a protecção dos direitos fundamentais no seio da Comunidade não se afigura suficiente, nem pode ser equiparada à que existe ao nível do Direito interno dos Estados membros.

---

[685] Ver, por exemplo, ac. de 5/3/80, *Ferweda*, proc. 265/78, Rec. 1980, p. 617; ac. de 26/6/80, *National Panasonic*, proc. 136/79, Rec. 1980, p. 2033; ac. de 18/5/82, *AM et S*, proc. 155/79, Rec. 1982, p. 1575.

[686] Ver, por exemplo, ac. de 8/10/74, *Union Syndicale*, proc. 175/73, Rec. 1974, p. 917.

[687] Ver, por exemplo, ac. de 23/10/74, *Transocean Marine Paint*, proc. 17/74, Rec. 1974, p. 1080; ac. de 13/2/79, *Hoffmann-La Roche*, proc. 85/76, Rec. 1979, p. 461; ac. de 18/10/89, *Orkem-Solvay*, procs. 374/87 e 27/88, Rec. 1989, p. 3283; ac. de 21/9/89, *Hoechst*, proc. 43 e 63/89, Rec. 1989, p. 2930.

[688] Ver, por exemplo, ac. de 27/10/76, *Prais*, proc. 130/75, Rec. 1976, p. 1589.

[689] Ver, por exemplo, caso *ERT*, cit., p. I-2925; ac. de 5/10/94, *TV 10 SA*, proc. C-23/93, Rec. 1994, p. I-4795.

[690] Ver, por exemplo, ac. de 10/7/84, *Regina c. Kent Kirk*, proc. 63/83, Rec. 1984, p. 2689; ac. de 11/6/87, *Pretore de Salo*, proc. 14/86, Rec. 1987, p. 2545.

[691] Ver, por exemplo, ac. de 15/6/78, *Defrenne*, proc. 149/77, Rec. 1978, p. 1365.

[692] Ver, por exemplo, caso *Johnston*, proc. cit., p. 1651; ac. de 15/10/87, *Heylens*, proc. 222/86, Rec. 1987, p. 4112.

28.3. A consagração da protecção dos direitos fundamentais no TUE

I) O Tratado de Maastricht[693]

À medida que os objectivos da Comunidade se vão alargando é cada vez mais nítido o carácter incompleto da solução em matéria de direitos fundamentais. Por isso, se consagrou, em Maastricht, no articulado do TUE, o princípio do respeito dos direitos fundamentais. Os objectivos políticos da União assim o impuseram.

O TUE, na versão de Maastricht, refere-se à protecção dos direitos fundamentais a vários propósitos, a saber:

– nas disposições comuns da União (art. F, n.º 2, actual art. 6.º, n.º 2, TUE);
– nas normas respeitantes à Política Externa e de Segurança Comum (art. J.1, n.º 2, actual art. 11.º, n.º 1, 5.º trav., TUE);
– no pilar da Justiça e Assuntos Internos (antigo art. K.2, n.º 1, TUE).

Estas normas consagram a jurisprudência constante do TJ, no domínio da protecção dos direitos fundamentais, havendo até quem tenha visto nesta solução um retrocesso, pois o art. F, n.º 2, TUE (actual art. 6.º) encontrava-se, de acordo com o art. L (actual art. 46.º) TUE, subtraído à jurisdição do TJ. Deve sublinhar-se que isso não impediu aquele órgão de continuar a apreciar a violação dos direitos fundamentais, no quadro do TCE, tendo considerado a exclusão de jurisdição do art. L (actual art. 46.º) TUE válida apenas para os pilares intergovernamentais.

Deve, no entanto, salientar-se que a protecção dos direitos fundamentais após Maastricht se aplica tanto em relação aos nacionais dos Estados membros da União como em relação aos nacionais de Estados terceiros, o que implica uma concepção mais abrangente do que a preconizada até aí. O Direito da União Europeia passa a ser susceptível de afectar os nacionais de Estados terceiros que, enquanto seres humanos – e apenas por esse facto – têm direito a ver os seus direitos fundamentais protegidos.

As implicações da referência expressa à protecção dos direitos fundamentais no articulado do TUE são, em nosso entender, as seguintes:

---

[693] O Tratado foi assinado, em 7 de Fevereiro de 1992, e entrou em vigor em 1 de Novembro de 1993.

– Do ponto de vista jurídico – confere-se fundamento ao nível do Direito Constitucional ou originário às soluções adoptadas pelo TJ, afastando-se, deste modo, as dúvidas que a este respeito, eventualmente, pudessem subsistir. O TUE encontra-se, incontestavelmente, no cume da hierarquia das fontes de Direito Comunitário, ou seja, numa posição superior à jurisprudência do TJ.
– Do ponto de vista político – implica uma opção de clarificação, de transparência e de «humanização» da Comunidade e da União. A passagem de uma Comunidade meramente económica a uma União política aumenta a necessidade de limitação dos poderes da autoridade pública em relação aos cidadãos como forma de garantir os valores da democracia e da comunidade de direito.

Todavia, deve sublinhar-se que a protecção dos direitos fundamentais ao nível da União não se tornou perfeita. Pelo contrário, algumas das críticas de que foi alvo até ao TUE mantêm actualidade.

II) O Tratado de Amesterdão[694]

O Tratado de Amesterdão vai introduzir as seguintes inovações, que contribuem para uma maior protecção dos direitos fundamentais no seio da União:

– Apesar de a redacção do n.º 2 do art. F (actual art. 6.º) TUE se manter inalterada, o Tribunal passa a ter competência expressa para apreciar os actos das instituições (art. 46.º, al. d), ex-art. L, TUE), com base em violação da protecção dos direitos fundamentais.
– A declaração n.º 1 da conferência, relativa à abolição da pena de morte, deve ser lida em consonância com os arts. 6.º e 7.º TUE. A declaração invoca o protocolo n.º 6 da CEDH, que prevê a abolição da pena de morte, e assinala que esse protocolo foi assinado por uma maioria de Estados e que a pena de morte foi abolida na maioria dos Estados membros e não foi aplicada em nenhum deles. Desta declaração pode inferir-se que a reintrodução da pena de morte num Estado membro poderá ser motivo para a União decidir medidas de

---

[694] O Tratado de Amesterdão foi assinado durante a presidência holandesa, em 2 de Outubro de 1997 e entrou em vigor, em 1 de Maio de 1999.

suspensão de um Estado membro, com fundamento no art. 7.º TUE. Apesar de estas normas se dirigirem directamente aos Estados, elas têm, obviamente, implicações nos cidadãos, conferindo-lhes uma dupla protecção, no que diz respeito aos direitos humanos.
– O reforço dos direitos sociais – foi aditado um considerando ao preâmbulo do Tratado, no qual se afirma: «*confirmando o seu apego aos direitos sociais fundamentais, tal como definidos na Carta Social Europeia, assinada em Turim, em 18 de Outubro de 1961, e na Carta Comunitária dos Direitos Sociais Fundamentais dos Trabalhadores, de 1989*». No TCE foi introduzido um Título VIII, relativo ao emprego, no qual foi consagrado o direito ao emprego.
– O alargamento do âmbito de aplicação do princípio da não discriminação – multiplicam-se as afirmações de igualdade entre homens e mulheres e adita-se o art. 13.º ao TCE, que dispõe que o Conselho, deliberando por unanimidade, sob proposta da Comissão e após consulta ao PE, pode tomar as medidas necessárias para combater a discriminação em razão do sexo, raça ou origem étnica, religião ou crença, deficiência, idade ou orientação sexual. Esta norma não tem efeito directo nem impõe ao Conselho uma obrigação de legislar, ao contrário do que sucede no art. 141.º (ex-art. 119.º) TCE, e essas parecem ser as razões que justificam a sua autonomização em relação ao princípio da não discriminação em razão do sexo e da nacionalidade. Deste modo, não se põe em causa o efeito directo já consolidado dessa norma nem a autoridade da jurisprudência que lhe está associada.
– Os direitos dos administrados – o Tratado de Amesterdão vem garantir a todo o cidadão e a toda a pessoa singular ou colectiva, que resida ou tenha a sua sede num Estado membro, o acesso aos documentos do PE, do Conselho e da Comissão (art. 255.º TCE). Além disso, o art. 286.º TCE estipula que a partir de 1 de Janeiro de 1999 os actos comunitários relativos à protecção de pessoas singulares em matéria de tratamento de dados de carácter pessoal e de livre circulação desses dados serão aplicáveis às instituições e aos órgãos instituídos pelo presente Tratado ou com base nele.
– As declarações n.ºs 11 e 22 – a primeira afirma o respeito do estatuto de que gozam, ao abrigo do direito nacional, as Igrejas e associações ou comunidades religiosas nos Estados membros, bem como as organizações filosóficas ou não confessionais; a segunda

consagra a exigência de as instituições da Comunidade respeitarem os direitos das pessoas com deficiências, quando adoptam medidas de aplicação, ao abrigo do art. 95.º TCE (ex-art. 100.ºA).

O ponto da situação, em matéria de protecção dos direitos fundamentais, a partir do Tratado de Amesterdão, é o seguinte:

– os direitos fundamentais constituem uma das bases axiológicas da União Europeia (arts. 6.º, n.º 1, e 7.º do TUE);
– continua a não existir um catálogo de direitos fundamentais próprio da União;
– a Comunidade e a União não têm competência para aderir à CEDH – na sequência do Parecer 2/94[695] do Tribunal de Justiça pensou-se que a CIG 96 iria resolver definitivamente esta questão, mas tal não aconteceu. Efectivamente, o Tribunal considerou neste Parecer que, no quadro jurídico então vigente, a Comunidade não tinha competência para aderir à CEDH.

III) O Tratado de Nice[696]

Há muito que se tem plena consciência da insuficiência da protecção dos direitos fundamentais no seio da União, provocada pela inexistência de um catálogo de direitos fundamentais, que permita ao indivíduo saber *a priori*, ou seja, antes do recurso a um qualquer tribunal, quais os direitos de que dispõe, aliado à ampla margem de manobra de que o TJ goza por esse facto. A consagração do direito fundamental no Direito da União Europeia acaba por depender mais de razões processuais, quais sejam a de que o processo chegue ao TJ, do que de razões substanciais.

O art. 6.º, n.º 2, TUE, ao remeter para as tradições constitucionais dos Estados membros, não resolve o problema da identificação do direito nem o do seu conteúdo, pois o mesmo direito pode ter um conteúdo diferente nos vários Estados membros, o que prejudica a vertente objectiva do direito, pois não é possível destacar quais os valores objectivos que lhe estão subjacentes e que vão orientar toda a actividade hermenêutica e a actividade legislativa.

---

[695] Parecer de 28/3/96, Rec. 1996, p. I-1759 e ss.
[696] O Tratado de Nice foi aprovado na CIG, de 10 e 11 de Dezembro 2000, foi assinado, em 26 de Fevereiro de 2001, e entrou em vigor em 1 de Fevereiro de 2003.

Foi com base neste cenário que, no Conselho Europeu de Colónia, de 3 e 4 de Junho de 1999, se lançou oficialmente a ideia de convocação de uma CIG – a CIG 2000 – para rever o TUE, que conduziu à aprovação do Tratado de Nice, e se decidiu que era necessário elaborar uma Carta dos Direitos Fundamentais da União Europeia[697], com o objectivo de tornar mais visíveis os direitos que já existem e que fazem parte do património comum dos europeus.

Ao contrário do que os mais optimistas supunham na época, a Carta não logrou consenso para a sua inclusão no Tratado de Nice nem obteve carácter juridicamente vinculativo, pelo que a protecção dos direitos fundamentais no seio da União se mantém, pelo menos, formalmente, nos moldes atrás enunciados.

28.4. A problemática da adesão da União Europeia à Convenção Europeia dos Direitos do Homem

Antes de estudarmos a CDFUE, vejamos uma questão que tem ocupado a doutrina e os órgãos comunitários desde a década de 70, qual seja a da adesão, antes da Comunidade e agora da União, à CEDH.

Um dos textos percursores, e mais importantes, sobre esta matéria é o memorando da Comissão sobre a adesão das Comunidades Europeias à CEDH de 1979[698]. Segundo aquele órgão, as vantagens da adesão das Comunidades à CEDH são as seguintes:

– a Comunidade ficaria vinculada por um instrumento internacional em matéria de direitos fundamentais, sujeitando-se ao mesmo controlo que os seus Estados membros;
– passaria a existir um catálogo de direitos, que seria o fundamento jurídico das decisões do TJ, o que contribuiria para aumentar a certeza jurídica;
– a CEDH seria incorporada na Ordem Jurídica comunitária.

Apesar das vantagens enunciadas, a Comissão não conseguiu convencer os outros órgãos, e muito menos os Estados membros, pois esta

---

[697] Conclusões publicadas no Boletim da União Europeia n.º 6/1999.
[698] Este memorando está publicado no Bul. CE, supl. n.º 2/79, p. 3 e ss. Ver também programa da Comissão para 1990, n.º 72, Bul. CE, Sup. 1/90, p. 40.

solução também apresenta dificuldades, que alguns consideram intransponíveis, como sejam as relacionadas com problemas técnicos e institucionais, cujo principal é a concorrência de sistemas jurisdicionais distintos, que obedecem a princípios diferentes.

Tendo em conta as opiniões divergentes, quer ao nível da doutrina, quer ao nível dos Governos dos Estados membros e dos próprios órgãos comunitários, a Presidência belga resolveu submeter a questão ao Tribunal, em 26/4/94, ao abrigo da competência consultiva que lhe confere o actual art. 300.º (antigo art. 228.º) TCE.

O TJ emitiu o seu parecer (2/94), em 28/3/96, com o qual pôs, pelo menos temporariamente, termo a esta discussão, uma vez que negou a competência da Comunidade para a adesão à CEDH. Segundo o TJ, a Comunidade não dispunha, no quadro jurídico à época vigente, nem expressa nem implicitamente, de tal competência. O então art. 235.º (actual art. 308.º) TCE não é uma base jurídica adequada, uma vez que a adesão à CEDH não se enquadra nos objectivos comunitários. Por conseguinte, a adesão implicaria a prévia revisão do Tratado, nos termos do art. N (actual art. 48.º) TUE.

Após este parecer ficou claro que só os Estados membros poderiam conferir à União a capacidade internacional necessária para aderir à CEDH. Não obstante terem existido propostas nesse sentido, quer na revisão de Amesterdão, quer na de Nice, elas não obtiveram o acordo necessário dos Estados membros.

Só mais recentemente, no Tratado que estabelece uma Constituição para a Europa, assinado por todos os Estados membros em Fevereiro de 2005, se conseguiu obter um acordo quanto à adesão da União à CEDH. Com efeito, o art. I-9.º, n.º 2, estipula que a União adere à Convenção Europeia dos Direitos do Homem, ressalvando, no entanto, que esta adesão não significa alteração das competências da União.

Deve ainda sublinhar-se que a adesão da União à CEDH pressupõe a prévia modificação do art. 59.º daquela Convenção, o qual apenas permite a adesão de Estados membros do Conselho da Europa.

Essa alteração consta do já mencionado Protocolo n.º 14, que introduz um novo número no art. 59.º que estabelece o seguinte:

«A União Europeia pode aderir a esta Convenção».

Mas, como já se disse, este Protocolo também ainda não está em vigor.

28.5. A Carta dos Direitos Fundamentais da União Europeia

a) O método de elaboração da Carta

A CDFUE foi elaborada por uma convenção, a qual surge na sequência de uma decisão do Conselho Europeu de Colónia, de 3 e 4 de Junho de 1999. Alguns meses mais tarde, o Conselho Europeu de Tampere, de 15 e 16 de Outubro de 1999[699], optou por criar um grupo, com representação das várias bases de legitimidade política, que deveria apresentar as suas conclusões ao Conselho Europeu. Este grupo autodenominou-se Convenção. Todavia, não se trata de uma assembleia constituinte, pois falta-lhe, desde logo, a legitimidade democrática: nem os membros do Parlamento Europeu nem os membros dos parlamentos nacionais, que são eleitos por sufrágio directo e universal, se encontravam mandatados pelos seus eleitores para criarem uma carta de direitos fundamentais, que se destinasse a servir de base a uma constituição europeia.

b) Os objectivos da CDFUE

Segundo o mandato do Conselho Europeu de Colónia, a CDFUE não tem em vista criar direitos novos, mas sim tornar visíveis os direitos que já existem e que fazem parte do património comum dos europeus. Assim, um dos principais objectivos da CDFUE é a segurança jurídica e a consequente protecção dos cidadãos.

A missão confiada à Convenção é, portanto, relativamente simples, uma vez que, como já vimos, existe, desde a década de 70, uma jurisprudência constante, tanto nacional como comunitária, em matéria de protecção de direitos fundamentais na União Europeia. Essa jurisprudência tornou mais fáceis os consensos necessários.

c) As fontes de inspiração da CDFUE são as seguintes:

- a Convenção Europeia de Direitos do Homem, no que diz respeito aos direitos civis e políticos;
- o próprio TUE, em matéria dos direitos do cidadão;

---

[699] As conclusões do Conselho Europeu de Tempere estão publicadas no Boletim da União Europeia n.º 10/1999.

– a Carta Comunitária de Direitos Sociais Fundamentais dos Trabalhadores de 1989 e a Carta Social Europeia de 1961, em relação aos direitos sociais.

A força jurídica das fontes inspiradoras da CDFUE é, portanto, muito diversa. Os direitos civis e políticos inspiram-se numa convenção internacional, que já estudámos, e à qual todos os Estados membros da União Europeia estão vinculados, embora com algumas reservas. Os direitos do cidadão têm a sua fonte inspiradora no Tratado da União Europeia, que é a primeira fonte do Direito da União Europeia, o que lhe confere desde logo um carácter proeminente. Os direitos sociais inspiram-se numa fonte que não tem valor vinculativo – a Carta Comunitária dos Direitos Sociais Fundamentais dos Trabalhadores – e numa convenção do Conselho da Europa – a Carta Social Europeia –, que, como vimos, é objecto de uma aplicação assimétrica pelos vários Estados partes e não está sujeita a controlo jurisdicional.

A diferente natureza das fontes de onde emanam os direitos consagrados na CDFUE vai, naturalmente, ter consequências no resultado final a que se vai chegar, constituindo os direitos sociais o seu «parente pobre».

d) As dificuldades de negociação da CDFUE

Apesar da relativa estreiteza dos objectivos, as dificuldades de negociação da CDFUE foram inúmeras, uma vez que a forma de encarar a protecção dos direitos fundamentais no seio da União Europeia nem sempre coincide e as tradições constitucionais dos diferentes Estados membros em matéria de direitos fundamentais também são bastante divergentes.

Se, no tocante aos direitos civis e políticos, as principais discussões no seio da Convenção se situaram ao nível da redacção dos preceitos, já no que diz respeito aos direitos sociais, as divergências se afiguraram mais profundas, estendendo-se à própria consagração destes direitos na CDFUE.

Deve sublinhar-se que as maiores dificuldades se verificaram em relação aos direitos sociais, por força dos seguintes factores:

   i) as fontes de inspiração dos direitos sociais são menos sólidas do que as fontes inspiradoras dos direitos civis e políticos e dos direitos do cidadão. Como vimos, a Carta Comunitária de Direitos Fundamentais Sociais dos Trabalhadores de 1989 não é vinculativa e a Carta Social Europeia de 1961 tem sido aplicada em obediência ao princípio da geometria variável;

ii) as divergências nacionais, quanto aos direitos sociais, são muito acentuadas – existem sistemas constitucionais que se podem designar como minimalistas, como é o caso do Reino Unido, da Irlanda, da Áustria, da Alemanha e da Dinamarca, a par de outros maximalistas, como, por exemplo, o da França, da Espanha ou de Portugal. Numa zona intermédia situam-se a Bélgica, o Luxemburgo, a Grécia, a Suécia e a Finlândia. Além disso, deve ainda acrescentar-se que os Estados membros também não comungam dos mesmos princípios em matéria de política social;

iii) as atribuições da União Europeia em matéria de política social são, de um modo geral, complementares ou subsidiárias em relação às dos Estados – a Europa comunitária nasce sob o signo do mercado, o que implica, designadamente, a liberdade de circulação de pessoas e a livre concorrência. Daqui decorre que foi deixada uma grande margem de manobra aos Estados membros no domínio da protecção dos direitos sociais, contando que respeitassem a liberdade de circulação de pessoas e a livre concorrência.

Superando todas as dificuldades, a Convenção aprovou a CDFUE, sem, contudo, conseguir atingir um dos seus principais objectivos, isto é, a inserção da CDFUE no Tratado da União Europeia, com carácter vinculativo.

A CDFUE acabou por ser proclamada, em Nice, em 7 de Dezembro de 2000, pelos três órgãos da União – o Parlamento Europeu, o Conselho e a Comissão – e contém o primeiro catálogo de direitos fundamentais da União Europeia.

Não obstante a ausência de vinculatividade, a CDFUE já é aplicada por alguns órgãos comunitários, como é o caso da Comissão, do Provedor de Justiça e do Tribunal de Primeira Instância[700].

---

[700] Ver ac. de 30/1/2002, *Max.mobil/Comissão*, proc. T54/99, REc. 2002, p. II 313 e ss (par. 48); Despacho de 4/4/2002, *Technische Glaswerke Ilmenau/Comissão*, proc. T-128/01, Rec. 2002, p. II 2193 e ss (par. 85 e 86).

e) O conteúdo da CDFUE

A CDFUE inicia-se com um preâmbulo, que é seguido por sete capítulos.

O Capítulo I intitula-se dignidade. Parte da inviolabilidade da dignidade do ser humano (art. 1.º) e nele se consagram os direitos à vida (art. 2.º), à integridade física (art. 3.º), a proibição da tortura e dos tratos ou penas desumanos ou degradantes (art. 4.º) e a proibição da escravatura e do trabalho forçado (art. 5.º). Trata-se de direitos reconhecidos na CEDH e em outros instrumentos internacionais de que os Estados membros são partes, como, por exemplo, no Pacto de Direitos Civis e Políticos das Nações Unidas. Verifica-se em relação a estes direitos um amplo consenso.

O Capítulo II refere-se às liberdades, estando nele incluídos direitos tão díspares, como o direito à liberdade e à segurança (art. 6.º), o respeito da vida privada e familiar (art. 7.º), a protecção de dados pessoais (art. 8.º), o direito de contrair casamento e de constituir família (art. 9.º), a liberdade de pensamento, de consciência e de religião (art. 10.º), a liberdade de expressão e de informação (art. 11.º), a liberdade de reunião e de associação (art. 12.º), a liberdade das artes e das ciências (art. 13.º), o direito à educação (art. 14.º), a liberdade profissional e o direito ao trabalho (art. 15.º), a liberdade de empresa (art. 16.º), o direito de propriedade (art. 17.º), o direito de asilo (art. 18.º) e a protecção em caso de afastamento, expulsão ou extradição (art. 19.º).

Alguns destes direitos também são importados da CEDH e dos seus protocolos.

O Capítulo III diz respeito à igualdade e consagra o princípio da igualdade perante a lei (art. 20.º), o princípio da não discriminação (art. 21.º), o respeito da diversidade cultural, religiosa e linguística (art. 22.º), a igualdade entre homens e mulheres (art. 23.º), os direitos das crianças (art. 24.º), os direitos das pessoas idosas (art. 25.º) e a integração das pessoas com deficiências (art. 26.º).

Este Capítulo inspira-se também na CEDH e em outras convenções internacionais.

O Capítulo IV tem por título solidariedade e inclui o direito à informação e à consulta dos trabalhadores na empresa (art. 27.º), o direito de negociação e de acção colectiva (art. 28.º), o direito de acesso aos serviços de emprego (art. 29.º), a protecção em caso de despedimento sem justa causa (art. 30.º), as condições de trabalho justas e equitativas (art. 31.º), a proibição do trabalho infantil e a protecção dos jovens no trabalho (art. 32.º), a protecção da vida familiar e vida profissional (art. 33.º), o direito à segurança social e à assistência social (art. 34.º), a protecção da saúde (art. 35.º), o acesso a serviços de interesse económico geral (art. 36.º), a protecção do ambiente (art. 37.º) e a defesa do consumidor (art. 38.º). Neste capítulo está consagrada a maior parte dos direitos sociais, mas também fazem dele parte alguns dos chamados direitos de terceira geração, como é o caso do direito ao ambiente ou da protecção dos consumidores, a par de um direito específico – o direito de acesso a serviços de interesse económico geral.

O Capítulo V respeita à cidadania e abrange o direito de eleger e ser eleito nas eleições para o Parlamento Europeu (art. 39.º) e nas eleições municipais (art. 40.º), o direito a uma boa administração (art. 41.º), o direito de acesso aos documentos (art. 42.º), o direito de petição ao Provedor de Justiça (art. 43.º) e ao Parlamento Europeu (art. 44.º), a liberdade de circulação e de permanência (art. 45.º) e a protecção diplomática e consular (art. 46.º).

Este capítulo limita-se a reiterar os direitos de cidadania já consagrados no TUE.

O Capítulo VI relaciona-se com a justiça e inclui o direito a acção judicial efectiva e a julgamento imparcial (art. 47.º), a presunção da inocência e os direitos de defesa do arguido (art. 48.º), os princípios da legalidade e da proporcionalidade dos delitos e das penas (art. 49.º) e o direito a não ser julgado ou punido penalmente mais do que uma vez pelo mesmo delito (art. 50.º).

Também estes direitos foram decalcados da CEDH e dos seus protocolos.

O Capítulo VII estabelece as disposições gerais relativas ao âmbito de aplicação (art. 51.º), ao âmbito e à interpretação dos direitos e dos princípios (art. 52.º), ao nível de protecção (art. 53.º) e à proibição do abuso de direito (art. 54.º).

A CDFUE não pode ser vista como um standard máximo, mas deve antes ser encarada como um limite mínimo abaixo do qual não se deve descer. Apesar de tudo, a CDFUE consagra um conjunto bastante amplo de direitos, que vão desde os direitos civis e políticos aos direitos sociais.

A Convenção sobre o futuro da Europa vai introduzir algumas modificações no texto da CDFUE aprovado em Nice, em especial no preâmbulo e nas disposições gerais.

28.6. O Tratado que estabelece uma Constituição para a Europa

O art. I-9.º, n.º 1, do Tratado que estabelece uma Constituição para a Europa afirma que a União reconhece os direitos, liberdades e princípios enunciados na CDFUE, que constitui a Parte II[701]. A CDFUE passará, portanto, a ter dignidade constitucional e carácter vinculativo.

Este compromisso é tanto mais importante, se pensarmos que a questão do catálogo de direitos fundamentais, ou melhor, da ausência dele, se arrasta, como vimos, há décadas.

Deve notar-se que a incorporação da CDFUE se fez à custa de algumas concessões, uma vez que o seu texto sofreu modificações, aliás, recomendadas pelo Grupo de trabalho II[702], das quais se destacam as seguintes:

i) a menção, no preâmbulo, das actualizações efectuadas pelo *Praesidium* da Convenção Europeia;

ii) a inclusão de uma declaração na Acta Final, segundo a qual a Conferência toma nota das anotações elaboradas sob a responsabilidade do *Praesidium* da Convenção, que redigiu a CDFUE e actualizadas sob a responsabilidade *Praesidium* da Convenção Europeia;

iii) o aditamento de um n.º 7 ao art. II-52.º[703], que considera as anotações acabadas de mencionar como um guia para efeitos de interpretação por parte dos órgãos jurisdicionais da União e dos Estados membros;

iv) a distinção entre direitos e princípios constante do seu art. II-52.º, limitando-se a invocação jurisdicional destes últimos. Este parece ter sido o preço a pagar pela inclusão da CDFUE no Tratado que estabelece uma Constituição para a Europa, pois certos Estados, como, por exemplo, o Reino Unido, opuseram-se, em especial, ao inevitável carácter vinculativo dos direitos sociais, que acarretaria a inclusão da CDFUE na Constituição. Ora, a distinção entre direitos e princípios parece permitir reservar estes últimos para os direitos sociais, embora nada se diga, expressamente, nem na CDFUE nem na Constituição Europeia sobre esse assunto.

---

[701] O Tratado que estabelece uma Constituição para a Europa procedeu a uma renumeração dos artigos da Carta, que passaram a ser os arts. 61.º a 114.º.

[702] CONV 354/02, de 22 de Outubro de 2002.

[703] Art, 112.º, n.º 7, da Constituição.

A inclusão da CDFUE no Tratado que estabelece uma Constituição para a Europa deve ser encarada como um reforço da protecção dos direitos fundamentais na União, uma vez que o indivíduo passa a saber *a priori*, ou seja, antes do recurso a um qualquer tribunal, quais os direitos de que dispõe, diminuindo assim, a ampla margem de manobra de que o TJ dispõe neste domínio.

Além disso, aumentam a certeza e a segurança jurídicas, ao mesmo tempo que diminui o carácter fragmentário dos direitos fundamentais, que obtêm consagração no Direito da União Europeia. Os direitos estão identificados, bem como o seu conteúdo, pelo que é possível destacar os valores que objectivamente lhe estão subjacentes e que vão orientar, quer toda a actividade hermenêutica, quer toda a actividade legislativa.

Assim, se o Tratado que estabelece uma Constituição para a Europa não vier a entrar em vigor, a protecção dos direitos fundamentais sairá enfraquecida.

O n.º 3 do art. I-9.º do Tratado que estabelece uma Constituição para a Europa mantém o disposto no actual art. 6.º, n.º 1, do TUE, segundo o qual os direitos fundamentais constantes da CEDH e das tradições constitucionais dos Estados membros fazem parte do Direito da União como princípios gerais. Afigurou-se, pois, necessário salvaguardar juridicamente a protecção dos direitos fundamentais, enquanto a União não aderir à Convenção.

28.7. *Bibliografia de apoio ao ponto 28*

I) Sobre a protecção dos direitos fundamentais na União Europeia em geral

- GUERRA MARTINS, ANA MARIA – *Curso de Direito Constitucional...*, p. 225 e ss.
- QUADROS, FAUSTO DE – *Direito da União...*, p. 126 e ss.
- RENUCCI, JEAN-FRANÇOIS – *Droit Européen...*, p. 371 e ss.

II) Sobre a Carta dos Direitos Fundamentais da União Europeia

- AAVV – *Carta de Direitos Fundamentais da União Europeia*, Coimbra, Almedina, 2001.

- BRAIBANT, GUY – *La Charte des droits fondamentaux de l'Union européenne – Témoignage et commentaires*, Paris, Ed. du Seuil, 2001.
- CARLIER, YVES/DE SCHUTTER, OLIVIER (dir.) – *La Charte des droits fondamentaux de l'Union européenne – son apport à la protection des droits de l'Homme en Europe*, Bruxelas, Bruylant 2002.
- CRAIG, P. – *The Community Rights and the Charter*, ERPL/REDP, 2002, p. 221 e ss.
- DUARTE, MARIA LUÍSA – *A Carta dos Direitos Fundamentais da União Europeia – natureza e meios de tutela, in* Estudos em Homenagem à Professora Doutora ISABEL MAGALHÃES COLLAÇO, vol. I, Coimbra, 2002, p. 723 e ss.
- DUTHEIL DE LA ROCHÈRE, J. – *Les droits fondamentaux reconnus par la Charte et leurs applications*, ERPL/REDP, 2002, p. 234 e ss.
- GUERRA MARTINS, ANA MARIA – *A Carta dos Direitos Fundamentais da União Europeia e os direitos sociais*, Direito e Justiça, 2001, p. 189 e ss.
- JACQUÉ, JEAN-PAUL – *La Charte des droits fondamentaux de l'Union européenne – aspects juridiques généraux*, ERPL/REDP, 2002, p. 119 e ss.
- MEDEIROS, RUI – *A Carta dos Direitos Fundamentais da União Europeia, a Convenção Europeia dos Direitos do Homem e o Estado português, in* Nos 25 anos da Constituição da República Portuguesa de 1976, Lisboa, 2001, p. 7 e ss.
- MEDEIROS, RUI – *La Charte des droits fondamentaux de l'Union européenne, la Convention européenne des droits de l'Homme et le Portugal*, ERPL/REDP, 2002, p. 629 e ss.
- MEYER JÜRGEN, (org.) – *Kommentar zur Charta der Grundrechte der Europäischen Union*, Baden-Baden, Nomos, 2003.
- MOURA RAMOS, RUI MANUEL – *A Carta dos Direitos Fundamentais da União Europeia e a protecção dos Direitos Fundamentais*, Cuadernos Europeos de Deusto, 2001, p. 161 e ss.

4.2. CAPÍTULO II – OS SISTEMAS FORA DA EUROPA

29. Preliminares

Como já se mencionou, optámos por integrar, no programa da disciplina, os sistemas americano e africano de protecção dos direitos humanos, por razões que se prendem, por um lado, com objectivos de comparação entre os vários sistemas internacionais regionais e, por outro lado, com o intercâmbio de Professores e Alunos com os países de expressão oficial portuguesa.

Convém, no entanto, relembrar que estes sistemas serão objecto de um tratamento mais sucinto, na medida em que não vigoram na Ordem Jurídica portuguesa.

4.2.1. SUB-CAPÍTULO I – O SISTEMA AMERICANO DE PROTECÇÃO INTERNACIONAL DOS DIREITOS HUMANOS

30. O sistema americano de protecção internacional de direitos humanos

O sistema americano de protecção dos direitos humanos baseia-se num conjunto de regras muito complexo, que se caracteriza por acentuadas divergências quanto à origem, ao conteúdo, aos efeitos jurídicos, ao âmbito de aplicação, aos destinatários e às técnicas de controlo.

Numa disciplina, cujo enfoque é o Direito Internacional dos Direitos Humanos Universal e Europeu, as referências a este sistema vão limitar-se à Convenção Americana de Direitos Humanos, deixando de fora os outros instrumentos internacionais que dele fazem parte[704].

30.1. Antecedentes e formação

A protecção internacional dos direitos humanos no continente americano tem sido promovida pela Organização de Estados Americanos (OEA). Esta Organização foi criada pela Carta de Bogotá, aprovada na IX Conferência Interamericana, em 30 de Abril de 1948, que entrou em vigor, em 13 de Dezembro de 1951, tendo sido revista pelos protocolos de Buenos Aires (1967), Cartagena das Índias (1985), Washington (1992) e Manágua (1993).

---

[704] V. a Convenção Interamericana para a Prevenção e Punição da Tortura (1985), a Convenção Interamericana sobre Desaparecimento Forçado de Pessoas (1994), a Convenção Interamericana sobre a prevenção, punição e erradicação da violência contra as mulheres (1994), a Convenção Interamericana para a Eliminação de todas as Formas de Discriminação contra pessoas com deficiências (1999).

As referências da Carta constitutiva da OEA aos direitos humanos são escassas, limitando-se a consagrar um princípio da não discriminação (art. 3.º, al. l) e um princípio geral de respeito pelos direitos dos indivíduos (art. 17.º).

Para além da Carta da OEA, na IX Conferência de 1948, foram aprovadas duas resoluções, que, essas sim, viriam a constituir os antecedentes da protecção americana dos direitos humanos – a Declaração Americana de Direitos do Homem e a Carta Interamericana de Garantias Sociais. É certo que estas resoluções não criavam obrigações para os Estados nem constituíam instrumentos vinculativos, mas, sobretudo, a primeira vai desempenhar um papel muito importante[705].

A Declaração Americana de Direitos Humanos antecede, em poucos meses, a Declaração Universal e inclui no seu catálogo direitos civis e políticos, a par de direitos económicos, sociais e culturais e de deveres.

Também a Comissão Interamericana de Direitos Humanos foi criada, em 1959, por uma resolução, como uma entidade autónoma da OEA. Só mais tarde – em 1969 – com a revisão da Carta de Bogotá, pelo Protocolo de Buenos Aires, se vai tornar num dos principais órgãos da OEA.

Por seu turno, a Convenção Americana de Direitos Humanos foi aprovada, em 22 de Novembro de 1969, e entrou em vigor, no plano internacional, em 18 de Julho de 1978. Conta, actualmente, com 24 Estados partes[706].

A esta Convenção foram aditados dois Protocolos Adicionais: a) o Protocolo de San Salvador em matéria Direitos Económicos, Sociais e Culturais (1988) e o Protocolo sobre abolição da pena de morte (1990), que entraram em vigor em 1999 e 1993, respectivamente.

Ainda hoje existem Estados membros da OEA que não ratificaram a Convenção Americana de Direitos Humanos, como é o caso dos Estados Unidos da América, pelo que o sistema de protecção dos direitos humanos no continente americano é um sistema de geometria variável, no sentido em que alguns Estados estão vinculados à Convenção e ao sistema de controlo nela previsto, incluindo o controlo jurisdicional por parte do Tribunal Interamericano dos Direitos Humanos, enquanto outros, porque não

---

[705] O Tribunal Interamericano dos Direitos Humanos considera que, para os Estados membros da OEA, a Declaração é uma fonte de obrigações. Ver Parecer OC-10/89, Série A: Judgments and Opinions, 1989, par. 45.

[706] Já contou com 25 Estados, mas Trinidade e Tobago denunciou-a em 1999.

ratificaram a Convenção, se encontram apenas vinculados à Declaração Americana de Direitos Humanos.

30.2. A Convenção Americana de Direitos Humanos

A Convenção Americana dos Direitos Humanos foi fortemente influenciada pela Convenção Europeia dos Direitos Humanos, tanto no que tange aos direitos reconhecidos como em matéria de sistema de controlo.

30.2.1. Os direitos reconhecidos

Após impor aos Estados partes a obrigação de respeitarem os direitos e as liberdades nela reconhecidos (art. 1.°), a CADH faz uma distinção entre os direitos civis e políticos, que enumera, desenvolvidamente, no capítulo II, e os direitos económicos, sociais e culturais, em relação aos quais se limita a remeter para a Carta da Organização dos Estados Americanos, reformulada pelo Protocolo de Buenos Aires, e a estabelecer que as obrigações impostas aos Estados em matéria de direitos económicos, sociais e culturais se restringem à adopção das providências necessárias para conseguir progressivamente a plena efectividade dos direitos, na medida dos recursos disponíveis (art. 26.°).

Pelo contrário, o catálogo de direitos civis e políticos reconhecido pela CADH, quando comparado com o catálogo constante de outros instrumentos internacionais, designadamente, com a CEDH, apresenta algumas inovações, quer quanto aos direitos consagrados, quer quanto ao seu conteúdo.

Assim, o direito ao reconhecimento da personalidade (art. 3.°), a protecção da honra e da dignidade (art. 11.°), o direito de ratificação ou de resposta (art. 14.°), o direito ao nome (art. 18.°) e os direitos da criança (art. 19.°) recebem na CADH uma atenção muito maior do que noutros instrumentos internacionais.

Além disso, o direito à nacionalidade (art. 20.°) e o direito à propriedade privada (art. 21.°), que constam da Declaração Universal dos Direitos Humanos, e não foram depois transpostos para os instrumentos internacionais universais que se lhe seguiram nem para a própria CEDH, são reconhecidos na CADH.

Quanto ao conteúdo dos direitos, também existem, na CADH, alguns aspectos que merecem uma menção especial, como é o caso da protecção do direito à vida a partir do momento da concepção (art. 4.º).

No que diz respeito a outros direitos, a CADH aproxima-se bastante mais dos outros instrumentos internacionais. Esses direitos são os seguintes:

– O direito à integridade pessoal (art. 5.º);
– A proibição da escravatura e da servidão (art. 6.º);
– O direito à liberdade pessoal (art. 7.º);
– As garantias judiciais (art. 8.º);
– O princípio da legalidade e da retroactividade (art. 9.º);
– O direito a indemnização (art. 10.º);
– A liberdade de consciência e de religião (art. 12.º);
– A liberdade de pensamento e de expressão (art. 13.º);
– O direito de reunião (art. 15.º);
– A liberdade de associação (art. 16.º);
– A protecção da família (art. 17.º);
– O direito de circulação e de residência (art. 22.º);
– Os direitos políticos (art. 23.º);
– A igualdade perante a lei (art. 24.º);
– A protecção judicial (art. 25.º).

A CADH, tal como outros instrumentos internacionais de direitos humanos, contém um núcleo de direitos intangíveis (art. 27.º, par. 2.º). Esse núcleo é bastante vasto e abrange os direitos previstos nos arts. 3.º, 4.º, 5.º, 6.º, 9.º, 12.º, 17.º, 18.º, 19.º, 20.º, 23.º.

Todos os outros direitos podem ser objecto de suspensão, em caso de guerra, perigo público, ou de outra emergência que ameace a independência ou a segurança do Estado.

As restrições aos direitos também são possíveis, desde que respeitem os princípios da proporcionalidade e da não discriminação e as normas de Direito Internacional.

30.2.2. *Os órgãos de controlo*

Os órgãos de controlo da CADH são:

– *A Comissão Interamericana de Direitos Humanos* – tem por missão examinar a admissibilidade das petições, estabelecer os factos, proceder à instrução do processo, tentar uma solução amigável e redigir um relatório (arts. 48.º e seguintes). A Comissão tem competência para apurar as violações de direitos por parte de qualquer Estado membros da OEA. Mas se se tratar de Estados que não são partes da CADH, os direitos relevantes são apenas os constantes da Declaração Americana dos Direitos Humanos. Neste caso, o processo termina na Comissão, com as conclusões e as recomendações. Se se tratar de um Estado parte na CADH que aceitou a jurisdição do TADH, então o processo pode passar à fase contenciosa;

– *O Tribunal Interamericano de Direitos Humanos* – tem uma competência contenciosa, mas a sua jurisdição é facultativa, isto é, os Estados não estão obrigados a aceitá-la (art. 62.º, par. 1.º), mas uma vez aceite, o TADH considera que o Estado não pode mais tarde retirar a declaração de aceitação[707]. No caso de a terem aceite, então, nos três meses subsequentes à apresentação do relatório por parte da Comissão, ela própria[708] ou os Estados[709] podem submeter o caso ao TADH (art. 61.º). Além da competência contenciosa, o Tribunal dispõe também de competência consultiva sobre a interpretação da Convenção e de outros tratados de direitos humanos, a requerimento dos Estados e dos órgãos da OEA (art. 64.º, par. 1.º). Por último, a pedido de um Estado parte da OEA, o TADH pode ainda emitir pareceres sobre a compatibilidade de uma lei interna com a CADH (art. 64.º, par. 2.º).

30.2.3. Os mecanismos de controlo

A CADH prevê os mecanismos de controlo clássicos do Direito Internacional dos Direitos Humanos, a saber:

– os relatórios – os Estados partes estão obrigados a apresentar à Comissão Interamericana de Direitos Humanos os relatórios por ela

---

[707] Ver casos de 24/09/99, *Bronstein* e *Tribunal Constitucional,* Série C, n.ºs 54 e 55.

[708] Se o Estado não tomar medidas para o cumprimento das recomendações da Comissão, esta pode submeter o caso ao TADH.

[709] No caso previsto no art. 45.º da CADH, ou seja, no caso das comunicações interestaduais, os Estados podem, após haverem submetido o caso à Comissão, submetê-lo em seguida ao Tribunal. Um particular não pode recorrer ao TADH.

requeridos sobre a forma como o seu Direito interno assegura a aplicação efectiva de qualquer disposição da Convenção (art. 43.°);
- as petições interestaduais – a competência da Comissão, neste domínio, é facultativa, isto é, ambos os Estados devem ter aceite a competência da Comissão (art. 45.°);
- as petições individuais – qualquer pessoa, um grupo de pessoas ou uma organização não governamental legalmente reconhecida num ou mais Estados membros da OEA têm legitimidade para apresentar petições individuais perante a Comissão. A sua competência é agora obrigatória, ou seja, não é necessária a declaração de aceitação por parte dos Estados (art. 44.°).

As condições de admissibilidade das petições são idênticas às exigidas nos outros tratados de direitos humanos e estão previstas no art. 46.°:
- esgotamento dos meios internos (al. a));
- prazo de seis meses a contar da notificação da decisão interna definitiva (al. b));
- não pendência noutra instância internacional (al. c));
- ausência de vícios formais, no caso de petições individuais (al. d)).

As causas de indeferimento liminar encontram-se estabelecidas no art. 47.° CADH.

Deve sublinhar-se que os mecanismos, acabados de enunciar, se aplicam somente aos direitos civis e políticos, sendo o mecanismo de controlo dos direitos económicos, sociais e culturais bastante mais modesto. Segundo o art. 42.° CADH, a Comissão limita-se a velar para que se promovam estes direitos.

Em 1988, o sistema de controlo dos direitos económicos, sociais e culturais foi reforçado pelo Protocolo de São Salvador, que entrou em vigor em 16/11/99.

30.3. Bibliografia de apoio ao ponto 30

- CANÇADO TRINDADE, ANTÓNIO A. – *El sistema americano de protección de los derechos humanos*, in FELIPE GÓMEZ ISA (Dir.)/JOSÉ MANUEL PUREZA, La protección internacional..., p. 549 e ss.

- CANÇADO TRINDADE, ANTONIO A. – *Tratado...*, vol. III, p. 27 e ss.
- DE CASADEVANTE ROMANI, CARLOS FERNÁNDEZ – *El sistema americano: la Convención Americana de 22 de Noviembre de 1996*, in CARLOS FERNÁNDEZ DE CASADEVANTE ROMANI (coord.), *Derecho...*, p. 235 e ss.
- PASQUALUCCI, JO M. – *The Practice and Procedure of the Inter-American Court of Human Rights*, Cambridge, Univ. Press, 2003.
- SHELTON, DINAH L. – *The Inter-American Human Rights System*, in HURST HANNUM, (ed.), Guide to International Human Rights Practice, 4ª ed., Ardsley, 2004, p. 127 e ss.
- STEINER, HENRY/ALSTON, PHILIP – *International Human Rights...*, p. 868 e ss.
- VAN DER WILT, HARMEN/KRSTICEVIC, VIVIANA – *The OAS System for the Protection of Human Rights*, in RAIJA HANSKI/MARKKU SUKSI (org.), An Introduction..., p. 371 e ss.

4.2.2. SUB-CAPÍTULO II – O SISTEMA AFRICANO DE PROTECÇÃO INTERNACIONAL DOS DIREITOS HUMANOS E DOS POVOS

31. O sistema africano de direitos humanos e dos povos

31.1. A Carta Africana dos Direitos Humanos e dos Povos

31.1.1. Génese

A ideia de criação de uma Comissão Africana dos Direitos Humanos é antiga. Remonta a Janeiro de 1961 à primeira Conferência de Juristas Africanos organizada após as primeiras independências, mas não teve qualquer sequência.

Com efeito, a Organização de Unidade Africana, criada pela Carta de 25 de Maio de 1963, a qual, em 2002, se transformou na União Africana, traduz as preocupações dos Estados africanos, ou seja, a descolonização, a não discriminação racial, o desenvolvimento económico e social e a unidade africana.

A questão dos direitos humanos foi relegada para segundo plano, aparecendo relacionada com o direito dos povos a disporem de si próprios e com a interdição da discriminação racial. A Carta da Organização de Unidade Africana desenvolve, portanto, uma concepção unidimensional de direitos humanos, porque exclusivamente anti-colonial, limitando-se a fazer uma breve referência formal aos direitos humanos, não os reconhecendo como um dos seus objectivos. Esta referência revelou-se manifestamente insuficiente.

Foram precisos quase 20 anos para concretizar a ideia de uma convenção africana dos direitos humanos, a qual foi adiantada por diversas vezes quer em reuniões de juristas africanos, quer em estudos das Nações Unidas sobre África.

Em 1978 a ONU, através da sua Comissão de Direitos Humanos, renovou os apelos à OUA para criar uma comissão regional de direitos humanos.

Só no ano de 1979 se começou a preparar um projecto de Carta Africana de Direitos Humanos.

Por iniciativa do Presidente da República do Senegal, Léopold Senghor, a Conferência dos Chefes de Estado e de Governo da OUA aprovou uma resolução tendente à criação de uma comissão africana de direitos humanos e à apresentação de um ante-projecto para esse efeito.

A OUA solicitou ao seu Secretário-Geral que reunisse uma comissão de peritos africanos encarregue de elaborar o projecto de Carta Africana de Direitos do Homem e dos Povos.

Esse projecto foi elaborado em tempo recorde. Foi convocada uma conferência de plenipotenciários para Addis-Abeba, em 24 de Março de 1980, que não se reuniu por falta de quórum.

Na verdade, a ideia de adopção de uma Carta Africana dos Direitos Humanos não era acolhida por muitos Estados africanos com simpatia. África, tal como o Mundo, estava dividida entre os simpatizantes dos dois blocos, provocando uma certa heterogeneidade quanto às concepções sócio-políticas de base. Era preciso, portanto, encontrar um denominador comum.

Foi então que o Secretário-Geral da OUA teve a ideia de pedir à Gambia – país democrático e respeitador dos direitos humanos – que convidasse a OUA a realizar um sessão ministerial em Banjul, aproveitando a presença dos ministros para a conferência de plenipotenciários, que se iniciou em 9 de Junho de 1980. No final da conferência apenas se tinha verificado acordo relativamente ao preâmbulo e a onze artigos, o que fez temer pela adopção da Carta.

Apesar de não haver data marcada para a segunda conferência, por insistência do Secretário-Geral da OUA, ela teve lugar de 7 a 19 de Junho de 1981.

A CADHP viria a ser formalmente adoptada pela Conferência de Chefes de Estado e de Governo da OUA, em 27 de Junho de 1981, em Nairobi, no Quénia.

A CADHP entrou em vigor em 21 de Outubro de 1986 e encontra-se hoje ratificada por todos os Estados membros da União Africana, ou seja, 53.

31.1.2. *As características da Carta de Banjul*

I) Fontes de inspiração

A CADHP inspira-se, entre outros, nos seguintes instrumentos internacionais:

a) universais – a Declaração Universal dos Direitos do Homem, os Pactos Internacionais de Direitos das Nações Unidas e a resolução 1503 do Conselho Económico e Social da ONU;
b) regionais – a Convenção Europeia dos Direitos do Homem e a Convenção Americana dos Direitos do Homem.

II) Especificidades

A Carta repercute as particularidades do continente africano relativamente aos seguintes aspectos:

– a referência aos valores africanos de civilização;
– as repercussões da concepção africana do Direito e dos direitos humanos;
– o papel dedicado aos deveres;
– o reconhecimento de novos direitos;
– a ausência de um Tribunal dos Direitos do Homem e dos Povos.

i) Os valores africanos – a Carta afirma no preâmbulo que as tradições históricas e os valores da civilização africana devem inspirar e caracterizar as reflexões comuns sobre a concepção de direitos do Homem e dos Povos. De entre esses valores devem mencionar-se os relativos à família, a atenção que deve ser dada à moral na vida de todos os dias e a importância da comunidade. A família é considerada como a base da sociedade (ver art. 18.º, n.ºs 1 e 2 da Carta).

ii) Em África o Direito é considerado como um conjunto de regras protectoras da comunidade de que o indivíduo faz parte, o que não significa que o indivíduo não mantenha a sua liberdade e os seus direitos. Esta característica é assumida pela Carta quando consagra os direitos dos indivíduos a par dos direitos dos povos, fundamentando-se ambos na dignidade da pessoa humana.

iii) A Carta Africana de Direitos do Homem e dos Povos é uma carta de direitos, mas simultaneamente uma carta de deveres. O indivíduo não é concebido como ser singular, mas ele existe pelo grupo e realiza-se no grupo, que ao mesmo tempo é condição material da sua existência. As relações entre o indivíduo e o grupo são dominadas pelo acordo e pela harmonia. O impacto jurídico desta concepção social é a existência de direitos e deveres do indivíduo em relação à comunidade e da comunidade para com o indivíduo.

iv) Os novos direitos estão reconhecidos nos arts. 22.º a 24.º da CADHP e são o direito à paz, o direito ao desenvolvimento e o direito ao ambiente.

v) Os meios de solução de conflitos consagrados na CADHP repercutem o facto de, em África, a justiça ser, essencialmente, conciliatória. Daí o carácter primordialmente conciliatório do processo na Comissão Africana e a ausência de um Tribunal Africano dos Direitos Humanos. Mas esta opção reflecte também o medo de perda de soberania por parte de Estados que acabaram de chegar à independência.

A concepção africana do Direito e dos direitos humanos está em evolução, o que se prova pelos recentes desenvolvimentos em sede de criação de um Tribunal Africano dos Direitos Humanos.

31.1.3. O quadro normativo: os direitos e os deveres reconhecidos

Como já se mencionou, a Carta Africana apresenta especificidades, quando comparada com os outros instrumentos internacionais regionais, ao reconhecer não só direitos (art. 1.º a 25.º) como também deveres (arts. 27.º a 39.º). Além disso, a CADHP agrupa, por um lado, os direitos humanos propriamente ditos, nos quais se incluem os direitos civis e políticos e os direitos económicos, sociais e culturais, e, por outro lado, os direitos dos povos.

I) Os direitos intangíveis

Ao contrário do que acontece com outros instrumentos internacionais, a Carta Africana não contém nenhuma cláusula de derrogação de direitos, mas a redacção de alguns preceitos (v., por exemplo, os arts. 2.º a 7.º) deixa antever que não se admitem derrogações, enquanto noutros casos as limitações e as restrições são admissíveis.

A doutrina[710] tem defendido como exemplos de direitos inderrogáveis o direito à não discriminação (art. 2.º), o direito à igualdade perante a lei e à protecção da lei (art. 3.º), o direito à inviolabilidade da pessoa humana (art. 4.º), o direito à vida (art. 4.º), o direito à integridade física e moral da pessoa humana (art. 4.º), o direito ao respeito da dignidade da pessoa humana (art. 5.º) e o reconhecimento da personalidade jurídica (art. 5.º), o direito à liberdade e à segurança (art. 6.º), o direito à justiça, o direito à irretroactividade da lei penal e o direito a não ser condenado por crime não previsto na lei (art. 7.º).

II) Os direitos reconhecidos na CADHP

Os direitos civis e políticos reconhecidos na CADHP estão previstos nos arts. 2.º a 14.º e são os seguintes:

– Direito à não discriminação (art. 2.º);
– Direito à igualdade (art. 3.º);
– Direito à vida e à integridade física (art. 4.º, n.º 1);
– Proibição da tortura e da escravatura (art. 5.º);
– Direito à liberdade e à segurança (art. 6.º);
– Direito a um processo justo (art. 7.º);
– Liberdades de consciência, de profissão e de religião (art. 8.º), de expressão e de informação (art. 9.º), de associação (art. 10.º), de reunião (art. 11.º) e de circulação (art. 12.º);
– Direito de participação política (art. 13.º);
– Direito de propriedade (art. 14.º).

O direito à privacidade e o direito à protecção contra o trabalho forçado não são expressamente mencionados e os direitos inerentes ao

---

[710] Ver KEBA MBAYE, *Les droits de l'homme en Afrique...*, p. 195.

processo equitativo e de participação política são objecto de uma menor protecção do que se verifica noutros outros instrumentos internacionais.

O reconhecimento dos direitos económicos e sociais é bastante mais modesto (arts. 15.º a 18.º), limitando-se aos direitos ao trabalho em condições equitativas e satisfatórias (art. 15.º), à saúde (art. 16.º) e à educação (art. 17.º).

Os direitos dos povos (arts. 19.º a 26.º) abrangem a igualdade (art. 19.º), a existência e a auto-determinação (art. 20.º), a disposição livre da riqueza e dos recursos naturais (art. 21.º), o desenvolvimento (art. 22.º), a paz e a segurança (art. 23.º) e o ambiente (art. 24.º).

Tendo em conta que os direitos dos povos, como se viu, na Parte I, não fazem parte da categoria dos direitos humanos, a sua inclusão explícita na Carta Africana só se pode explicar por razões históricas relacionadas com o colonialismo do continente africano.

III) Em especial, o direito ao desenvolvimento

A Carta Africana foi o primeiro instrumento internacional a reconhecer o direito ao desenvolvimento como um direito humano e dos povos (v. parágrafos 3 e 7 do preâmbulo e art. 22.º).

Anteriormente, o direito ao desenvolvimento já tinha sido referido em vários instrumentos internacionais, como, por exemplo, a Carta das Nações Unidas ou os tratados constitutivos de algumas das suas organizações especializadas e em algumas recomendações.

Aliás, foram estas últimas a principal fonte do direito ao desenvolvimento. Assim, para além da Declaração Universal dos Direitos Humanos de 1948 e da Proclamação de Teerão de 1968, devem mencionar-se, em especial, as seguintes:

- resolução 1514, de 14/12/60, relativa à independência dos países e dos povos coloniais;
- resolução 1803, de 14/12/62, relativa à soberania permanente sobre os recursos naturais;
- resolução 41/128, de 4/12/86, da Assembleia Geral das Nações Unidas que contém a Declaração sobre o direito ao desenvolvimento – esta resolução foi adoptada por 146 votos a favor, um contra (EUA) e 8 abstenções (Dinamarca, Finlândia, RFA, Islândia, Israel, Japão, Suiça e Grã-Bretanha). A Albânia, a República Dominicana e o Vanuatu não estiveram presentes.

IV) Os deveres reconhecidos na CADHP

Os arts. 27.º a 29.º da CADHP prevêem três tipos de deveres:

a) em relação ao grupo – o indivíduo tem deveres para com a família, a sociedade, o Estado, as outras colectividades legalmente reconhecidas e a comunidade internacional;
b) em relação aos outros indivíduos – dever de consideração do semelhante sem discriminação;
c) em relação a certos indivíduos ou entidades em particular – os parentes, mas também a integridade territorial da pátria e a segurança do país, etc.

31.1.4. *O sistema de controlo da CADHP*

A Carta Africana previu, como órgão de controlo e promoção dos direitos humanos, a Comissão Africana dos Direitos Humanos, a qual tem desempenhado um papel muito importante neste domínio.

Em 10 de Junho de 1998 foi aprovado, em Ouagdougou, no Burkina Faso, o Protocolo Adicional à Carta Africana relativo à criação de um Tribunal Africano dos Direitos Humanos e dos Povos. Este Protocolo entrou em vigor em 24 de Janeiro de 2004, após ter obtido as 15 ratificações necessárias, mas o Tribunal ainda não começou a funcionar, encontrando-se em fase de instalação.

Assim, a versão originária da Carta previu somente um mecanismo de controlo não jurisdicional. É o Protocolo Adicional relativo ao Tribunal Africano dos Direitos Humanos e dos Povos que institui o sistema jurisdicional de controlo.

31.1.4.1. *O sistema não jurisdicional: a Comissão Africana dos Direitos do Homem e dos Povos*

I) A composição, a organização e o funcionamento da ComADHP

A ComADHP é composta por 11 membros, escolhidos entre personalidades que gozem de alta reputação e de alta moralidade, integridade e imparcialidade, tendo em conta a repartição geográfica equitativa entre o norte, o leste, o oeste e o sul da África.

Os membros da ComADHP devem ter competência em matéria de direitos humanos e serem nacionais de um dos Estados partes da Carta.
A ComADHP não pode ter mais do que um nacional por Estado.
A duração do mandato é de seis anos, renovável.
Os membros da ComADHP elegem um presidente e um vice-presidente por dois anos renovável.
A ComADHP é assistida por um secretariado formado por um secretário designado pelo Secretário-Geral da UA.
Os membros da ComADHP são independentes dos Estados e da OUA, actual UA.

II) A competência da ComADHP

A Carta não distingue a competência da ComADHP em função dos direitos que estão em causa. Assim, a ComADHP tem os mesmos poderes em matéria de direitos civis e políticos, de direitos económicos, sociais e culturais e de direitos dos povos, embora esteja melhor adequada a apreciar os direitos da primeira categoria.
Segundo a CADHP, a ComADHP tem competência para:

i) promover os direitos humanos e dos povos em África;
ii) proteger os direitos humanos e dos povos em África;
iii) interpretar a Carta;
iv) executar outras tarefas que lhe sejam atribuídas pela Conferência de Chefes de Estado e de Governo da UA.

i) A *competência de promoção* inclui o estudo e informação, a apresentação de recomendações aos Estados e de projectos de leis quadro aos Estados ou à OUA, e ainda a cooperação.

ii) A *competência de protecção* abrange o conhecimento de toda a violação da CADHP realizada por um Estado parte.

iii) A *competência de interpretação* é muito ampla, abarcando a competência consultiva a pedido de um Estado, dos órgãos da OUA ou de uma organização africana reconhecida pela OUA, actual UA.

A ComADHP, ao arrepio da letra da Carta Africana, tem levado a cabo outras práticas de supervisão da Carta, como sejam os relatórios especiais, as visitas *in loco* e a aprovação de resoluções.

A maior parte das decisões proferidas pela Comissão Africana, nos casos que lhe são submetidos, dizem respeito a violações do direito a não ser submetido a tortura ou a tratamentos ou penas desumanos ou degradantes (art. 5.º da CADHP), do direito a não ser submetido a prisão ou detenção arbitrárias (art. 6.º da CADHP) e do direito a um julgamento justo (art. 7.º CADHP).

III) O processo perante a Comissão Africana

i) as comunicações
– dos Estados (arts. 47.º a 54.º)
– individuais (arts. 55.º a 59.º)

ii) os relatórios periódicos dos Estados (art. 62.º)

31.1.4.2. O controlo jurisdicional e a criação do Tribunal Africano de Direitos do Homem e dos Povos

I) Antecedentes

Em Junho de 1994 a Conferência de Chefes de Estado e de Governo da OUA adoptou uma Resolução, na qual solicitou ao Secretário-Geral que convocasse uma reunião de peritos governamentais para reflectir na forma e nos meios de reforçar a Comissão Africana dos Direitos Humanos e dos Povos, nomeadamente através da criação de um Tribunal Africano dos Direitos Humanos e dos Povos.

Os peritos governamentais reuniram-se três vezes, entre Setembro de 1995 e Dezembro de 1997, tendo apresentado um projecto de Protocolo, que foi aprovado pela Conferência de Chefes de Estado e de Governo, de 8 a 10 de Junho de 1998.

Em 2001, a OUA foi substituída pela União Africana e o seu acto constitutivo faz várias referências aos direitos humanos, embora não mencione, expressamente, o Tribunal Africano dos Direitos Humanos e dos Povos.

II) Composição, organização e funcionamento do Tribunal

O Tribunal é composto por 11 juízes, que devem ser juristas. O seu mandato é de seis anos, renovável uma vez.

Os juízes têm de ter a nacionalidade de um dos Estados membros da OUA e o Tribunal não poderá ter mais do que um juiz nacional do mesmo Estado e deve ter uma representação adequada dos dois sexos.

III) Competência do Tribunal

O Tribunal Africano dos Direitos Humanos e dos Povos tem competência para conhecer de todos os processos e diferendos que lhe forem submetidos e que digam respeito à interpretação e aplicação da CADHP, do Protocolo que cria o TADHP e de qualquer outro instrumento internacional relativo a direitos humanos pertinente, que tenha sido ratificado pelos Estados em causa.

A doutrina tem-se dividido quanto à interpretação a dar à expressão «qualquer instrumento pertinente». Para alguns, a competência do TADHP estende-se a todas as convenções internacionais no domínio dos direitos humanos de que os Estados sejam parte, enquanto para outros, o termo «pertinente» limita a competência do Tribunal às convenções que lhe atribuírem expressamente jurisdição[711].

O Tribunal goza de dois tipos de competência:

– *consultiva* – emissão de pareceres a pedido de um Estado membro da OUA, da OUA, de um órgão da OUA ou de uma organização reconhecida pela OUA sobre qualquer questão jurídica relativa à Carta ou a qualquer outro instrumento internacional de direitos humanos ratificado pelo Estado infractor;

– *contenciosa*

  i) *indirecta* (depois de o caso ter sido decidido pela ComADHP) – o TADHP é competente para examinar queixas da própria ComADHP, dos Estados que se queixaram à ComADHP, do Estado cujo nacional é vítima de violação dos seus direitos e das organizações intergovernamentais africanas. Os indivíduos não têm legitimidade para passar da ComADHP ao TADHP.

  ii) *directa* (sem passar pela ComADHP) – se o Estado, alegadamente infractor, tiver reconhecido, através de uma declaração

---

[711] Ver a discussão desta temática em CRISTOF HEYNS, *Le rôle de la future Cour africaine des droits de l'homme et des peuples*, in JEAN-FRANÇOIS FLAUSS/ELISABETH LAMBERT-ABDELGAWAD (dir.), L'application nationale de la Charte africaine des droits de l'homme et des peuples, Bruxelas, Bruylant, 2004, p. 241.

adicional, a jurisdição do TADHP para examinar petições individuais, então os indivíduos e as ONG's, com estatuto de observador junto da ComADHP, têm legitimidade activa junto do Tribunal sem passar pela ComADHP. Neste caso, o TADHP pode conhecer ele próprio do litígio ou transmiti-lo à ComADHP.

31.2. *Bibliografia de apoio ao ponto 31*

- BARICAKO, GERMAIN – *La mise en œuvre des décisions de la Commission africaine des droits de l'homme et des peuples par les autorités nationales*, in JEAN-FRANÇOIS FLAUSS/ELISABETH LAMBERT-ABDELGAWAD (dir.), L'application nationale de la Charte africaine des droits de l'homme et des peuples, Bruxelas, Bruylant, 2004, p. 207 e ss.
- CANÇADO TRINDADE, ANTONIO A. – *Tratado...*, vol. III, p. 193 e ss.
- DE CASADEVANTE ROMANI, CARLOS FERNÁNDEZ – *El sistema africano: La Carta Africana de Derechos Humanos y de los Pueblos de 27 de junio de 1981*, in CARLOS FERNÁNDEZ DE CASADEVANTE ROMANI (coord.), Derecho..., p. 243 e ss.
- ERGEC, RUSEN – *Protection européenne...*, p. 78 e ss.
- FLINTERMANN, CEES/HENDERSON, CATHERINE – *The African Charter on Human and People´s Rights*, in RAIJA HANSKI/MARKKU SUKSI (org.), An Introduction..., p. 387 e ss.
- HEYNS, CRISTOF – *La Carta Africana de Derechos Humanos y de los Pueblos*, in FELIPE GÓMEZ ISA (Dir.)/JOSÉ MANUEL PUREZA, La protección internacional..., p. 595 e ss.
- HEYNS, CRISTOF – *Le rôle de la future Cour africaine des droits de l'homme et des peuples*, in JEAN-FRANÇOIS FLAUSS/ELISABETH LAMBERT-ABDELGAWAD (dir.), L'application nationale de la Charte africaine..., p. 235 e ss.
- KAMTO, MAURICE – *Charte africaine, instruments internationaux de protection des droits de l'homme, constitutions nationales: articulations respectives*, in JEAN-FRANÇOIS FLAUSS/ELISABETH LAMBERT-ABDELGAWAD (dir.), L'application nationale de la Charte africaine..., p. 11 e ss.
- KOWOUVIH, SITSOFÉ – *La Cour Africaine des droits de l'homme et des peuples: une rectification institutionnelle du concept de «spécificité» africaine en matière de droits de l'homme*, Rev. trim. dr. h., 2004, p. 757 e ss.
- MBAYE, KEBA – *Les droits de l'homme en Afrique*, 2ª ed., Paris, Pedone, 2002.
- OUEDRAGOGO, HALIDOU – *Les actions de sensibilisation et de formation à la*

Charte africaine des droits de l'homme et des peuples, in JEAN-FRANÇOIS FLAUSS/ELISABETH LAMBERT-ABDELGAWAD (dir.), L'application nationale de la Charte africaine..., 2004, p. 49 e ss.
- STEINER, HENRY/ALSTON, PHILIP – *International Human Rights...*, p. 920 e ss.

CAPÍTULO IV

OS MÉTODOS DE ENSINO TEÓRICO E PRÁTICO

1. PRELIMINARES

Antes de avançarmos, há que delimitar o que se entende por métodos de ensino teórico e prático para efeitos deste relatório.

Parafraseando, mais uma vez, JORGE MIRANDA, «*por métodos entendemos as orientações pedagógicas a seguir, os critérios que hão-de presidir ao ensino em aulas teóricas e práticas (ou teórico-práticas) e a indicação dos respectivos elementos de estudo e de avaliação*»[712,713].

Como ensina MARTIM DE ALBUQUERQUE, nos métodos cabem «*dois problemas distintos embora entre si relacionados intimamente: a metodologia científica e a metodologia pedagógica*»[714].

Mas os métodos de ensino teórico e prático de uma disciplina, qualquer que ela seja, não podem ser vistos abstractamente. Pelo contrário, eles são condicionados por dois tipos de factores:

    a) variáveis;
    b) fixos.

a) De entre os *factores variáveis* contam-se a «bagagem jurídica» que os Alunos transportam, isto é, os conhecimentos prévios que têm da matéria, o número de Alunos de cada turma ou de cada unidade de avaliação e o tempo efectivamente disponível em cada semestre.

---

[712] JORGE MIRANDA, *Relatório com o programa ...*, p. 391.

[713] Os elementos de estudo, ou seja, a bibliografia já foram indicados nos capítulos relativos ao programa e aos conteúdos, pelo que não vamos agora repeti-los.

[714] MARTIM DE ALBUQUERQUE, *História das instituições - Relatório sobre o programa, conteúdos e métodos*, RFDUL, vol. XXV, 1984, p. 173.

Com efeito, é diferente ensinar Direito Internacional dos Direitos Humanos a Estudantes de Direito dos últimos anos da licenciatura, a licenciados dos mais diferentes cursos de pós-graduação de especialização e a licenciados em Direito no âmbito do Doutoramento, Mestrado e Aperfeiçoamento. As suas pré-compreensões são totalmente distintas.

Também não é o mesmo dar aulas teóricas para turmas de duzentos Alunos ou de trinta. Com efeito, em turmas mais pequenas é possível organizar a aula, de modo a estabelecer, em certos momentos, diálogo com os Estudantes, o que numa turma de duzentos Alunos é quase impossível[715].

O tempo destinado a uma determinada disciplina é outro factor determinante dos métodos de ensino. Como não há dois semestres totalmente iguais, também é necessário adaptar o ensino ao tempo útil e efectivo de cada semestre. Além disso, a carga lectiva varia em função dos diversos graus, pelo que também os métodos de ensino devem adaptar-se a essas diferentes cargas horárias.

b) Os *factores fixos* são as regras de avaliação impostas pelo Regulamento de Avaliação da Faculdade para cada grau académico e os diferentes objectivos dos diversos graus de ensino.

Na verdade, os métodos de ensino não podem deixar de acompanhar os diferentes objectivos dos vários níveis de ensino. Logo, o papel do Professor no ensino do Direito Internacional dos Direitos Humanos ao nível da Licenciatura, da Pós-graduação de especialização ou do Doutoramento, Mestrado e Aperfeiçoamento não pode ser o mesmo. No primeiro caso, a principal preocupação do Professor deve ser a transmissão de conhecimentos, o estímulo do gosto pelo estudo e o incentivo do espírito crítico. No segundo nível, para além destas valências, o Professor deve ainda responder aos anseios profissionais dos Estudantes, pelo que deve acentuar o cunho prático das aulas, alertando, frequentemente, para as situações da vida real. No terceiro caso, o objectivo principal é o de ensinar a investigar.

Por último, os métodos de ensino são também condicionados pelas regras de avaliação. Assim, o Regulamento de Avaliação da FDUL impõe na licenciatura, no método A, a distinção entre aulas teóricas e aulas de unidade de avaliação, sendo que estas últimas têm por função, como o próprio nome indica, essencialmente, avaliar, o que vai acabar por comprimir a componente de aprendizagem a favor da componente de avaliação.

---

[715] V. neste sentido, MARTIM DE ALBUQUERQUE, *História das instituições*..., p. 186.

Tendo em conta o que acabamos de expor, parece evidente que não sendo idênticos os problemas metodológicos e pedagógicos que se colocam nos diversos graus de ensino universitário, devem ser também diferentes as soluções.

Ao professor universitário é exigível que organize os seus diversos cursos tendo em atenção o público a que se destinam. Por consequência, o tratamento dos métodos de ensino teórico e prático da disciplina de Direito Internacional dos Direitos Humanos nos diversos graus vai ser apresentado de modo autónomo.

2. OS MÉTODOS DE ENSINO AO NÍVEL DA LICENCIATURA

2.1. A METODOLOGIA DAS AULAS

I) Ponto prévio: as condicionantes do Regulamento de Avaliação

Actualmente, o Regulamento de Avaliação da Faculdade impõe duas aulas teóricas semanais em cada disciplina, a que acrescem, no método A, três aulas de avaliação contínua. Na prática, as primeiras têm estado a cargo do professor regente da disciplina e as segundas têm sido da responsabilidade de assistentes e de assistentes-estagiários, sob a coordenação do professor.

Esta proporção não é, contudo, pacífica e, sobretudo, não o é em disciplinas com uma índole teórica muito vincada, defendendo-se aí a proporção inversa, ou seja, de três aulas teóricas para duas práticas[716].

Sem prejuízo de essa solução ser adequada nalguns casos, não pensamos que a sua aplicação seja desejável na disciplina objecto deste relatório. A aprendizagem do Direito Internacional dos Direitos Humanos exige a análise de textos internacionais da mais diversa índole – convenções internacionais, resoluções de organizações internacionais, declarações, etc – e a leitura crítica de acórdãos dos tribunais internacionais e de decisões de órgãos quase jurisdicionais, que só podem realizar-se, com sucesso, no ensino interactivo entre o professor e os alunos nas aulas práticas.

---

[716] PAULO OTERO, *Direito da vida...*, p. 204; FERNANDO ARAÚJO, *O ensino da Economia Política...*, p. 223.

Se a dimensão da turma o permitir, já nos parece vantajosa uma solução que passe pela atribuição de todas as aulas – teóricas e práticas – ao professor regente (cinco horas semanais), em que este alterne a exposição teórica da matéria com a análise em aulas sucessivas ou intercalares dos textos internacionais, da jurisprudência e com a resolução de casos práticos sobre a parte teórica anteriormente leccionada. No fundo, tratar-se-ia de uma solução em que não se verificaria uma distinção muito rígida entre aulas teóricas e aulas práticas, que só é possível em turmas que não excedam os trinta alunos.

Após estas considerações prévias, passemos agora à metodologia das aulas teóricas.

II) As aulas teóricas

Destinando-se o Direito Internacional dos Direitos Humanos a ser leccionado nos últimos anos da Licenciatura, o professor deve partir do princípio que os Estudantes já dominam totalmente a terminologia jurídica e já adquiriram os conhecimentos gerais e especiais nas áreas do Direito Internacional Público, do Direito Constitucional, dos Direitos Fundamentais e do Direito da União Europeia, que lhe permitem, por um lado, fazer apelo a esses conhecimentos e, por outro lado, «*alertá-los para o tecido de conexões, relações, interdependências*»[717] entre a matéria que está a leccionar e essas disciplinas.

Como afirma MARCELO REBELO DE SOUSA, quer no ensino teórico, quer no ensino prático, a conjugação com outras disciplinas jurídicas do *curriculum* escolar e, em especial, do Grupo de Ciências Jurídico-Políticas deve ser objecto de referências sistemáticas[718].

Além disso, nos últimos anos da licenciatura espera-se que os Alunos já tenham adquirido certos hábitos de trabalho, que passam pela leitura não só dos manuais ou dos livros básicos, mas também de alguns artigos de revista e da jurisprudência relevante.

Parafraseando PAULO DE PITTA E CUNHA, o objectivo do ensino teórico não é «*forçar o aluno à absorção passiva de uma massa de conheci-*

---

[717] MARTIM DE ALBUQUERQUE, *História das instituições*..., p. 187.

[718] MARCELO REBELO DE SOUSA, *Direito Constitucional I*..., p. 77 e 78. O autor retoma esta ideia em *Ciência Política – conteúdos e métodos*, Coimbra, Coimbra Editora, 1989, p. 110.

mentos facultados pelo docente, por intermédio do clássico processo de «livro único», o ensino universitário (...) deve guiar-se pela preocupação de estimular o estudante a aplicar as suas próprias faculdades de análise, incentivar o seu espírito crítico, habilitá-lo à compreensão de realidades não necessariamente abrangidas na matéria que constitui objecto directo do curso»[719].

Nada disto dispensa o professor de investigar, de preparar minuciosa, devida e antecipadamente, as aulas e de tentar transmitir os seus conhecimentos da forma mais clara e mais aliciante possível, de modo a manter os Estudantes interessados durante toda a prelecção.

Nem a leccionação da mesma disciplina em anos sucessivos dispensa esta tarefa, pois, tendo em conta a evolução célere do Mundo actual com as necessárias consequências ao nível do Direito, a actualização dos conteúdos afigura-se imperativa.

Com efeito, só um professor conhecedor da matéria, poderá dar aulas claras, compreensíveis e formativas.

A primeira vez que lecciona uma disciplina, o professor deve preparar todas as aulas antes de começar o semestre, pois só assim adquirirá uma visão global da disciplina, que lhe permitirá responder aos desafios do ensino de uma matéria nova.

Consideramos também desejável a publicação de lições antes do início do ano lectivo, embora, ao contrário do que poderá suceder com outras disciplinas[720], no caso do Direito Internacional dos Direitos Humanos, a doutrina estrangeira permite colmatar, adequadamente, a lacuna não só das lições do professor como até das nacionais.

Aliás, tendo em conta a mutação constante desta área do Direito, os manuais correm um risco agravado de desactualização. Por maioria de razão, juntamos aqui a nossa voz à de JORGE MIRANDA, quando afirma que as lições podem constituir « *(...) uma versão mais rigorosa, mais sintética e com mais informações do que a que resulta da linguagem oral. Mas são as aulas que rasgam a barreira da inteligibilidade, que, de ano*

---

[719] PAULO DE PITTA E CUNHA, *Direito Internacional Económico*..., p. 87.

[720] No que toca à Teoria Geral do Direito Civil, ANTÓNIO MENEZES CORDEIRO considera totalmente impossível ensiná-la com recurso a manuais estrangeiros, pelo que, segundo o Autor, toda a actividade científica e pedagógica dum professor de Direito deve ser orientada para a elaboração de lições escritas actualizadas. *In Teoria Geral do Direito Civil*..., p. 443 e 444.

para ano, emprestam uma visão ou uma coloração variada aos assuntos (...)»[721]. E nós acrescentaremos: no domínio do DIDH só as aulas darão uma visão totalmente actualizada da matéria.

Voltando à aula teórica, o professor deve sempre manifestar-se disponível para responder às questões dos Alunos, permitindo a interrupção da aula ou reservando um tempo no final para o efeito. É verdade que esta prática é muito difícil de implementar em turmas de duzentos ou trezentos elementos, como acontece nos primeiros anos da licenciatura. Essa dificuldade poderá, todavia, ser colmatada com a indicação por parte do professor logo na primeira aula do seu horário de atendimento, estimulando os alunos a procurarem-no para lhe colocarem as perguntas fora do escasso tempo lectivo.

Já numa disciplina de especialização, como é o caso da disciplina objecto deste relatório, o diálogo com trinta ou quarenta alunos é perfeitamente possível. O professor deve até fazer um esforço para incentivar os alunos à participação na aula teórica, promovendo a «*crítica das orientações do curso e a procura fundamentada de posições alternativas*»[722].

III) As aulas práticas

Como se disse, as aulas práticas têm estado, essencialmente, a cargo de assistentes e de assistentes-estagiários, embora não se afaste a hipótese de poderem vir a ser leccionadas pelo professor regente[723], especialmente, quando estão em causa disciplinas das menções, até porque o crescente número de doutores na Faculdade assim o imporá.

Em qualquer caso, sem prejuízo de as aulas práticas servirem para esclarecer as dúvidas que ficaram das aulas teóricas, elas não devem transformar-se num mero repetitório daquelas.

Numa disciplina, como é o Direito Internacional dos Direitos Humanos, as aulas práticas estão, particularmente, talhadas para aprofundar os conhecimentos do seguinte modo:

– interpretar as convenções internacionais sobre direitos humanos constantes do programa;

---

[721] JORGE MIRANDA, *Relatório com o programa...*, p. 551.
[722] Neste sentido, MARCELO REBELO DE SOUSA, *Direito Constitucional I...*, p. 74.
[723] Neste sentido, PAULO OTERO, *Direito da Vida...*, p. 204

– comentar criticamente as decisões dos órgãos que aplicam o DIDH Universal, como sejam os Comités criados pelas Convenções das Nações Unidas;
– comentar a jurisprudência dos tribunais internacionais neste domínio, em especial, do TEDH;
– resolver casos práticos.

Convém não esquecer que as aulas práticas também têm uma outra função não menos nobre – a de avaliação –, da qual falaremos no ponto seguinte.

i) *Aulas práticas dadas por assistentes*

Num cenário em que as aulas práticas são dadas por assistentes, ao professor compete, em primeiro lugar, a coordenação da equipa e a articulação das aulas teóricas com as práticas. Para tanto deve realizar, no início do ano ou do semestre, uma reunião com os assistentes, em que define as matérias que devem ser objecto das aulas práticas, bem como a respectiva calendarização, procurando assegurar que, no caso de haver mais do que uma subturma e mais do que um assistente, a mesma matéria seja leccionada em todas as subturmas num espaço temporal semelhante. Esta aparente rigidez tem por pano de fundo a necessidade de assegurar o tratamento igual de todos os alunos.

A programação das aulas práticas deve ser distribuída aos alunos, logo no início e, além disso, em todas as aulas se deve indicar claramente qual a matéria da aula ou das aulas seguintes, de modo a que os alunos se possam preparar convenientemente.

Ao professor compete também fazer uma seriação dos casos jurisprudenciais que devem ser estudados nas aulas práticas, bem como a selecção dos casos práticos.

Os casos jurisprudenciais devem ser fornecidos previamente aos alunos, em suporte de papel, ou, tendo em conta as facilidades informáticas actuais, pode bastar a indicação do site onde poderão ser encontrados. Deve, todavia, ter-se o cuidado de perguntar se todos têm acesso à Internet, pois se algum, ou alguns, não tiverem, há que lhes fornecer o texto.

Os casos práticos devem ser entregues aos alunos com alguma antecedência, consoante a sua complexidade, para que os possam preparar antes da aula e assim nela participar.

Como bem nota MIGUEL TEIXEIRA DE SOUSA, «*os casos construídos e as decisões jurisprudenciais possibilitam dois tipos diferentes de análise, complementares na formação jurídica: enquanto a resolução de casos construídos solicita à descoberta do direito aplicável, a análise das decisões jurisprudenciais conduz à crítica e ao controlo da aplicação do direito realizada pelo tribunal*»[724].

Partindo destas premissas, no caso concreto da disciplina de Direito Internacional dos Direitos Humanos, e admitindo que, num semestre as aulas práticas rondam as trinta, propomos a seguinte programação:

- **1ª e 2ª aulas** – revisão da matéria do Direito Internacional I com relevância para a disciplina de DIDH, em especial o Direito dos Tratados.
- **3ª aula** – A universalização dos direitos humanos – a Declaração e o Programa de Acção de Viena de 1993.
- **4ª aula** – A Carta das Nações Unidas e a Declaração Universal dos Direitos Humanos – origem, conteúdo e natureza jurídica.
- **5ª aula** – Os Pactos das Nações Unidas.
- **6ª a 8ª aulas** – Estudo dos direitos humanos nas fontes universais a partir da análise de decisões do Comité de Direitos Humanos.
- **9ª aula** – A tutela dos direitos humanos no DIDH universal.
- **10ª aula** – Resolução de um caso prático com o objectivo de aplicar a matéria dada.
- **11ª a 15ª aula** – Os direitos humanos na CEDH – análise dos casos mais emblemáticos da jurisprudência do TEDH.
- **16ª aula** – O processo no TEDH.
- **17ª e 18ª aulas** – Resolução de casos práticos sobre a CEDH.
- **19ª aula** – A Carta Social Europeia;
- **20ª e 21ª aulas** – A articulação entre o sistema de protecção dos direitos humanos na União Europeia e no Conselho da Europa – perspectivas de evolução.
- **22ª aula** – Contraposição dos sistemas americano e africano dos direitos humanos com o sistema europeu.
- **23ª a 26ª aulas** – Exposição dos trabalhos ou, caso não se tenham efectuado, resolução de hipóteses práticas.

---

[724] MIGUEL TEIXEIRA DE SOUSA, *Aspectos metodológicos...*, p. 430.

Das quatro aulas que não preenchemos, uma será para a realização do teste escrito e as outras três correspondem ao desfasamento entre o começo das aulas teóricas e das aulas práticas.

ii) *Aulas teóricas e práticas dadas pelo professor*

No caso de haver uma só subturma e de as aulas práticas serem asseguradas pelo próprio professor, as razões atrás aduzidas para a rigidez da sua programação desaparecem, pelo que a palavra de ordem deve ser a flexibilidade.

Neste caso, o professor dispõe de uma muito maior discricionariedade na organização das suas aulas, sendo até, perfeitamente, concebível a eliminação da distinção semanal entre aulas teóricas e aulas práticas, de acordo com um de dois modelos.

Num primeiro modelo, o professor poderia expor a matéria no primeiro terço de aulas, deixando os outros dois terços para a discussão crítica dos vários assuntos e avaliação dos alunos. Num segundo modelo, o professor exporia um capítulo ou dois da matéria e, nas aulas seguintes esclarecer-se-iam as dúvidas, proceder-se-ia a uma exegese mais pormenorizada dos textos internacionais sobre os quais tinham versado as aulas, analisar-se-ia a jurisprudência e, se a matéria for propícia, resolver-se-ia um caso prático. Naturalmente, que a programação das aulas também seria do conhecimento prévio dos alunos para se poderem preparar.

Esta flexibilidade só é possível se apenas existir uma subturma. Nos casos em que há várias subturmas dadas por assistentes e uma delas dada pelo professor, é óbvio que este também tem de se submeter à «ditadura da programação», caso contrário, não estará assegurado o princípio da igualdade dos estudantes, em nome do qual se estabelece.

iii) *As aulas práticas em turmas particularmente boas*

Como dissemos atrás, os métodos de ensino devem sofrer alguma adaptação em função dos destinatários. Ora, se esta asserção é verdadeira para as aulas teóricas, ela tem ainda mais sentido quando aplicada às aulas práticas.

Com efeito, se a turma tiver alunos, particularmente, interessados e trabalhadores, para além da análise dos textos internacionais, da jurisprudência e dos casos práticos, a que atrás aludimos, poder-se-ão incentivar os melhores a elaborar um trabalho escrito sobre um determinado tema controverso, que será discutido nas últimas aulas, quando todos já têm os conhecimentos suficientes para participar. Este trabalho poderá, inclusivamente, ser a base de uma eventual oral de melhoria de nota.

Em nosso entender, o trabalho deve ser fruto de uma investigação que ultrapasse os manuais gerais indicados, bem como o que se disse nas aulas teóricas, por isso se destina somente a alunos que estejam dispostos a sacrificar algum tempo e alguma energia na sua elaboração. Na verdade, uma exposição de um aluno que se limita a «papaguear» o que está no manual ou nos manuais mais conhecidos, ou que repete o que professor disse na aula teórica, não acrescenta nada à disciplina, podendo até ter efeitos nocivos, pois leva ao desinteresse dos outros e desincentiva o estudo da matéria por aqueles que não vão expor.

O que acabamos de dizer não significa, contudo, qualquer menosprezo por aqueles que apenas querem fazer a disciplina com a nota mínima. Pelo contrário, a massificação actual do ensino implica que todo o professor deve ter presente que os alunos têm legitimamente objectivos diferentes e, como tal, não se pode exigir o mesmo a todos. Dos que pretendem fazer a cadeira com uma nota de 10 ou 11 valores não se pode esperar que vão para a biblioteca procurar artigos sobre um determinado tema, tirar fotocópias e, mais importante, lê-las, pensar no que leram e tentar construir a sua própria posição sobre um determinado assunto. Isto espera-se de um aluno de 14 valores ou mais.

Deve ainda acrescentar-se que se estivermos na presença de uma turma particularmente interessada e empreendedora, em que uma grande percentagem dos alunos revela interesse em ter boas notas na disciplina, então poder-se-ão ensaiar voos mais altos, como seja a «encenação», na sala de audiências, nas últimas aulas do semestre, de dois processos fictícios fornecidos pelo professor, em que, por exemplo, o primeiro decorreria no âmbito do Comité dos Direitos Humanos e o segundo no Tribunal Europeu dos Direitos do Homem. Só o professor poderá tomar o pulso à turma e perceber se tem interlocutores à altura destes desafios. Tudo isto consome tempo e energia, que os alunos podem não estar dispostos a despender, ou podem legitimamente querer canalizar para outras disciplinas.

Diz-nos a experiência que nas turmas da noite é bastante mais difícil, senão mesmo impossível, conseguir um número suficiente de alunos que se disponibilizem para este tipo de actividades. A maior parte chega à faculdade depois de sete ou oito horas de trabalho, numa postura passiva em que pretende ouvir o que os professores têm para dizer mais do que participar activamente.

Repetimos que, em nosso entender, a realização de trabalhos de investigação e a simulação das audiências devem ser facultativas, o mesmo não se podendo afirmar em relação ao restante trabalho, o qual é exigível a todos os alunos, estejam de noite ou de dia.

Pode dizer-se que, independentemente da qualidade e, sobretudo da vontade dos alunos, há sempre um mínimo a cumprir em todas as disciplinas, abaixo do qual não se pode descer.

2.2. A METODOLOGIA DA AVALIAÇÃO

De acordo com o Regulamento de Avaliação da Faculdade, a nota final de um aluno depende de três variantes:

    a) a nota da unidade de avaliação, caso o aluno esteja inscrito em método A;
    b) a nota do teste escrito;
    c) a nota da oral.

a) A unidade de avaliação

Como já se disse, as aulas de subturma, para além de servirem como fórum de esclarecimento das dúvidas dos alunos e de aprofundamento de determinados pontos do programa, têm um outro objectivo muito bem demarcado: a atribuição de uma nota a cada aluno, tendo em conta o trabalho realizado.

Essa nota contribui numa muito elevada percentagem para o apuramento da nota final. De acordo com o espírito inicial do sistema da avaliação contínua, quer o acompanhamento quase diário da matéria por parte do aluno, quer o conhecimento que o professor tem das suas capacidades justificam essa elevada percentagem da ponderação da nota da avaliação contínua na nota final.

É certo que este espírito inicial já se perdeu há muito. Todos sabemos que a avaliação contínua é impossível em subturmas com mais de 25 alunos, como, aliás, estipula o Regulamento de Avaliação da Faculdade, mas por imperativos de vária ordem, designadamente, relacionados com as dificuldades de contratação de novos assistentes, já se tem verificado o funcionamento de algumas subturmas com 50 e até 60 alunos.

Ora, assim a avaliação contínua não pode cumprir os seus objectivos. As aulas transformam-se então em monólogos dos assistentes e as notas são o resultado da média aritmética dos testes realizados, no âmbito das subturmas. Testes esses, que adquirem, com alguma frequência, a solenidade de exame final, chegando mesmo a ser efectuados fora das horas de aulas e a ter uma duração de duas e mais horas.

Não é este o nosso entendimento da avaliação contínua. Temos para nós que as aulas de subturma para serem, efectivamente, de avaliação contínua não podem funcionar com mais de 25 alunos. O docente não está lá para expor matéria, mas sim para lançar e moderar o debate entre os alunos sobre temas polémicos previamente estabelecidos.

Um dos elementos fundamentais da avaliação contínua deve ser a participação oral dos alunos, dado que é, precisamente, essa participação que depois vai justificar a dispensa da prova oral no exame final. Se assim não suceder, o sistema acabará por permitir a formatura de alunos, cuja a oralidade nunca foi avaliada. Ora, sabendo nós que a maior parte das profissões jurídicas têm uma componente oral forte, não estaremos certamente a formar os melhores profissionais.

A participação dos alunos deve ser voluntária, no sentido de que devem intervir espontaneamente e não estar sujeitos a interrogatórios aleatórios por parte do docente. Isto não quer dizer que o docente não possa interpelar directamente um aluno, sobretudo nos casos em que suspeita de timidez, mas sempre deixando claro que não é obrigado a intervir. Além disso, o docente deve avisar logo na primeira aula que o ónus da intervenção cabe aos alunos e que não se vão efectuar «chamadas».

Daqui não decorre que a avaliação contínua deva ser apenas oral. Pelo contrário, pensamos que, numa altura em que muitos alunos entram na universidade sem saberem escrever bom português, é fundamental estimulá-los a usarem a escrita como meio de comunicação, dado que na vida profissional vão ser chamados a usá-la.

Quanto a nós, a avaliação escrita dos alunos deve constar, obrigatoriamente, de um teste escrito nas cadeiras semestrais, o qual deve ser realizado nas aulas de unidade de avaliação e no seu tempo de duração e, facultativamente, nos casos excepcionais, que já atrás apontámos, de um pequeno trabalho de investigação com um número limitado de páginas.

Partindo destas premissas, numa disciplina semestral, como defendemos dever ser o DIDH, o teste deve ser efectuado em 50 minutos, ou seja, no tempo de duração de uma aula, uma ou duas semanas antes de as aulas terminarem, para assim ser susceptível de abarcar praticamente toda a matéria leccionada. Esse teste deve consistir na resolução de um caso prático, que pode ser inspirado em decisões do CDH ou na jurisprudência do TEDH.

O apuramento da nota de avaliação contínua deve ser feito em função da classificação obtida no teste, bem como da participação oral do aluno nas aulas de unidade de avaliação.

b) O exame escrito

O exame escrito deve ser sempre elaborado pelo professor, aliás, como impõe o Regulamento de Avaliação de Conhecimentos da FDUL.

A importância deste exame varia, consoante o método de avaliação em que o aluno está inscrito. Se estiver em método A, dependendo da classificação obtida na unidade de avaliação, pode até ser o trampolim para obter aproveitamento imediato na disciplina. Caso esteja em método B, a prova escrita será a via de acesso à prova oral.

O exame escrito deve abarcar toda a matéria leccionada nas aulas teóricas. Se essa matéria coincidir com o programa inicialmente apresentado pelo professor, bastará remeter para o programa. Se assim não acontecer, então deverão indicar-se claramente aos alunos os pontos que não foram leccionados e que, por consequência, não serão objecto de avaliação no exame escrito. Essa comunicação deverá ser feita na última aula teórica e poderá ser divulgada também na página da Internet da Faculdade e nos lugares de estilo.

O exame escrito deve não só permitir testar os conhecimentos do aluno em relação à disciplina, mas também tem de ser equacionado como um exercício que visa preparar o aluno para a vida profissional que o espera. Daí que o exame escrito tenha de ser pensado para testar a capacidade do aluno para:

– aplicar o Direito aprendido na disciplina a um caso da vida real;
– criticar uma determinada tese;
– definir sinteticamente conceitos, institutos ou princípios.

Assim, do exame escrito devem constar três grupos distintos:

I) a resolução de um caso prático que pode até ter por base a matéria de facto de um acórdão – em que o aluno deve demonstrar que conhece as normas jurídicas relevantes e que é capaz de as aplicar adequadamente naquele caso concreto;

II) o comentário de uma frase, de escolha alternativa entre duas, sobre um tema controverso na doutrina – o que permite ao aluno demonstrar que conhece a teoria subjacente e aderir ou não a ela;

III) quatro ou cinco perguntas directas para responder apenas a três e justificar a resposta num número reduzido de linhas (15 linhas), caso o exame tenha a duração de três horas. Se se optar, nos termos do Regulamento de Avaliação, por um exame mais curto, não inferior a duas horas, então o número exigido de respostas neste grupo será reduzido.

A cotação do exame deve constar do enunciado, de modo a permitir ao aluno orientar as respostas em função do peso de cada uma delas na nota final.

A cotação de cada pergunta deve ser feita em função de um enunciado concreto, pelo que, em abstracto, apenas poderemos indicar intervalos de cotação, que são os seguintes:

- Grupo I – entre 7 e 10 valores;
- Grupo II – entre 5 e 8 valores;
- Grupo III – entre 1,5 e 2 valores X 3 questões = entre 4,5 e 6 valores.

Quando o exame é corrigido pelos assistentes, o professor deve estabelecer quais os critérios a que a correcção deve obedecer, com indicação das respectivas cotações parciais, de modo a evitar disparidades de notas e a consequente violação do princípio da igualdade.

c) A prova oral

Muito já se criticou o facto de a prova oral não ser obrigatória, bem como o seu peso relativo na avaliação final do aluno, consoante o aluno esteja inscrito em método A ou método B. Seja qual for a posição que se defenda a este propósito, há certas regras que devem ser cumpridas.

A primeira delas é a de que os alunos devem ser tratados com todo o respeito e urbanidade, quer a oral esteja a correr bem, quer esteja a correr mal. O professor está lá estritamente para avaliar e não para dar reprimendas ou lições de moral.

Em segundo lugar, os exames devem ser feitos em júri, como impõe o Regulamento de Avaliação da Faculdade, competindo ao professor, para além da realização de algumas provas orais (incluindo todas as melhorias de nota), a coordenação da equipa. Quer dizer: o professor deve dar aos assistentes indicações claras sobre o modo como as provas orais devem decorrer na sua disciplina, a começar pela forma como os alunos devem ser tratados. Para isso, se o colectivo não exceder os quatro elementos, o método mais simples será a realização de um primeiro dia de orais com todos os elementos do júri, em que o professor faz a maior parte das orais.

Quanto ao exame propriamente dito, há que distinguir as provas orais obrigatórias das provas em que o aluno vem para melhorar a nota.

No primeiro caso, seguimos uma prática que consiste em perguntar ao aluno qual a matéria por onde quer começar o seu exame. Com isso pretendemos, por um lado, acalmá-lo, pois, como é natural, a realização de um exame provoca sempre algum nervosismo, e, por outro lado, permitir-lhe escolher um tema em que esteja mais à vontade para começar bem o exame. Em seguida, colocamos uma pergunta sobre cada um dos grandes temas do programa, conscientes de que é impossível esgotar todos os tópicos, até porque a duração da prova não deve exceder os 15/20 minutos. Todavia, consideramos que é necessário perceber se o aluno estudou ou não toda a matéria.

As orais de melhoria devem ser efectuadas pelo professor e devem ser divididas em três partes. Nos primeiros dez minutos deve ser dada ao aluno a oportunidade de expor um tema, que poderá coincidir com o do trabalho de investigação realizado na unidade de avaliação. Em seguida, o aluno deve responder às críticas que o professor entenda por bem dirigir-lhe e nos últimos minutos deverá responder, pelo menos, a uma pergunta fora do tema que trouxe. Essa pergunta ou perguntas devem ter um grau de complexidade consentâneo com a nota que se pretende melhorar.

Do exposto resulta que uma oral de melhoria, ao contrário do que deverá acontecer com as orais de passagem, facilmente atingirá os trinta minutos.

3. OS MÉTODOS DE ENSINO AO NÍVEL DE UM CURSO DE PÓS-GRADUAÇÃO DE ESPECIALIZAÇÃO

3.1. A METODOLOGIA DAS AULAS

Como já se adiantou, a matéria do Direito Internacional dos Direitos Humanos também pode ser leccionada no âmbito de uma disciplina de um curso de pós-graduação de especialização, como acontece, entre nós, no curso de Ciências Políticas e Internacionais.

Para além disso, poder-se-á até configurar um curso de pós-graduação em direitos humanos, do qual faça parte o Direito Internacional dos Direitos Humanos. Um tal curso não seria inédito, pois, como vimos, existe noutras faculdades, incluindo entre nós[725], quer com uma duração anual, quer semestral.

A evolução do ensino do Direito, no nosso país, na última década revela bem a importância crescente que os cursos de pós-graduação têm vindo a adquirir, pelo que não podemos deixar de fazer referência às suas especificidades em matéria de métodos de ensino.

Como se sabe, os cursos de pós-graduação destinam-se a qualquer licenciado, que procure conhecimentos novos ou que pretenda actualizar os conhecimentos já adquiridos no domínio em causa. Trata-se, portanto, de cursos que têm objectivos claros de actualização ou de reciclagem de conhecimentos.

Em matéria de métodos de ensino, estes cursos colocam vários desafios ao professor:

   (i) O facto de os seus destinatários não serem todos licenciados em Direito, obriga o professor a um esforço de simplificação de linguagem, de modo a torná-la genericamente acessível. Para isso deve concretizar os conceitos, explicar os princípios e desenvolver os institutos, que, presumivelmente, são desconhecidos de um não jurista;

   (ii) As aulas dos cursos de pós-graduação de especialização não obedecem à dicotomia aulas teóricas/aulas práticas, pelo que, na exposição da matéria, o professor deve ilustrar os aspectos teóricos com casos práticos, apoiados na jurisprudência dos órgãos internacionais, *maxime*, do Comité dos Direitos Humanos e do Tribunal Europeu dos Direitos do Homem.

   (iii) As aulas têm uma duração mais longa do que as da licenciatura, duração essa que varia entre uma hora e meia e duas horas. Os primeiros dois terços da aula devem ser dedicados à exposição

---

[725] V. *supra* n.º 1.5.1. do Capítulo, onde é mencionado o Curso de Direitos Humanos e Democracia do Centro Universitário de Direitos Humanos da Faculdade de Direito da Universidade de Coimbra.

da matéria, previamente anunciada, pelo professor, sendo o último terço da aula para esclarecimento de dúvidas e discussão de temas controversos entre alunos e professor. Os alunos têm, muitas vezes, experiências profissionais no âmbito das matérias leccionadas, pelo que os seus contributos são, frequentemente, valiosos e muito interessantes.

(iv) Se há matérias em que o debate e o pluralismo de opiniões são importantes e devem ser privilegiados, o Direito Internacional dos Direitos Humanos é, sem dúvida, uma delas. A nossa experiência de leccionação desta disciplina ao nível da pós-graduação diz-nos que as aulas são, com alguma frequência, animadas por discussões acesas entre os alunos, sobretudo, quando eles têm uma proveniência cultural/nacional diversa, pois isso vai repercutir-se no modo como cada um deles encara a protecção dos direitos humanos. Ao professor compete estimular, mas também mediar eventuais opiniões divergentes, não se devendo furtar às questões por mais incómodas que elas sejam, pois o ensino do Direito Internacional dos Direitos Humanos não se compadece com tabus de qualquer tipo.

3.2. A METODOLOGIA DA AVALIAÇÃO

Tal como a metodologia do ensino, também a metodologia da avaliação de conhecimentos de uma disciplina de um curso de pós-graduação tem algumas especificidades.

O facto de os alunos serem licenciados impõe um regime de avaliação mais exigente e, sobretudo, mais vocacionado para a problematização e para a argumentação.

Por outro lado, as regras de avaliação devem ser dotadas de alguma flexibilidade, permitindo ao aluno a opção entre, por um lado, a realização de um exame escrito, e, por outro lado, a realização de um trabalho de investigação, com um máximo de 30 páginas sobre um tema delimitado.

O exame escrito deve ter uma duração mínima de duas horas e máxima de três. O seu enunciado deve abarcar as diferentes partes da matéria leccionada e deve conter perguntas, que permitam ao aluno demonstrar os seus conhecimentos mas também o seu espírito crítico e a sua capacidade de argumentação jurídica. Daí que se devam privilegiar os comentários de frases ou a comparação de regimes jurídicos, de princípios ou de institutos.

As perguntas devem ser em número superior às respostas solicitadas, de modo a que o aluno tenha a possibilidade de escolher entre várias matérias.

O trabalho de investigação deverá incidir sobre um tema à escolha do aluno, mediante orientação do professor. Uma vez concluído, deverá ser objecto de discussão pública com o professor. Não se trata de uma arguição, mas de pedidos de esclarecimentos sobre aspectos menos claros do trabalho. O professor pode aproveitar essa discussão para colocar questões sobre outros pontos da matéria, procurando desse modo, assegurar-se de que o aluno adquiriu os conhecimentos essenciais da disciplina.

A experiência mostra-nos que os alunos que optam por esta modalidade são, na sua maioria, estrangeiros. Com efeito, as dificuldades linguísticas podem ser mais facilmente superáveis num trabalho realizado em casa, cujo português pode ser corrigido por terceiro, do que num teste escrito efectuado num tempo limitado.

A abertura da Faculdade ao exterior, através dos vários programas de intercâmbio de estudantes (Erasmus, Sócrates, Alpha), justifica uma reflexão sobre a exigência de realização dos exames em português, para já não falar das próprias aulas. Num mundo globalizado, como é o actual, e num país que faz parte da União Europeia, aceitar a realização dos exames em algumas línguas estrangeiras de grande divulgação, como são, por exemplo, o espanhol e o inglês, não nos parece excessivo. Quanto a outras línguas, como o francês, o italiano e o alemão, já a sua aceitação dependerá da proficiência de cada professor nas línguas em causa.

A posição que acaba de se defender não tem nada de anti-patriótica. Pelo contrário, apenas visa, numa disciplina em que se estudam direitos humanos, assegurar o princípio da igualdade de tratamento de todos os alunos.

4. OS MÉTODOS DE ENSINO AO NÍVEL DE UM CURSO DE DOUTORAMENTO, MESTRADO E APERFEIÇOAMENTO

4.1. A METODOLOGIA DAS AULAS

O Direito Internacional dos Direitos Humanos é susceptível de ser ensinado nos cursos de doutoramento, mestrado e aperfeiçoamento. Mas o programa, os conteúdos e os métodos de ensino destes cursos não podem ser os mesmos da licenciatura ou da pós-graduação, na medida em que, mais do que a transmissão de conhecimentos, aqui se visa orientar os alunos para a investigação científica, a qual culminará na elaboração de uma dissertação.

O objectivo dos cursos de doutoramento, mestrado e aperfeiçoamento é, antes de mais, promover o estudo aprofundado de um determinado tópico por parte de cada aluno dentro de um tema mais amplo previamente indicado pelo professor. Assim, a primeira tarefa do professor é, portanto, seleccionar o objecto dos seminários.

No caso do Direito Internacional dos Direitos Humanos, podemos indicar, a título exemplificativo, os seguintes temas:

– o Direito Internacional Regional dos Direitos Humanos;
– o Direito Europeu dos Direitos Humanos;
– a Justiça Internacional no domínio dos Direitos Humanos;
– o papel das Nações Unidas na protecção internacional dos direitos humanos.

Para além da indicação do tema geral do seminário, o professor deve fornecer aos alunos uma lista de sub-temas susceptíveis de serem objecto de exposição oral e de posterior elaboração do relatório escrito. Essa lista deve estar aberta a sugestões dos alunos.

Mau grado a liberdade de que os alunos devem gozar na escolha do tema, ao professor compete a tarefa de aconselhamento e de orientação.

De modo a permitir aos alunos um planeamento e uma organização dos trabalhos nas três disciplinas, que devem frequentar, os temas das exposições, bem como a sua calendarização devem ser fixados logo nas primeiras aulas.

Enquanto os alunos preparam as exposições orais, que, comummente, se iniciam em Janeiro, as aulas até às férias do Natal serão ocupadas com apresentações de alguns pontos mais polémicos da matéria por parte do professor. Nessas aulas os alunos serão chamados a participar, através da apresentação de decisões jurisprudenciais, que completem a exposição do professor.

A partir de Janeiro realizar-se-ão as exposições, que terão no máximo 45 minutos, e serão seguidas de debate entre os estudantes, no qual o professor tem um papel de moderador.

Com o objectivo de orientar os alunos na preparação da exposição oral, estes devem apresentar previamente ao professor um esquema escrito em que indicam quais os assuntos, que abordarão, bem como a principal bibliografia e jurisprudência consultadas.

No final de cada exposição, o professor deve dar indicações claras e precisas de quais os pontos positivos do trabalho e quais os pontos que necessitam de ser melhorados.

No final do ano lectivo, o professor deverá também dar indicações metodológicas relativas à elaboração do relatório escrito e na última aula deverá fazer um balanço final da disciplina.

O relatório escrito é o produto da investigação realizada para a exposição oral e do aprofundamento que se seguiu às críticas e sugestões que lhe foram dirigidas durante a exposição tanto pelos colegas como pelo professor.

No caso dos cursos de mestrado e aperfeiçoamento, tendo em conta que os relatórios serão, em princípio, os primeiros trabalhos de investigação dos alunos, temos vindo a permitir e até a estimular a pré-entrega de um projecto de relatório, até 30 de Junho, o qual é objecto de uma apreciação crítica e remetido aos alunos para aperfeiçoamento no final de Julho, ou seja, antes da data oficial de entrega.

4.2. A METODOLOGIA DA AVALIAÇÃO

Tendo em consideração as particularidades dos cursos de doutoramento, mestrado e aperfeiçoamento, a sua avaliação incide sobre três componentes:

a) a exposição oral – deve ser clara, bem sistematizada e aprofundar os assuntos mais polémicos, demonstrando conhecimentos e espírito crítico;

b) a participação nas aulas – deve contribuir para enriquecer as exposições do colegas, aditando aspectos conexos que não tinham sido tratados, fazendo sugestões de modificação de um ou outro ponto ou tomando posição sobre questões polémicas;

c) o relatório escrito – deve obedecer a uma sistematização clara, revelar um tratamento da matéria com alguma profundidade, bem como investigação bibliográfica e jurisprudencial adequadas.

Por último, deve referir-se que, se a qualidade dos relatórios o justificar, os trabalhos podem ser reunidos e publicados em livro, especialmente quando dizem respeito a matérias em que se verifica um défice de bibliografia portuguesa, como é o caso do Direito Internacional dos Direitos Humanos.

Como já mencionámos, promovemos a publicação dos relatórios realizados no âmbito da disciplina de Direito Internacional Público do curso de Mestrado e Aperfeiçoamento do ano lectivo 2002/2003, cujo tema foi, precisamente, o Direito Internacional dos Direitos Humanos[726].

---

[726] ANA MARIA GUERRA MARTINS (coordenação), *Estudos de Direito Europeu e Internacional dos Direitos Humanos*, Coimbra, Almedina, 2005.

BIBLIOGRAFIA

AAVV – *Carta de Direitos Fundamentais da União Europeia*, Coimbra, Almedina, 2001.

ALBUQUERQUE, MARTIM DE – *História das instituições - Relatório sobre o programa, conteúdos e métodos*, RFDUL, vol. XXV, 1984, p. 105 e ss.

ALBUQUERQUE, RUY DE – *História do Direito Português – Relatório*, RFDUL, vol. XXVI, 1985, p. 105 e ss.

ALVAREZ, NATALIA – *La Convención para la Eliminación de Todas as Formas de Discriminación Racial*, in FELIPE GÓMEZ ISA (Dir.)/JOSÉ MANUEL PUREZA, La protección internacional de los derechos humanos en los albores del siglo XXI, Bilbao, Universidad de Deusto, 2003, p. 215 e ss.

AMIRMOKRI, VIDA – *L'Islam et les Droits de l'Homme – L'Islamisme, le Droit International et le Modernisme Islamique*, Québec, Presses de l'Université Laval, 2004.

ARAÚJO, FERNANDO – *O ensino da Economia Política nas Faculdades de Direito (e algumas reflexões sobre pedagogia universitária)*, Coimbra, Almedina, 2001.

BACELAR GOUVEIA, JORGE – *A Declaração Universal dos Direitos do Homem e a Constituição Portuguesa*, in ANTUNES VARELA e. a. (org.), Ab Uno ad Omnes – 75 anos da Coimbra Editora, Coimbra, Coimbra Editora, 1998, p. 925 e ss.

BACELAR GOUVEIA, JORGE – *Manual de Direito Internacional*, 2ª ed., Coimbra, Almedina, 2004.

BARBAS HOMEM, ANTÓNIO PEDRO – *História das Relações Internacionais*, Coimbra, Almedina, 2003.

BARICAKO, GERMAIN – *La mise en œuvre des décisions de la Commission africaine des droits de l'homme et des peuples par les autorités nationales*, in JEAN-FRANÇOIS FLAUSS/ELISABETH LAMBERT-ABDELGAWAD (dir.), L'application nationale de la Charte africaine des droits de l'homme et des peuples, Bruxelas, Bruylant, 2004, p. 207 e ss.

BEERNAERT, MARIE-AUDE – *Protocol 14 and New Strasbourg Procedures: Towards Greater Efficiency? At what Price?*, E.H.R.L.R., 2004, p. 544 e ss.

BILDER, RICHARD – *An Overview of International Human Rights Law*, in HURST HANNUM (ed.), Guide to International Human Rights Practice, 4ª ed., Ardsley, Nova Iorque, Transnational Publishers, Lc., 2004, p. 3 e ss.

BLANC ALTEMIR, ANTONIO – *Universalidad, indivisibilidad e interdependência de los derechos humanos a los cinquenta años de la Declaración Universal*, in ANTONIO BLANC ALTEMIR (Ed.), La protección internacional de los derechos humanos a los cinquenta años de la Declaración Universal, Madrid, Tecnos, 2001, p. 13 e ss.

BLANC ALTEMIR, ANTONIO (Ed.) – *La protección internacional de los derechos humanos a los cinquenta años de la Declaración Universal*, Madrid, Tecnos, 2001.

BLANCO DE MORAIS, CARLOS – *Direito Constitucional II – Relatório*, RFDUL, Suplemento, 2001.

BONET PEREZ, JORDI/BONDÍA GARCÍA – *La Carta Social Europea*, in FELIPE GÓMEZ ISA (Dir.)/JOSÉ MANUEL PUREZA, La protección internacional de los derechos humanos en los albores del siglo XXI, Bilbao, Universidad de Deusto, 2003, p. 441 e ss.

BRAIBANT, GUY – *La Charte des droits fondamentaux de l'Union européenne-Témoignage et commentaires*, Paris, Ed. du Seuil, 2001.

BRILLAT, RÉGIS – *Le système de contrôle de l'application de la Charte sociale*, in JEAN-FRANÇOIS AKANDJI-KOMBÉ/STÉPHANE LECLERC, La Charte sociale européenne, Bruxelas, Bruylant, 2001, p. 45 e ss.

BROWNLIE, IAN – *Principles of Public International Law*, 6ª ed. Oxford, Oxford Univ., 2003.

BUERGENTHAL, THOMAS/SHELTON, DINAH/STEWART, DAVID – *International Human Rights*, 3ª ed., 2002, St Paul, Wets Group, 2002.

CABRAL BARRETO, IRINEU – *A Convenção Europeia dos Direitos do Homem*, 2ª ed., Coimbra, Coimbra Editora, 1999.

CANÇADO TRINDADE, ANTONIO A. – *El acesso directo del individuo a los Tribunales Internacionales de derechos humanos*, Bilbao, Universidad de Deusto, 2001.

CANÇADO TRINDADE, ANTÓNIO A. – *El sistema americano de protección de los derechos humanos*, in FELIPE GÓMEZ ISA (Dir.)/JOSÉ MANUEL PUREZA, La protección internacional de los derechos humanos en los albores del siglo XXI, Bilbao, Universidad de Deusto, 2003, p. 549 e ss.

CANÇADO TRINDADE, ANTONIO A. – *Tratado de Direito Internacional dos Direitos Humanos,* vol. I, 2ª ed., 2003, vol. II, 1ª ed, 1999, vol. III, 2ª ed., 2003, Porto Alegre, Sérgio António Fabris Editor.

CANÇADO TRINDADE, ANTÔNIO AUGUSTO – *O legado da Declaração Universal de 1948 e o Futuro da Protecção Internacional dos Direitos Humanos,* in O Direito Internacional em um Mundo em Transformação (Ensaios, 1976--2001), Rio de Janeiro, Renovar, 2002, p. 627 e ss.

CARLIER, YVES/DE SCHUTTER, OLIVIER (dir.) – *La Charte des droits fondamentaux de l'Union européenne – son apport à la protection des droits de l'Homme en Europe,* Bruxelas, Bruylant, 2002.

CARREAU, DOMINIQUE – *Droit International,* 7ª ed., Paris, Pedone, 2001.

CARRILLO SALCEDO, JUAN ANTONIO – *Responde la Declaración Universal de 1948 a las exigências de los derechos humanos?,* in PABLO ANTONIO FERNÁNDEZ SÁNCHEZ (Ed.), La desprotección internacional de los derechos humanos (a la luz del 50 aniversario de la Declaración de los Derechos Humanos), Huelva, Universidad de Huelva, 1998, p. 17 e ss.

CARRILO SALCEDO, JUAN ANTONIO – *Soberania de los Estados y derechos humanos en derecho internacional contemporâneo,* 2ª ed., Madrid, Tecnos, 2001.

CASTILLO, MIREYA – *Derecho Internacional de los Derechos Humanos,* Valencia, Tirant lo blanch, 2003.

CASTRO CID, BENITO – *Problemática teórica y prática de los derechos económicos, sociales y culturales,* in ANTONIO BLANC ALTEMIR (Ed.), La protección internacional de los derechos humanos a los cinquenta años de la Declaración Universal, Madrid, Tecnos, 2001, p. 63 e ss.

CAUPERS, JOÃO – *Introdução ao Direito Comunitário,* Lisboa, AAFDL, 1988.

COHEN-JONATHAN, GÉRARD – *Comentário ao Artigo 10º,* in LOUIS-EDMOND PETTITI/EMMANUEL DECAUX/PIERRE-HENRI IMBERT, La Convention européenne des droits de l'homme. Commentaire article par article, 2ª ed., Paris, Economica, 1999, p. 365 e ss.

COHEN-JONATHAN, GÉRARD – *De l'universalité des droits de l'homme,* in Hommage à René-Jean Dupuy – Ouvertures en droit international, Paris, 2000, p. 23 e ss.

COMBACAU, JEAN/SUR, SERGE – *Droit International Public,* 5ª ed., Paris, Montchrestien, 2001.

CONDORELLI, LUIGI – *Comentário ao art. 1º do Protocolo nº 1,* in LOUIS-EDMOND PETTITI/EMMANUEL DECAUX/PIERRE-HENRI IMBERT, La Convention européenne des droits de l'homme. Commentaire article par article, 2ª ed., Paris, Economica, 1999, p. 971 e ss.

CONFORTI, BENEDETTO – *Diritto Internazionale*, 6ª ed., Nápoles, Scientifica, 2002.
CORREIA BAPTISTA, EDUARDO – *Direito Internacional Público – Conceito e fontes*, vol. I, Lisboa, Lex, 1998.
CORREIA BAPTISTA, EDUARDO – *Direito Internacional Público – Sujeitos e Responsabilidade*, vol. II, Coimbra, Almedina, 2004.
CORREIA BAPTISTA, EDUARDO – *Jus cogens em Direito Internacional*, Lisboa, Lex, 1997.
COUSSIRAT-COUSTERE, VINCENT – *Comentário ao Artigo 8.º, § 2.º, in* LOUIS-EDMOND PETTITI/EMMANUEL DECAUX/PIERRE-HENRI IMBERT, La Convention européenne des droits de l'homme. Commentaire article par article, 2ª ed., Paris, Economica, 1999, p. 323 e ss.
COUSSIRAT-COUSTERE, VINCENT – *Comentário ao Artigo 9.º, § 2.º, in* LOUIS-EDMOND PETTITI/EMMANUEL DECAUX/PIERRE-HENRI IMBERT, La Convention européenne des droits de l'homme. Commentaire article par article, 2ª ed., Paris, Economica, 1999, p. 361 e ss.
CRAIG, P. – *The Community Rights and the Charter*, ERPL/REDP, 2002, p. 221 e ss.
CRAVEN, MATTHEW – *The International Covenant on Economic, Social and Cultural Rights*, RAIJA HANSKI/MARKKU SUKSI (org.), An Introduction to the International Protection of Human Rights. A Textbook, Turku/Abo, 1999, p. 101 e ss.

D'OLIVEIRA MARTINS, MARGARIDA SALEMA/D'OLIVEIRA MARTINS, AFONSO – *Direito das Organizações Internacionais*, vol. II, 2ª ed., Lisboa, AAFDL, 1996.
DE CASADEVANTE ROMANI, CARLOS FERNÁNDEZ – *Derecho Internacional Público*, Madrid, Dilex, 2003.
DE CASADEVANTE ROMANI, CARLOS FERNÁNDEZ – *El Derecho Internacional de los Derechos Humanos, in* CARLOS FERNÁNDEZ DE CASADEVANTE ROMANI, (coord.), Derecho Internacional de los Derechos Humanos, 2ª ed., Madrid, Dilex, 2003, p. 61 e segs.
DE CASADEVANTE ROMANI, CARLOS FERNÁNDEZ – *El sistema africano: La Carta Africana de Derechos Humanos y de los Pueblos de 27 de junio de 1981, in* CARLOS FERNÁNDEZ DE CASADEVANTE ROMANI (coord.), Derecho Internacional de los Derechos Humanos, 2ª ed.. Madrid, Dilex, 2003, p. 243 e ss.
DE CASADEVANTE ROMANI, CARLOS FERNÁNDEZ – *El sistema americano: la Convención Americana de 22 de Noviembre de 1996, in* CARLOS FERNÁN-

DEZ DE CASADEVANTE ROMANI (coord.), Derecho Internacional de los Derechos Humanos, 2ª ed.. Madrid, Dilex, 2003, p. 235 e ss.

DE CASADEVANTE ROMANI, CARLOS FERNÁNDEZ – *Regime Jurídico Internacional de la Lucha contra la Tortura (I e II)*, in CARLOS FERNÁNDEZ DE CASADEVANTE ROMANI, (coord.), Derecho Internacional de los Derechos Humanos, 2ª ed., Madrid, Dilex, 2003, p. 265 e ss.

DE CASADEVANTE ROMANI, CARLOS FERNÁNDEZ (coord.) – *Derecho Internacional de los Derechos Humanos*, 2ª ed.. Madrid, Dilex, 2003.

DE GOUTES, RÉGIS – *Comentário ao Artigo 5.º, n.º 2*, in LOUIS-EDMOND PETTITI/EMMANUEL DECAUX/PIERRE-HENRI IMBERT, La Convention européenne des droits de l'homme. Commentaire article par article, 2ª ed., Paris, Economica, 1999, p. 203 e ss.

DE MEYER, JAN – *Comentário ao Artigo 5.º, n.º 1*, in LOUIS-EDMOND PETTITI/ /EMMANUEL DECAUX/PIERRE-HENRI IMBERT, La Convention européenne des droits de l'homme. Commentaire article par article, 2ª ed., Paris, Economica, 1999, p. 189 e ss.

DECAUX, EMMANUEL – *Les États parties et leurs engagements*, in LOUIS-EDMOND PETTITI/EMMANUEL DECAUX/PIERRE-HENRI IMBERT, La Convention européenne des droits de l'homme. Commentaire article par article, 2ª ed., Paris, Economica, 1999, p. 3 e ss.

DIAS GARCIA, MARIA DA GLÓRIA F. P. – *Direito do Urbanismo – Relatório*, Lisboa, Lex, 1999.

DIEZ DE VELASCO, MANUEL – *Instituciones de Derecho Internacional Público*, 14ª ed., Madrid, Tecnos, 2003.

DOEHRING, KARL – *Völkerecht – ein Lehrbuch*, Heidelberga, Müller, 1999.

DRZEWICKI, KRZYSZTOF – *Internationalization of Human Rights and Their Juridization*, in RAIJA HANSKI/MARKKU SUKSI (org.), An Introduction to the International Protection of Human Rights. A Textbook, Turku/Abo, 1999, p. 25 e ss.

DRZEWICKI, KRZYSZTOF – *The United Nations Charter and the Universal Declaration on Human Rights*, in RAIJA HANSKI/MARKKU SUKSI, (org.), An Introduction to the International Protection of Human Rights. A Textbook, Turku/Abo, 1999, p. 65 e ss.

DUARTE, MARIA LUÍSA – *A Carta dos Direitos Fundamentais da União Europeia – natureza e meios de tutela*, in Estudos em Homenagem à Professora Doutora ISABEL MAGALHÃES COLLAÇO, vol. I, Coimbra, 2002, p. 723 e ss.

DUARTE, MARIA LUÍSA – *Contencioso Comunitário*, Cascais, Principia, 2003.

DUARTE, MARIA LUÍSA – *Direito da União Europeia e das Comunidades Europeias*, vol. I, tomo I, Lisboa, Lex, 2002.
DUPUY, PIERRE-MARIE – *Droit International Public*, 6ª ed., Paris, Dalloz, 2002.
DUTHEIL DE LA ROCHÈRE, J. – *Les droits fondamentaux reconnus par la Charte et leurs applications*, ERPL/REDP, 2002, p. 234 e ss.

ERGEC, RUSEN – *Protection européenne et internationale des Droits de l'Homme*, Bruxelas, Bruylant, 2004.
ESTORNINHO, MARIA JOÃO – *Contratos da Administração Pública (Esboço de autonomização curricular)*, Coimbra, Almedina, 1999.
ETXEBERRIA, XABIER – *Fundamentación y orientación ética de la protección de los derechos humanos*, in FELIPE GÓMEZ ISA (Dir.)/JOSÉ MANUEL PUREZA, La protección internacional de los derechos humanos en los albores del siglo XXI, Bilbao, Universidad de Deusto, 2003, p. 63 e ss.

FERNÁNDEZ SÁNCHEZ, PABLO ANTONIO (Ed.) – *La desprotección internacional de los derechos humanos (a la luz del 50 aniversario de la Declaración de los Derechos Humanos)*, Huelva, Universidad de Huelva, 1998.
FLINTERMANN, CEES/HENDERSON, CATHERINE – *The African Charter on Human and People's Rights*, in RAIJA HANSKI/MARKKU SUKSI (org.), An Introduction to the International Protection of Human Rights. A Textbook, Turku/Abo, 1999, p. 387 e ss.
FROUVILLE, OLIVIER – *L'intangibilité des droits de l'Homme en Droit International*, Paris, Pedone, 2004.
FROWEIN, J. A. – *Comentário ao Artigo 9.º, § 1.º*, in LOUIS-EDMOND PETTITI//EMMANUEL DECAUX/PIERRE-HENRI IMBERT, La Convention européenne des droits de l'homme. Commentaire article par article, 2ª ed., Paris, Economica, 1999, p. 353 e ss.
FROWEIN, JOCHEN A. – *Human Dignity in International Law*, in DAVID KRETZMER/ECKARD KLEIN (Ed.), The Concept of Human Dignity in Human Rights Discourse, Haia, 2002, p. 21 e ss.
FROWEIN, JOCHEN ABR./PEUKERT, WOLFGANG – *Europäische Menschenrechtskonvention: EMRK- Kommentar*, 2ª ed., Kehl, Engel, 1996.

GOMES CANOTILHO, J. J. – *Direito Constitucional e Teoria da Constituição*, 6ª ed., Coimbra, Almedina, 2002.
GÓMEZ DEL PRADO, JOSÉ LUIS – *La protección extraconvencional de los derechos humanos*, in FELIPE GÓMEZ ISA (Dir.)/JOSÉ MANUEL PUREZA, La pro-

tección internacional de los derechos humanos en los albores del siglo XXI, Bilbao, Universidad de Deusto, 2003, p. 353 e ss.

GOMEZ ISÁ, FELIPE – *La Convención sobre la Eliminación de Todas as Formas de Discriminación contra la Mujer y su Protocolo Facultativo*, in FELIPE GÓMEZ ISA (Dir.)/JOSÉ MANUEL PUREZA, La protección internacional de los derechos humanos en los albores del siglo XXI, Bilbao, Universidad de Deusto, 2003, p. 279 e ss.

GÓMEZ ISA, FELIPE (Dir.)/PUREZA, JOSÉ MANUEL – *La protección internacional de los derechos humanos en los albores del siglo XXI*, Bilbao, Universidad de Deusto, 2003.

GONÇALVES PEREIRA, ANDRÉ – *Curso de Direito Internacional Público*, 2ª ed., Lisboa, Edições Ática, 1970.

GONÇALVES PEREIRA, ANDRÉ/QUADROS, FAUSTO DE – *Manual de Direito Internacional Público*, 3ª ed., Coimbra, Almedina, 1993.

GORJÃO HENRIQUES, MIGUEL – *Direito Comunitário*, 2ª ed., Coimbra, Almedina, 2004.

GRABENWARTER, CHRISTOPH – *Europäische Menschenrechtskonvention*, Munique, Beck, 2003.

GRABENWARTER, CHRISTOPH – *Justiz- und Verfahrensgrundrechte*, in DIRK EHLERS (org.), Europäische Grundrechte und Grundfreiheiten, Berlim, 2003, p. 126 e ss.

GRÉVISSE, SUZANNE – *La Charte Sociale: rapport introductif*, in JEAN-FRANÇOIS AKANDJI-KOMBÉ/STÉPHANE LECLERC, La Charte sociale européenne, Bruxelas, Bruylant, 2001, p. 3 e ss.

GUERRA MARTINS, ANA MARIA – *A Carta dos Direitos Fundamentais da União Europeia e os direitos sociais*, Direito e Justiça, 2001, p. 189 e ss.

GUERRA MARTINS, ANA MARIA – *A natureza jurídica da revisão do Tratado da União Europeia*, Lisboa, Lex, 2000.

GUERRA MARTINS, ANA MARIA – *Algumas implicações do 11 de Setembro de 2001 na ordem jurídica internacional*, RFDUL, 2003, p. 581 e ss.

GUERRA MARTINS, ANA MARIA – *Curso de Direito Constitucional da União Europeia*, Coimbra, Almedina, 2004.

GUERRA MARTINS, ANA MARIA – *Direito Internacional da Droga e da Toxicodependência*, in DÁRIO MOURA VICENTE (coord.), Problemas Jurídicos da Droga e da Toxicodependência, Vol. I, Suplemento RFDUL, Lisboa, 2003, p. 89 e ss.

GUERRA MARTINS, ANA MARIA – *Introdução ao Estudo do Direito Comunitário*, Lisboa, Lex, 1995.

GUERRA MARTINS, ANA MARIA – *L'accès à la justice - l'application de la Convention européenne des droits de l'homme au Portugal*, EPLR/REDP, 2001, p. 567 e ss.

GUERRA MARTINS, ANA MARIA – *O Acordo relativo à aplicação da Parte XI da Convenção das Nações Unidas sobre o Direito do Mar de 1982 na óptica do Direito dos Tratados*, Revista jurídica, n° 24, 2001, p. 21 e ss.

GUERRA MARTINS, ANA MARIA – *O art. 235° do Tratado da Comunidade Europeia – cláusula de alargamento de competências dos órgãos comunitários*, Lisboa, Lex, 1995.

GUERRA MARTINS, ANA MARIA – *Timor-Leste e a afirmação (tardia) do Direito Internacional*, in JORGE MIRANDA (org.), Timor e o Direito, Lisboa, AAFDL, 2000, p. 19 e ss.

GUERRA MARTINS, ANA MARIA (coordenação) – *Estudos de Direito Europeu e Internacional dos Direitos Humanos*, Coimbra, Almedina, 2005.

GUILLAUME, GILBERT – *Comentário ao Artigo 2.°*, in LOUIS-EDMOND PETTITI/EMMANUEL DECAUX/PIERRE-HENRI IMBERT, La Convention européenne des droits de l'homme. Commentaire article par article, 2ª ed., Paris, Economica, 1999, p. 143 e ss.

HANNUM, HURST (ed.) – *Guide to International Human Rights Practice*, 4ª ed., Ardsley, Nova Iorque, Transnational Publishers, Lc., 2004.

HANSKI, RAIJA/SUKSI, MARKKU (org.) – *An Introduction to the International Protection of Human Rights. A Textbook*, Turku/Abo, 1999.

HARRIS, DAVID – *The Council of Europe (II): The European Social Charter*, in RAIJA HANSKI/MARKKU SUKSI, An Introduction to the International Protection of Human Rights. A Textbook, Turku/Abo, 1999, p. 307 e ss.

HEYNS, CRISTOF – *La Carta Africana de Derechos Humanos y de los Pueblos*, in FELIPE GÓMEZ ISA (Dir.)/JOSÉ MANUEL PUREZA, La protección internacional de los derechos humanos en los albores del siglo XXI, Bilbao, Universidad de Deusto, 2003, p. 595 e ss.

HEYNS, CRISTOF – *Le rôle de la future Cour africaine des droits de l'homme et des peuples*, in JEAN-FRANÇOIS FLAUSS/ELISABETH LAMBERT-ABDELGAWAD (dir.), L'application nationale de la Charte africaine des droits de l'homme et des peuples, Bruxelas, Bruylant, 2004, p. 235 e ss.

JACOT-GUILLARMOD, OLIVIER – *Règles, méthodes et principes d'interprétation dans la jurisprudence de la Cour européenne des droits de l'homme*, in LOUIS-EDMOND PETTITI/EMMANUEL DECAUX/PIERRE-HENRI IMBERT, La

Convention européenne des droits de l'homme. Commentaire article par article, 2ª ed., Paris, Economica, 1999, p. 41 e ss.

JACQUÉ, JEAN-PAUL – *La Charte des droits fondamentaux de l'Union européenne – aspects juridiques généraux*, ERPL/REDP, 2002, p. 119 e ss.

JANIS, MARK W./KAY, RICHARD S./BRADLEY, ANTHONY W. – *European Human Rights Law – Text and Materials*, 2ª ed., Oxford, Oxford University Press, 2000.

JIMÉNEZ GARCIA, FRANCISCO – *El sistema europeo de protección de los derechos humanos: el Consejo de Europa y la Carta Social (II)*, in CARLOS FERNÁNDEZ DE CASADEVANTE ROMANI (coord.), Derecho Internacional de los Derechos Humanos, 2ª ed.. Madrid, Dilex, 2003, p. 205 e ss.

JUSTE RUIZ, JOSÉ/CASTILLO DAUDÍ, MIREYA – *Derecho Internacional Público*, Valencia, Punto y Coma, 2002.

KAMTO, MAURICE – *Charte africaine, instruments internationaux de protection des droits de l'homme, constitutions nationales: articulations respectives*, in JEAN-FRANÇOIS FLAUSS/ELISABETH LAMBERT-ABDELGAWAD (dir.), L'application nationale de la Charte africaine des droits de l'homme et des peuples, Bruxelas, Bruylant, 2004, p. 11 e ss.

KLABBERS, JAN – *The Undesirability of Soft Law*, Nord. J. Int'l L., 1998, p. 381 e ss.

KOERING-JOULIN, RENÉE – *Comentário ao Artigo 5.º, n.º 4*, in LOUIS-EDMOND PETTITI/EMMANUEL DECAUX/PIERRE-HENRI IMBERT, La Convention européenne des droits de l'homme. Commentaire article par article, 2ª ed., Paris, Economica, 1999, p. 229 e ss.

KOWOUVIH, SITSOFÉ – *La Cour Africaine des droits de l'homme et des peuples: une rectification institutionnelle du concept de «spécificité» africaine en matière de droits de l'homme*, Rev. trim. dr. h., 2004, p. 757 e ss.

LECLERC, STÉPHANE – *Les restrictions et limitations à l'application de la Charte sociale*, in JEAN-FRANÇOIS AKANDJI-KOMBÉ/STÉPHANE LECLERC, La Charte sociale européenne, Bruxelas, Bruylant, 2001, p. 67 e ss.

LEWIS-ANTHONY, SIÂN/SCHEININ, MARTIN – *Treaty-Based Procedures for Making Human Rights Complaints Within the UN System*, in HURST HANNUM (ed.), Guide to International Human Rights Practice, 4ª ed., Ardsley, Nova Iorque, Transnational Publishers, Lc., 2004, p. 43 e ss.

LUCAS PIRES, FRANCISCO – *Introdução ao Direito Constitucional Europeu*, Coimbra, Almedina, 1997.

MACDONALD, R. ST. J. – *The Margin of Appreciation*, in R. ST. J. MACDONALD/F. MATSCHER/H. PETZOLD (ed.), The European System for the Protection of Human Rights, Dordrecht, Martinus Nijhoff, 1993, p. 83 e ss.

MACDONALD, R. ST. J./MATSCHER, F./PETZOLD, H. (ed.) – *The European System for the Protection of Human Rights,* Dordrecht, Martinus Nijhoff, 1993.

MACHADO, JÓNATAS E. M. – *Direito Internacional – Do paradigma clássico ao pós-11 de Setembro,* Coimbra, Coimbra Editora, 2003.

MAKARCZYIK, JERZY – *Le protocole n° 11 à la Convention de sauvegarde des droits de l'Homme et des libertés fondamentales: notes de lecture,* in Mélanges en l'honneur de NICOLAS VALTICOS, Paris, 1999, p. 439 e ss.

MALINVERNI, GIORGIO – *Comentário ao Artigo 4.°,* in LOUIS-EDMOND PETTITI/EMMANUEL DECAUX/PIERRE-HENRI IMBERT, La Convention européenne des droits de l'homme. Commentaire article par article, 2ª ed., Paris, Economica, 1999, p. 177 e ss.

MARAUHN, THILO – *Kommunikationsgrundrechte,* in DIRK EHLERS (org.), Europäische Grundrechte und Grundfreiheiten, Berlim, 2003, p. 73 e ss.

MARIÑO MENENDEZ, FERNANDO M. (ed.) – *El Derecho Internacional en los albores del siglo XXI,* Madrid, Ed. Trotta, 2002.

MARIÑO, FERNANDO M. – *La Convención contra la Tortura,* in FELIPE GÓMEZ ISA (Dir.)/JOSÉ MANUEL PUREZA, La protección internacional de los derechos humanos en los albores del siglo XXI, Bilbao, Universidad de Deusto, 2003, p. 243 e ss.

MATSCHER, F. – *Methods of Interpretation of th Convention,* in MACDONALD, R. ST. J./MATSCHER, F./PETZOLD, H. (ed.), The European System for the Protection of Human Rights, Dordrecht, Martinus, 1993, p. 63 e ss.

MBAYE, KEBA – *Les droits de l'homme en Afrique,* 2ª ed., Paris, Pedone, 2002.

MEDEIROS, RUI – *A Carta dos Direitos Fundamentais da União Europeia, a Convenção Europeia dos Direitos do Homem e o Estado português,* in Nos 25 anos da Constituição da República Portuguesa de 1976, Lisboa, 2001, p. 7 e ss.

MEDEIROS, RUI – *La Charte des droits fondamentaux de l'Union européenne, la Convention européenne des droits de l'Homme et le Portugal,* ERPL/REDP, 2002, p. 629 e ss.

MENEZES CORDEIRO, ANTÓNIO – *Direito Bancário – Relatório,* Coimbra, Almedina, 1997.

MENEZES CORDEIRO, ANTÓNIO – *Teoria Geral do Direito Civil – Relatório,* RFDUL, vol. XXIX, 1988, p. 179 e ss.

MENEZES LEITÃO, LUÍS M. T. – *O ensino do Direito das Obrigações – Relatório sobre o Programa, Conteúdo e Métodos de Ensino da Disciplina*, Coimbra, Almedina, 2001.

MERRILS, J. G./ROBERTSON, A. H. – *Human Rights in Europe – A Study of the European Convention on Human Rights*, 4ª ed., Júris, Manchester, 2001.

MEYER, JÜRGEN (org.) – *Kommentar zur Charta der Grundrechte der Europäischen Union*, Baden-Baden, 2003.

MICHEO, FERNANDO ALVAREZ-OSSORIO – *Perfecciones e imperfecciones en el protocolo 11 al Convenio Europeo de Derechos Humanos y otros comentarios a proposito de su entrada en vigor (1-XI-98)*, REDC, 1999, p. 135 e ss.

MILA MORENO, JOSÉ – *El Pacto Internacional de derechos económicos, sociales y culturales*, in FELIPE GÓMEZ ISA (Dir.)/JOSÉ MANUEL PUREZA, La protección internacional de los derechos humanos en los albores del siglo XXI, Bilbao, Universidad de Deusto, 2003, p. 185 e ss.

MIRANDA, JORGE – *Curso de Direito Internacional Público*, 2ª ed., Lisboa, Principia, 2004

MIRANDA, JORGE – *No horizonte do ano 2000 – Reformas da Faculdade*, RFDUL, 1998, p. 861 e ss.

MIRANDA, JORGE – *Relatório com o programa, os conteúdos e os métodos do ensino de Direitos Fundamentais*, RFDUL, vol. XXVI, 1985, p. 385 e ss.

MOREIRA DA SILVA, JOSÉ LUIS – *Direito Internacional e Direito do Mar, Parte I – Direito dos Conflitos Internacionais*, Lisboa, 2003.

MOREIRA DA SILVA, JOSÉ LUIS – *Direito Internacional e Direito do Mar, Parte II – Direito do Mar*, Lisboa, 2003.

MOREIRA, VITAL – *Organização Administrativa (Programa, conteúdos e métodos de ensino)*, Coimbra, Coimbra Editora, 2001.

MOTA DE CAMPOS, JOÃO/MOTA DE CAMPOS, JOÃO LUIZ – *Manual de Direito Comunitário*, 4ª ed., Lisboa, Fundação Calouste Gulbenkian, 2004.

MOURA RAMOS, RUI MANUEL – *A Carta dos Direitos Fundamentais da União Europeia e a protecção dos Direitos Fundamentais*, Cuadernos Europeos de Deusto, 2001, p. 161 e ss.

MOURA RAMOS, RUI MANUEL – *Direito Comunitário (Programa, conteúdos e métodos de ensino)*, Coimbra, Coimbra Editora, 2003.

MOWBRAY, ALASTAIR/HARRIS, DAVID – *Cases and Materials on the European Convention on Human Rights*, Londres, Butterworths, 2001.

NEUHOLD, HANSPETER/HUMMER, WALDEMAR/SCHUERER, CHRISTOPH – *Österreichisches Handbuch des Völkerrechts*, vol. I, Viena, Manzsche Verlag, 1997.

Nowak, Manfred – *El Pacto Internacional de Derechos Civis y Políticos*, in Felipe Gómez Isa (Dir.)/José Manuel Pureza, La protección internacional de los derechos humanos en los albores del siglo XXI, Bilbao, Universidad de Deusto, 2003, p. 161 e ss.

Oliveira Ascensão, José de – *Parecer sobre o «relatório sobre o programa, o conteúdo e os métodos de ensino da disciplina de direito e processo civil (arrendamento) apresentado pelo Doutor Manuel Henrique Mesquita no concurso para professor associado da Faculdade de Direito de Coimbra*, RFDUL, vol. XXVII, 1996, p. 603 e ss.

Oraá, Jaime – *La Declaración Universal de los Derechos Humanos*, in Felipe Gómez Isa (Dir.)/José Manuel Pureza, La protección internacional de los derechos humanos en los albores del siglo XXI, Bilbao, Universidad de Deusto, 2003, p. 125 e ss.

Otero, Paulo – *A Declaração Universal dos Direitos do Homem e Constituição: a inconstitucionalidade de normas constitucionais?*, O Direito, 1990, p. 603 e ss.

Otero, Paulo – *Direito Administrativo – relatório de uma disciplina apresentado no concurso para professor associado na Faculdade de Direito da Universidade de Lisboa*, RFDUL (Suplemento), 2001.

Otero, Paulo – *Direito da Vida – Relatório sobre o Programa, Conteúdos e Métodos de Ensino*, Coimbra, Almedina, 2004.

Ouedragogo, Halidou – *Les actions de sensibilisation et de formation à la Charte africaine des droits de l'homme et des peuples*, in Jean-François Flauss/Elisabeth Lambert-AbdelGawad (dir.), L'application nationale de la Charte africaine des droits de l'homme et des peuples, Bruxelas, Bruylant, 2004, p. 49 e ss.

Pamplona Corte-Real, Carlos – *Direito da Família e das Sucessões*, RFDUL (suplemento), 1996.

Pasqualucci, Jo M. – *The Practice and Procedure of the Inter-American Court of Human Rights*, Cambridge, Univ. Press, 2003.

Pastor Ridruejo, José A. – *Curso de Derecho Internacional Publico y Organizaciones Internacionales*, 8ª ed., Madrid, Tecnos, 2001.

Paz Ferreira, Eduardo – *Ensinar Finanças Públicas numa Faculdade de Direito*, Coimbra, Almedina, 2005.

Paz Ferreira, Eduardo M. H. da – *Direito Comunitário II (União Económica e Monetária). Relatório*, RFDUL (separata), 2001.

PETTITI, LOUIS-EDMOND/DECAUX, EMMANUEL/IMBERT, PIERRE-HENRI – *La Convention européenne des droits de l'homme. Commentaire article par article*, 2ª ed., Paris, Economica, 1999.

PICARD, MICHÈLE/TITIUN, PATRICK – *Comentário ao Artigo 5.º, n.º 3, in* LOUIS-EDMOND PETTITI/EMMANUEL DECAUX/PIERRE-HENRI IMBERT, La Convention européenne des droits de l'homme. Commentaire article par article, 2ª ed., Paris, Economica, 1999, p. 211 e ss.

PITTA E CUNHA, PAULO – *Direito Internacional Económico (Economia Política II/Relações Económicas Internacionais) – Relatório sobre o programa, conteúdo e métodos de ensino*, RFDUL, Vol. XXV, 1984, p. 29 e ss.

PITTA E CUNHA, PAULO DE – *Direito Institucional da União Europeia*, Coimbra, Almedina, 2004.

QUADROS, FAUSTO DE – *A protecção da propriedade privada pelo Direito Internacional*, Coimbra, 1998.

QUADROS, FAUSTO DE – *Direito Comunitário I – programa, conteúdos e métodos de ensino*, Coimbra, Almedina, 2000.

QUADROS, FAUSTO DE – *Direito da União Europeia*, Coimbra, Almedina, 2004.

QUADROS, FAUSTO DE – *Direito Internacional Público I – Programa, conteúdos e métodos de ensino*, RFDUL, vol, XXXII, 1991, p. 351 e ss.

QUADROS, FAUSTO DE – *La Convention Européenne des Droits de l'Homme: un cas de ius cogens regional?, in* ULRICH BEYERLIN e. a., Recht zwischen Umbruch und Bewahrung; Festschrift für Rudolf BERNHARDT, Berlim, 1995, p. 555 e ss.

QUADROS, FAUSTO DE – *O princípio da exaustão dos meios internos na Convenção Europeia dos Direitos do Homem e a Ordem Jurídica portuguesa*, ROA, 1990, p. 119 e ss.

QUOC DINH, NGUYEN/DAILLIER, PATRICK/PELLET, ALAIN – *Droit International Public*, 7ª ed., Paris, LGDJ, 2002.

REBELO DE SOUSA, MARCELO – *Ciência Política – conteúdos e métodos*, Coimbra, Coimbra Editora, 1989.

REBELO DE SOUSA, MARCELO – *Direito Constitucional I – Relatório*, s.l., 1986.

REHMAN, JAVAID – *International Human Rights Law – a Practical Approach*, Harlow, Pearson Education, 2003.

RENUCCI, JEAN-FRANÇOIS – *Droit Européen des Droits de l'Homme*, 3ª ed. Paris, LGDJ, 2002.

ROBERTSON, H./MERRILS, J.G. – *Human Rights in the World: an Introduction to the Study of the International Protection of Human Rights*, 4ª ed., Manchester, Manchester University Press, 1996.

RODLEY, NIGEL S./WEISSBRODT, DAVID – *United Nations Nontreaty Procedures for Dealing with Human Rights Violations, in* HURST HANNUM (ed.), Guide to International Human Rights Practice, 4ª ed., Ardsley, Nova Iorque, Transnational Publishers, Lc., 2004, p. 65 e ss.

RODRIGUEZ CARRIÓN, ALEJANDRO – *Lecciones de Derecho Internacional Publico*, Madrid, Tecnos, 2002.

RUILOBA ALVARIÑO, JULIA – *Los Pactos Internacionales de las Naciones Unidas de 16 de Diciembre de 1966, in* CARLOS FERNÁNDEZ DE CASADEVANTE ROMANI (coord.), Derecho Internacional de los Derechos Humanos, 2ª ed., Madrid, Dilex, 2003, p. 111 e ss.

RUSSO, CARLO – *Comentário ao Artigo 8.º, § 1.º, in* LOUIS-EDMOND PETTITI//EMMANUEL DECAUX/PIERRE-HENRI IMBERT, La Convention européenne des droits de l'homme. Commentaire article par article, 2ª ed., Paris, Economica, 1999, p. 305 e ss.

SCHILLING, THEODOR – *Internationaler Menschenrechtsschutz – universelles und europäisches Recht*, Tübingen, Mohr Siebeck, 2004.

SÉRVULO CORREIA – *Direito Administrativo II (Contencioso Administrativo) – Relatório sobre programa, conteúdos e métodos de ensino*, RFDUL, vol. XXXV, 1994, p. 57 e ss.

SHAW, MALCOLM N. – *International Law*, 5ª ed., Cambridge, Cambridge Univ. Press, 2003.

SHELTON, DINAH – *Remedies in International Human Rights Law*, Oxford, Oxford University Press, 1999.

SHELTON, DINAH L. – *The Inter-American Human Rights System, in* HURST HANNUM (ed.), Guide to International Human Rights Practice, 4ª ed., Ardsley, 2004, p. 127 e ss.

SILVA CUNHA, JOAQUIM DA/VALE PEREIRA, MARIA DA ASSUNÇÃO DO – *Manual de Direito Internacional Público*, 2ª ed., Coimbra, Almedina, 2004.

SMITH, RHONA K. M. – *Textbook on International Human Rights*, Oxford, Oxford University Press, 2003.

SOROETA LICERAS, JUAN – *La protección de la persona humana en Derecho Internacional, in* CARLOS FERNÁNDEZ DE CASADEVANTE ROMANI (coord.), Derecho Internacional de los Derechos Humanos, 2ª ed., Madrid, Dilex, 2003, p. 30 e ss.

Sousa Santos, Boaventura – *Hacia una concepción multicultural de los derechos humanos*, in Felipe Gómez Isa (Dir.)/José Manuel Pureza, La protección internacional de los derechos humanos en los albores del siglo XXI, Bilbao, Universidad de Deusto, 2003, p. 95 e ss.

Soyer, Jean-Claude/Salvia, Michel de – *Comentário ao Artigo 6.º*, in Louis-Edmond Pettiti/Emmanuel Decaux/Pierre-Henri Imbert, La Convention européenne des droits de l'homme. Commentaire article par article, 2ª ed., Paris, Economica, 1999, p. 239 e ss.

Starmer, Keir – *European Human Rights Law*, Londres, Bell & Bain, 1999.

Steiner, Henry/Alston, Philip – *International Human Rights in Context Law, Politics, Morals – Text and Materials*, 2ª ed., Oxford, Oxford University Press, 2000.

Sudre, Frédéric – *Comentário ao Artigo 3.º*, in Louis-Edmond Pettiti/Emmanuel Decaux/Pierre-Henri Imbert, La Convention européenne des droits de l'homme. Commentaire article par article, 2ª ed., Paris, Economica, 1999, p. 155 e ss.

Sudre, Frédéric – *Droit international et européen des droits de l'homme*, 7ª ed., Paris, Puf, 2005.

Sudre, Frédéric e. a. – *Les grands arrêts de la Cour européenne des Droits de l'Homme*, Paris, Puf, 2003.

Teitgen, P.H. – *Introduction to the European Convention on Human Rights*, in R. St. J. Macdonald/F. Matscher/H. Petzold (ed.), The European System for the Protection of Human Rights, Dordrecht, Martinus Nijhoff, 1993, p. 3 e ss.

Teixeira de Sousa, Miguel – *Aspectos metodológicos e didácticos do Direito Processual Civil*, RFDUL, 1994, p. 337 e ss.

Teixeira de Sousa, Miguel – *Direito Processual Civil Europeu*, inédito.

Truyol y Serra, Antonio – *Historia del Derecho Internacional Público*, Madrid, Tecnos, 1998.

Uerpmann, Robert – *Höchstpersönliche Rechte und Diskriminierungsverbot*, in Dirk Ehlers, (org.), Europäische Grundrechte und Grundfreiheiten, Berlim, 2003, p. 47 e ss.

Valticos, Nicolas – *Comentário ao art. 11.º*, in Louis-Edmond Pettiti//Emmanuel Decaux/Pierre-Henri Imbert, La Convention européenne des droits de l'homme. Commentaire article par article, 2ª ed., Paris, Economica, 1999, p. 419 e ss.

VAN DER WILT, HARMEN/KRSTICEVIC, VIVIANA – *The OAS System for the Protection of Human Rights*, in RAIJA HANSKI/MARKKU SUKSI (org.), An Introduction to the International Protection of Human Rights. A Textbook, Turku/Abo, 1999, p. 371 e ss.

VAN DICK, P./VAN HOOF, G. J. H. – *Theory and Practice of the European Convention on Human Rights*, 3ª ed., Haia, Kluwer, 1998.

VANDAMME, FRANÇOIS – *Les droits protégés par la Charte sociale, contenu et portée*, in JEAN-FRANÇOIS AKANDJI-KOMBÉ/STÉPHANE LECLERC, La Charte sociale européenne, Bruxelas, Bruylant, 2001, p. 11 e ss.

VIEIRA DE ANDRADE, JOSÉ CARLOS – *Os direitos fundamentais na Constituição Portuguesa de 1976*, 2ª ed., Coimbra, Almedina, 2001.

VILLÁN DURÁN, CARLOS – *Curso de Derecho Internacional de los Derechos Humanos*, Madrid, Editorial Trotta, 2002.

VILLÁN DURÁN, CARLOS – *La Declaración Universal de Derechos Humanos en la pratica de las Naciones Unidas*, in ANTONIO BLANC ALTEMIR (Ed.), La protección internacional de los derechos humanos a los cinquenta años de la Declaración Universal, Madrid, Tecnos, 2001, p. 51 e ss.

VITORINO, ANTÓNIO – *Protecção constitucional e protecção internacional dos Direitos do Homem: concorrência ou complementaridade?*, Lisboa, AAFFDL, 1993.

WALTER, CHRISTIAN – *Die europäische Grundrechtsidee*, in DIRK EHLERS (org.), Europäische Grundrechte und Grundfreiheiten, Berlim, 2003, p. 2 e ss.

WEGENER, BERNHARD W. – *Wirtschaftsgrundrechte*, in DIRK EHLERS (org.), Europäische Grundrechte und Grundfreiheiten, Berlim, 2003, p. 108 e ss.

ZAJADTO, JERZY – *Human Dignity and Human Rights*, in RAIJA HANSKI/MARKKU SUKSI (org.), An Introduction to the International Protection of Human Rights. A Textbook, Turku/Abo, 1999, p. 15 e ss.

ZEMANEK, KARL – *Is the Term "Soft Law" Convenient?*, in G. HAFNER e. a. (eds), Liber Amicorum Professor SEIDL-HOHENVELDERN, The Hague, 1998, p. 843 e ss.

SÍTIOS DA INTERNET CONSULTADOS

- http://studenti.unimi.it/cdl/documenti0405/regolamenticdl0405/guirisp/S_servizi_giuridici_2004-05.pdf
- http://w3.uniroma1.it/ius/index.htm
- http://www.africa-union.org
- http://www.ausjal.org/sitios/educacion/ddhh/index.htm
- http://www.coe.int/T/E/Human_Rights/Esc/4_Collective-Complaints
- http://www.conventions.coe.int
- http://www.dcu.ie/registry/module_contents.php
- http://www.dgae.unam.mx/planes/f_derecho/Sua-dcho.pdf
- http://www.droit.univ-montp1.fr/
- http://www.droit.univ-montp1.fr/content/content.php3?mq=f&num=15
- http://www.echr.coe.int
- http://www.echr.coe.int/Fr/FDocs/EffectsofJudgements.html
- http://www.essex.ac.uk/intro/ug/courses.htm#humanrights
- http://www.europa.eu.int
- http://www.fd.uc.pt
- http://www.fd.uc.pt.hrc
- http://www.fd.unl.pt
- http://www.frg.eur.nl/english/education/master_program
- http://www.gddc.pt
- http://www.javeriana.edu.co/Facultades/C_Juridicas/Institutos/cedi.htm
- http://www.jur.ku.dk/internationalhumanrightslaw/
- http://www.jura.unituebingen.de/studium/lehrveranstaltungen/2004ws/studplan.htm
- http://www.law.berkeley.edu/courses/coursePage.php?cID=4770&termCode=D&termYear=2004
- http://www.law.harvard.edu/Programs/HRP
  http://www.law.harvard.edu/programs/hrp/courses.htm

- http://www.law.kuleuven.ac.be/cals/llm/brochure/fl.html
- http://www.law.nyu.edu
- http://www.law.nyu.hr.org
- http://www.law.washington.edu/Courses/Catalog/cbClass.asp?ID=B596
- http://www.llm.erasmus.org
- http://www.oea.org
- http://www.osce.org
- http://www.tcd.ie/Law/Courses.html#Human%20Rights%20Law
- http://www.tcd.ie/Law/LL_M.html
- http://www.tcd.ie/Law/PGCourses.html#M.Litt
- http://www.uah.es/estud/licenciaturas/planes/planesderecho.shtm
- http://www.ucd.ie/law/lawhome.html
- http://www.ucm.es/info/derecho/estudios/IDH_archivos/Curso.htm
- http://www.ucp.pt
- http://www.ucu.edu.uy/Facultades/Derecho/index.htm;
- http://www.uia.mx/licenciaturas/dpt_derecho/derecho/plan.html
- http://www.ulb.ac.be/prog/droit/resumes/DROI_023.html
- http://www.un.org
- http://www.unav.es/idh
- http://www.unhchr.ch
- http://www.uni-kiel.de/fakultas/jura/index.php?x=http://test.jura.uni-kiel.de/studienablauf.htm&menue=jura-studi
- http://www.uni-potsdam.de/u/ls_klein/index.htm
- http://www.univ-catholyon.fr/fr/droit/facdroit_1annee.htm
- http://www.univ-catholyon.fr/fr/droit/facdroit_prog.htm
- http://www.unizar.es/derechos_humanos
- http://www.untreaty.un.org
- http://www.url.edu.gt/VAcademica/FCJS/pensumFCJS.pdf
- http://www.uv.es/dise/estudi/plans/420b.html
- http://www1.umn.edu
- http://www1.umn.edu/humanrts/hrcenter.htm
- http://www2.juris.uniroma2.it/guidastudente20042005/guidastudente200420 05.pdf
- http://www-ihee.u-strasbg.fr
- http://www-urs.u-strasbg.fr

JURISPRUDÊNCIA

I) SISTEMA DAS NAÇÕES UNIDAS

A) Acórdãos e pareceres do Tribunal Internacional de Justiça

- Parecer de 28 de Maio de 1951 sobre as reservas à convenção para a prevenção e repressão do crime de genocídio, Recueil 1951, p. 496 e ss.
- Parecer de 21 de Junho de 1971 sobre as consequências jurídicas para os Estados da presença da África do Sul na Namíbia.
- Acórdão de 5 de Fevereiro de 1970, *Barcelona Traction*, Recueil 1970, p. 3 e ss.
- Acórdão de 27 de Julho de 1986, *Actividades militares e para-militares na Nicarágua*, Recueil 1986, p. 14 e ss.

B) Comentários gerais do Comité de Direitos Humanos[1]

- Comentário Geral n.º 6, de 30/04/1982, sobre o direito à vida (art. 6.º).
- Comentário Geral n.º 8, de 30/06/1982, sobre o direito à liberdade e à segurança das pessoas (art. 9.º).
- Comentário Geral n.º 10, de 29/6/1983, sobre liberdade de expressão (art. 10.º).
- Comentário Geral n.º 16, de 08/04/1988, sobre o direito ao respeito da privacidade, família, domicílio e correspondência, e protecção da honra e reputação (art. 17.º).

---

[1] Os comentários gerais do CDH podem consultar-se no sítio http://www.gddc.pt

- Comentário Geral n.º 18, de 10/11/1989, sobre a não discriminação.
- Comentário Geral n.º 19, de 27/07/1990, sobre a protecção da família, o direito de contrair casamento e a igualdade entre os cônjuges (art. 23.º).
- Comentário Geral n.º 21, de 06/04/1992, relativo ao tratamento humano de pessoas privadas de liberdade (art. 10.º).
- Comentário Geral n.º 22, de 30/7/1993, sobre o direito à liberdade de pensamento, de consciência e de religião (art. 18.º).
- Comentário geral n.º 24, de 2/11/1994, sobre as questões relativas às reservas.
- Comentário Geral n.º 25, de 12/07/1996, sobre o direito de participar na direcção dos negócios públicos, o direito à igualdade de voto e de acesso à função pública (art. 25.º).
- Comentário Geral n.º 26, de 27/10/1997, relativo às questões de continuidade das obrigações subscritas pelos Estados partes, em virtude do PIDCP.
- Comentário Geral n.º 29, de 31/08/2001, sobre estados de emergência (art. 4.º).

C) Comunicações individuais do Comité dos Direitos Humanos[2]

- Decisão de 29/10/1981, Comunicação n.º 27/1977, *Pinckney c/ Canadá*. CCPR/C/14/D/27/1977.
- Decisão de 21/10/1982, Comunicação n.º 84/1981, *H.-G. Dermit c/ Uruguai*. CCPR/C/17/D/84/81.
- Decisão de 23/03/1983, Comunicação n.º 74/1980, *M. -A. Estrella c/ Uruguai*. CCPR/C/18/D/74/1980.
- Decisão de 24/03/1983. Comunicação n.º 49/1979, *D. Marais c/ Madagáscar*. CCPR/C/18/D/49/1979.
- Decisão de 25/03/1983, Comunicação n.º 16/1977, *D. Monguya Mbenge c/ República Democrática do Congo*. CCPR/C/18/D/16/1977.
- Decisão de 29/03/1983, Comunicação n.º 88/1981, *D. Larosa c/ Uruguai*. CCPR/C/18/D/88/1981.
- Decisão de 31/03/1983, Comunicação n.º 106/1981, *Pereira Monteiro c/ Uruguai*. CCPR/C/18/D/106/1981.

---

[2] As decisões do CDH, que se fundamentam em comunicações individuais, podem consultar-se no sítio http://www.gddc.pt

- Decisão de 31/03/1983, Comunicação n.º 80/1980, *S. Vasilskis c/ Uruguai*. CCPR/C/18/D/80/1980.
- Decisão de 06/04/1983, Comunicação n.º 104/81, *JRT e Partido WG/ /Canadá*, CCPR/C/18/D/104/1981.
- Decisão de 25/07/1983, Comunicação n.º 136/83, *X/Uruguai*, CCPR/C/ /19/D/136/1983.
- Decisão de 4/11/1983, Comunicação n.º 83/1981, *Martinez Machado c/ Uruguai*. CCPR/C/20/D/83/1981.
- Decisão de 29/03/1984, Comunicação n.º 110/81, *Viana Acosta/Uruguai*. CCPR/C/21/D/110/1981.
- Decisão de 10/04/1984, Comunicação n.º 163/84, *Grupo de Associações para a defesa das pessoas com deficiência/Itália*, CCPR/C/21/D/163/ /1984.
- Decisão de 04/04/1985, Comunicação n.º 146/1983, *Baboeram e outros c/ Suriname*. CCPR/C/24/D/146/1983.
- Decisão de 17/07/1985, Comunicação n.º 139/1983, *H. Conteris c/ Uruguai*. CCPR/C/25/D139/1983.
- Decisão de 18/7/1986, Comunicação n.º 118/82, *J. D. B./Canadá*. CCPR/C/28/D/118/1986.
- Decisão de 8/4/1987, Comunicação n.º 217/1986, *H.. v.. d. P../Holanda*. CCPR/C/29/D/217/1986.
- Decisão de 9/4/1987, Comunicação n.º 172/84, *Brooks /Holanda*, CCPR/C/29/D/172/84.
- Decisão de 9/4/1987, Comunicação n.º 180/84, *Danning/Holanda*, CCPR/C29/D/172/84.
- Decisão de 27/10/1987, Comunicação n.º 194/1985, *L. Miango Muiyo c/ República Democrática do Congo*. CCPR/C/31/D194/1985.
- Decisão de 02/11/1987, Comunicação n.º 161/1983, *Herrera Rubio c/ Colômbia*. CCPR/C/31/D/161/1983.
- Decisão de 04/04/1988, Comunicação n.º 191/85, *Blom/Suécia*, CCPR/ /C32/D/191/85.
- Decisão de 4/04/1988, Comunicação n.º 191/85, *Blom/Suécia*, CCPR/ /C/32/D/195/1985.
- Decisão de 12/08/1988, Comunicação n.º 205/1985, *Hendriks c/ Holanda*. CCPR/C/33/D/201/1985.
- Decisão de 17/11/1988, Comunicação n.º 203/1086, *Muñoz Hermonzac c/ Peru*. CCPR/C/34/D/203/1986.

- Decisão de 04/04/1989, Comunicação n.º 223/1987, *Robinson c/ Jamaica*. CCPR/C/35/D/223/1987.
- Decisão de 02/05/1989, Comunicação n.º 265/87, *Vuolane/Finlândia*. CCPR/C/35/D/265/1987.
- Decisão de 28/07/1989, Comunicação n.º 207/1986, *Morael c/ França*. CCPR/C/36/D/207/1986.
- Decisão de 22/11/1989, Comunicação n.º 251/87, *A A/Jamaica*. CCPR/C/37/D/251/1987.
- Decisão de 10/05/1990, Comunicação n.º 167/84, *B. Ominayak c/ Canadá*. CCPR/C/38/D/167/84.
- Decisão de 15/08/1990, Comunicação n.º 295/1988, *Järvinen c/ Finlândia*. CCPR/C/39/D/295/88.
- Decisão de 15/08/1990, Comunicação n.º 305/1988, *Van Alphen c/ Países Baixos*. CCPR/C/39/D/305/1988.
- Decisão de 15/08/1990, Comunicação n.º 318/88, *E e P/Colômbia*. CCPR/C/39/D/318/88.
- Decisão de 21/08/1990, Comunicação n.º 250/1987, *Carlton Reid c/ Jamaica*. CCPR/C/39/D/250/1987.
- Decisão de 23/08/1990, Comunicação n.º 219/1986, *Guesdon c/ França*, CCPR/C/39/D/219/1986.
- Decisão de 23/8/1990, Comunicação n.º 195/85, *Delgado/Colômbia*, CCPR/C/39/D/195/85.
- Decisão de 2/11/1990, Comunicação n.º 413/90, *A e B/Itália*. CCPR/C//40/D/413/90.
- Decisão de 6/11/1990, Comunicação n.º 315/1988, *R. H. c/ Jamaica*. CCPR/C/40/D/315/1988.
- Decisão de 15/11/1990, Comunicação n.º 302/88, *AH/Trinidade e Tobago*, CCPR/C/40/D/302/1988.
- Decisão de 28/11/1990, Comunicação n.º 354/89, *LG/Maurícias*, CCPR/C/40/D/354/89.
- Decisão de 10/4/1991, Comunicação n.º 253/1987, *P. Kelly c/ Jamaica*. CCPR/C/41/D/253/1987.
- Decisão de 11/04/1991, Comunicação n.º 221/1987, *Cadoret c/ França*. CCPR/C/41/D/221/1987.
- Decisão de 11/04/1991, Comunicação n.º 226/1987, *M. Sawyers c/ Jamaica*, CCPR/C/41/D/226/1987.
- Decisão de 06/11/1991, Comunicação n.º 336/88, *Fillastre/Bolívia*, CCPR/C/43/D/336/1988.

- Decisão de 14/11/1991, Comunicação n.º 240/87, *Williard Collins/ /Jamaica*, CCPR/C/43/D/240/1987.
- Decisão de 15/11/1991, Comunicação n.º 347/88, *SG/França*, CCPR/ /C/43/D/347/1988.
- Decisão de 15/11/1991, Comunicação n.º 457/1991, *AIE/Líbia*, CCPR/ /C/43/D/457/1991.
- Decisão de 19/11/1991, Comunicação n.º 283/1988, *Aston Little c/ Jamaica*. CCPR/C/43/D/283/1988.
- Decisão de 07/04/1992, Comunicação n.º 248/1987, *Campbell c/ Jamaica*. CCPR/C/44/D/248/87.
- Decisão de 08/04/1992, Comunicação n.º 277/88, *JN Teeron Jigon/ /Equador*. CCPR/C/44/D/277/1988.
- Decisão de 27/08/1992, Comunicação n.º 349/1989, *Clifton Wright/ /Jamaica*. CCPR/C/45/D/349/1989.
- Decisão de 15/11/1992, Comunicação n.º 387/1989, *Arvo Karttunen c/ Finlândia*. CCPR/C/46/D/387/1989.
- Decisão de 05/05/1993, Comunicação n.º 359/89 e 385/89, *MaIntyre e. a./Canadá*. CCPR/C/47/D/359/89.
- Decisão de 12/05/1993, Comunicação n.º 320/1988, *Victor Francis, c/ Jamaica*. CCPR/C/47/D/320/1988.
- Decisão de 12/05/1993, Comunicação n.º 307/1988, *J. Campbell c/ Jamaica*. CCPR/C/47/D/307/1988.
- Decisão de 30/07/1993, Comunicação n.º 402/1990, *Brinkhof c/ Países Baixos*. CCPR/C/48/D/402/90.
- Decisão de 03/11/1993, Comunicação n.º 352/1989, *Douglas/Jamaica*. CCPR/C/49/D/352/1989.
- Decisão de 10/11/1993, Comunicação n.º 468/91, *Angel N. Olo Bahamonde/Guiné Equatorial*. CCPR/C/49/D/468/1991.
- Decisão de 18/11/1993, Comunicação n.º 470/1991, *Kindler/Canadá*. CCPR/C/48/D/470/1991.
- Decisão de 04/04/1994, Comunicação n.º 488/1992, *N. Toonen c/ Austrália*. CCPR/C/50/D/488/1992.
- Decisão de 05/05/1994, Comunicação n.º 520/1992, *E e AK/Hungria*. CCPR/C/50/D/520/1992.
- Decisão de 10/6/1994, Comunicação n.º 412/90, *Auli Kivenmaa /Finlândia*. CCPR/C/58/D/412/90.
- Decisão de 27/07/1994, Comunicação n.º 417/1990, *Balaguer Santacana c/ Espanha*. CCPR/C/51/D/417/1994.

- Decisão de 10/08/1994, Comunicação n.º 441/90, *Casanovas c/ França*. CCPR/C/51/D/411/90.
- Decisão de 10/08/1994, Comunicação n.º 458/1991, *Mukong c/ Camarões*. CCPR/C/51/D/458/1991.
- Decisão de 10/08/1994, Comunicação n.º 328/88, *Zelaya Blanco/Nicarágua*. CCPR/C/51/D/318/88.
- Decisão de 09/12/1994, Comunicação n.º 453/1991, *Coeriel e Aurik c/ Holanda*. CCPR/C/52/D/453/91.
- Decisão de 04/04/1995, Comunicação n.º 500/1992, *Debreczeny c/ Países Baixos*. CCPR/C/53/D/500/1992.
- Decisão de 04/04/1995, Comunicação n.º 500/92, *Debreczeny/Holanda*. CCPR/C/53/D/500/92.
- Decisão de 26/04/1995, Comunicação n.º 514/1992, *Sandra Frei c/ Colômbia*. CCPR/C/53/D/514/1992.
- Decisão de 31/07/1995, Comunicação n.º 516/92, *Simunek e. a./República Checa*. CCPR/C/54/D/516/92.
- Decisão de 03/08/1995, Comunicação n.º 518/92, *Jong-Kuy Sohn c/ República da Coreia*. CCPR/C/54/D/518/1991.
- Decisão de 8/11/1995, Comunicação n.º 519/1992, *Marriot c/ Jamaica*. CCPR/C/55/D/519/1992.
- Decisão de 25/07/1996, Comunicação n.º 586/94, *J.-F Adam/República Checa*. CCPR/C/57/D/586/1994.
- Decisão de 29/07/1996, Comunicação n.º 566/93, *Ivan Somers*, CCPR/C/57/D/566/93.
- Decisão de 30/7/1996, Comunicação n.º 645/95, *Vailhere Bordes e outros/França*. CCPR/C/57/D/645/1995.
- Decisão de 01/08/1996, Comunicação n.º 546/1993, *Burrel c/ Jamaica*. CCPR/C/57/D/546/1993.
- Decisão de 19/08/1996, Comunicação n.º 422 a 424/1990, *Adimayo M. Aduayon e outros c/ Togo*. CCPR/C/57/D/422/1990.
- Decisão de 16/12/96, Comunicação n.º 538/1993, *C. Stewart c/Canadá*. CCPR/C/58/D/538/1993.
- Decisão de 16/12/1996, Comunicação n.º 550/93, *Faurisson c/ França*. CCPR/C/58/D/550/1993.
- Decisão de 16/12/1996, Comunicação n.º 538/93, *Steward/Canadá*. CCPR/C/58/D/538/1993.
- Decisão de 30/04/97, Comunicação n.º 560/96, *A/Austrália*. CCPR//C/59/D/560/1996.

- Decisão de 03/06/1997, Comunicação n.º 526/1993, *Michjael e Brian Hill c/ Espanha*. CCPR/C/59/D/526/1993.
- Decisão de 9/01/1998, Comunicação n.º 577/1994, *Espinoza de Polay c/ Peru*. CCPR/C/61/D/577/1994.
- Decisão de 29/05/1998, Comunicação n.º 626/1995, *Domukovsky e outros c/ Georgia*. CCPR/C/62/D/626/1995.
- Decisão de 9/11/1999, Comunicação n.º 666/95, *Foin/França*. CCPR/C/67/D/666/1995.
- Decisão de 31/12/1999, Comunicação n.º 845/99, *Rawle Kennedy c/ Trinidade e Tobago*. CCPR/C/67/D/845/1999.
- Decisão de 18/04/2000, Comunicação n.º 711/96, *Carlos Dias/Angola*. CCPR/C/68/D/711/1996.
- Decisão de 18/07/2000, Comunicação n.º 770/1997, *Gridin/Federação Russa*. CCPR/C/69/D/770/1997.
- Decisão de 31/7/2000, Comunicação n.º 689/96, *Maille/França*. CCPR/C/69/D/689/1996.
- Decisão de 15/11/2000, Comunicação n.º 547/1993, *Apriana Mahuika c/ Nova Zelândia*. CCPR/C/70/D/547/1993.
- Decisão de 14/05/2001, Comunicação n.º 846/1999, *Jansen-Gielen c/ Holanda*. CCPR/C/71/D/846/1999.
- Decisão de 31/07/2001, Comunicação n.º 884/99, *Ignatane/Letónia*. CCPR/C/72/D/884/1999.
- Decisão 5/11/2001, Comunicação n.º 695/96, *Simpson C/ Jamaica*. CCPR/C/73/D/695/1996.
- Decisão de 07/11/2001, Comunicação n.º 779/1997, *Aarela e outros c/ Finlândia*. CCPR/C/73/D/779/1997.
- Decisão de 15/01/2002, Comunicação 774/97, *Brok/República Checa*, CCPR/C/73/D/774/97.
- Decisão de 15/04/2002, Comunicação n.º 677/1996, *Teesdale c/ Trinidade e Tobago*. CCPR/C/74/D/677/1996.
- Decisão de 15/04/2002, Comunicação n.º 794/1998, *Jalloh/Países Baixos*. CCPR/C/74/D/794/1998.
- Decisão de 15/04/2002, Comunicação 859/1999, *Jiménez Vacas/Colômbia*. CCPR/C/74/D/859/1999.
- Decisão de 15/04/2002, Comunicação n.º 721/96, *Boodoo/Trinidade e Tobago*. CCPR/C/74/D/721/1996.
- Decisão de 17/7/2002, Comunicação n.º 902/1999, *Joslin/Nova Zelândia*. CCPR/C/75/D/902/1999.

D) **Comentários do Comité de Direitos Económicos Sociais e Culturais**[3]

- Comentário Geral n.º 2, de 28/7/1981, sobre medidas de assistência técnica internacional (art. 22.º) versão consolidada de 29/9/1999, CCPR//C/66/GUI.
- Comentário Geral n.º 3 sobre a natureza das obrigações dos Estados parte no PIDESC (art. 2.º, par. 1.º) adoptada na sexta sessão, em 14/12//1990.
- Comentário Geral n.º 13 sobre o direito à educação: 8/12/99, EC-12//1999/10.
- Comentário Geral n.º 14 sobre o direito ao melhor estado de saúde possível de atingir: 11/08/2000 – E/C-12/2000/4.

II) SISTEMA DO CONSELHO DA EUROPA

A) Tribunal Europeu dos Direitos Humanos[4]

- Ac. de 1/7/1961, *Lawless*, A 3.
- Ac. de 27/06/1968, *Neumeister*, A 8.
- Ac. de 23/07/1968, *Affaire linguistique belge*, A 8.
- Ac. de 27/07/1968, *Wemhoff*, A 7.
- Ac. de 10/11/1969, *Stogmüller*, A 9.
- Ac. de 10/11/1969, *Matznetter*, A 10.
- Ac. de 17/01/1970, *Delcourt*, A 11.
- Ac. de 18/06/1971, *De Wilde, Ooms e Versyp*, A 12.
- Ac. de 16/07/1971, *Ringeisen*, A 13.
- Ac. de 21/02/1975, *Golder*, A 18.
- Ac. de 06/02/1976, *Schmidt e Dahlströn*, A 21.
- Ac. de 07/12/1976, *Kjeldsen e outros*, A 23.
- Ac. de 07/12/1976, *Handyside*, A 24.
- Ac. de 18/01/1978, *Irlanda/Reino Unido*, A 25.
- Ac. de 25/04/1978, *Tyrer*, A 26.
- Ac. de 28/06/1978, *König*, A 27.

---

[3] Os comentários gerais do CDESC podem consultar-se no sítio http://www.gddc.pt.
[4] Os acórdãos do TEDH estão disponíveis no sítio http://www.echr.coe.int/echr.

- Ac. de 06/09/1978, *Klass*, A 28.
- Ac. de 29/04/1979, *Sunday Times*, A 30.
- Ac. de 13/06/1979, *Marckx*, A 31
- Ac. de 9/10/1979, *Airey,* A 32.
- Ac. de 24/10/1979, *Winterwerp*, A 33.
- Ac. de 04/12/1979, *Schiesser*, A 34.
- Ac. de 27/02/1980, *Deweer*, A 35.
- Ac. de 13/05/1980, *Artico*, A 37.
- Ac. de 06/11/1980, *Guzzardi*, A 39.
- Ac. de 23/06/1981, *Le Compte e outros*, A 43.
- Ac. de 13/08/1981, *Young, James e Webster*, A 44.
- Ac. de 22/10/1981, *Dudgeon*, A 45.
- Ac. de 5/11/1981, *X/Reino Unido*, A 46.
- Ac. de 26/03/1982, *Adolf*, A 49.
- Ac. de 24/06/1982, *van Droogenbroeck*, A 50.
- Ac. de 23/09/1982, *Sporrong e Lönnroth*, A 52.
- Ac. de 01/10/1982, *Piersack*, A 53.
- Ac. de 10/02/1983, *Albert e Le Compte*, A 58.
- Ac. de 25/02/1983, *Campbell e Cosans*, A 48.
- Ac. de 23/11/1983, *van der Mussele*, A 70.
- Ac. de 8/12/1983, *Pretto*, A 71.
- Ac. de 21/02/1984, *Oztürk*, A 73.
- Ac. de 23/02/1984, *Luberti*, A 75.
- Ac. de 22/05/1984, *De Jong, Baljet e van der Brink*, A 77.
- Ac. de 22/05/1984, *Duinhof e Duijt*, A 79.
- Ac. de 28/06/1984, *Campbell e Fell*, A 80.
- Ac. de 22/10/1984, *Sramek*, A 84.
- Ac. de 28/11/1984, *Rasmussen*, A 73.
- Ac. de 12/02/1985, *Colozza*, A 89.
- Ac. de 25/03/1985, *Berthold,* A 90.
- Ac. de 26/03/1985, *X e Y/Holanda*, A 91.
- Ac. de 28/05/1985, *Adlulaziz, Cabales e Balkandali*, A 94.
- Ac. de 28/05/1985, *Ashingdane*, A 93.
- Ac. de 21/02/1986, *James e outros*, A 98.
- Ac. de 29/05/1986, *Feldbrugge*, A 99.
- Ac. de 29/05/1986, *Deumetland*, A 100.
- Ac. de 08/06/1986, *Engel*, A 22.
- Ac. de 26/06/1986, *Van Marle e outros*, A 101.

- Ac. de 08/07/1986, *Lithgow* e outros, A 102.
- Ac. de 17/10/1986, *Rees*, A 106.
- Ac. de 21/10/1986, *Sanchez-Reisse*, A 107.
- Ac. de 18/12/1986, *Bozano*, A 111.
- Ac. de 18/12/1986, *Johnston e outros*, A 112
- Ac. de 02/03/1987, *Weeks*, A 114.
- Ac. de 02/03/1987, *Monnell e Morris*, A 115.
- Ac. de 02/03/1987, *Mathieu-Mohin e Clerfayt*, A 113.
- Ac. de 26/03/1987, *Laender*, A 160.
- Ac. de 27/10/1987, *Pudas*, A 125.
- Ac. de 18/12/1987, *F/Suíça*, A 128.
- Ac. de 29/02/1988, *Bouamar*, A 129.
- Ac. de 29/04/1988, *Belilos*, A 132.
- Ac. de 24/05/1988, *Müller*, A 133.
- Ac. de 21/06/1988, *Plattform Ärzte für das Leben*, A 139.
- Ac. de 21/06/1988, *Berrehab*, A 138.
- Ac. de 26/10/1988, *Norris*, A 142.
- Ac. de 28/11/1988, *Nielsen*, A 144.
- Ac. de 29/11/1988, *Brogan e outros*, A 145-B
- Ac. de 06/12/1988, *Barbéra, Méssegué e Jabardo*, A 146
- Ac. de 29/03/1989, *Bock*, A 150.
- Ac. de 30/03/1989, *Chappell*, A 152-A.
- Ac. de 24/05/1989, *Hauschildt*, A 154.
- Ac. de 07/07/1989, *Soering*, A 161.
- Ac. de 07/07/1989, *Gaskin*, A 160.
- Ac. de 07/07/1989, *Tre Traktörer Aktielobag*, A 159.
- Ac. de 19/12/1989, *Mellacher*, A 169.
- Ac. de 21/02/1990, *Van der Leer*, A 170.
- Ac. de 21/02/1990, *Powell e Rayner*, A 172.
- Ac. de 28/03/1990, *Groppera Rádio AG e outros*, A 173.
- Ac. de 24/04/1990, *Kruslin*, A 176-A.
- Ac. de 24/04/1990, *Huvig*, A 176-B.
- Ac. de 22/05/1990, *Autronic*, A 178.
- Ac. de 22/05/1990, *Autronic AG*, A 178.
- Ac. de 30/08/1990, *Fox, Campbell e Hartley*, A 182
- Ac. de 27/09/1990, *Wassink*, A 185.
- Ac. de 27/09/1990, *Cossey*, A 184.
- Ac. de 18/02/1991, *Fredin*, A 192.

- Ac. de 20/02/1991, *Vernillo*, A 198.
- Ac. de 26/04/1991, *Ezelin*, A 202.
- Ac. de 27/08/1991, *Demicoli*, A 210.
- Ac. de 27/08/1991, *Philis*, A 209.
- Ac. de 29/10/1991, *Helmers*, A 212-A.
- Ac. de 30/10/1991, *Borgers*, A-214-A.
- Ac. de 28/11/1991, *Koster*, A 221.
- Ac. de 29/11/1991, *Pine Valley*, A 222.
- Ac. de 26/03/1992, *Editions Periscope*, A 234-B.
- Ac. de 26/03/1992, *Beldjoudi*, A 234-A.
- Ac. de 23/04/1992, *Castells*, A 236.
- Ac. de 15/07/1992, *Lüdi*, A 238.
- Ac. de 29/09/1992, *Kolompar*, A235-C.
- Ac. de 29/10/1992, *Open Door e outros*, A 146.
- Ac. de 26/11/1992, *Francesco Lombardo*, A 249-B.
- Ac. de 26/11/1992, *Giancarlo Lombardo*, A 249-C.
- Ac. de 16/12/1992, *Geouffre de la Pradelle*, A 253-B.
- Ac. de 16/12/1992, *Niemietz*, A 251-B.
- Ac. de 16/12/1992, *Hadjianastassiou*, A 252.
- Ac. de 25/02/1993, *Funke*, A 265-A.
- Ac. de 26/02/1993, *Salesi*, A 257-E.
- Ac. de 26/02/1993, *Pizetti*, A 257-C.
- Ac. de 25/03/1993, *Costello-Roberts*, A 247.
- Ac. de 25/03/1993, *Chorherr*, A 266-B.
- Ac. de 22/04/1993, *Modinos*, A 259.
- Ac. de 25/05/1993, *Kokkinakis*, A 260-A.
- Ac. de 24/06/1993, *Schuler-Zgraggen*, A 263.
- Ac. de 30/06/1993, *Sigurdur*, A 264.
- Ac. de 23/08/1993, *Scuderi*, A 265-A.
- Ac. de 24/08/1993, *Massa*, A 265-B.
- Ac. de 27/10/1993, *Dombo Beher*, A 274.
- Ac. de 23/11/1993, *Scopellitti*, A 287.
- Ac. de 23/11/1993, *Poitrimol*, A 277-A.
- Ac. de 24/11/1993, *Informationverein Lentia*, A 276.
- Ac. de 25/11/1993, *Zander*, A 279-B.
- Ac. de 21/02/1994, *Bendendoun* A 282-A.
- Ac. de 23/02/1994, *Standford*, A 282-A.
- Ac. de 26/05/1994, *Keegan*, A 290.

- Ac. de 18/06/1994, *Karlheinz Schmidt*, A 291-B.
- Ac. de 23/09/1994, *Jersild*, A 298.
- Ac. de 27/09/1994, *Otto-Preminger-Institut*, A 295-A.
- Ac. de 27/10/1994, *Kroon*, A 297-C.
- Ac. de 28/10/1994, *Murray*, A 300/A
- Ac. de 09/12/1994, *Lopez Ostra*, A 303 C.
- Ac. de 09/12/1994, *Refinarias gregas Stran e Stratis Andreadis*, A 301-B.
- Ac. de 23/03/1995, *Loizidou*, A 310.
- Ac. de 26/04/1995, *Fischer*, A 312.
- Ac. de 27/04/1995, *Piermont*, A 314.
- Ac. de 26/09/1995, *Diennet*, A 325-A.
- Ac. de 26/09/1995, *Vogt*, A 323.
- Ac. de 27/09/1995, *McCann e outros*, A 324.
- Ac. de 23/10/1995, *Gradinger*, A 328-C.
- Ac. de 26/10/1995, *Vogt*, A 323.
- Ac. de 22/11/1995, *Bryan*, A 335-A.
- Ac. de 22/11/1995, *S. W./Reino Unido*, A 335-B.
- Ac. de 08/02/1996, *Murray*, Rec. 1996.
- Ac. de 20/02/1996, *Vermeulen*, Rec. 1996, I.
- Ac. de 20/02/1996, *Lobo Machado*, Rec. 1996, I.
- Ac. de 22/02/1996, *Bulut*, Rec. 1996, II.
- Ac. de 25/04/1996, *Gustafsson*, Rec. 1996.
- Ac. de 13/07/1996, *Nasri*, A 320-B.
- Ac. de 16/09/1996, *Akdivar*, Rec. 1996, IV.
- Ac. de 25/09/1996, *Buckley*, Rec. 1996, IV.
- Ac. de 26/09/1996, *Manoussakis e outros*, Rec. 1996, IV.
- Ac. de 22/10/1996, *Stubbings e outros*, Rec. 1996, IV.
- Ac. de 23/10/1996, *Ankerl*, Rec. 1996, V.
- Ac. de 15/11/1996, *Chahal*, Rec. 1996, V.
- Ac. de 15/11/1996, *Katikaridis e Tsomtos*, Rec. 1996, V.
- Ac. de 25/11/1996, *Wingrove*, Rec. 1996, V.
- Ac. de 17/12/1996, *Ahmed*, Rec. 1996, VI.
- Ac. de 18/12/1996, *Aksoy*, Rec. 1996, VI.
- Ac. de 18/02/1997, *Niderhörst-Huber*, Rec. 1997.
- Ac. de 19/02/1997, *Laskey, Jaggard e Brown*, Rec. 1997, I.
- Ac. de 21/02/1997, *Van Raalte*, Rec. 1997, I.
- Ac. de 25/02/1997, *Z./Finlândia*, Rec. 1997, I.
- Ac. de 20/03/1997, *Lukanov*, Rec. 1997, II.

- Ac. de 22/04/1997, *X., Y. e Z./Reino Unido*, Rec. 1997, II.
- Ac. de 29/04/1997, *H.L.R./França*, Rec. 1997, III.
- Ac. de 02/05/1997, *D/Reino Unido*, Rec. 1997, III.
- Ac. de 28/05/1997, *Pauger*, Rec. 1997, III.
- Ac. de 29/05/1997, *Tsirlis e Kouloumpas*, Rec. 1997, III.
- Ac. de 27/06/1997, *Philis*, Rec. 1997, IV.
- Ac. de 01/07/1997, *Giulia Manzoni*, Rec. 1997, IV.
- Ac. de 27/08/1997, *M. S. /Suécia*, Rec. 1997, IV.
- Ac. de 29/08/1997, *AP, MP, TP,* Rec. 1997,V.
- Ac. de 02/09/1997, *De Santa*, Rec. 1997, V.
- Ac. de 24/09/1997, *Garyfallou Aebe*, Rec. 1997, V.
- Ac. de 25/09/1997, *Aydin*, Rec. 1997, VI.
- Ac. de 26/09/1997, *R.M.D./ Suiça*, Rec. 1997, VI.
- Ac. de 26/09/1997, *Mehemi*, Rec. 1997, VI.
- Ac. de 09/10/1997, *Andronicou e Constantinou*, Rec. 1997, VI.
- Ac. de 20/10/1997, *Serves*, Rec. 1997, VI.
- Ac. de 22/10/1997, *Erdagöz,* Rec. 1997, VI.
- Ac. de 26/11/1997, *Sakik*, Rec. 1997, VII.
- Ac. de 26/11/1997, *Stamoulakatos*, Rec. 1997, VII.
- Ac. de 27/11/1997, *K. F. c. Alemanha*, Rec. 1997, VII.
- Ac. de 28/11/1997, *Mentes*, Rec. 1997, VIII
- Ac. de 16/12/1997, *Tejedor Garcia*, Rec. 1997, VIII.
- Ac. de 16/12/1997, *Raninen*, Rec. 1997, VIII.
- Ac. de 30/01/1998, *Partido Comunista Unificado da Turquia e outros*, Rec. 1998, I.
- Ac. de 19/02/1998, *Guerra,* Rec. 1998-I.
- Ac. de 19/02/1998, *Bowman*, Rec. 1998, I.
- Ac. de 26/02/1998, *Pafitis*, Rec. 1998, I.
- Ac. de 25/03/1998, *Kopp*, Rec. 1998.
- Ac. de 24/04/1998, *Selçuk e Askev*, Rec. 1998, II.
- Ac. de 20/05/1998, *Schöpfer*, Rec. 1997, IV.
- Ac. de 25/05/1998, *Kurt,* Rec. 1998, III.
- Ac. de 09/06/1998, *McGinley and Egan c. Reino Unido*, Rec. 1998-III.
- Ac. de 09/06/1998, *Incal*, Rec. 1998, IV.
- Ac. de 27/07/1998, *Güleç,* Rec. 1998, V.
- Ac. de 28/07/1998, *Ergi,* Rec. 1998, IV.
- Ac. de 30/07/1998, *Aerts*, Rec. 1998, V.
- Ac. de 30/07/1998, *Sheffield e Horsham*, Rec. 1998, V.

- Ac. de 30/07/1998, *Valenzuela Contreras*, Rec. 1998, V.
- Ac. de 02/09/1998, *Yasa*, Rec. 1998, VI.
- Ac. de 02/09/1998, *Ahmed*, Rec. 1998, IV.
- Ac. de 23/09/1998, *A./Reino Unido*, Rec. 1998, VI.
- Ac. de 23/09/1998, *I. A. c. França*, Rec. 1998, VII.
- Ac. de 23/09/1998, *Malige*, Rec. 1998, VII.
- Ac. de 23/09/1998, *A./Reino Unido*, Rec. 1998, VI.
- Ac. de 28/10/1998, *Osman*, Rec. 1998, VIII.
- Ac. de 28/10/1998, *Assenov*, Rec. 1998, VIII.
- Ac. de 21/01/1999, *Janowski*, Rec. 1999, I.
- Ac. de 18/02/1999, *Nikolova*, Rec. 1999, II.
- Ac. de 18/02/1999, *Waite e Kennedy*, Rec. 1999, I.
- Ac. de 18/02/1999, *Matthews*, Rec. 1999, I.
- Ac. de 29/04/1999, *Chassagnou*, Rec. 1999, III.
- Ac. de 20/05/1999, *Rekvenyi*, Rec. 1999, III.
- Ac. de 28/07/1999, *Selmouni*, Rec. 1999, V.
- Ac. de 27/09/1999, *Lustig-Prean e Beckett*, Rec. 1999, VI.
- Ac. de 27/09/1999, *Smith e Grady*, Rec. 1999, VI.
- Ac. de 07/12/1999, *Bouilly*, Rec. 1999, VIII.
- Ac. de 08/12/1999, *Pellegrin*, Rec. 1999, VIII.
- Ac. de 21/12/1999, *Salgueiro da Silva Mouta*, Rec. 1999, IX.
- Ac. de 25/01/2000, *Tripodi*, Rec. 2000.
- Ac. de 16/02/2000, *Amann*, Rec. 2000, II.
- Ac. de 29/02/2000, *Fuentes Bobo*, Rec. 2000, II.
- Ac. de 16/03/2000, *Ozgur Gundem*, Rec. 2000, III.
- Ac. de 06/04/2000, *Thlimmenos*, Rec. 2000, IV.
- Ac. de 04/05/2000, *Rotaru*, Rec. 2000, IV.
- Ac. de 27/06/2000, *Frydlender*, Rec. 2000, VII.
- Ac. de 02/08/2000, *Satonnet*, Rec. 2000.
- Ac. de 28/09/2000, *Messina*, Rec. 2000, X.
- Ac. de 05/10/2000, *Mennitto*, Rec. 2000, X.
- Ac. de 26/10/2000, *Kudla*, Rec. 2000, XI.
- Ac. de 26/10/2000, *Castanheira Barros*, Rec. 2000.
- Ac. de 26/10/2000, *Hassan e Chausch*, Rec. 2000, X.
- Ac. de 14/11/2000, *Piron*, Rec. 2000.
- Ac. de 21/12/2000, *Heaney e McGuiness*, Rec. 2000, XII.
- Ac. de 21/12/2000, *Quinn*, Rec. 2000, XII.
- Ac. de 18/01/2001, *Chapman*, Rec. 2001, I.

- Ac. de 01/03/2001, *Berktay*, Rec. 2001.
- Ac. de 22/03/2001, *Streletz, Kessler e Krenz,* Rec. 2001.
- Ac. de 03/05/2001, *JB,* Rec. 2001.
- Ac. de 22/05/2001, *Baumann*, Rec. 2001, V.
- Ac. de 10/07/2001, *Price*, Rec. 2001, VII.
- Ac. de 12/07/2001, *Ferrazzini*, Rec. 2001, VII.
- Ac. de 02/10/2001, *Hatton e outros*, Rec. 2001.
- Ac. de 02/10/2001, *Stankov* e *United Macedonian Organisation Ilinden*, Rec. 2001.
- Ac. de 21/11/2001, *Al-Adsani*, Rec. 2001.
- Ac. de 26/02/2002, *Morris*, Rec. 2002, I.
- Ac. de 26/02/2002, *Fretté/França*, Rec. 2002, II.
- Ac. de 16/04/2002, *S. A. Dangeville*, Rec. 2002, III.
- Ac. de 29/04/2002, *Pretty*, Rec. 2002, III.
- Ac. de 11/06/2002, *Sadak e outros*, Rec. 2002, IV.
- Ac. de 18/06/2002, *Orhan*, Rec. 2002.
- Ac. de 18/06/2002, *Oneryildiz*, Rec. 2002.
- Ac. de 11/07/2002, *Christine Goodwin*, Rec. 2002, VI.
- Ac. de 15/07/2002, *Kalashnikov*, Rec. 2002, VI.
- Ac. de 25/07/2002, *Sovtransavto Holding*, Rec. 2002, VII.
- Ac. de 10/10/2002, *D.P. e J. C./Reino Unido*, Rec. 2002, VIII.
- Ac. de 30/3/2004, *Hirst*, Rec. 2004.
- Ac. de 17/6/2004, *Zdanoka*, Rec. 2004.
- Ac. de 22/6/2004, *Aziz,* Rec. 2004.
- Ac. de 08/7/2004, *Vo /França*, Rec. 2004.
- Ac. de 13/07/2004, *Pla e Puncernau /Andorra,* Rec. 2004.
- Ac. de 27/07/2004, *Ikincisoy*, Rec. 2004.
- Ac. de 27/07/2004, *Slimani*, Rec. 2004.
- Ac. de 27/07/2004, *Sidabras e Dziautas,* Rec. 2004.

B) Comissão Europeia dos Direitos do Homem

- Decisão de 21/05/1969, caso *X/Bélgica*.
- Decisão de 10/07/1984, caso *Stewart/Reino Unido*.
- Decisão de 10/07/1997, caso *Dalila Di Lazaro*.

C) Comité Europeu dos Direitos Sociais

- Decisão n.º 1/1998, *Comissão Internacional de Juristas contra Portugal*.[5]

III) SISTEMA DA UNIÃO EUROPEIA

A) Tribunal de Justiça[6]

- Ac. de 4/2/59, *Stork*, proc. 1/58, Rec. 1958-59, p. 43 e ss.
- Ac. de 15/7/60, *comptoirs de vente de la Rhur*, procs 36 a 38 e 40/59, Rec. 1960, p. 857 e ss.
- Ac. de 12/11/69, *Stauder*, proc. 29/69, Rec. 1969, p. 419 e ss.
- Ac. de 17/12/70, *Internationale Handelsgesellschaft*, proc. 11/70, Rec. 1970, p. 1125 e ss.
- Ac. de 14/5/74, *Nold*, proc. 4/73, Rec. 1974, p. 491 e ss.
- Ac. de 8/10/74, *Union syndicale*, proc. 175/73, Rec. 1974, p. 917 e ss.
- Ac. de 23/10/74, *Transocean Marine Paint*, proc. 17/74, Rec. 1974, p. 1063 e ss.
- Ac. de 28/10/75, *Rutili*, proc. 36/75, Rec. 1975, p. 1219 e ss.
- Ac. de 8/4/76, *Defrenne II*, proc. 43/75, Rec. 1976, p. 455 e ss.
- Ac. de 27/10/76, *Prais*, proc. 130/75, Rec. 1976, p. 1589 e ss.
- Ac. de 19/10/77, *Ruckdeschel*, proc. 117/76 e 16/77, Rec. 1977, p. 1753 e ss.
- Ac.de 13/2/79, *Hoffmann-La Roche*, proc. 85/76, Rec. 1979, p. 461 e ss.
- Ac. de 13/12/79, *Hauer*, proc. 44/79, Rec. 1979, p. 3727 e ss.
- Ac. de 5/3/80, *Pescastaing*, proc. 98/79, Rec. 1980, p. 691 e ss.
- Ac. de 18/3/80, *Valsabbia*, proc. 154/78, Rec. 1980, p. 907 e ss.
- Ac. de 26/6/80, *National panasonic*, proc. 136/79, Rec. 1980, p. 2033 e ss.
- Ac. de 18/5/82, *AM et S*, proc. 155/79, Rec. 1982, p. 1575 e ss.
- Ac. de 10/7/84, *Regina c. Kent Kirk*, proc. 63/83, Rec. 1984, p. 2689 e ss.
- Ac. de 15/5/86, *Johnston*, proc. 222/84, Rec. 1986, p. 1651 e ss.
- Ac. de 8/10/86, *Keller*, proc. 234/85, Rec. 1986, p. 2909 e ss.

---

[5] Disponível no sítio http://www.coe.int/T/E/Human_Rights/Esc/4_Collective-Complaints

[6] Os acórdãos do TJ e do TPI podem consultar-se no sítio http://curia.eu.int.

- Ac. de 25/10/86, *Klensch*, proc. 201 e 202/85, Rec. 1986, p. 3477 e ss.
- Despacho de 26/3/87, *Hoescht*, proc. 46/87R, Rec. 1987, p. 1549 e ss.
- Ac. de 11/6/87, *Pretore de Salo*, proc. 14/86, Rec. 1987, p. 2565 e ss.
- Ac. de 15/10/87, *Heylens*, proc. 222/86, Rec. 1987, p. 4112 e ss.
- Ac. de 11/7/89, *Schräder*, proc. 265/87, Rec. 1989, p. 2263 e ss.
- Ac. de 13/7/89, *Wachauf*, proc. 5/88, Rec. 1989, p. 2633 e ss.
- Ac. de 18/10/89, *Orkem-Solvay*, proc. 374/87 e 27/88, Rec. 1989, p. 3343 e ss.
- Ac. de 13/11/90, *Marshall*, proc. C-370/88, Rec. 1990, p. I-4087 e ss.
- Ac. de 18/6/91, *ERT*, proc. C-260/89, Rec. 1991, p. I-2951 e ss.
- Ac. de 10/7/91, *NEU E. A.*, proc. C-90 e C-91/90, Rec. 1991, p. I-3633 e ss.
- Ac. de 5/10/94, *Alemanha C. Conselho (Bananas-OCM)*, proc. C-280//93, Rec. 1994, p. I-4973 e ss.
- Ac. de 5/10/94, *TV 10 SA*, proc. C-23/93, Rec. 1994, p. I-4795 e ss.
- Parecer 1/94 de 28/3/96, Rec. 1996, p. I-1759 e ss.
- Ac. de 29/5/97, *Kremzow*, proc. C-299/95, Rec. 1997, p. I-2629 e ss.

B) Tribunal de Primeira Instância

- Ac. de 30/1/2002, *Max.mobil/Comissão*, proc. T-54/99, Rec. 2002, p. II 313 e ss.
- Despacho de 4/4/2002, *Technische Glaswerke Ilmenau/Comissão*, proc. T-128/01, Rec. 2002, p. II 2193 e ss.

IV) SISTEMA AMERICANO DE DIREITOS HUMANOS

A) Tribunal Americano de Direitos Humanos[7]

- Parecer OC-2/82, de 24 de Setembro de 1992, *Efeitos das reservas sobre a entrada em vigor da CADH*, Série A, n.º 2.

---

[7] Os pareceres e os acórdãos do TADH estão disponíveis no sítio http://www.oea.org

- Parecer OC-10/89, de 14 de Julho de 1989, *Interpretação da Declaração Americana de Direitos e Deveres do Homem nos termos do art. 64.º CADH*, Série A, n.º 10.
- Acórdão de 24/09/1999, *Bronstein/Peru*, Série C, n.º 54.
- Acórdão de 24/09/1999, *Tribunal Constitucional/Perú*, Série C, n.º 55.

ÍNDICE IDEOGRÁFICO*

Carta Árabe dos Direitos do Homem – 106

Carta das Nações Unidas – 100, 123,124

Carta Social Europeia
 – Compromissos dos Estados – 270, 271
 – Direitos – 268-270
 – Sistema de controlo – 271, 272

Comissão de Direitos Humanos – 189, 190

Conferência Mundial de Direitos Humanos
 – de Teerão (1968) – 107
 – de Viena (1993) – 107

Conselho da Europa – 103, 192, 193

Convenção Americana de Direitos Humanos – V. sistema americano de protecção dos direitos humanos

Convenção contra a Tortura e outras penas e Tratamentos Cruéis, Desumanos ou Degradantes – 139, 140, 151, 182, 188

---

* As remissões são para as páginas e devem ser entendidas como meramente indicativas.

Convenção Europeia dos Direitos do Homem
– Aplicação no tempo e no espaço – 195, 196
– Direitos – 201-255 **v. também Direitos civis e políticos/Direitos económicos, sociais e culturais**
– Garantia – **v. Sistema de controlo...** – 256-265
– Interpretação – 196-198
– Meios de tutela – **v. Sistema de controlo...** – 256-265
– Objectivos – 194
– Órgãos
    – Comissão Europeia dos Direitos do Homem – 256, 257
    – Comité de Ministros – 256, 257
    – Tribunal Europeu dos Direitos do Homem – 257-265
– Origens – 193, 194
– Protocolos – 194, 195
    – Protocolo n.º 1 – 251-255
    – Protocolo n.º 4 – 231
    – Protocolo n.º 6 – 205, 281
    – Protocolo n.º 7 – 231, 232
    – Protocolo n.º 11 – 257-264
    – Protocolo n.º 13 – 205
    – Protocolo n.º 14 – 265, 285
– Reservas – 199
– Restrições a direitos – 212-216, 239, 240, 246, 247, 250

Convenção para a Eliminação de Todas as Formas de Discriminação contra as Mulheres – 139, 182, 188

Convenção para a Eliminação de Todas as Formas de Discriminação Racial
– 138, 182, 188

Declaração Universal dos Direitos Humanos
– Conteúdo – 125, 126
– Natureza jurídica – 126, 127
– Origem – 101, 102, 125

Direitos civis e políticos – ver também Direitos Humanos
– Direito a eleições livres – 163, 164, 244, 251
– Direito à indemnização em caso de erro judiciário – 232, 297

– Direito à liberdade de circulação – 157, 158, 219, 220, 297, 304
– Direito à liberdade de expressão – 161, 162, 244, 245, 250, 251, 289, 297
– Direito à liberdade de pensamento, de consciência e de religião – 158-162, 242-244, 279, 289, 297, 304
– Direito à liberdade de reunião e de associação – 162, 163, 244, 248-249, 279, 289, 296, 304
– Direito à liberdade e à segurança – 156, 157, 210-219, 289, 304
– Direito à liberdade sindical – 163, 249, 269
– Direito à não discriminação – 173, 174, 201, 202, 282, 289, 304
– Direito à não retroactividade da lei penal – 154, 304
– Direito a não ser tornado escravo, servo ou obrigado a trabalho forçado e obrigatório – 153, 208-210, 289, 304
– Direito a não ser torturado e a não ser sujeito a penas ou tratamentos cruéis, desumanos ou degradantes – 151-153, 205-208, 289, 304
– Direito à objecção de consciência – 159, 160
– Direito a ter convicções – 158, 159, 243
– Direito à vida – 150, 151, 202-205, 289, 304
– Direito ao casamento – 166, 240, 241, 289
– Direito ao duplo grau de jurisdição em matéria penal – 231
– Direito ao nome – 296
– Direito ao processo equitativo – 167-173, 221-230
– Direito ao reconhecimento da personalidade – 296, 304
– Direito ao recurso judicial efectivo – 232, 279
– Direito ao respeito da vida privada, familiar, domicílio e correspondência – 164-167, 234-240, 289
– Direito de acesso aos tribunais – 167, 169, 225-227, 290
– Direito de manifestar as suas convicções – 159
– Direito dos pais ao respeito das suas convicções em matéria de educação dos filhos – 161
– Direitos condicionados – 154, 155
– Direitos intangíveis – 148-150, 297, 304

Direitos económicos, sociais e culturais – v. também Direitos Humanos
– Direito à educação e direito à instrução – 160, 161, 178, 252, 253, 289, 305
– Direito à protecção da família – 177, 178, 269
– Direito à saúde física e mental – 178, 269, 305
– Direito à segurança social – 177, 269
– Direito a um nível de vida suficiente – 178

– Direito ao trabalho e direitos dos trabalhadores – 177, 269, 289, 305
– Direito de propriedade – 176, 253-255, 278, 289, 296, 304

Direitos Humanos
– Conceito – 83, 84
– Tipologia – 84-87
    – Direitos civis e políticos – 85, 148-174, 201-251, 289, 296, 297
    – Direitos colectivos – 85
    – Direitos das colectividades – 85
    – Direitos das minorias – 85, 86, 90, 98, 99
    – Direitos de solidariedade – 86, 87
    – Direitos de terceira geração – 85, 290
    – Direitos do indivíduo – 85
    – Direitos dos povos – 86, 300, 305
    – Direitos dos trabalhadores – 99
    – Direitos económicos, sociais e culturais – 85, 175-179, 252-255, 268--270, 289, 296

Direito Internacional dos Direitos Humanos (disciplina)
– Autonomia
    – Científica e pedagógica – 28, 29
    – Dogmática – 87, 88
– Bibliografia – 75, 76, 79, 80, 335-350
– Ensino
    – Em Portugal – 39-48
    – No estrangeiro – 49-59
– Inserção curricular – 32-39
– Métodos de ensino – 313-333
– Objecto – 31, 32, 82, 83
– Programa – 63-70, 78, 79
– Revistas da especialidade – 77
– Sítios da Internet relevantes – 77
– Terminologia – 30, 31

Direito Internacional Humanitário – 90, 97, 98

Especificidades das convenções universais de protecção dos direitos humanos
– Quanto à coexistência e coordenação – 147

– Quanto à interpretação – 143, 144
– Quanto ao grau de vinculatividade – 146
– Quanto às reservas – 145, 146

Estrangeiros
– Garantias processuais da expulsão – 231
– Proibição de expulsão – 220
– Restrições à actividade política – 250

Evolução histórica da protecção internacional do ser humano
– Antes da II Guerra Mundial – 97-100
– Depois da II Guerra Mundial – 100-108

Jus cogens – 92, 93, 117, 118, 122, 146

Liberdades
– Liberdade de acção social – 162-164
– Liberdade de consciência dos pais sobre o ensino dado aos filhos – 160
– Liberdade de expressão – 161, 162, 244-247, 279
– Liberdade de imprensa – 245
– Liberdade de informação – 162
– Liberdade de opinião – 161
– Liberdade de pensamento, de consciência e de religião – 158-162, 242-244
– Liberdade de reunião e de associação – 162, 163, 248-250
– Liberdade física – 156-158
– Liberdade sindical – 163

Organização de Segurança e Cooperação Europeia – 104

Organização de Unidade Africana – 300

Organização dos Estados Americanos – 294, 295

Pactos das Nações Unidas – 101, 102, 128-137

Pacto Internacional de Direitos Civis e Políticos – 101, 102, 129-134
– Âmbito das obrigações dos Estados – 130, 131
– Cláusulas de derrogação – 131

- Comité dos Direitos Humanos – 133, 134
- Conteúdo – 129, 130
- Limitações – 131, 132
- Reservas – 131, 132, 145
- Restrições – 131, 132
- Sistema de controlo – 133, 134, 180-187

Pacto Internacional de Direitos Económicos, Sociais e Culturais – 101, 102, 134-137, 173, 174
- Comité de Direitos Económicos, Sociais e Culturais – 136, 137
- Conteúdo – 135
- Direitos enunciados – 135
- Implementação dos direitos – 135, 136
- Sistema de controlo – 136, 137, 181, 182, 187

Princípios
- Da amizade da CRP ao DIDH – **v. Recepção do DIDH no Direito Português**
- Da competência nacional exclusiva – 89, 90
- Da igualdade de armas – 170, 228
- Da indivisibilidade dos direitos humanos – 107, 149, 175
- Da irreversibilidade dos compromissos dos Estados – 92
- Da legalidade dos crimes e das penas – 230, 231, 289
- Da não discriminação – 173, 174, 279
- Da não ingerência nos assuntos internos – 90, 91
- Da reciprocidade – 88, 89,146
- Do contraditório – 170, 228, 259
- Do esgotamento dos meios internos – 261
- Do primado do DIDH sobre o Direito Português – **v. Recepção do DIDH no Direito Português**
- *Non bis in idem* – 229, 232, 290

Recepção do DIDH no Direito Português
- Artigo 8.º CRP – 110-115
- Direito da União Europeia – 114, 115
- Direito das Organizações Internacionais – 112, 113
- Direito Internacional Consuetudinário – 110, 118
    - Regional – 111

– Universal – 110, 111
– Direito Internacional Convencional – 112, 119
– Monismo/dualismo – 109
– Princípio da amizade da CRP ao DIDH – 116
– Princípio do primado do DIDH sobre o Direito Português – 117-120
– Questões gerais – 109

Relativismo – 94, 95

Sistema africano de protecção dos direitos humanos
– CADHP – 106, 300-310
    – Comissão Africana dos Direitos Humanos e dos Povos – 306-308
    – Deveres – 306
    – Direitos – 303-305
    – Especificidades – 302, 303
    – Fontes de inspiração – 300-302
    – Sistema de controlo – 306-310
    – Tribunal Africano dos Direitos Humanos e dos Povos – 306, 308-310
– Carta de Unidade Africana – 105, 300

Sistema americano de protecção dos direitos humanos
– CADH – 105, 294-299
    – Direitos reconhecidos – 296, 297
    – Órgãos – 297, 298
        – Comissão Interamericana de Direitos Humanos – 297, 298
        – Tribunal Interamericano de Direitos Humanos – 298
    – Restrições aos direitos – 297
    – Sistema de controlo – 297-299
– Carta Interamericana de Garantias Sociais – 295
– Comissão Interamericana de Direitos Humanos – 295
– Declaração Americana dos Direitos e Deveres do Homem – 105, 295
– Protocolo relativo à abolição da pena de morte – 105, 295
– Protocolo relativo aos direitos económicos, sociais e culturais – 105, 295

Sistema regional de controlo dos direitos humanos
– Na CADH – 297-299
– Na CADHP – 303-306
– Na CEDH – 256-265

– Na CSE – 271, 272

Sistema universal de controlo dos direitos humanos
– Meios convencionais – 180-188
    – Comunicações individuais – 134, 183-188
    – Comunicações interestaduais – 134, 182, 183
    – Investigação confidencial – 188
    – Relatórios periódicos – 133, 134, 138, 180-182
    – Visitas periódicas – 188
– Meios extra-convencionais – 189, 190

Tribunal de Justiça – v. União Europeia

Tribunal Europeu dos Direitos do Homem
– Competência – 258-260
– Composição – 258
– Condições de admissibilidade da petição – 260, 261
    – Prazos – 260
    – Princípio do esgotamento dos meios internos – 261
– Efeitos dos acórdãos – 264
– Funcionamento – 258
– Julgamento sobre o fundo da questão – 263
– Legitimidade activa e passiva – 262
– Organização – 258
– Procedimento – 262
– Processo – 259

União Africana – 300

União Europeia – Protecção dos direitos fundamentais na
– Adesão da União Europeia à CEDH – 284, 285
– Carta dos Direitos Fundamentais da União Europeia – 284, 286-290
– Catálogo de direitos fundamentais – 274, 283, 284, 288, 291
– Génese – 274-280
– Princípios gerais de Direito – 276, 292
– Tradições constitucionais comuns aos Estados membros – 276-278, 283, 287, 292
– Tratado de Amesterdão – 281-283

– Tratado de Maastricht – 280, 281
– Tratado de Nice – 283, 284
– Tratado que estabelece uma Constituição para a Europa – 291, 292
– Tribunal de Justiça – Jurisprudência do – 275-279

Universalismo – 93-95